LE VOYAGE AVEC CERF ROUGE

Voyage d'un homme nu à travers les siècles

Livre premier

Marc Paget

Le Souffle d'Or
BP 3
05300 BARRET-LE-BAS

Couverture : Epymaque / La Bâtie-Montsaléon (05)
Photocomposition : A' Prim / Serres (05)
Impression et façonnage : Lienhart / Aubenas (07)

Dépôt légal : avril 2000
ISBN 2 84058 177 9

Le Souffle d'Or
BP 3
05300 BARRET-LE-BAS

Livre premier*

WANA WANIYELO

Je suis vivant, je suis éveillé

à Tahca ushte
archie fire lame deer

à tous ceux qui sont « humains »
et à tous ceux qui un jour le deviendront
à mon père

* *Ce livre est le premier d'un ensemble de deux : « Le voyage d'un homme nu à travers les siècles ».*

*« **Ecoute, écoute,***
J'entends une voix
Est-ce que ce sont nos Grands-Pères ?
Ou est-ce un Esprit qui vient vers nous
Regarde en haut et en bas
Je vois que ce sont nos Grands-Pères qui volent
à travers le ciel en venant vers nous
Regarde
Les Esprits Anciens volent dans les airs
quand ils ramènent les objets sacrés

Vos ancêtres viennent
*Vos ancêtres viennent » **

Pour la dernière fois, Marco caressa autour de son cou le pendentif qui depuis ce jour maintenant si lointain ne l'avait jamais quitté : l'oiseau stylisé serti de pierres vertes. L'oiseau de l'amour et de la liberté.

Les êtres chéris défilèrent devant ses yeux... John O'Connel, Lucie et Patrick O'Brien, Petit-serpent, Fleur-de-maïs, Étoile-du-matin... Cerf-rouge... Et la longue liste de tous ceux qui au fil des siècles avaient croisé son interminable vie...

*Ce fut sa dernière vision sur terre, l'ultime regard sur le monde du « **Wicasa Wacan** », l'homme sacré des Lakota.*

** Chant des esprits des Indiens Sioux Lakota.*

Chapitre 1.

« Regarde devant toi
Et tu verras mon ombre
Regarde derrière toi
Et tu verras mon ombre
Car je suis la sagesse
de toute la création »

« Ite missa est... »

Pour la première fois la phrase rituelle du père Mulligan échappa à la routine dominicale.

En ce neuvième dimanche de l'an 1712 les mots enfin prirent un sens. Une messe était dite, une autre, dans la cale sombre d'un navire hollandais se préparait. Elle changea le cours de ma vie...

Voilà déjà trois mois que nous avions quitté les brumes de l'Irlande et ses vertes prairies.

La traversée de l'Atlantique sur le trois-mâts « l'Espérance », grand pourvoyeur de brebis et d'émigrants vers le Nouveau-Monde, ne fut qu'un trop long et pénible voyage dont seules de terribles tempêtes venaient briser la monotonie.

Le capitaine, plus soucieux de la bonne marche de son navire que de notre confort, nous invitait alors prestement à rejoindre le pont inférieur.

Privés de la vision des flots déchaînés nous n'en ressentions que les effets les plus indésirables, subissant sans recours l'angoisse de l'homme subitement atteint de cécité au milieu du danger. À cela venaient encore s'ajouter la promiscuité du bétail, l'odeur écœurante du suint et l'épais matelas des déjections.

Tangage et roulis incessants nous projetaient les uns contre les autres, et beaucoup parmi nous, accablés de fatigue, le cœur au bord des lèvres et l'estomac retourné, gueulant d'effroi à chaque hurlement du vent, à chaque claquement de voile, au fracas des haubans arrachés, en arrivaient à croire que le diable en personne venait danser une sarabande effrénée au travers des vergues et des mâts, jurant de nous entraîner tous dans les profondeurs de l'enfer.

Par une de ces terrifiantes nuits, nous perdîmes trois de nos compagnons, leurs crânes défoncés par un canon ayant rompu ses attaches.

Au matin, leurs corps, ne recevant pour toute oraison que quelques banalités prononcées à la hâte et sans conviction par le capitaine, furent, sans même une larme de compassion, jetés à la mer.

Pour ces malheureux, le « Nouveau-Monde » ne serait à jamais qu'une terre mouvante, dernière patrie de leurs rêves engloutis dans les profondeurs insondables des abysses.

Moi, Marcus O'Brien, ainsi enfermé dans ce cercueil flottant, fils de la terre d'Irlande et plus accoutumé à courir la lande que l'Océan, j'en arrivais à regretter la douceur du foyer perdu. Plus d'une fois, mes larmes se mêlèrent aux paquets d'écume jaillissant des sabords.

Heureusement et grâce à Dieu, dès que le temps redevenait clément, l'ordre nous était donné, sous peine de périr étouffés, de regagner au plus vite le pont supérieur.

Sur les flots apaisés, de gros poissons à dos gris et ventre blanc suivaient telle une meute de chiens fidèles le sillage du navire, caracolant dans les vagues, leurs bouches largement fendues d'un énigmatique sourire... Moquerie ou intérêt ?... Nous devions leur apparaître comme de bien étranges créatures, investissant leur domaine, enchaînées à nos idéaux et à nos espoirs concrétisés par de longues traînées disparates et malodorantes, que les matelots chaque jour jetaient par dessus bord.

— Des dauphins, m'apprit mon père... Et ce ne sont pas des poissons, mais des mammifères tout semblables à nous. Ils respirent le même air et leurs femelles allaitent et mettent bas comme les nôtres.

Puis ayant montré à tous son savoir, clignant de l'œil en direction de ma mère, il se perdait dans une longue contemplation, le regard rivé sur l'horizon où lui seul restait maître de ses pensées.

Mon père était un Irlandais de pure souche. Il en avait le physique, la ténacité, et je dois dire aussi le tempérament houleux et batailleur.

Gaélique au plus profond de l'âme, amoureux de sa terre et de ses origines, il ne pouvait supporter de vivre sous le joug. Sachant son combat contre l'envahisseur anglais devenu vain et sans espoir, il lui préférait aujourd'hui le bannissement volontaire.

« Un homme déraciné mais libre vaut toujours mieux qu'un enchaîné sur sa terre », se plaisait-il à répéter à tous ceux qui avaient osé parler de notre voyage comme d'une pure folie.

S'il y eut des géants sur le sol irlandais mon père devait en être à coup sûr l'un des plus imposants. Six pieds six pouces, rouge de poil, un visage hâlé marqué par la pluie et le vent, des traits et le regard sévères, heureusement quelque peu adoucis par le bleu délavé de ses yeux.

Il inspirait à quiconque croisait sa route crainte et respect. Pour accentuer davantage cette formidable impression de puissance, éclatait sous sa chemise de toile brute un torse herculéen que prolongeaient de longs bras musculeux et de larges mains calleuses. Lorsque l'une de ces pognes redoutées se posait sur ma tête me venait aussitôt la délicieuse peur de disparaître six pieds sous terre, enfoncé tel un clou sous le marteau du charpentier.

Ma mère à ses côtés, bien que grande, paraissait si fragile que l'on pouvait se demander sans trop d'imagination comment les bras trop forts de son homme ne l'avaient pas encore broyée sous leur étreinte.

Lucie, c'était son nom, parlait peu, riait souvent, avait toujours aux lèvres une chanson. Elle n'était jamais en désaccord avec son homme, partageait ses pensées, ses révoltes, son amour de la terre, des bêtes et des gens. À eux deux, ils formaient un couple uni, sans grands heurts, sans regard inutile sur le passé, sans doutes sur l'avenir. Un couple heureux dont j'étais fier d'être le fils.

La décision de notre départ pour le Nouveau-Monde fut prise au sortir de l'église, et sans doute le sermon du père Mulligan n'y fut-il pas étranger. Épiloguer sur la terre promise, narrer la longue errance du peuple de Moïse ; autant de sujets qui enflammèrent les esprits surchauffés de ces hommes qui ne voulaient plus vivre la honte et l'esclavage.

Après la parole sacrée, la science et la vérité du vin. C'est ainsi que mon père voyait les choses, et la taverne du « Cheval fou » y accueillait chaque dimanche les plus acharnés de nos paroissiens. On y philosophait, on y refaisait le monde, mais surtout on y buvait sec.

De pinte de bière en gallon de whisky les esprits s'échauffaient, les langues se déliaient et les vieilles rancunes refaisaient surface.

— L'Anglais nous opprime, criait l'un. La famine chaque jour nous menace un peu plus.

— Nous sommes esclaves sur nos terres, renchérissait un autre. Il faut se battre ou partir.

— C'est un combat perdu d'avance, hurlait la salle à l'unisson , les plus vindicatifs cognant leur verre sur le comptoir de bois.

— Alors partons, explosa le plus jeune d'entre eux, un gamin d'à peine vingt ans. Il est paraît-il, au-delà des mers, des rivages accueillants où des hommes décidès et courageux peuvent trouver fortune et notoriété. Les Amériques... Des terres arables ! du gibier à profusion ! des espaces démesurés !... Un pays neuf, un pays à prendre !... Voici la lettre d'un cousin installé là-bas depuis plus de six mois. Un paradis, compagnons, un véritable paradis.

Le jeune homme fit circuler la missive de main en main. Malgré sa jeunesse son enthousiasme était tel que même les plus vieux se rangèrent de son côté, d'autant plus que le récit de son parent regorgeait de détails prometteurs.

Ils se levèrent tous, entrechoquant leurs verres avec fracas. Père fut le premier à crier :

— Au paradis ! À la terre promise !...

Hurlant plus fort encore, le possesseur de la lettre réclama la parole.

— Attendez, compagnons ! Il y a mieux, beaucoup mieux ! Depuis deux jours, un navire hollandais est au mouillage dans le port de Corcaigh. Il appareille dans un mois, jour pour jour... Destination Louisiane, colonie française. Les « frenchy » (il souligna de son index un passage sur la lettre) y accueillent les émigrants à bras ouverts... Je vous le répète... Des terres à prendre.

De nouvelles manifestations de joie acclamèrent ses propos. Les cris fusaient de tous les coins de la salle.

— Moi j'en suis ! Si l'Irlande n'est plus aux Irlandais, qu'à cela ne tienne, nous referons notre patrie aux Amériques.

— Plus rien ne nous retient désormais, j'en suis aussi !...

— Tout vaut mieux que le servage ! Je suis du voyage !...

Les chopes se remplirent pour la énième fois. Père eut comme à son habitude le dernier mot, et tous de se rallier à sa voix de stentor.

— À l'Irlande ! À l'Amérique ! À la terre promise, au Nouveau-Monde !...

Ce fut ainsi, dans cette taverne sombre et enfumée aux relents de sueur et d'alcool, qu'une vingtaine d'hommes scellèrent irrémédiablement leur destin, et par là même celui de leur famille.

Patrick O'Brien, mon père, n'était certes pas homme à prendre ses résolutions à la légère, mais cette nuit-là, le whisky et la liesse générale aidant, il forgea dans son esprit l'irrévocable sentence.

Il marcha le reste de la nuit, tantôt approuvant et tantôt réfutant sa décision sans pourtant en changer. Depuis trop longtemps déjà il tournait en rond dans notre ferme tel un bélier dans son enclos. Ce voyage, la perspective d'une nouvelle vie, la joie d'avoir brisé les chaînes ; tout le confortait dans la pensée que son choix ne pouvait être que le bon.

Au petit matin, après une longue errance, ce fut à grands cris et force jurons qu'il nous sortit du lit ma mère et moi.

— Branle-Dieu ! Un mois... Je nous donne trente petits jours pour dire adieu à notre terre. Un navire est à quai à Corcaigh. Dimanche dans un mois nous y embarquons pour le Nouveau-Monde !...

Un régiment d'Anglais aurait subitement investi les lieux, déchargeant une salve de mousquets, que le choc et la surprise n'auraient pu être plus forts.

Le Nouveau-Monde ! Les mots magiques et mystérieux sonnaient dans ma tête comme le fer battu sur l'enclume.

Bien sûr, depuis quelque temps aux quatre coins de l'île, colportée par des marins en mal d'aventures, la nouvelle s'était dans toutes les bouches répandue comme une traînée de poudre, mais de là à franchir notre seuil, ni Lucie, ni moi, n'aurions jamais osé seulement l'imaginer.

L'Eldorado ! Mon père n'en rêvait plus, il le déposait à nos pieds.

Au fil des commentaires et des descriptions sans doute exagérés, se bousculaient dans mon esprit fébrile des visions enchanteresses : contrées peuplées de sauvages à demi-nus et d'animaux étranges, rivages paradisiaques aux longues plages de sable doré, montagnes inaccessibles dont les pics élancés se fondaient dans les nuages, vastes et profondes forêts aux arbres millénaires plus hauts que les clochers de nos églises, rivières tumultueuses où l'or se récolte plus dense que le blé de nos champs.

Toutes ces merveilles allaient bientôt s'offrir à nous... Père venait de le crier et il ne revenait jamais en arrière.

En trois semaines nous avions tout réglé, tout vendu, et déjà tout oublié : la maison, la terre, les chevaux, les mules, les brebis, les charrettes, les outils, le foin de l'été dernier, les meubles, la vaisselle, et jusqu'aux robes de ma mère. Elle n'en conserva que deux : celle de son mariage et celle qu'elle réservait aux voyages, elle qui jusqu'ici n'avait jamais quitté son lopin de terre.

Père se sépara même de ses deux chandeliers d'argent, honneur de la famille, héritage de son géniteur, avant cela hoirie de six générations d'O'Brien. Il ne voulut que son épée à la lame longue et large, double tranchant et pommeau gravé de deux têtes de lions gueule contre gueule, armoiries de notre clan.

Ce fut donc les mains vides mais la bourse rebondie que nous prîmes la route de Corcaigh.

Mère rythmait la cadence de nos pas par ses chants. Père marchait devant, fier et droit, sa longue épée battant son flanc. Moi je rêvais, un pied déjà posé sur les rivages du Nouveau-Monde.

Je venais d'avoir douze ans, bien que paraissant deux ou trois années de plus (Lucie dans sa fierté de mère clamait à qui voulait l'entendre que j'étais taillé dans le même roc que son homme) et je n'avais non plus jamais quitté la ferme familiale et ses environs.

Lorsqu'enfin je découvris la mer et l'imposant navire qui sur elle allait nous porter, j'eus aussitôt le sentiment tenace et irréversible qu'enfin je devenais un homme.

Père dut forger à mon égard une sensation identique car pour la première fois, en posant sa lourde main sur mon épaule, il oublia de m'appeler « petit ».

— Marcus ! Ici tout s'achève et tout commence !...

Les paroles du père Mulligan avaient vraiment un sens : « Ite missa est » !...

•••

Légère brise ou violente tempête, « l'Espérance » taillait sa route cap au sud sans jamais dévier d'un mille. S'il était arrogant et autoritaire, le capitaine n'en était pas moins un excellent marin. Ses coups de gueule et ses emportements rythmaient l'avance du navire.

— Corne de bouc ! Faudra-t'il que je souffle moi-même sur ces foutus carrés de toile. À la manœuvre, bande de singes ! Hissez les focs, faux, grand et petit. Mon pied dans le cul des traînards et mon bâton ferré dans la gueule des incapables !...

— Foutredieu ! la barre au sud. En berne les perroquets ! Descendez les huniers ! Bas les cacatois !... Piliers de taverne, culs-terreux, pisse-vinaigre !... Si le grain qui nous vient par le travers nous fout cul par dessus chemise, je jure à la barbe du dieu Neptune que vous passerez, avant même le grand plongeon, par le fil acéré de mon épée...

Quatre-vingt-seize jours, autant de nuits. La proue de « l'Espérance », sans jamais faillir, fendait les flots telle une lame aiguisée maniée par un infatigable faucheur.

Enfin, un matin la vigie hurla le mot béni de tous les marins au long cours : « Terre ! Terre !... »

Le premier contact avec notre nouvelle vie ne fut pas le rêve que nous avions pressenti.

Le capitaine nous consigna à bord, n'autorisant que son équipage à de courtes sorties afin de renouveler la cargaison de vivres et d'eau douce.

« Saint Domingue » ! Ce nom qui revenait sans cesse dans la bouche des hommes ne nous évoquait rien, et comment à la vue de ces plages désertes aurions-nous pu comprendre que nous étions dans ce monde nouveau tant espéré.

La journée fut triste et harassante, toute entière occupée à décharger les gros canots de marine. Les massives embarcations, bourrées jusqu'à la limite de flottaison de lourds tonneaux et de caisses cerclées de fer filtraient des odeurs alléchantes de fruits frais et de viandes sanguinolentes. Nous avions soif et faim, mais le capitaine intraitable refusa toute collation avant l'embarquement complet des marchandises.

Sous ce soleil brûlant, l'estomac dans les talons et la langue gonflée, ballottés sur cette mer trop calme aux eaux vertes, chacun d'entre nous, sans toutefois l'admettre, pressentait que nous ne reverrions jamais l'Irlande.

« Ite missa est ». Pourquoi la phrase que j'avais vue tel un espoir devenait-t'elle ici symbole d'angoisse et de peur ?...

Le lendemain le navire releva l'encre et toutes voiles tendues sous la brise légère, nous longeâmes les côtes de Cuba vers la Floride.

Durant plusieurs jours, l'inquiétude qui nous tenaillait augmenta avec la vision cauchemardesque d'interminables terres basses et marécageuses. Ce n'était pour nous que landes inhospitalières, où parfois, augmentant notre trouble, s'agitaient en vociférant de longues silhouettes humaines armées de bâtons.

— Corne de bouc, sauvages incultes et sans âme ! Un jour prochain nous reviendrons vous faire goûter du bâton blanc !...

Le capitaine savait-t'il que sa prophétie ne tarderait guère à se réaliser. Ce n'est que bien des années plus tard que je compris la haine des Séminoles, les légitimes occupants de ces côtes. Nous n'étions à leurs yeux que de monstrueuses fourmilières flottantes habitées d'insectes carnivores et dévastateurs.

L'entrée dans le golfe du Mexique ne fut guère plus rassurante. Mais où donc se trouvaient les vertes forêts et les rivières charriant de l'or ?...

Pressés sur le pont tel un troupeau inquiet, nous ne vîmes à tribord que d'infinies bandes de sable blanc, à peine ombrées d'une végétation terne et rabougrie qui mollement tremblait sous une brume de chaleur.

Le centième jour, la vigie, qui depuis des heures fixait l'horizon de son œil aiguisé, hurla brusquement d'une voix tonitruante : « **Biloxi ! Biloxi !** »...

Ce fut d'abord, offertes au regard, de sveltes forêts de cannes, délicates touches de verts tendres ; puis aussitôt en retrait, le vert sombre de la barrière arborescente délimitant l'horizon.

— La pinède sans retour ! hurlait l'équipage. « **Biloxi** », fin du voyage, arrêt buffet !...

Il était aisé de comprendre que nous étions face au nouveau monde de nos ambitions. Ils se dressaient à présent devant nous, les grands arbres aux flèches crevant les nuages. « **Biloxi** », nom étrange aux consonances exotiques, rédempteur des douleurs et des peines, promesse d'espoir et de renouveau.

Nos poitrines se soulevaient en un rythme endiablé, nos cœurs battaient à se rompre, nos regards se faisaient plus élargis, plus ronds, éblouis, émerveillés... Une autre vie, un nouveau dieu descendant des nuées.

Lentement, avec une voilure réduite, « l'Espérance » se rapprocha de la côte.

Des pléiades de grands oiseaux blancs tourbillonnaient autour du navire en de vastes cercles concentriques, mêlant leurs cris perçants aux jurons des marins, aux ordres aboyés du capitaine, au plissement chuintant des lourdes voiles, aux sifflements furieux des cordages.

L'atmosphère était lourde, immobile, caniculaire, emplie d'odeurs suaves et mystérieuses.

Les corps ruisselaient d'âcre sueur. Les hommes s'agitaient, s'invectivaient, hurlaient, riaient, s'injuriaient à nouveau.

Les ordres nets et concis du capitaine réussirent tant bien que mal à couvrir le charivari des volatiles et de son équipage : « Amenez la grande vergue ! » « Mouillez l'ancre ! ».

Je crus alors entendre les cognements sourds de mon cœur, mais ce n'était que le raclement de la haussière et le piétinement des marins sur le pont.

Les silhouettes aperçues tantôt, dérisoires et floues, reprirent des proportions normales. Au loin une cloche sonna et le soleil levant inonda soudain d'une lueur dorée la foule disparate et colorée se bousculant sur le quai de planches.

Alignés comme à la parade, les officiers français en grande tenue d'apparat tentaient vainement de retenir le flot humain qui se pressait dans leurs dos. Il y avait là, se côtoyant sans gêne apparente, de rudes hommes des bois, barbus et vêtus de peaux tannées, coiffés d'étranges bonnets de fourrure, porteurs de longs fusils et de couteaux à larges lames glissés à nu dans leurs ceintures ; d'arrogantes « grandes dames » aux robes enrubannées, protégeant leur teint pâle de l'ardeur du soleil par de petites ombrelles aux couleurs vives ; des nègres herculéens aux dents d'une blancheur d'ivoire, s'efforçant de maintenir sur leur crâne rasé de volumineux ballots d'étoffes et de peaux ; des matrones à la poitrine opulente nous incitant à les rejoindre au plus vite, agrémentant leurs verts propos de gestes obscènes ; des messieurs en redingotes, emperruqués de neige, de fines épées aux pommeaux ouvragés plaquées à leurs côtés.

Mais surtout, se dissociant de la foule par leur port simple et majestueux, nous regardaient de grands hommes à demi-nus. Leur peau était couleur de terre cuite et de longues mèches noires piquées de plumes bigarrées descendaient en cascade sur leurs épaules musclées. Des tatouages et des peintures pourpres ornaient leurs faces et leurs poitrines, renforçant leur allure guerrière. Si leurs prunelles sombres se fixaient parfois sur un visage alentour, ils ne semblaient pourtant pas voir, comme égarés dans un monde qui n'était pas le leur. À leur contemplation, je compris que mon Irlande natale n'était déjà plus qu'un lointain souvenir.

La voix du capitaine, tranchante comme une lame, vint couper court à mes rêveries.

— Les Irlandais en cale ! Le bétail d'abord, les hommes plus tard !... Corne de bouc ! Barbe de Satan ! Aux ordres ! Aux ordres !... Ici la bête a plus de valeur que l'homme, en cale l'Irlandais, aux ordres ! Aux ordres !...

Les soldats du bord regroupés en masse compacte, menaçant de leurs baïonnettes, nous repoussèrent alors vers les écoutilles.

Mon père fulminant, rouge à en exploser, la main droite crispée sur la garde de son épée, brandit son poing agressif vers le premier spadassin, bien décidé à lui fendre le crâne. Mais ma mère attentive lui retint tendrement le bras, et d'un seul sourire apaisa la tempête aussi soudainement qu'elle s'était déchaînée.

— Calme-toi, Patrick, notre tour viendra. Les premiers pas vers une vie nouvelle ne sont-ils pas toujours gauches et hésitants ?...

— Branle-Dieu, Lucie ! Cette engeance ne connaît pas la chance qu'elle a de t'avoir à son bord !...

Le rire cristallin de mère fut la dernière note joyeuse avant le silence oppressant des cales.

Une heure, peut-être deux... L'arrivée au Nouveau-Monde se transformait soudain en cauchemar. Allions-nous revivre les angoisses de la traversée ?... Deux heures, peut-être trois... Aucun de nous ne parlait, chacun retenant son souffle, s'efforçant de ravaler dignement sa rancœur. Un Irlandais lorsqu'il accepte, accepte jusqu'au bout.

Enfin, après ce qui nous parut une éternité, les lourds panneaux de chêne s'ouvrirent à nouveau laissant filtrer une lumière douce et apaisante.

La face rougeaude du capitaine, masque de carnaval grimaçant, nous apparut éclairée d'un rai de lumière.

— À l'air, l'Irlandais ! L'Indien dépècera ton cuir, l'alligator rongera tes os, le soleil et les fièvres dessècheront ta couenne !... À l'air, l'Irlandais et bienvenue en Louisiane !...

Il ponctua ses paroles si peu encourageantes d'un rire gras, et s'éloignant à grands pas vers une destination inconnue, laissa le soin à ses sbires de diriger notre débarquement.

Réunis sans ménagement sur le pont, nous eûmes une surprise aussi forte que lors de notre accostage. Le quai était désormais désert, hormis quelques marins vaquant à leurs occupations coutumières.

— Branle-Dieu, s'écria père. Un troupeau de brebis irlandaises aurait donc suffit à débander cette foule qui grouillait tout à l'heure ?...

— Que nenni l'homme, l'apostropha un marin à la mine narquoise ! Ici les vivres manquent depuis trop longtemps. Ce bateau fut attendu plus fort que le messie et la carne en était sa parole divine. Faudra t'y faire l'homme ! Irlandais ou pas, t'as moins d'importance qu'un bestiau pour tous ces ventres criant famine !...

— Famine, protesta père ! J'ai vu sur ce quai plus de souliers vernis et d'étoffes précieuses qu'à la cour du roi Georges !...

L'homme ne put retenir ses éclats de rire.

— L'habit ne fait pas le moine et crois-moi, l'Irlandais, sous le velours et le taffetas, les culs ici pètent à vide.

Père ne répondit pas mais son visage se ferma. Il nous rapprocha de lui dans un geste protecteur. Sa poitrine se souleva avec me sembla-t'il un rythme inhabituel. Sans doute aujourd'hui doutait-il de la beauté de son rêve. Pourtant, n'étant pas homme à se laisser abattre à la première contrariété, il releva ses larges épaules, nous encourageant de ses paroles.

— Pas de panique, mes amours, on garde courage ! Tu l'as dit, Lucie, les premiers pas sont hésitants. Tout est à faire ! Alors pas de temps à perdre... En avant vers le soleil et la liberté !...

Les familles une à une s'éparpillèrent. Certaines mères, apeurées, serraient leur progéniture contre leurs poitrines, résignées. Leurs hommes les devançaient, têtes basses, mais le pas décidé. Plus de temps pour les regrets ! Trop de fierté pour les remords. Chacun son but, sa destinée.

Le fort français qui régissait la colonie était à l'image du pays : insalubre et délabré. Les fièvres rongeaient une bonne moitié de la population, en partie oisive et sans motivation, n'assurant qu'avec peine sa subsistance. Sans l'aide des sauvages qui lui fournissaient sans contrepartie légumes et céréales, aucun homme n'aurait pu être assez fort pour seulement se tenir debout. Tous ici, et jusqu'au gouverneur, semblaient avoir perdu leur étincelle de vie.

À cet état de résignation le pays n'était pas étranger. Les vastes étendues marécageuses où grouillaient serpents et alligators, les légions de moustiques porteurs de maladies inconnues, les forêts impénétrables et la chaleur moite traversée de rares souffles d'air étaient sans doute des raisons suffisantes pour que la Louisiane ne soit pas le paradis espéré.

Une centaine de cabanes de planches et de rondins se pressaient en désordre tout autour du fort dans l'illusoire réconfort d'une garnison bien incapable de remplir son rôle tant ses soldats étaient faibles, sous-alimentés et désabusés.

Seuls les officiers donnaient encore le change dans leurs costumes impeccables et leur démarche hautaine. Mais en y regardant de plus près, leurs mines hâves n'exprimaient pourtant que désespoir et désenchantement.

La France et son roi négligeaient leur lointaine possession. Celle-ci ne rapportait rien et les quelques sauvages ramenés à la cour ne servirent qu'à agrémenter les soirées des courtisans. Point d'argent, point de blé ni de canon pour cette terre qui n'était française que par un vague point sur une carte.

Seuls les proscrits, voleurs, criminels, mutins et prostituées y étaient envoyés, prétexte au désengorgement des prisons. Par ce coup double magistralement interprété le pays se voyait ainsi débarrassé de sa lie et procurait à la Louisiane le peuple dont elle avait besoin.

À ces reclus venaient s'ajouter quelques aventuriers sans scrupules acoquinés à des nobles ruinés et bannis de la cour, qui espéraient, avec l'aide des premiers, retrouver au Nouveau-Monde les fastes et avantages perdus.

Le fleuron de la colonie quant à lui se constituait d'une dizaine de familles aisées, installées plus avant sur les meilleures terres. Ayant investi leur fortune dans des milliers d'arpents, elles pratiquaient avec l'acharnement des pionniers la culture de la canne à sucre. Pour les seconder dans cette tâche ardue, leurs esclaves noirs, travailleurs infatigables et dont l'approvisionnement était assuré par les navires portugais et hollandais.

Puis venaient les coureurs des bois descendus du nord, véritables oiseaux migrateurs, rudes et peu causants, toujours sur le qui-vive et tirant leur subsistance du commerce des peaux.

Complément de ce peuple hétéroclite une multitude d'Indiens venus de tout le sud-est des Amériques : Biloxis, occupants légitimes et qui pour la plupart étaient pourtant traités plus bas que des esclaves. Choctaws dont les guerriers arboraient en permanence avec fierté une longue sarbacane de bambou. Chitimachas et Houmas, Natchez et Caddos, Hichitis, Apalaches, Ais, Timucuas, Tocobagas, Caluses, Cherokees aux chamans et à la médecine réputés, Tekestas, Keys, Yamasees, Cusabos, Catawbas et Tutelos.

Toutes ces communautés éclatées, bouleversées par les effets complexes de l'intrusion européenne, se disputaient le territoire et se livraient à des guerres sanglantes, dont Français, Anglais et Espagnols, établissant et défaisant des traités à leur profit étaient bien souvent la cause.

Qu'il était loin notre Eldorado, loin les rêves entrevus dans notre Irlande natale...

•••

Durant l'année écoulée, père défricha quelques arpents de terre bien à l'écart du fort et de ses habitants. Avec mon aide et celle de Lucie, il y éleva une agréable petite maison. Les murs larges et épais étaient bâtis de solides rondins de cyprès chauves (bois choisi pour ses qualités d'imputrescibilité) et la toiture recouverte de tuiles de pin taillées à l'herminette.

Certes notre demeure n'avait rien d'un palais, ni même d'une de ces maisons bourgeoises qui commençaient à fleurir sur les grands domaines d'exploitation de la canne, mais elle se fondait harmonieusement dans le milieu environnant ; et lorsque le soir nous sortions tous trois prendre l'air, assis en tailleur sur la petite avancée de planches, mon cœur bondissait dans ma poitrine tout à la joie d'avoir une famille et un toit pour l'abriter.

Il manquait pourtant bien des choses pour que notre bonheur soit total. Nous n'avions que très peu de contact avec les autres membres de la colonie, mon père se refusant à partager le défaitisme de nos voisins, car même nos compatriotes semblaient s'être endormis dans la paresse et le désœuvrement. Seuls étaient nos amis quelques Indiens en maraude, quelques coureurs des bois qui s'arrêtaient chez nous, trop rarement, le temps d'une soupe chaude ou d'une discussion discrète avec père, assis à l'ombre des pins et fumant de grosses pipes de tabac noir.

Ainsi au fil des jours, la solitude devenant trop pesante, nos ambitions s'estompaient, nos espoirs s'amenuisaient. L'ennui s'installait dans nos cœurs telle une épine dans les chairs s'enfonçant toujours plus avant.

La belle et prospère ferme dont père avait rêvé ne trouvait même plus assez de terre arable dans nos imaginations pour avoir encore une seule chance de s'élever. Non pas que nous manquions de courage, mais notre retrait du monde nous en supprimait les avantages.

Mère, qui refusait obstinément de se laisser aller à la morosité, occupait vaillamment ses journées à l'entretien du potager. Il y poussait tant bien que mal, contrariés par des mâchoires sauvages, fèves, haricots, courges et céréales ; ordinaire avec le gibier de nos repas quotidiens. Malgré cela Lucie avait elle aussi bien changé. Elle ne chantait plus guère, et ses joues si colorées jadis s'étaient fanées, lui laissant en permanence sur le visage une pâleur alarmante.

Plus d'une fois nous l'avions surprise, stoppée dans ses activités au jardin, cassée en deux par une effroyable quinte de toux. Nous apercevant alors, elle se redressait vivement nous gratifiant d'un lumineux sourire, avec aux lèvres des mots rassurants.

— Il n'y a vraiment pas de quoi s'alarmer... Ce n'est qu'une petite toux passagère... Je finirai bien par me faire à ce climat !...

Et regardant alentour :

— Le ciel est si limpide ce matin !... Entendez-vous le tambourinage des pics ?...

Instinctivement nous tendions l'oreille. Aussitôt son rire frais dissipait nos dernières inquiétudes et nous éclations de rire à notre tour.

Toute à sa joie elle nous fixait alors de ses grands yeux bleus débordant d'amour, nous embrassait passionnément, moi d'un gros « smac » retentissant et père d'un long baiser amoureux, ne reprenant son souffle que pour lui susurrer dans le creux de l'oreille :

— N'aies pas peur, Patrick ! Ta femme est forte !... Ne suis-je pas une Irlandaise ?... Je t'aime, mon homme, ma douce montagne.

Puis en trottinant, convaincue d'avoir rassuré sa tribu, elle regagnait l'intimité de la maison. Père me passait distraitement la main dans les cheveux, hochant la tête avec des « Hum, hum !... » interrogatifs et repartait vers ses occupations en m'incitant à faire de même. La vie et la charge de son quotidien, plus forts que tout, reprenaient leur cours.

Quant à moi, réfugié dans mon égoïsme d'adolescent, j'avais perdu une bonne partie de mon engouement pour cette terre. Avaient-elles coulé sans que je les vois les rivières gorgées d'or ? Avais-je oublié les clochers d'Irlande pour pouvoir encore les comparer aux grands pins séculaires ? Il faut tant et tant de choses pour satisfaire un homme, que les trésors qui dorment à ses pieds ne sont jamais assez nombreux ni brillants !...

Pourtant malgré ma nostalgie, il était encore une activité qui me faisait toujours vibrer et me tirait du lit à l'aurore : les longues randonnées de chasse avec père.

Il avait acquis, offert par un vieux trappeur qu'une profonde blessure avait immobilisé chez nous quelques jours, un gros calibre 45 ainsi qu'une légère carabine de petite chasse. Cette dernière, père me l'offrit le jour de ma treizième année. Sans doute ma plus grande joie et sa plus belle marque d'affection et de confiance.

Ensemble et parfois jusqu'à la nuit tombante nous parcourions les bois et les marais, infatigables et acharnés, tant l'approvisionnement en viandes fraîches se révélait un acte capital pour notre survie.

Père tirait le gros gibier, trop massif pour la faible puissance de mon arme ; essentiellement des daims et des alligators, fort nombreux dans la région. Parfois même, lorsque nous étions chanceux, un grand cerf en pâture au mitan du bayou.

Ces imposantes pièces, mère nous les accommodait en excellent ragoût ou bien tournées à la broche au-dessus d'un tapis de braises.

Pour moi il restait la délicate mission de nous pourvoir en volatiles de toutes sortes, ratons laveurs et autres petits mammifères. Il fallait pour cela se couler dans les buissons en une approche silencieuse dont père aurait été bien incapable, handicapé par sa trop forte corpulence.

J'étais également devenu expert en pillage de nids, nous régalant ainsi de gros œufs de dindons sauvages que nous gobions sur place en guise de repas.

Ces oiseaux se révélaient être une véritable manne tant il était aisé de les tirer lorsqu'ils s'égaillaient à notre approche en troupe bruyante, maladroits sur leurs grosses pattes.

Ce jour-là, une belle journée de printemps, aurait pu être une rentrée de chasse habituelle où, comme à chaque retour, m'envahissait une oppressante tristesse, à peine atténuée par le désir de revoir mère.

Père avançait d'un bon pas, sans doute pressé par la même envie, et je m'efforçais de me maintenir à ses côtés.

Il portait en travers des épaules un monstrueux alligator dont la gueule béante pendait sur sa poitrine, tressautant à chacune de ses enjambées, redonnant à la bête un semblant de vie.

À cette effrayante vision, je compris à quel point mon père pouvait être rustre et sauvage et combien je lui ressemblais déjà, tant par le physique que par l'âme et l'esprit.

Sans prévenir le soir tomba. Une légère brise agita mollement les branches basses des pins. Parfois celles-ci venaient effleurer le sol dans de sinistres crissements, soulevant la poussière en nuages vaporeux. Et soudain le soleil disparut derrière la barrière de l'horizon, ses derniers rayons balayant la forêt d'une inquiétante lumière irisée. Le vrombissement des insectes et le chant des oiseaux, de fanfare, s'atténua en murmure, pour s'endormir enfin dans le silence.

L'heure vint où les couleurs de la terre se transforment, où les ombres deviennent fantômes, où la vie bascule d'un monde à l'autre, où le jour s'efface pour que s'éveille la nuit.

C'est alors qu'il se dressa devant nous, à peine distant d'une vingtaine de pas. Un Indien comme nous n'en avions jamais rencontré. Il était presque aussi grand, aussi fort que père, statue de pierre rouge au milieu du chemin.

Dans la lumière du crépuscule son regard fauve luisait comme les dernières braises d'un feu qui s'éteint.

Une sombre toison encadrait son énergique visage en deux tresses épaisses, bleutées comme du métal poli. Trois larges plumes blanches et noires, deux dressées vers le ciel et l'autre retombant sur son épaule, rehaussaient encore la majesté de ses traits.

Il était vêtu d'une longue tunique frangée en peau de daim. Sur sa poitrine s'étalait un large plastron cousu de piquants de porc-épic et de mèches de cheveux noirs. Des culottes de cuir tanné et des mocassins à jambières ornés de perles multicolores complétaient harmonieusement sa tenue. À son cou, étalé en arc de lune, pendait un collier de griffes brunes larges d'un bon pouce, signe qu'il devait être un haut dignitaire parmi son peuple.

De la main gauche, il serrait un grand arc de bois et sept ou huit flèches à pointe de fer, empennées de plumes rouges. Dans la droite, une cravache piquée de clous de cuivre. À sa ceinture tressée pendait une courte hache au fer souillé de taches brunes.

Un guerrier... Cet homme était un guerrier !... Il respirait la vie et la mort mêlées dans un même souffle.

Nous étions figés, pétrifiés... L'homme était apparu si brusquement, comme porté par le vent.

Brisant l'instant magique, il s'avança vers nous en de longues foulées souples et rapides.

Père serra plus fort la crosse de son arme et je vis blanchir les jointures de ses doigts. Mais son regard ne se détacha pas de l'Indien. Lui avançait toujours. Père ne bougea pas mais déjà leurs yeux se parlaient.

Affolé je fis mine de lever ma carabine, plus par instinct que par un acte réfléchi. Père aussitôt suspendit mon geste.

— Ne bouge pas, Marcus ! Surtout ne bouge pas !...

Maintenant proche à nous toucher, l'Indien leva sa main droite, mais non pour frapper, seulement pour saluer. Celle-ci s'ouvrit lentement, doigts écartés, laissant échapper la cravache, qui retenue au poignet par un lacet de cuir pendit mollement le long de son bras.

D'une voix profonde, dans un dialecte chantant et guttural, il s'adressa à nous :

— Hau ! Mon peuple est dispersé, parti. Si je crie, j'entends ma voix dans les profondeurs de la forêt, mais aucune voix ne me répond. Tout est silence autour de moi !...

Père mesura la valeur de ces énigmatiques paroles. Il n'était pas pressé de s'exprimer à son tour... Comprendre avant de répondre.

Bien que traduisant parfaitement les mots, je ne pus en saisir le sens caché. La langue ressemblait au parler Biloxi, mais ceux-ci se contentaient pour communiquer avec nous d'un langage réduit à sa plus simple expression.

L'homme rouge baissa la tête avec une légère inclination sur le côté, ce qui paraissait être une autre forme de salutation. À nouveau il parla :

— La piste du Cerf-rouge a croisé les empreintes du Fils-de-l'ours. La flèche sacrée des Lakota vole vers les nuages et par elle le peuple renaîtra plus nombreux que les étoiles au firmament.

Père comprit-il le sens de ses paroles ? Pourtant il n'hésita plus et sa réponse fusa, claire et limpide comme l'eau de la source.

— Le Fils-de-l'ours posera à son tour ses empreintes dans celle du Cerf-rouge. La flèche sacrée des Lakota percera le nuage et le peuple renaîtra plus nombreux que les galets des rivières.

Je ne sais où père puisa son inspiration, mais les mots durent être ceux que l'Indien attendait, car il sourit. Ses prunelles scintillaient d'une telle lueur que j'en baissais les yeux, timide et comme aveuglé.

Tous deux ils s'assirent au milieu du chemin, jambes croisées, l'un face à l'autre, leurs respirations se mêlant.

Je me tenais à l'écart, silencieux, debout, osant à peine respirer, aussi ignorant de la demande de l'Indien que de la réponse de père.

Sortant de dessous sa tunique un petit sac en peau de loutre, l'Indien se saisit délicatement d'une longue pipe de bois au fourneau de pierre rouge. Une touffe de courtes plumes et un lacet de cuir entrelacé en étaient l'unique ornement.

L'homme rouge la bourra posément de longues lanières de feuilles brunes et odorantes. Ses gestes étaient graves et attentionnés. Il la porta à ses lèvres et s'aidant d'un briquet d'amadou y fit naître une auréole incandescente.

Aspirant alors profondément, la tête légèrement rejetée en arrière, les paupières closes, le fourneau pointé vers le ciel, il souffla la fumée par la bouche et les narines en volutes bleutées à l'odeur âcre et pénétrante. Il répéta ainsi les mêmes gestes vers les quatre directions, associant les points cardinaux à des couleurs : le noir, le rouge, le jaune et le blanc.

Des étincelles jaillirent, minuscules étoiles d'abord accrochées aux eaux sombres de ses pupilles, puis s'unissant au panache de fumée, s'élevant enfin vers le ciel, emportant sa prière.

« Je me tourne vers l'Ouest où le rocher noir originel a émergé de la terre
Je lève ma pipe dans cette direction et je prie
Je me tourne vers le Nord où le rocher sacré a jailli de la terre
Et je prie en direction de ce rocher sacré
Je me tourne vers l'Est où le rocher jaune est né de la terre
Et je prie dans cette direction
Je me tourne vers le Sud où de la terre est sorti le rocher blanc
Et je prie dans cette direction » *

L'incantation achevée, il tendit alors la pipe encore fumante à père, des deux mains, le tuyau dirigé vers son cœur.

Sans précipitation père s'en saisit. Tout dans son attitude n'était que calme et dignité. Gestes pour gestes, mots pour mots, il reproduisit avec autant de ferveur le cérémonial.

Séparés par toutes les différences qui les distinguaient, les deux hommes s'étaient pourtant fondus l'un dans l'autre. Ils ne formaient à présent qu'une seule et même entité.

La nuit maintenant descendue sur la forêt, nous enveloppa de son voile noir. Le temps semblait s'être arrêté. L'instant devint magique. Deux êtres venaient de se comprendre profondément, d'unir leurs vies, leurs destinées ; d'accepter de suivre ensemble un chemin tracé dans l'univers.

J'aurais aimé être auprès d'eux, en eux. Agir, me sentir présent, utile. Mais l'Indien ne me regardait pas et père m'avait oublié ; étaient-ils tous deux encore conscients de ma présence ?... Je n'étais sans doute à leurs yeux que le vent, ce vent trop faible pour à peine soulever les pans de leurs tuniques !...

Pour oublier et pour ne pas pleurer, je fermais les yeux. La pression d'une main sur mon épaule me les fit rouvrir. C'était une main rouge, et le visage qui me contemplait, si grave et recueilli l'instant d'avant, s'illumina d'un radieux sourire.

Le Cerf-rouge me parla, presque un murmure. Sa voix était chaude, emplie de tendresse.

— Le jeune guerrier cherche sa voie dans l'obéissance, le respect, l'honneur et l'écoute. La vision du Cerf-rouge a traversé les grandes eaux, elle vole vers les nuages... Le fils du Fils-de-l'ours y trouvera sa place.

Il y eut un long silence, ce calme oppressant qui règne sur l'océan avant la tempête. Puis père le premier redonna à la nuit le souffle qu'elle avait suspendu.

— Il faut rentrer, mon fils, ta mère doit être morte d'inquiétude.

Jamais jusqu'ici nous n'avions laissé la nuit nous surprendre. C'était depuis toujours une règle sacrée, et père se sentait un peu honteux d'y avoir pour un soir dérogé.

Il fut convenu que demain à la même place nous retrouverions le Cerf-rouge. L'heure ne fut pas fixée. Il nous attendrait.

Ombre furtive se coulant dans l'obscurité, plus souple et silencieux que le félin guettant sa proie, l'Indien avant de disparaître murmura ces derniers mots qui se répercutèrent sur les troncs massifs des grands pins :

---

* *Chant de prière des Sioux Lakota.*

— Que mon frère porte la parole dans son tipi, qu'il décide et qu'il agisse.

C'est au pas de course que nous parcourûmes les quelques lieues qui nous séparaient de notre demeure.

Mère avait allumé un grand feu et très vite sa vive lueur devint notre guide. Lorsqu'elle nous aperçut, fébrile, elle se mit à courir à son tour, balbutiant entre deux sanglots.

— Patrick, Marcus !... Enfin vous voilà, Dieu soit loué !...

Jetant bas l'alligator, père la hissa jusqu'à son visage, la couvrant de baisers passionnés.

— Tant à raconter ma mie... Mais d'abord à table ! Ce rôti n'a que trop attendu et j'ai si faim que je dévorerais la lune !...

Ce fut une nuit agitée, une de ces longues veilles où le sommeil n'est pas au rendez-vous. Les événements de la journée défilaient dans ma pauvre tête à la vitesse d'un cheval au galop.

Obéissance... Écoute... Honneur... Respect !... Le fils du Fils-de-l'ours y trouvera sa place !...

Je n'étais donc pas exclu, un avenir se dessinait pour moi. Et mère ? Qu'allait-elle penser de notre étrange rencontre ? Demain... Demain... Revoir le Cerf-rouge !...

•••

Chapitre 2.

« La mort n'existe pas, elle est transformation
Et de la chrysalide naîtra le brillant papillon. »

Père dut être suffisamment convaincant, et mère comme à son habitude tolérante et compréhensive, car au petit matin nous étions tous trois sur le pied de guerre, bien décidès à tout abandonner.

Nous allions retrouver Cerf-rouge et le suivre dans sa quête sans la moindre idée des territoires sauvages et inconnus qui nous attendaient, mais cependant convaincus de sortir enfin du sommeil pour s'élancer à nouveau vers la vie.

« Le Fils-de-l'ours posera ses empreintes dans celles du Cerf-rouge. »

Nos bagages furent réduits au strict minimum, entassés pêle-mêle dans une large besace. D'abord les objets les plus usuels : couteaux, haches, cordages, briquets et mèches, fils et aiguilles de toutes tailles, une longue-vue de marine en cuivre rouge et deux grosses gourdes de cuir souple ; puis par dessus, ce qui subviendrait à nos premiers repas : fèves et haricots secs, longues lanières de viande boucanée, sacs de sel et de sucre, farine de maïs et de blé noir. Un gros pain cuit de la veille fermait le sac en répandant son odeur alléchante de froment dans l'air frais du matin.

Pour père une seconde charge : l'équipement de survie qui, disait-il, primait sur tout le reste. Un tonnelet de poudre, six livres de balles et de petits plombs, deux larges coutelas à manche de corne, son épée et son gros calibre 45.

Enfin, amoureusement pliée et enveloppée dans une fine peau de daim, la robe de mariée de Lucie, son trésor.

Elle ne l'aurait abandonnée pour rien au monde, ayant réussi à convaincre père qui hésitait à s'encombrer d'une charge inutile à son sens.

Les larmes aux yeux et la voix tremblante, elle lui murmura que cette robe symbolisait toutes les joies de son existence, toute sa jeunesse et tout le bonheur des jours à venir.

Père ne sut que répondre et sans un mot enfouit le petit ballot sous sa chemise, pressé contre son cœur.

Cerf-rouge nous attendait, immobile, à la même place. À croire qu'il n'avait pas bougé depuis notre rencontre.

Il avait dénoué ses nattes, peint son visage de deux larges bandes blanches, soulignant chaque pommette de rouge ocre. Ses longs cheveux flottant au vent lui donnaient un aspect si farouche que Lucie à sa vue ne put retenir un mouvement de recul, recherchant aussitôt la protection de père.

Mais le sauvage s'inclina devant elle avec tant de respect et de noblesse, qu'oubliant sa peur et ses inhibitions, rougissant légèrement, elle lui rendit son salut en le gratifiant d'un de ses plus beaux sourires. Se rappelant l'indifférence que la plupart des Indiens affichaient envers la femme blanche, elle fut d'autant plus touchée par la révérence de celui-ci, et d'instinct en éprouva à son égard une profonde affection.

Quant à moi je bouillais d'impatience, trépignant sur place, avec pour seul désir le signal du départ.

Cerf-rouge, lui, ne semblait pas pressé. Calmement il s'assit et nous invita de la main à suivre son exemple. Puis il se mit à parler...

— Je suis Cerf-rouge, fils de l'Élan noir, Waayatan de la tribu des Lakota, les fils et les filles de « Maka » la mère terre.

Mon peuple est loin vers le nord et ses tipis se dressent à la source du Père-des-Eaux.

Voilà bien des lunes que le Cerf-rouge a quitté ses frères, obéissant à la vision sacrée qui l'a conduit au voyage.

J'ai vu le grand guerrier à la chevelure de feu, le puissant, le Fils-de-l'ours. J'ai vu la fragilité et la beauté de l'âme de sa compagne et j'ai vu la légende du fruit de leur chair peinte dans le grand cercle de l'univers. Alors je suis venu, car le Waayatan marche vers sa vision.

« Où voles-tu mon frère, a demandé l'Aigle-tacheté ? Où te mènent tes ailes, Waayatan ? »

« Je vais là où la flèche perce les nuages, je vais à l'encontre de l'arc. »

« Et pourquoi cette route mon frère, a demandé l'Aigle-tacheté ? »

« J'ai vu le temps où mon peuple connaîtra la douleur et l'humiliation de l'esclavage. Le temps où les guerriers rougiront la prairie de leur sang, où nos squaws enfanteront des orphelins. Le temps où le bison se couchera sur le sol pour y mourir, où la terre de la prairie verra son cœur mis à nu. Les visages pâles seront alors plus nombreux que les oiseaux dans le ciel d'automne. Ils fouleront la terre mère des sabots ferrés de leurs chevaux, et l'homme rouge ce jour-là, sur son poney de guerre, verra pour la dernière fois se coucher le soleil. Alors nos rivières déposeront sur les berges les ossements de nos pères, et le ciel à son tour deviendra rouge, rouge du sang vermeil des enfants de la terre. »

« Va, mon frère, a répondu l'Aigle-tacheté ! Va !... Tu ne changeras pas le cours de ta vision, mais tu en comprendras le pourquoi !... »

Alors que nous buvions ses paroles, brusquement Cerf-rouge se tut. Il leva son regard au ciel, sa main droite posée sur son cœur.

Une grande vague de tristesse déferla sur ses traits et deux larmes tracèrent un sillon dans la peinture de ses joues.

La forêt tout entière s'offrait maintenant à l'écoute. Seul un pic noir, tout proche, soudé à l'écorce d'un vieux tronc, le martelant de son bec puissant, égrenait dans le silence ses notes saccadées ; horloge de l'oubli, marquant ainsi la rupture du temps... Une éternité !...

Puis très loin cette fois, comme venue du fond de nos consciences, rejaillit la douce mélodie d'un couple de pinsons, accords joyeux de la vie, réactivant l'espace.

Cerf-rouge, la voix encore vibrante d'émotion reprit la parole.

— Je suis venu te chercher et les miens pleurent mon absence, Fils-de-l'ours. J'ai marché dans tes traces depuis le grand canot et j'ai vu...

Ton cœur est pur comme le cœur de l'Aigle, ta force est la force du grand Ours. Ton fils sauvera la mémoire de mon peuple et l'esprit de la nation Lakota se déversera sur la terre comme les eaux du fleuve. Le jeune guerrier est la flèche qui vole vers les nuages. Il verra se lever plus de lunes que les Grands-Pères de la forêt, et l'ombre de la mort s'évanouira devant son pas. De la terre à la terre et de la terre au ciel, toute vie est unie car du ciel à la terre.

Moi Cerf-Rouge, le waayatan, j'ai prié et devant mes frères j'ai parlé.

Mère pleurait doucement, son doux visage noyé de chaudes larmes, le cœur débordant d'amour et de compassion.

Père, le regard tourné vers le nord, fixait intensément le trou sombre de l'insondable forêt, la petite main de Lucie pressée dans sa grosse main d'homme. Sans doute voyait-il derrière la prophétie de Cerf-rouge s'en profiler une autre : la fragilité de sa compagne. Pourtant lorsque son regard croisa celui du Cerf-rouge, ses mots ne trahirent ni doute ni émotion.

— Nous te suivrons, Waayatan !...

L'Indien ne répondit pas mais il acquiesça d'un léger hochement de tête.

Et moi, bien que ne comprenant pas, je pressentis pourtant que sur ce sentier de poussière, dans l'épaisseur de ces bois, portés par la parole de celui qui serait notre guide, si loin de notre patrie, nous redécouvririons le désir, l'espoir et l'envie.

Vers quelle destinée nous mèneraient nos pas, et pourquoi étions-nous décidés à entreprendre un si long périple ? Ni père, ni mère n'auraient pu me le dire. Aurais-je eu seulement le désir de l'entendre ? Une seule chose comptait pour moi. M'échapper des griffes redoutables de l'ennui.

Et lorsque Cerf-rouge nous expliqua le trajet à suivre, certes nos oreilles écoutaient attentivement, mais nos cœurs et nos esprits étaient déjà ailleurs, peut-être même plus loin que notre histoire présente.

Nous allions rejoindre la nation du Cerf-rouge en remontant le Mississippi jusqu'à sa source, vers la grande plaine du Minnesota, les mille lacs, la terre des Lakota. Nous apprîmes avec ravissement que le grand fleuve, « le Père-des-Eaux », se gonflait tout au long de son cours d'affluents aux noms évocateurs : « Pekitanoui » l'eau bourbeuse, « Ohio » la très belle rivière, « Arkansas » le fils turbulent descendant des Rocheuses en tumultueux rapides ; chacun de ses enfants, eux-mêmes arrosés de nombreuses mais plus modestes rivières.

Nous irions tout droit vers le nord, couvrant près de deux mille milles, traversant des territoires où bien peu de blancs n'osaient encore s'aventurer.

Au fil de l'exposé de Cerf-rouge me revenait en mémoire les récits des coureurs des bois émaillés des innombrables dangers que recelaient ces contrées sauvages. Selon leurs dires la cruauté de l'homme rouge ne connaissait pas de limites : hommes dépecés vivants, brûlés à petit feu ou bien jetés en pâture aux bêtes sauvages. Pourtant lorsque je regardais Cerf-rouge, ébloui par la sincérité de son cœur, la profondeur de son regard, toutes ces histoires m'apparaissaient comme de pures fabulations nées d'esprits orgueilleux et vantards.

Alors que mère ne pouvait toujours contenir le flot de ses larmes, Cerf-rouge se releva doucement et c'est pour elle qu'il prononça ces mots :

« La douleur s'envole comme la graine dans le vent, elle ensemence la terre et redevient l'arbre de vie. »

Cerf-rouge ouvrait le chemin d'un pas souple et coulé, glissant plus qu'il ne marchait sur l'épais tapis d'aiguilles de pin. Il portait son arc à la main, et le dos légèrement courbé, il scrutait en permanence le sol à la recherche de traces, invisibles pour nos yeux de profanes, mais fil conducteur de notre périple pour son regard perçant.

Nous le suivions de près, silencieux, chacun de nous plongé dans ses pensées, attentifs à poser nos pas dans les siens.

Ce matin encore, à l'idée de la grande aventure, mon esprit se serait gorgé d'orgueil, mais à présent les yeux rivés sur le dos puissant de notre guide, me remémorant ses phrases d'amour et de paix, il me semblait comprendre que la force d'un homme n'est pas dans le déroulement de ses actes mais dans la profondeur du but qu'il s'est fixé. Devenir un être humain et marcher côte à côte avec ses frères, conscient de sa place et de celle de l'univers.

Au fur et à mesure de notre progression la forêt se transforma, se diversifia. Aux pins moins présents se mêlaient d'autres essences. Des chênes majestueux s'élançaient vers le ciel, solitaires géants protégés de bosquets d'ormes et de hêtres, eux-mêmes encerclés d'épais fourrés de jeunes magnolias, d'où s'exhalait de larges corolles nacrées un parfum enivrant qui agaçait nos narines à la limite du vertige.

La sylve nous enveloppa dans son manteau de verdure. Son souffle devenait le nôtre, son cœur palpitait au rythme de nos cœurs, celui des plantes et des animaux.

Dans l'entrelacs des branches, sous la frondaison, au mitan des taillis, dans les cavités des vieux troncs, la gent ailée nous offrait un merveilleux et envoûtant concert : trilles modulés des merles, crescendo de notes claires en notes graves, pépiements variés et mélodieux des fauvettes et des pinsons, stridulations rageuses des mésanges bicolores, croassements rauques des grands corbeaux, tam-tam lancinant des pics. Parfois, venu de très loin, marquant le tempo des petits musiciens, retentissait le puissant brame d'un vieux cerf rappelant ses biches.

Il nous arrivait à l'entrée d'une clairière de surprendre une harde de daims, les femelles broutant paisiblement, leurs jeunes pressés contre leurs flancs, tandis que les mâles à grands coups de boutoir sur les troncs tentaient désespérément d'ôter le velours de leurs larges bois. Plus d'une fois je fus tenté de faire usage de ma carabine, mais un seul regard, une seule remarque de Cerf-rouge suffisait à m'en dissuader.

— Un daim pour quatre ! Le jeune guerrier a grand appétit !...

Boutade qu'il me réservait à chaque tentative. Et j'en étais encore à ruminer sur la dernière lorsqu'un gros chat sauvage soufflant et crachant, le poil hérissé et toutes griffes dehors, nous invita rageusement à quitter au plus vite son domaine. Père à son tour épaula, mais Cerf-rouge aussitôt s'interposa.

— Le Fils-de l'ours ne défendrait-il pas sa tanière ?

Il nous désigna alors une vieille souche creuse d'où s'élevaient des miaulements plaintifs. Trois adorables chatons à la queue annelée nous regardaient de leurs grands yeux apeurés.

Père quelque peu honteux de sa précipitation, mais sans regret pour son coup manqué, philosophe, se retourna vers moi avec un sourire complice.

— Nous sommes quittes, fils !...

Ainsi sans trop avoir à en souffrir, sous le regard bienveillant de Cerf-rouge, nous réapprenions le respect de la vie et le choix conscient de la préserver ou de la prendre.

Lucie quant à elle, bien loin de nos préoccupations de chasseur, trottinait d'un pas alerte. Elle avait quelque peu retrouvé son teint coloré et son goût immodéré pour le chant. Sensible à la beauté de l'environnement et au chant des oiseaux, elle ne put faire autrement que de les accompagner et choisit pour cela une ancienne comptine irlandaise que je lui soupçonnais d'avoir transformée pour l'occasion.

« Le petit homme dans sa maison
dormait heureux, dormait paisible.
Par un matin d'un mois d'avril
Le petit homme dormait tranquille.

Le timbre de sa voix était si pur que même les oiseaux en oublièrent un instant leurs propres chants.

La pluie mutine à grosse averse
à son carreau vint à frapper.
À son carreau c'est une fée qui l'appelait
À son carreau la fée l'a réveillé.

Vers des cités, vers des contrées,
mon petit homme, il faut partir,
Et ta maison, et tes beaux rêves,
il faut partir et les laisser.

Il y avait ainsi trois ou quatre autres couplets, chacun relatant un long et périlleux voyage, puis la chanson s'achevait par ce qui je crois devenait notre espérance du moment.

Quand tout bien vieux et fatigué
sur le bord du talus s'est assis

le petit homme au fond d'son cœur
c'est lui-même... C'est lui-même qu'il rencontra. »

Portés par la joie communicative de Lucie, bercés par la douceur de ses chants, nous cheminions ainsi depuis de longues heures et déjà le soleil entamait son déclin. Lorsque nous débouchâmes sur une jolie clairière traversée d'un large ruisseau boueux, Cerf-rouge s'arrêta.

— Demain, nous dit-il, nous rencontrerons le Père-des-Eaux. Son papoose nous montre le chemin et c'est près de son lit que nous ferons le nôtre !...

Comme il allait déposer son arc sur le tronc d'un jeune chêne, un gros dindon s'extirpa avec frayeur d'un épais buisson.

Un gibier qui cette fois nous conviendrait et qui surtout allait me permettre de prouver mes talents de chasseur. La carabine en position, mon doigt se crispait déjà sur la détente quand l'oiseau s'écroula dans un grand battement d'ailes, une flèche en travers du cou.

J'en demeurai abasourdi. Il devait bien y avoir trente pas entre le volatile et l'archer. Une telle précision doublée d'une incroyable rapidité remettait en question ma propre adresse. Père, qui lui-même était fin tireur, sut apprécier en connaisseur.

— Branle-Dieu ! Pour un joli coup, c'est à n'en pas douter un joli coup !...

Cerf-rouge ramassa l'oiseau et m'en fit l'offrande. Dans ses prunelles se lisait une lueur complice, quelque peu teintée d'ironie.

— L'esprit guide la flèche, la faim guide l'esprit !...

Puis aussitôt il enchaîna en riant :

— Le jeune guerrier a trouvé là l'occasion de gagner sa première plume !...

Évidemment il se moquait. Quel guerrier digne de ce nom serait assez stupide pour orner sa chevelure d'une plume de dindon !...

Mais comme je restais bouche-bée, le gros volatile dans les mains, il crut bon de rajouter sans cesser de rire :

— Corvée de plumes pour notre grand chasseur !...

Sans mot dire, je ne pouvais que me soumettre, car déjà, et sans que je puisse maîtriser mes sentiments, j'admirais et respectais cet homme autant que mon propre père.

Alors que Lucie, aidée de son homme, préparait un emplacement pour la nuit, étalant méticuleusement sur le sol d'épaisses et molles couches de fougères, Cerf-rouge entreprit d'allumer un feu et me fit signe d'approcher.

Heureux de son attention je le rejoignais vivement. Il me fit asseoir près de lui, me recommandant de bien observer ses gestes.

Tout d'abord il enfonça dans la terre meuble, aux quatre points cardinaux d'un invisible cercle, de longs rameaux de hêtre, s'appliquant à rejoindre leurs extrémités, formant ainsi un cône parfait.

— Voici la demeure des Lakota... Le tipi !...

Puis entourant sa légère construction de menues brindilles, il ne laissa qu'une faible ouverture face à l'est.

— Voici la peau du bison qui le recouvre et le protège.

Délicatement il y glissa une poignée d'aiguilles de pins et de mousse sèche.

— Voici la couche du guerrier.

Pour finir, s'aidant de son briquet, il y mit le feu. Il y eut un sifflement ténu, une mince fumée blanche, et de minuscules flammèches bleutées prirent vie dans un joyeux crépitement.

— Vois l'âme du guerrier, conclut-il. C'est elle qui réchauffe nos corps, mais c'est elle aussi qui dans l'excès le brûle et le consume.

Les flammes grandissant, il rajouta du bois de diamètre plus important jusqu'à ce qu'un feu clair et vif illumine les alentours.

Alors satisfait, il me fit venir plus près et entoura mon épaule de son bras, puis d'une voix douce il me conta la légende de la naissance du feu.

« Au commencement du monde, le feu n'était pas sur la terre et les êtres animaux se lamentaient dans le froid.

Le feu était le pouvoir des êtres tonnerres qui habitaient le monde au-delà de l'arche du ciel.

Un jour, lassés des pleurs et des lamentations des animaux, ils envoyèrent dans les nuages « Éclair » qui lança le feu sur une île au fond d'un arbre creux. En ce temps-là, « Grand-corbeau » se paraît d'un plumage de neige. Il s'envola très haut au-dessus des eaux, jusqu'à atteindre le faîte de l'arbre. Mais posé là, il ne sut plus que faire et la fumée brûlante noircit ses plumes. Depuis ce jour, « Grand-corbeau » est noir comme la suie.

Devant cet échec, le conseil réuni choisit un autre guerrier. Il envoya « Effraie ». Le grand oiseau de nuit vola jusqu'à l'île, mais en regardant au fond de l'arbre creux il n'eut pas le courage d'y descendre. Et l'air chaud lui brûla les yeux. Depuis ce jour, ses yeux sont restés rouges.

« Hulotte » et « Grand-duc » furent les suivants, mais la fumée les aveugla et les cendres portées par le vent dessinèrent des cercles blancs autour de leurs yeux. Depuis ce jour, ils ne purent se débarrasser de ces cercles.

Ce fut au tour de « Grand-serpent » qui nagea jusqu'à l'île et pénétra dans l'arbre par un gros trou sur le côté, mais son corps fut brûlé, et depuis ce jour il rampe sur le sol en se tordant. »

J'étais si fasciné par l'histoire que j'en oubliais ma tâche. Lorsque Cerf-rouge en riant me rappela à l'ordre, j'eus l'impression de tomber d'un nuage.

— Le jeune guerrier a-t'il décidé ce soir de se nourrir de mots ? Ou bien préfère-t'il que le Cerf-rouge interrompe son récit ? Il sera ainsi plus à l'aise pour terminer de plumer ce pauvre dindon... Ou bien peut-être a-t'il décidé de manger de la plume ?

— Non ! Non !... bredouillais-je rouge de honte, en arrachant précipitamment deux longues plumes noires.

Cerf-rouge éclata de rire, puis très vite retrouvant son sérieux, il reprit le cours de son récit.

« Finalement, alors que le conseil était désespéré, « Araignée d'eau », au corps toujours humide, se proposa.

Il y eut dans l'assistance de grands rires et tous se moquèrent.

Mais tu es si petite ! Comment pourras-tu transporter le feu ?

Je m'arrangerai, répondit « Araignée d'eau ». Je peux tisser une toile. Et elle fila un long fil et le tissa en un petit bol qu'elle attacha sur son dos. Ainsi elle traversa l'eau, grimpa sur l'arbre, descendit jusqu'au feu, protégée par l'humidité de son corps, et prit une petite braise qu'elle déposa dans son bol.

Lorsqu'elle remit le feu à son peuple, le conseil l'acclama oubliant ses sarcasmes. Aussi depuis ce jour, parmi le clan des guerriers elle fut admise, s'asseyant avec eux autour des feux du conseil, et personne n'osa plus se moquer d'elle. »

L'histoire achevée Cerf-rouge se tut. Il resserra de grosses braises rougeoyantes, tout en me fixant discrètement du coin de l'œil. Puis après de longues minutes, rajouta :

— Tu vois, jeune guerrier, il ne suffit pas d'être grand et fort pour accomplir des exploits. L'esprit, la détermination et le courage sont des valeurs plus grandes encore !...

Une nouvelle pause et son regard croisant le mien, il poursuivit :

— Depuis ce jour... ton nom sera Iktomi, l'Araignée !...

Inconsciemment, dans la lueur amusée de ses yeux, dans la légère pression de ses doigts dans ma chair, je comprenais qu'il allait devenir mon maître et mon mentor. Il m'enseignerait ce que ni père, ni mère, malgré tout leur amour ne m'avaient fait entrevoir jusqu'à ce jour : l'ouverture à la spiritualité.

Déjà avide d'enseignements et profitant de l'intimité qui nous était offerte je ne pus me retenir de lui poser la question qui depuis l'instant de notre rencontre me brûlait les lèvres. Les gémissements et les soupirs à peine contenus qui nous parvenaient de la couche de mes parents furent sans doute une autre raison pour motiver mon courage.

— Cerf-rouge, je voudrais savoir !...

— Parle, Iktomi, Cerf-rouge écoute.

— Les mèches que tu portes sur ta tunique !... Sont-elles celles de ta chevelure ?

Il sourit, lissant soigneusement ses longs cheveux avant de me répondre.

— Iktomi est malin, il mêle la douceur du miel à l'amertume de l'armoise, mais il sait déjà que ces ornements ne sont pas la chevelure de Cerf-rouge. Ce sont les mèches des guerriers morts au combat, les trophées que le Cerf-rouge a pris sur le crâne de ses ennemis.

À cette pensée une sueur froide descendit le long de mon dos. J'imaginais l'atrocité de la scène, et celui que je commençais à aimer m'apparut soudain tel un cruel sauvage. Les récits de mon enfance n'étaient donc pas des fables !...

Cerf-rouge perçut aussitôt ma réticence et par ses paroles apaisa mon trouble.

— Celui qui veut savoir doit entendre !... Le Cerf-rouge ne cherche pas la mort de ses frères, mais le temps attendu n'est pas venu pour lui de chasser dans la verte prairie du « Manitou ». Il défend sa vie dans un monde bien souvent dur et cruel !...

Le Cerf-rouge rend les coups qu'on lui porte, et il est bon que ses ennemis puissent le voir. Un jour viendra où les carquois des guerriers seront vides, où les hommes de toutes les tribus marcheront côte à côte sans haine et sans violence sur leur mère la terre. Ce jour sera celui où le Cerf-rouge pourra s'asseoir sous le soleil, dans la pluie ou le vent, et rêver, et prier, et œuvrer dans le sens du Grand-Esprit.

C'est pour cela, Iktomi, que le Cerf-rouge aujourd'hui est un guerrier. C'est pour vivre ou faire vivre ce jour qu'il est venu vers toi, flèche sacrée qui ne donnera plus la mort mais le souffle d'un vent frais balayant les poussières du chemin ; un vent qui s'élèvera vers les nuages et portera sur ses ailes les paroles de paix et d'amour qui depuis toujours dorment dans le cœur des hommes.

Soudain comme épuisé par son long discours il se tut, fixant le feu à s'en brûler les yeux. Dans tous ses traits, dans le miroir sombre de son regard, cet amour existait déjà. Il était l'étincelle avant le brasier, le premier pas sur une route sans fin. S'il y avait un sauvage, ce ne pouvait être que moi, moi et mes semblables.

À cet instant, si je l'avais osé, j'aurais pris cet homme dans mes bras, déposant sur ses joues des baisers comme il m'arrivait de le faire lorsque père ou mère, par leurs actes ou leurs paroles, emplissaient mon cœur de joie.

— Iktomi est-il satisfait, demanda Cerf-rouge ? A-t'il d'autres demandes ?

— Non, Cerf-rouge, lui répondis-je ! J'ai compris !... Le guerrier est semblable au chat sauvage. Il défend la tanière de son corps !...

— Ah hey ! approuva-t'il. Iktomi tisse son bol et humidifie son corps ! Il ira dans l'arbre creux et ramènera le feu pour ses frères !...

Je me préparais à lui répondre, de nouvelles questions se bousculant à mes lèvres, mais avisant le dindon plumé il se mit à rire, et sa voix, de source devint rivière.

— Maintenant ce dindon est bon à manger ! Avant qu'il ne retrouve l'envie de courir, appelle le Fils-de-l'ours et sa squaw !...

Puis riant de plus belle, il rajouta dans un hoquet :

— Je crois qu'ils ont fini de jouer !...

Le repas fut une véritable fête des sens. Assis en cercle autour du feu, jouissant de sa douce chaleur sous le ciel étoilé, nous avions tous quatre le sentiment de tenir le monde entre nos mains, libérés de toutes les peines et de tous les soucis de la terre, heureux, proches de la félicité, doucement bercés par les chants de la nuit.

Le dindon, grillé à point, juteux à souhait, s'avéra un mets délicat digne des plus grandes tables. Servi sur de larges et épaisses tranches de pain noir, accommodé d'oignons sauvages et arrosé de son jus, il enchantait nos palais, apaisait notre faim, exaltait notre joie de vivre.

— Il n'y manque qu'une pinte de bière, s'écria père en riant.

Mais nous savions tous que ce n'était qu'une boutade. Lorsque l'amour réunit les êtres aucune autre faveur n'est à souhaiter.

Cerf-rouge raconta de nombreux contes et légendes de son peuple. Il mimait avec une surprenante drôlerie les scènes les plus cocasses, imitant les cris et les battements d'ailes du corbeau en colère ou bien encore le jappement plaintif du jeune coyote. Lucie le trouvait si expressif et si comique qu'elle en riait à gorge déployée, la bouche pleine, menaçant de s'en étrangler.

J'avais moi-même bien du mal à contenir mon hilarité. Seule me retenait la fierté d'avoir un compagnon qui, outre sa grande sagesse, possédait un réel sens de l'humour habilement dissimulé sous sa carapace de rude guerrier.

Enfin les rires s'estompèrent, remplacés par la voix pure de Lucie. Nous étions repus, de chair et d'esprit. Je me laissais alors envahir par une douce torpeur et je sombrais sur place dans un profond sommeil. Ce n'est que dans un rêve que je sentis les bras de père me déposant sur ma couche de fougères.

Tout se brouilla et Iktomi guida mes pas hésitants dans un monde de mystères et de dangers.

Le sel de la vie réside peut-être dans le fait que les jours qui se suivent ne se ressemblent pas, mais il est parfois des discordances bien difficiles à admettre.

Lucie fut réveillée à la pointe du jour, terrassée par une violente quinte de toux. Elle se tordait en gémissant, son corps agité d'intenses tremblements, la respiration coupée, les joues en feu.

Sous ses paupières se dessinaient de larges cernes sombres. Ses yeux à l'éclat de braise couvaient d'un feu dévorant. Son front où perlaient de grosses gouttes de sueur était brûlant de fièvre.

Père, en proie à la panique, se prosterna à son chevet, hurlant comme un possédé, maudissant tour à tour ce pays détestable au climat insalubre et l'inconséquence par laquelle il nous y avait entraînés.

Couvrant son front, ses yeux, ses lèvres de fougueux baisers, il la suppliait dans un cri déchirant de lui pardonner.

Je n'avais jamais vu mon père dans un pareil état, incapable de se contrôler, lui le roc inébranlable qui soudain devant la souffrance se retrouvait plus démuni qu'un petit enfant. Pourtant loin de ternir l'admiration que je lui portais, son comportement m'en rapprocha dans un élan d'amour si puissant que mes yeux s'embuèrent de larmes. La douleur de ces deux êtres que j'aimais plus que tout au monde devenait mienne. Mon cœur et mon corps la partageaient. Mon front et mes tempes se couvrirent d'une rosée brûlante.

Je restais là près de père, inerte et sans paroles, submergé par mes émotions.

Ce fut Lucie, sa toux s'étant progressivement calmée, qui par son sourire nous permit à tous deux de refaire surface vers la réalité.

Elle nous parla alors avec tant de chaleur et de conviction qu'oubliant la douleur et l'angoisse, riches de son courage, nous retrouvâmes suffisamment de dignité pour comprendre et aimer.

Sa voix se fit douce, chantante, et chacun de ses mots se grava dans nos cœurs comme les paroles divines sur le rocher de granit.

— Patrick, Marcus, mes chéris, mes amours ! N'ayez point de remords ni de regrets, cessez de vous tourmenter !... Il n'y a rien à se reprocher et je n'ai pas à pardonner. Ce voyage je l'ai désiré avec la même ferveur que vous, avec le même bonheur et sans doute avec la même insouciance.

Ce pays est beau, il est rempli de promesses, et je souhaite de toute mon âme que mon homme et mon fils y tracent leur chemin dans la joie.

Tu le sais, Patrick, et toi, mon enfant, tu le découvriras, le paradis n'est pas sur terre ; il n'existe que dans l'esprit des hommes, mais c'est l'idée que nous en avons qui nous permet d'avancer et de progresser. Rappelez-vous, mes chéris, notre Irlande n'était pas non plus un havre de paix ! Sinon pourquoi aurions-nous tant désiré la quitter ?

Non, Patrick, tu n'as pas le droit de maudire ce pays ! En le faisant, tu renies tous nos rêves, tous les espoirs et toute la joie qui nous ont portés jusqu'ici... Tu te renies, et avec toi ta femme et ton fils.

Père ne disait mot, mais il la couvait du regard, caressant son front, lissant ses cheveux poissés de sueur, effleurant du bout des doigts ses paupières et ses lèvres.

— J'ai toujours eu confiance en toi, mon homme, depuis le premier jour où tu m'as prise dans tes bras, où tes lèvres se sont posées sur les miennes, où ton désir fit naître mon plaisir... Je t'aime, mon homme, et ce n'est pas aujourd'hui que je vais en douter.

— Lucie, ma Lucie, mon amour, parvint à murmurer père, des sanglots étouffant sa voix.

Lucie péniblement se redressa. Elle saisit la main de père et y posa ses lèvres chaudes, puis tout d'abord apaisant son trouble par des mots qui n'appartenaient qu'à eux, elle le supplia enfin de la laisser finir. Père ne protesta pas mais il ne lâcha plus sa main.

— J'ai tenté vainement de repousser le mal, reprit-elle, de me battre au-delà de mes forces, tenté de vous cacher cette fièvre étrange qui me consume, mais aujourd'hui je sais que mon combat est inutile.

— Non ! non et non, explosa père !... Je me battrai pour toi, je me battrai contre le diable ou contre Dieu !... Je me battrai et je vaincrai.

Lucie sourit, un pâle sourire.

— Calme-toi, mon homme, on ne se bat pas contre le démon et encore moins contre Dieu. Nul ne peut s'opposer à leurs desseins, même pas toi, ma douce montagne. Dieu me rappelle et chaque jour sa voix se fait plus forte, sa demande plus pressante.

— Lucie !... Lucie, ma lumière !...

— Je ne veux pas te voir pleurer, je veux à mes côtés un homme fort. Rappelle-toi les paroles de notre compagnon : « La douleur s'envole comme la graine dans le vent, ensemence la terre et redevient l'arbre de vie ». Vous serez tous deux les branches de cet arbre, et chacun de vous portera son fruit.

Elle serra alors plus fort la grosse main de père. Ses pupilles dilatées prirent soudain l'éclat aveuglant du diamant.

— Patrick ! Mon unique et merveilleux amour, promets-moi quoiqu'il arrive de ne pas abandonner. Toi et Marcus devez rejoindre le peuple de Cerf-rouge. Ne m'as-tu pas dit toi-même avant notre départ que son appel était plus fort que la raison ? Ne m'as-tu pas juré que la pipe sacrée ouvrait le seul chemin que l'on ne peut pas fuir : celui de la vérité, celui tracé par la main du Grand-Esprit ?

Mon cœur de femme, d'épouse et de mère, dans tes paroles et dans celles du Cerf-rouge a su voir une destinée surnaturelle et divine. Je ne veux pas avoir prié en vain, je ne veux pas m'opposer à ce qui doit être et je veux que mon fils et mon homme restent toujours fidèles à leur parole.

Reprenant son souffle et se redressant à demi, elle se força à sourire.

— Et puis il me reste quelque répit et je désirerais tant voir le fleuve, suivre aussi longtemps que je le pourrai ses berges à vos côtés.

Sa voix se fit soudain suppliante :

— Patrick, jure-moi d'être fort !...

Père lui pétrit les doigts, l'embrassa une fois encore. Les larmes ruisselaient sur ses joues, se perdaient dans sa barbe, mais ce n'était plus une douleur incontrôlée. Par sa force d'âme et son courage, Lucie lui avait redonné toute sa dignité. Sa voix ne tremblait plus. Dans son regard, nulle trace de révolte ou de colère.

— Ma femme, ma Lucie, ma lumière ! Je te le jure, nous ne reviendrons jamais en arrière.

Bien que ne disant mot je me fis la même promesse, et jamais, je crois, de toute ma vie je n'y ai dérogé.

Père se redressa de toute sa taille. Ses traits devinrent de marbre. Dans le bleu sombre de son regard ne se lisait plus qu'une farouche détermination.

— Chaque pas sur cette terre précédera le suivant de ma promesse.

Mentalement, après lui, je répétai la même phrase : « Chaque pas sur cette terre précédera le suivant de ma promesse ».

Rassurée et apaisée, mère retomba lourdement sur son lit de fougères. L'effort avait encore attisé l'incendie de ses joues, pourtant elle rayonnait d'une lumière céleste.

Elle m'apparut soudain si belle que le temps trop court d'un soupir, je crus contempler la face d'un ange.

Ni père, ni moi ne l'entendîmes s'approcher, mais sa présence se fit sentir derrière nous si forte et si réelle qu'instinctivement, dans un élan commun, nous tournâmes la tête.

Le Cerf-rouge se tenait droit, immobile et impassible. Dans ses mains tendues en offrande reposait un bol fumant aux suaves effluves.

À sa vue, père s'anima d'un nouvel espoir. Il se fit humble et suppliant :

— Cerf-rouge ! Oh ! mon ami, écoute-moi !... Tu es un homme-médecine, un homme de savoir ! Tu peux la sauver ! Tu dois la guérir !...

Mais l'homme rouge plongea son regard dans celui de père. Il le fixa longuement, comme s'il cherchait à lui parler avec son âme. Et père comprit le message muet. Il devint plus pâle que la première glace d'hiver sur le rocher noir.

Les paroles du Cerf-rouge tranchèrent alors telle une faux les derniers brins fragiles de son espérance, rouvrant dans son cœur le chemin du désarroi et de la solitude.

— Le Grand-Esprit révèle son pouvoir à l'homme-médecine. Il y a bien des lunes le Cerf-rouge partit prier sur la montagne et le souffle de l'esprit l'a visité, son savoir est entré en lui. Il a reçu le don, celui de son père et celui de son aïeul. Je suis Cerf-rouge, fils d'Élan-noir, petit-fils de Corbeau-rouge, de la lignée des Waayatans, les hommes des rêves et des visions.

Ayant prononcé ces mots, une grande lassitude traversa ses traits, et comme à regret, avec pour père un sourire de compassion, il poursuivit :

— Je ne suis pas l'homme sacré dont le pouvoir fait reculer la mort !... Je vois le jour qui suit mais ne peux arrêter sa course. Seul « Yuwipi » peut lancer les pierres dans le creuset de la vie, lui seul modifie le passé, le présent et l'avenir. Cerf-rouge n'est que le Waayatan. Il ouvre le chemin mais ne peut agir !... Tu dois rester fort, Fils-de-l'ours !... Un homme sacré ne peut mentir et se doit de dire ce qui doit être dit...

Père devint plus blanc que neige. Deux grosses larmes brouillèrent sa vue, mais il ne parla pas, ayant déjà compris l'inévitable et sachant que cela devait être dit.

Cerf-rouge sans plus attendre enchaîna :

— Je guiderai les pas de ta squaw vers le pont des esprits, mais je ne peux la sauver !... Laisse-moi seulement mon frère adoucir son passage...

Sans attendre de réponse il se pencha alors vers Lucie, et glissant la main sous sa nuque, releva doucement sa tête afin de lui faire boire son breuvage. Ses gestes furent tendres et attentionnés, les gestes d'un père pour son enfant malade.

Mère ouvrit un instant les paupières. Ses yeux le remerciaient, bien au-delà du présent.

Père et moi nous pleurions en silence... Là-bas, très loin, de l'autre côté de l'Océan, une pure et blonde jeune fille dansait, ses pieds nus foulant l'herbe verte et les fleurs des champs. Elle riait, riait... riait... Et son rire coulait dans nos mains comme du miel sauvage.

•••

Le soleil culminait au zénith lorsque mère émergea de sa torpeur. La potion de Cerf-rouge, concoctée de feuilles de sauge et de racines de saule devait avoir eu sur elle un effet bénéfique car la fièvre était tombée et son regard paraissait moins brûlant.

Elle avait faim, signe de bon augure, et s'employa à le montrer en dévorant sous nos yeux attendris une gargantuesque tartine recouverte de deux épaisseurs de viande.

C'était un véritable ravissement que d'admirer ses petites dents blanches déchiquetant d'énormes bouchées à faire pâlir un ogre. La vie lentement revenait, et avec elle la joie dans nos cœurs.

Cerf-rouge dispersa les cendres du foyer et le recouvrit de terre et de feuilles, dissimulant ainsi les traces de notre passage.

Nous étions prêts à reprendre la marche, mais père ne voulut pas infliger à ma mère cette nouvelle épreuve. Il insista, malgré ses réticences, pour la porter, lui assurant avec véhémence qu'il ne pouvait être de charge plus légère et plus agréable.

— Ma chère femme, tu n'es pas en mesure de discuter, et si tu ne montes pas de ton gré alors je t'y forcerai !...

Bien que son ton se rapprocha plus de celui de la plaisanterie que du commandement, Lucie ne se fit pas prier plus longuement, et c'est avec un large sourire de satisfaction que père la hissa sur ses épaules.

Nous longeâmes le ruisseau vers l'amont durant plusieurs heures, accompagnés par de nouveaux et bien indésirables compagnons, chacun de nos pas ponctué d'une volée de claques et de jurons.

— Branle-Dieu ! engeance du démon !... S'en prendre ainsi à Patrick O'Brien va vous coûter la vie, créatures du diable.

Les ennemis qui s'attiraient ainsi les foudres de père n'étaient pour la plupart guère plus gros que l'ongle de son petit doigt, mais certes plus vindicatifs et acharnés qu'un régiment entier d'Anglais sur le pied de guerre.

Les moustiques, incontournables moustiques. Légion de reîtres sans foi ni loi, qui sans relâche nous assaillaient de toute part. D'abord les invisibles « brûlots » à la piqûre plus cuisante que braise ardente sur la peau nue, puis en renfort des escouades de « maringouins » aux dards effilés plus tranchants qu'épée de Tolède.

Nous aurions bien donné tous les trésors de la terre pour être ne serait-ce qu'une heure débarrassés de ces redoutables insectes, mais ni l'or ni les pierres précieuses n'avaient plus de valeur à leurs yeux que notre sang rouge et fluide.

Seul Cerf-rouge paraissait insensible à leur assaut. Il ne se donnait même pas la peine d'occire les nuées qui s'agglutinaient sur son torse et ses membres. À croire que son cuir rouge était impénétrable à leurs dards.

Lorsque jaloux et agacés nous lui en faisions la remarque il se contentait de répondre avec aux lèvres un sourire moqueur : « Prendre et donner, c'est la loi de la nature !... »

Quant à Lucie, elle aussi préservée par je ne sais quel miracle, elle s'était endormie, sa tête dodelinant au rythme cadencé de son porteur.

Ici point de paradis, mais malgré tout une farouche volonté de porter nos pas toujours plus loin, de rester fidèle à la promesse, de souffrir pour elle, et pour elle, dans la douleur, redécouvrir la joie.

Vers la fin de l'après-midi, exténués et le visage et les mains tatoués de larges auréoles violacées, nous arrivâmes enfin en vue de Bâton-Rouge. Bien que minuscule, cette bourgade était connue de tous les hommes des bois. Son grand mât coloré fiché en terre, délimitant les territoires de chasse mitoyens des tribus « Choctaws » et « Houmas », en était le point de ralliement le plus prisé.

« Rendez-vous à Bâton-Rouge » ! Combien de fois cette phrase mythique fut-elle prononcée, et combien d'hommes se retrouvèrent-ils à attendre patiemment sous la grande perche écarlate ? Personne sans doute ne pourrait le dire avec exactitude, mais ce qui est pourtant sûr c'est que pas un seul pisteur du nord au sud, de l'est à l'ouest, n'en ignorait le nom.

Bâton-Rouge, posé de guingois sur la rive droite du Mississippi constituait à ce jour un « établissement » bâti de sept à huit maisons sur pilotis, défense indispensable contre les nombreuses crues du fleuve. Chaque habitation collait à sa voisine, toutes délimitées par un lopin de terre plus ou moins en friche, selon les aptitudes et les motivations de son occupant.

Cependant l'agitation constante qui y régnait, de par ses nombreux visiteurs, donnait tout à fait l'illusion d'un grand bourg.

Ce ne furent pourtant pas les hommes qui les premiers nous accueillirent, mais le Père-des-Eaux en personne. Il se livrait sans pudeur dans ce qu'il possédait de plus beau et de plus attrayant. De ses eaux boueuses montaient des effluves lourds et oppressants : odeurs de limon, de bois en décomposition, de végétaux pourrissants, de poissons et autres bêtes aquatiques ; senteurs de sève nouvelle, d'écorces gorgées d'humidité, de plantes et de fleurs écloses ; remugle de vase et de chair morte.

Tout au long de ses berges boisées s'élevait pour nous une incroyable cacophonie : coassements expulsés des millions de gorges « batraciennes », stridulations ininterrompues des grillons et autres orthoptères, cris plaintifs des milans, croassements rauques des grands corbeaux.

J'aurais aimé cette nuit camper dans ses bois habités, emplir mon cœur des belles histoires de Cerf-rouge, bercé par le hululement des chouettes et des hiboux glissant sur l'air de leurs vols feutrés en quête de leurs proies. J'aurais aimé sans but flâner parmi les cannes et les roseaux, débusquer le grand courlis, surprendre en leur sommeil des bandes de canards et me réjouir de leurs nasillements apeurés. J'aurais aimé tout simplement goûter le bonheur de l'intimité avec mes compagnons et m'endormir paisible, blotti entre père et mère tel l'enfant que j'étais encore... Mais les hommes aussi côtoyaient le fleuve, et mes désirs ne furent pas exaucés.

Un curieux petit homme rondouillard à la mine réjouie, gesticulant tel un possédé, nous héla devant le seuil de sa maison, hurlant jusqu'à couvrir le tintamarre des grenouilles :

— Holà ! holà la troupe... Français ? Anglais ? Canadiens ?...

— Irlandais, lui cria fièrement père.

Le gnome gesticula de plus belle et son sourire brilla plus fort encore.

— Par Saint Patrick ! Par tous les clochers de l'Irlande ! Des « pays » !... John O'Connel, pour vous servir ! Approchez ! Approchez donc ! Mon humble cabane est la vôtre !... Par tous les saints trois fois saints... Des « pays » !...

Père ne se le fit pas dire deux fois. C'était là non seulement l'occasion de rencontrer un compatriote, mais surtout l'opportunité d'offrir à mère un toit et un lit confortable pour la nuit.

La demeure de John O'Connel se calquait à son image, exubérante et confortable. Au premier abord, elle ressemblait à un gros cube posé en équilibre précaire sur quatre fourches, mais lorsqu'on s'en approchait, suspendue à ses côtés de rondins mal équarris serpentait une vigne sauvage croulant sous sa charge de juteuses grappes aux grains mordorés et ventrus, qui lui donnait le plaisant aspect d'un gros gâteau de fête. On accédait à l'étage par une robuste échelle débouchant directement sur un vaste intérieur chaud et accueillant.

La première chose qui nous sauta aux yeux fut l'imposante cheminée et le confort qu'elle nous offrait. Un grand feu clair y lançait à l'entour ses rayons d'or pâle, tandis que judicieusement disposés sur le parquet de bois sombre nous invitaient au repos d'épaisses peaux d'ours et de loups.

Notre hôte sans ménagement nous tira de nos paresseuses rêveries. Il se tenait campé face à une grande baie vitrée s'ouvrant sur le fleuve et où s'empilaient pêle-mêle sur une immense table de chêne vaisselles de luxe et monceaux de victuailles colorées.

— Approchez, n'ayez pas peur ! Vous êtes ici chez vous.

O'Connel tournait autour de la table, nous présentant et vantant chaque mets, nous invitant sans retenue à nous servir. Mais lui-même ne touchait à rien, ne cherchant à s'asseoir en aucune façon, tout comme s'il voulait encore que nous admirions sa demeure.

Le restant du mobilier rappelait les riches habitations des nantis irlandais. Dans le coin le plus reculé de la salle trônait un lit à baldaquin tendu d'étoffes somptueuses et de moustiquaires de tulle, les unes aux reflets moirés, les autres blanches et luisantes comme la nacre. De chaque côté du lit veillaient, impassibles comme de vieilles sentinelles, un buffet d'acajou aux poignées d'or et de vermeil secondé par une monumentale armoire de noyer noir.

La pièce regorgeait en outre d'une multitude d'objets hétéroclites : poteries et vanneries indiennes aux styles divergents de toutes les tribus du sud-est, dépouilles d'alligators et de serpents naturalisés, plats et assiettes de porcelaine peints de motifs champêtres rappelant des paysages d'Irlande, portraits et miniatures de femmes et d'enfants aux visages angéliques ; et une foule d'autres babioles de l'emploi et de l'utilité desquelles je n'avais aucune idée.

O'Connel s'affairait, fouillant dans tout ce bric-à-brac, semblable à un lutin facétieux. Puis, sans doute satisfait de nos regards étonnés, il nous invita cette fois pour de bon à le rejoindre à table. Avec la dextérité d'un magicien, il disposa dans un ordre parfait de fines assiettes blanches à liseré d'or, des couverts d'argent, des verres et carafons de cristal emplis à ras-bord d'un vin épais à la robe ambrée.

— À table, mes « pays », nous cria-t'il ravi ! Un Irlandais se doit de boire bon et de manger copieux.

Puis poussant devant chacun de nous d'appétissantes victuailles, il cria de plus belle :

— Jambons, saucisses, poissons séchés, viandes froides, miche de pain doré, paniers de fruits odorants ; tout ce qui régala John O'Connel est pour vous.

Le petit homme nous regardait nous empiffrer, l'œil amusé. Puis ne nous ayant à mon sens qu'à peine laissé le temps de nous restaurer, il frappa violemment des deux poings sur la table.

— Et maintenant que votre panse est bien remplie, il va falloir tout me raconter. De A jusqu'à Z ! Et n'omettez rien ! Je suis curieux comme un raton-laveur et je veux tout savoir !...

Il jeta alors un regard oblique vers Cerf-rouge, non pas avec animosité, mais plutôt emporté par une forte et maladive curiosité.

— Trois Irlandais et un Indien, sauvage dont je ne connais même pas la tribu, ici à Bâton-Rouge, à la nuit tombante... Que je sois pendu s'il n'y a pas de mystère là-dessous !...

Comme soudain pris en faute, il se tourna précipitamment vers mère avec une large révérence :

— Pardonnez, madame ! Votre beauté ne mérite certes pas une telle impertinence, mais la pâleur de vos joues pousse à l'inquiétude le vieil ours que je suis.

Sous le compliment, les dites joues s'empourprèrent d'un voile écarlate, et père ne pouvant rien refuser à un homme qui nous recevait avec tant de chaleur se décida à prendre la parole.

— Mon fils Marcus, mon épouse Lucie et moi-même Patrick O'Brien, avons quitté l'Irlande, le Munster pour être plus précis, il y a envi...

— Moi je suis du nord, l'interrompit brutalement O'Connel, de...

Père furieux de s'être ainsi fait couper, reprit très vite sarcastique :

— Je disais donc... Il y a environ deux ans, lassés des lois anglaises et désireux d'une autre vie, tous trois nous avons embarqué à Corcaigh, destination sans retour pour la Louisiane.

Il soupira bruyamment avant de reprendre :

— Ah ! Ce pays ne s'est pas révélé le paradis dont nous avions rêvé...

— Patience ! Patience !... le coupa à nouveau le petit homme.

Cette fois père ne protesta pas. Ce fut pour lui l'occasion de se resservir un autre verre de vin. Il prit longuement le temps de le savourer, jouissant intérieurement de l'excitation de notre hôte. Mais avant que celui-ci ne proteste, il enchaîna sur un rythme endiablé la suite du récit de nos aventures. Il n'omit rien, ni les angoisses dans les tempêtes, ni le manque d'humanité du capitaine, allant même jusqu'à mimer ses colères et ses jurons. Il narra en détail notre installation dans la pinède, nos rencontres avec les coureurs des bois, le laxisme de nos compatriotes.

O'Connel écoutait à présent religieusement, buvant les paroles de père, se gardant bien de l'interrompre et remplissant son verre après chacune de ses nombreuses rasades.

— C'est lors d'une partie de chasse, en termina père, la voix empâtée, que nous avons mon fils et moi rencontré le Cerf-rouge. De cette rencontre naquit le choix de le suivre vers sa terre, là où nous attendent les fils de la nation Lakota.

— Un Sioux ! Sacré nom de Dieu !... Le peuple des sorciers, s'écria O'Connel en levant les bras au ciel.

À cette curieuse remarque Cerf-rouge sourit, mais contre toute attente il ne répliqua pas, se contentant seulement de lisser les longues plumes de sa chevelure.

— Comme je le disais à l'instant, reprit père en s'éclaircissant la gorge, la rencontre avec le Cerf-rouge fut pour nous trois un nouveau départ... Et cela pour des raisons que je préfère taire aujourd'hui.

Sous l'effet du choc le petit homme se renfrogna, mais cependant il ne jugea pas bon d'insister.

— Voilà deux jours que nous marchons, et ma femme...

Père s'arrêta net, envahi par l'émotion au souvenir de la tragique matinée. Son visage que la boisson avait coloré pâlit aussitôt.

O'Connel le dévisagea. Une grande vague de tristesse déferla sur ses traits, emportant avec elle toute trace de joie.

— Je comprends ! Je comprends... Je comprends bien, répétait-il se caressant le menton, son regard mouillé posé sur mère maintenant pelotonnée dans une couverture près de la cheminée. Il y a trois ans j'ai perdu ma femme et mes deux filles... De sa main tendue, il nous désigna trois portraits accrochés au mur dans leurs cadres dorés. Toutes trois emportées par les fièvres... Mais... Mais il y a si longtemps !... Et le souvenir ravive les douleurs...

Il fit mine de chasser un insecte imaginaire. Trop de chagrin, trop de larmes versées, trop d'amour sans plus de retour... Ses traits se contractèrent, oscillèrent un instant entre l'effondrement et la joie... Et dans un suprême effort cette dernière l'emporta.

— Buvons ! Buvons mes amis !... À l'Irlande ! Aux peuples du Nouveau-Monde, à tous les hommes de bonne volonté !...

Ce faisant, John O'Connel leva son verre. Oubliant ses questions et ne cherchant plus de réponses, il dévia la conversation sur un autre sujet.

— Tout au long du fleuve... Si toutefois votre désir est de le remonter ?...

Il marqua une pause, sa curiosité naturelle reprenant déjà le dessus, espérant ainsi connaître notre trajet futur.

Père, conciliant, ne chercha pas à le décevoir.

— Nous remontons bien le fleuve John, jusqu'à sa source, jusqu'au Minnesota, la terre des Lakota.

— Donc en remontant le fleuve, renchérit O'Connel avec un clin d'œil malicieux, de l'embranchement de la rivière « Ouachita » jusqu'au fort français « Rosalie », vous risquez fort de croiser des bandes d'Indiens Natchez... Soyez prudents et sur vos gardes !... Leur « Grand-Soleil », une sorte de roi, leur chef suprême, est mort la nuit dernière. Les prêtres l'ont découvert au matin dans sa hutte, la gorge tranchée.

Il se gratta énergiquement le menton, prenant des pauses de conspirateur.

— J'ai bien une petite idée sur cette tragique affaire et si cela vous sied, je m'en vais sur-le-champ vous la développer.

N'attendant pas de réponse, il poursuivit dans le même élan son exposé :

— Voilà quelques jours, sont passés chez les Natchez une dizaine de maraudeurs français, soldats des forts de Biloxi ou de Mobile, dépenaillés, crevant la faim et capables à n'en pas douter des pires bassesses.

Foutu roi de France, explosa-t'il, qui nous encombre ici de ses soudards et ne peut même en assurer la subsistance... Ah ! que ne suis-je homme de pouvoir afin que par décret ou pied au fondement je puisse renvoyer toute cette canaille dans leur si beau pays de France... Enfin ! Là n'est point le propos du jour...

La tête basse et le sourire hypocrite, ces soldats ont mandé asile et nourriture. Les Natchez sont de bons bougres, peut-être seulement comme tous les sauvages, un peu trop naïfs !...

Sans doute froissé par l'impertinente remarque, Cerf-rouge qui jusqu'ici n'avait dit mot jugea bon d'intervenir :

— L'homme blanc semble confondre la grandeur du cœur et la faiblesse de l'esprit ! Lui-même n'est-il pas naïf pour offrir à un sorcier sioux son couvert et son toit ?

O'Connel parut hésiter. Il tourna son regard en tous sens, telle une chouette surprise par une lumière trop vive.

— Le Sioux est un homme sage, finit-il par lâcher sans fausse flatterie, et devant lui John O'Connel tournera sept fois sa langue avant de proférer des bêtises.

Avec un sourire repenti, il s'excusa, secouant énergiquement sa grosse tête ronde.

— Que le Cerf-rouge veuille bien pardonner les écarts de pensée d'un vieil imbécile.

Cerf-rouge ne répondit pas mais la largeur de son sourire en disait long.

Le petit homme sourit à son tour, s'inclina et poursuivit ravi :

— Une fois secourus et rassasiés, hop ! envolés... Sans un adieu, sans un merci !... Or il se trouve que le chef portait en permanence à son cou et ses poignets une chaîne et de lourds bracelets d'or pur... Pour moi, et vous en conviendrez, cela ne fait aucun doute, les Français sont revenus en catimini dans la nuit. Le « Grand-Soleil » souffrait d'un penchant marqué pour l'eau de feu, donc il avait le sommeil lourd... Et couic... C'est clair non ?... D'ailleurs, et cela confirme ma thèse, l'or ne fut pas retrouvé, ni sur le mort, ni aux alentours, mais plus fort encore, des traces de lutte et des empreintes de souliers ferrés jonchaient le sol de la hutte du vieux roi.

O'Connel ne chercha pas à savoir si nous accréditions sa version des faits. Il en était tellement persuadé.

— Quoi qu'il en soit, tant que durera la cérémonie des funérailles, vous n'avez trop rien à craindre, mais avant et après, mieux vaut pour des blancs ne pas traîner dans les parages.

— C'est notre route, John, répliqua père sans aucune inquiétude, et nous tenons tout particulièrement à longer le fleuve. Mais vous, John, ne craignez-vous pas des représailles, ici à Bâton-Rouge ?

O'Connel sourit :

— Oh ! moi je n'ai rien à craindre ! Je commerce avec eux depuis si longtemps. Pensez donc ! Je fus l'un des premiers à débarquer au Nouveau-Monde. 1698 ! Dix-sept ans, un bail ! Et au côté de son excellence Pierre le Moyne d'Iberville, sans doute le seul Français dans ce foutu pays qui ne fut pas une canaille !... Il se signa précipitamment. Paix à son âme.

Et puis j'ai dans ma manche une autre carte. « Wanna », ma femme, était une Natchez !... La fille du « Grand-Soleil » !...

Père et O'Connel discoururent ainsi une bonne partie de la nuit. Le vin aidant, père s'était libéré de ses angoisses et notre hôte, malgré les malheurs qu'il avait lui-même endurés, n'était pas homme à se laisser verser dans la tristesse.

Lucie dormait maintenant profondément, le visage détendu, bien au chaud sous l'épaisse couverture.

Cerf-rouge ne buvant pas, et que je soupçonnais d'être quelque peu agacé par la verve du petit homme, l'avait rejoint dans le sommeil.

Quant à moi, avide d'histoires et de nouvelles, je me faisais violence pour rester à l'écoute, mais bien vite Morphée à mon tour me tendit les bras. Je rejoignis alors mes dormeurs aimés autour du feu, percevant encore avant de sombrer, perdus dans un lointain brouillard ces derniers mots étouffés : « Grand-Soleil », guerriers rouges, forêt... Le fleuve...

Les rayons bienfaisants d'un radieux soleil, filtrant au travers des grandes vitres, nous sortirent du lit joyeux et dispos.

Lucie semblait avoir repris des forces et elle fut la première à nous gratifier, John O'Connel y compris, de ses baisers matinaux.

Après un substantiel petit déjeuner, bien décidés à rejoindre au plus vite les berges du fleuve, nous fîmes nos adieux, bénissant la chaleur et la spontanéité de notre bienfaiteur. Celui-ci, plus empressé qu'une mère pour sa progéniture, nous saisissait les mains tour à tour, les pétrissant nerveusement, l'œil humide et le regard suppliant.

Père, dans un élan d'amour le souleva de terre, le pressant affectueusement sur sa vaste poitrine.

Certes la scène peut vous paraître cocasse ; cet athlétique géant étreignant ce gnome ventru, mais pourtant croyez-le, aucun de nous n'osa en rire, pas même seulement sourire, car nous ressentions intensément la douleur et l'émotion partagée de ces deux hommes. L'un ne pouvait vivre sans amour bien qu'il s'en défendît, le dissimulant habilement sous son apparente jovialité, l'autre en toute conscience se préparant à le perdre.

Ayant mit fin aux effusions qui menaçaient de s'éterniser, Cerf-rouge, de sa foulée rapide, nous entraîna vers le fleuve.

La main levée bien au-dessus de sa tête, comme pétrifié dans un ultime geste d'adieu, John O'Connel arborait un visage pensif et préoccupé, sûr qu'il était de ne jamais nous revoir.

Mais alors que nous amorcions les premiers pas vers notre incontournable destinée, mû par un nouveau regain d'énergie, il sortit brusquement de sa léthargie, nous rattrapant de toute la force de ses courtes jambes.

— Attendez ! Attendez ! brailla-t'il en gesticulant. L'émotion me fait perdre la tête... J'ai quelque chose pour vous !... Deux présents qui, je pense, vous seront fort utiles.

Joignant le geste à la parole, il exhiba de la poche de son pourpoint un étrange et merveilleux bijou.

Sous nos yeux écarquillés, suspendu à son lacet de cuir, oscillait entre ses doigts un aigle stylisé aux ailes déployées, artistiquement ciselé d'or et d'argent, serti de fines pierres aux reflets verts, profonds et translucides, étoilés de lumière.

Mettant alors à profit son effet de surprise, il en para vivement le cou de Lucie. Puis la baisant chastement sur le front, dans un souffle lui murmura :

— Madame... Ce bijou... L'oiseau messager de Dieu, l'être ailé retournant à son créateur... Dites à ma Wanna que son homme la rejoindra bientôt !... Adieu, madame.

Et plus bas encore pour n'être entendu que d'elle :

— Adieu, Lucie ! John vous souhaite le plus merveilleux des voyages...

Mère n'eut guère le temps de lui répondre, car déjà le petit homme s'étant prestement détaché d'elle virevoltait vers nous.

— « Liberty Bird » ! Un puissant talisman, un sauf-conduit !... Il m'a été offert par le « Grand-Soleil ». Avec cet objet, les Natchez ne douteront pas que nous sommes amis, et s'ils venaient à penser qu'il m'a été dérobé, il vous suffira de leur dire que la princesse Wanna vit à jamais dans le cœur de « Petit-Grand homme ». Les Natchez, quand ils n'ont pas de griefs contre vous, se montrent un peuple courtois et accueillant.

Le second présent, extirpé d'un « embarras », cet amoncellement de bois enchevêtré, fut, comme le proclama Cerf-rouge, le don de « Manitou ».

Que pouvait espérer de mieux une troupe voyageant le long d'un fleuve qu'un canoë ?

Rouge de plaisir à la vue de nos mines ébahies, O'Connel s'emporta à nouveau.

— C'est une excellente embarcation ! Un peu fragile mais tellement maniable, rapide et légère. Coque de bouleau sur une charpente de cyprès, ligaturée de liens végétaux soudés entre eux à la graisse d'ours... Mais je parle... Je parle et je parle pour rien !... Votre ami indien connaît tout cela mieux que moi. Allez, embarquez mes « pays » !... Embarquez vite, avant que ne me prenne l'envie de vous accompagner... Mais non... Chacun son destin... Que Dieu vous garde... Que « Manitou » vous protège !... Adieu !... N'oubliez pas ce vieux John !...

Et dans un souffle presque inaudible, pour lui-même :

— Lui ne vous oubliera pas !...

•••

Les premiers jours de navigation furent un véritable enchantement. Nous ne cessions de glorifier John O'Connel pour la grandeur de son présent.

Des rives du fleuve à la végétation luxuriante émanait une étrange douceur de nature primitive, symbiose de parfums, de couleurs, de mélodies, de formes et de mouvements.

À nos narines comblées s'exhalait le mélange savamment dosé de l'arôme des magnolias, des odeurs diffuses de la multitude d'essences végétales et animales, des senteurs pénétrantes et subtiles de l'eau, du bois humide et pourri, de la décomposition et du renouvellement de la vie.

Dans ce paradis, loin des hommes et de leurs excès, même la putréfaction sentait bon. Sur la palette du peintre divin, jetés en un coup de pinceau brouillon, se mêlaient pour nous le flamboiement des fleurs de cornouiller, le rouge grenat des baies, le vert tendre des érables et des frênes, le vert émeraude des vignes sauvages à l'assaut des troncs noirs des chênes géants.

Au cœur de cet univers féerique, notre canot glissait sur le miroir sombre des eaux telle une flèche décochée dans l'azur par le bras puissant d'un titan, dirigé à la poupe par la science et la maîtrise de Cerf-rouge, propulsé à la proue par la force et la détermination de père.

Attentifs à la vie, nous ne parlions pas, retenant notre souffle, offrant notre silence en hommage au chant de la nature.

Parfois, afin d'éviter de lourds géants déracinés par la colère du fleuve, nous longions la berge la plus proche, l'embarcation se coulant sous la frondaison des saules argentés. Chaque branche, jusqu'au moindre rameau, se drapait alors de guirlandes de crin végétal. Le monde du fleuve se parait pour nous de ses plus beaux atours, et nous étions les nouveaux rois d'un royaume oublié.

Quatre jours de béatitude entrecoupés de haltes dans l'une de ces criques hospitalières où les eaux apaisées nous offraient de vastes tapis de nénuphars, refuge de familles entières de grenouilles qui ne manquaient jamais de nous saluer par leur chant rauque et cadencé.

Quatre jours où lorsque nous voguions trop près de ces îles de sable rose, à chaque claquement de pagaie crevant la surface de l'eau, à chaque mouvement brusque de l'un de nous, s'envolaient en battements d'ailes et cris perçants des légions d'échassiers et d'anatidés : aigrettes immaculées, hérons bleus calottés de noir, oies blanches et grises, canards au plumage de feu.

Quatre journées à s'extasier devant la brusque apparition d'un alligator, d'un rat musqué ou d'une couleuvre parée de rouge vif. L'un, immobile, large gueule ouverte, baillant à s'en décrocher la mâchoire ; les autres plongeant à la première alerte, parfois juste sous l'avant du canot, et dont seul un museau brun ou une tête écarlate resurgissait quelques brasses plus loin, abandonnant dans son sillage une traînée d'écume moussante semblable au voile vaporeux d'une jeune épousée.

Quatre jours d'une joie pleine, oublieux des fièvres et de la maladie, quatre longues et belles journées avant que n'éclatent l'orage et la tempête.

Nul ne peut prendre sans donner car derrière la lumière l'ombre veille, n'attendant pour surgir que l'inévitable fin du jour.

Au crépuscule de ce bonheur achevé, Lucie fut prise de toux et de tremblements avec une telle violence que nous crûmes que son cœur, sous l'effort, allait cesser de battre.

Les sortilèges des noirs sorciers de la nuit venaient de transformer le paradis des mages blancs en un enfer sans retour.

Son visage exsangue, inondé de sueur, Lucie s'était fermée à tout ce qui l'entourait. Elle ne pouvait plus voir la beauté, n'entendait plus le chant des oiseaux, restait muette à nos suppliques, ses traits ayant pris l'apparence d'un masque mortuaire.

Des pétales de sang étoilaient sa poitrine et le fond du canot. Elle n'était déjà plus là, prostrée dans je ne sais quels noirs cauchemars.

— Il faut accoster immédiatement ! hurla père. Je ne veux pas la voir mourir au milieu du fleuve !...

Cerf-rouge obéissant dirigea l'embarcation vers un petit îlot de sable bordé de saules, de chênes, de magnolias et de cornouillers ; terre magique qui nous semblait aussi paisible que si le pas de l'homme n'en eût jamais troublé la solitude.

Un grand courlis, unique habitant du moment, à notre approche prit son envol, son grand bec recourbé lui rejetant la tête en arrière. D'un lourd battement d'ailes, il s'éleva dans les airs nous honorant au passage de son long cri mélodieux et flûté : « Tlo-iht, tlo-iht ».

Père, comme si ce chant fut pour lui un signal, n'attendit pas l'accostage. Il s'élança, Lucie dans les bras, de l'eau jusqu'à la taille, fendant les flots, courant vers la place qui, il n'en doutait plus, deviendrait la dernière demeure de sa compagne.

Il y avait sur l'île, jonchant le sol, assez de bois sec pour allumer un gigantesque brasier.

C'est à la vive lumière de ses flammes démesurées, à la chaleur de fournaise qui s'en dégageait, que mère touchée par la grâce accordée aux mourants reprit lentement conscience... La paix avant le grand oubli...

Père à genoux, suspendu à ses lèvres, silencieux, buvait ses dernières paroles, son dur faciès déformé par la douleur, à nouveau bien proche de l'affolement.

— Patrick, mon homme, mon amour...

Le timbre de sa voix était doux et clair comme une source.

— Le jour est venu et voici l'heure ! Dieu me rappelle à lui...

— Dieu ne peut, Dieu n'a pas le droit, souffla père la voix chargée de révolte.

— Le Seigneur est mon berger. Sur le chemin des morts, il a pris ma main, et mon cœur ébloui de sa lumière divine chante son nom. Apaise ta colère, mon impétueux compagnon, toi aussi offre ta main. J'ai besoin de ta force afin que mon pas ne soit point hésitant.

— Je n'ai plus de force, ma mie, je ne suis que douleur et chagrin.

— Ne parle pas ainsi, mon homme ! Oh ! je t'en conjure, mon amour, n'oublie jamais ta promesse, cours sur le fleuve comme le vent... Ne renie jamais ton destin ni celui de notre fils... Aime-moi dans la mort comme tu m'as aimée dans la vie !...

Elle serra si fort la main de père qu'il en eut une grimace de souffrance.

— Sois le berger de mon âme, le gardien vigilant de notre amour... Oh ! mon homme, entends mes dernières volontés et ouvre ton cœur...

Père, que l'approche de la mort tétanisait, se redressa, gonfla sa poitrine et hurla, les yeux rivés vers les nuées.

— J'assécherai le fleuve pour dans le limon y ensevelir ton corps, je décrocherai les étoiles pour te nimber de lumière, je creuserai les montagnes pour adoucir ton chemin, Oh ! mon amour, oh ! ma lumière, aucune de tes volontés ne sera pour moi impossible !...

Mère sourit, le pauvre et pâle sourire de celle dont les forces l'abandonnent. De ses mains jointes, elle emprisonna le visage de père et sa voix pour lui devint plus douce que le miel.

— Oh ! doux géant de mon cœur, apaise ta révolte, je ne désire qu'une chose toute simple, je n'ai qu'un seul souhait. Laisse aux montagnes leurs rochers et les étoiles au firmament, je ne veux pour mon corps que ma parure de mariée. Je ne désire qu'être belle devant mon Dieu, qu'il puisse voir combien je fus heureuse de l'homme qu'il fit mien.

Père ne put retenir ses sanglots et entre deux hoquets il jura.

— Tu seras, je le jure, la plus belle et la plus enviée des mariées, et les anges devant toi fermeront leurs paupières.

Les mains de Lucie doucement retombèrent. Ses yeux se fermèrent. Sa respiration se fit plus pénible, mais son visage resta serein. Puisant la dernière eau dans le puits tari de son corps, elle trouva encore la force de parler.

— Je ne veux pas de tombe, pas de croix rappelant que ma vie s'est achevée ici... Car je ne meurs pas mon amour... Je deviens... Que mon corps soit brûlé, que Cerf-rouge soit mon guide. Le « manitou » qu'il prie ressemble au Dieu que nous aimons... Laisse-le agir, ne t'oppose en rien à ses actes... C'est un homme pur... Avec lui je n'aurai pas de peur et mon esprit s'envolera libre... Mes pas seront légers sur le grand chemin blanc et dans ses mains je m'abreuverai de miel et de lait...

Ses yeux s'ouvrirent à nouveau et se portèrent sur l'oiseau d'émeraude qui brillait à son cou comme un soleil radieux.

— John avait compris ! l'oiseau messager de Dieu !... Garde-le précieusement, son rôle n'est pas achevé.

Un filet de sang, ru écarlate abreuvant le sable, s'écoulait ininterrompu à la commissure de ses lèvres. Sa voix ne fut plus qu'un murmure :

— Patrick... Notre fils... Je veux voir mon enfant...

Tétanisé et tremblant, repoussant l'inacceptable vérité, refusant la mort, je m'avançais vers elle titubant pour m'allonger près de son corps déjà inerte.

— Pourquoi mère ? Pourquoi ? Je suis encore si petit !...

Elle ne put me serrer dans ses bras mais ses yeux lumineux le firent pour elle.

— Mon enfant...

— Maman, pourquoi, pourquoi ?

Alors ce fut une autre voix mais je jure que ces mots je les ai entendus, et même si ses lèvres ne purent s'ouvrir :

« Il ne nous est pas donné de choisir, ni le jour de notre éveil ni celui du sommeil. Rien ne peut être changé lorsque l'heure est venue. Nous n'avons que le choix de la joie ou des larmes, mais sache, mon fils, que perdre l'être qu'on aime, c'est grandir. Ne me retiens pas, le beau papillon qui naît de sa chrysalide ne peut engendrer que l'amour. Ouvre ton cœur, ouvre tes ailes, envole-toi. Tu es le germe accompli de mon ventre. Vis. Exulte dans l'amour. Sois fort. Sois la flèche qui vole vers les nuages. »

Mes yeux s'emplirent d'une rivière de larmes, mais tout au fond de ma poitrine, il y eut des fleuves paisibles gonflant un Océan d'amour et de joie.

Lucie me regarda une dernière fois. Elle soupira profondément. Sa tête retomba sur le côté, sa poitrine s'affaissa, expirant le dernier souffle de vie. Sur son visage un ultime sourire, le sourire lumineux d'une madone. Et j'entendis encore cette voix silencieuse :

— Lumière... Wanna... John est sur le chemin... Je viens...

Rien ! Il ne reste plus rien !... La flamme vacillante s'est éteinte. Il fait noir, si noir que le monde s'efface... Et je suis seul, la main froide d'une morte dans la mienne trop chaude.

Père, ivre de douleur, s'est redressé de toute sa taille, les bras levés au ciel, géant mythique défiant le monde.

Il hurle si fort et si longtemps que le fleuve tout entier vibre de son cri. Chaque être vivant en son sein ne pourra plus jamais oublier sa douleur.

Il hurle comme le loup et louveteau, je hurle avec lui.

« LUCIE... CIE... IEIEIEIEIEIE... »

Cerf-rouge n'intervint pas. Il vivait toute situation comme des actes écrits depuis toujours dans le grand livre des mystères. Il en connaissait chaque page, chaque ligne, chaque mot. Il savait se situer, situer sa charge et son devoir, et ce soir se préparait calmement à l'accomplir. Il comprenait la douleur, partageait la douleur, mais jamais n'oubliait que la douleur s'envole dans le vent.

Bâti de bois vert, branches épaisses de saule garnies de leurs rameaux veloutés et de leurs feuilles lancéolées, la plate-forme funéraire s'élevait à quelques pas du rivage, orientée vers l'ouest, imposante et digne.

Temple sylvestre orné de fleurs de cornouiller, rivière de feu serpentant le long des fourches et des traverses en son lit de feuillage cendré ; telle était la demeure de la plus pure des fleurs.

Tout en haut, proche des étoiles, sur un treillis de tiges souples, reposerait dans son dernier sommeil le corps de Lucie, étendu sur sa couche virginale, capitonnée de pétales de nacre, immaculé linceul de fleurs de magnolias.

Sous l'édifice, en son centre parfait, Cerf-rouge y traça le foyer, élevant comme il me l'avait appris le tipi protecteur abritant l'âme du guerrier.

Puis entonnant un chant sacré dans une langue ancienne que seuls pouvaient comprendre les chamans, il brûla de l'encens mêlé de plantes aromatiques, humidifia un morceau de nerf séché et le purifia dans la fumée, ainsi qu'une bourse de peau et son couteau de chasse.

Ces rites accomplis, il s'avança vers nous, son regard grave et solennel planté dans celui de père.

— Frères ! Les Lakota ne brûlent pas le corps de leurs morts mais il offrent la chair au vent, aux oiseaux et aux bêtes sauvages. « Zicha » l'écureuil à la voix douce a désiré que le feu l'accompagne vers son voyage sans retour. Le Cerf-rouge comprend ! Les croyances et les rites de la religion ne sont que des symboles. Chaque peuple a les siens et le devoir d'un Waayatan est d'admettre sans juger. Le Grand-Esprit est unique et les cœurs purs se ressemblent.

Va mon frère. (Il posa sa main sur l'épaule de père). Le temps est venu... « Wana Waniyelo »... Je suis vivant, je suis éveillé !...

Père à bout de bras hissa le corps de Lucie vers sa blanche couche. Elle paraissait endormie, resplendissante dans sa robe de mariée, nimbée d'une irréelle lumière.

Le Waayatan rassembla sur son front une mèche de ses blonds cheveux. Il y noua le nerf purifié.

— Fille de la terre, tu vas bientôt perdre les tiens, tu vas les rendre malheureux ! Mais ils emporteront une mèche de ta chevelure et tu auras quelqu'un pour dresser le tipi, abri de ton âme et de ton esprit !...

Ne sois pas inquiète, ô ma fille, ta famille te suivra ! Vite, pars ! Sur ta route vers le nord nous guiderons tes pas !... « Winu Racala » t'ouvrira les portes des terres éternelles !...

Il coupa la mèche et la remit à père enveloppée dans la bourse de peau. Enfin, et ce fut l'instant le plus dur pour nous, poursuivant son incantation, il alluma le bûcher.

— Petite fille, regarde une dernière fois en arrière, tu verras ta vie renaître dans les contrées fertiles comme tes ancêtres te l'ont déjà dit. Quelle que soit la route du vent soufflant à tes côtés, moi le Waayatan je me lèverai au crépuscule pour te regarder passer, et tous ceux qui t'ont aimée te regarderont avec moi !...

Face au bûcher, jambes jointes et les bras écartés tel un Christ sur sa croix, Cerf-rouge, l'homme des rêves et des visions, entonna son chant d'accompagnement.

« Tuatoke ce an mani uwelo
ni tunkasila kiyan uwelo
hee
tuatoke ce an maniyee

Tuatoke ce an mani uwelo
ni tunkasila opagi yuha
kiyayelo hee
tuatoke ce an maniyee

Tuatoke ce an mani uwelo
wanagi wan ceyomaniyee
tuatoke ce an maniyelo
ahee o

Tuatoke ce an mani uwelo
wanagi wan ceyomaniyee
tuatoke ce an maniyee »

La voix puissante qui couvrait le crépitement du feu n'était plus celle que je connaissais. C'était une voix qui venait du fond des âges de la terre, la voix de nos premiers pères.

Alors le brasier gronda, déroulant en spirales de gigantesques langues flamboyantes qui léchèrent tout le fragile édifice jusqu'au corps de Lucie, l'enveloppant d'une couronne de flammes, libérant vers les nuées des myriades d'étoiles incandescentes.

Le corps brûla toute la nuit. Nous restions immobiles près du monument embrasé, habillés de tristesse et de solitude.

Il n'y avait que le souffle du vent sur le fleuve et le crépitement du feu qui dansait. Personne d'autre que les grenouilles curieuses. Elles s'extirpaient en chantant de leur trou, les unes après les autres, leurs gorges gonflées.

Dans le ciel, la lune culminait au zénith. Elle luisait pour nous au centre de cette solitude, mère et épouse de nos douleurs.

Je regardais la fumée qui s'élevait en colonne blanche. Je savais qu'au centre de ses volutes l'esprit de Lucie rejoignait l'Éther. Et mon cœur bondit de joie.

La mort n'existe pas, elle est transformation. La chrysalide se déchire et libère le brillant papillon.

Mère est imago. Elle est belle et heureuse. Elle chante à nouveau sa ballade irlandaise, courant tête nue sous le soleil de nos vertes prairies.

Au matin, il ne restait plus qu'un tas de cendres grises et fumantes.

Cerf-rouge, insensible à la forte chaleur, y plongea la main droite en y prélevant une poignée.

C'était comme s'il tenait mère toute entière dans le creux de sa main ; ses rires, ses chants, l'immensité de son amour, son enfance, sa jeunesse, toute sa vie de femme, son passage, son au-delà.

Il déposa une pincée de ce tout au pied du plus bel arbre, vers l'est.

— Tu es l'arbre, le chêne racine s'abreuvant au lait de la terre... Et maintenant tu comprends que tu l'as toujours été.

Il dispersa une autre pincée dans les airs vers l'ouest.

— Tu es l'oiseau, l'aigle tacheté qui s'élève vers les nuées... Et maintenant tu comprends que tu l'as toujours été.

À la troisième pincée qu'il éparpilla dans les buissons, vers le nord, Cerf-rouge se tourna vers nous et nous sourit. Jamais auparavant nous n'avions senti une telle vibration d'amour. Elle en était presque palpable. Père et moi, sans même nous en rendre compte, nous lui rendîmes son sourire. Et le Cerf-rouge dit :

— Tu es le cerf, le dix-cors sacré qui souffle le feu de la vie... Et maintenant tu comprends que tu l'as toujours été.

La quatrième pincée fut jetée dans le fleuve vers le sud.

— Tu es le poisson, le saumon silencieux qui remonte à la source de sa naissance... Et maintenant tu comprends que tu l'as toujours été.

Il s'ensuivit un long silence, le temps sans doute que les paroles du Cerf-rouge se gravent à jamais dans nos mémoires, le temps que le fleuve dans ses eaux emporte la douleur, le temps que le chêne l'enfouisse au creux de ses racines, le temps que le Cerf et l'aigle tacheté nous l'offrent à nouveau transcendée en joie.

Puis le Cerf-rouge, avec le restant des cendres, fit trois tas dans le creux de sa paume. Il introduisit le premier dans sa bouche et nous invita à faire de même avec les deux suivants. Dans les mots qu'il prononça, je crus soudain comprendre les paroles de John O'Connel : « le peuple des sorciers ».

Tu es la « Bisonne blanche », la mère originelle... Et maintenant tu comprends que tu l'as toujours été...

•••

Chapitre 3.

Une seule roue
Huit jambes dedans courent : elle tourne
Six jambes dedans courent : elle tourne
Ne tourne pas ? Elle tourne puisque ronde est la roue !
Pétales arrachés au Trèfle : Trèfle toujours !
Écailles arrachées à la Pigne : Pigne toujours !

Paroles du Druide sans nom et sans visage

Dressé à l'avant du canot, l'œil aux aguets, les muscles bandès pareils à la corde de son arc, Cerf-rouge attendait que le grand poisson déclenche une nouvelle charge.

À l'arrière, père s'efforçait par petits coups de pagaie en godille de maintenir une approche lente et régulière.

Par deux fois les brèmes avaient giclé hors de l'eau, éventail argenté serré de près par le redoutable prédateur ; et par deux fois l'immense gueule, dans un claquement sec, ne s'était refermée que sur un paquet de bulles.

Les cyprinidès affolés, en banc compact, tentaient désespérément de fuir en se frayant un chenal au travers des nénuphars. Leur instinct de proie ne pouvait les tromper ! Le long sillage derrière eux, se rapprochant inéluctablement, allait cette fois-ci marquer le final de la poursuite.

Fébrile, je fixais intensément la fine cordelette lovée à mes pieds, unique lien palpable entre la flèche et nous, lorsque aussi soudaine que brutale l'attaque se traduisit par un énorme remous en surface.

Je n'eus que le temps de relever les yeux pour entr'apercevoir au centre d'une gerbe d'eau la longue face aplatie en bec de canard où se débattait vainement la victime de l'assaut, celle-ci clouée en travers des puissantes mâchoires. Dans la même fraction de seconde, la flèche fendit l'air, s'enfonçant profondément dans le crâne du monstre.

La corde se tendit tel un ressort et le canoë sous la formidable traction fut propulsé vers l'avant. Il glissait sur l'eau à une telle vitesse que crevant en force la barrière végétale, nous fûmes à plusieurs reprises en grand danger de chavirer.

Mais cette course folle ne dura guère plus de quelques minutes. Le poisson, les chairs déchirées par la pointe mortelle, épuisé par sa trop lourde charge, finit par se rendre. Il remonta lentement vers la surface, couché sur le flanc, auréolé d'un nuage de sang clair.

Comme un possédé, je tirai sur la corde. Il se laissa venir sans la moindre résistance.

Mon Dieu, quelle bête splendide ! Très souvent en Irlande, je m'étais émerveillé à la vue des gros brochets de nos lacs, mais ce « Muskie », leur grand cousin d'Amérique, rutilant dans sa robe orangée mouchetée de safran, m'apparut soudain bien plus impressionnant. Il devait bien avoisiner les six pieds et demi pour un poids d'environ cinquante livres.

Cerf-rouge m'aida à le hisser à bord, et d'un geste rapide et précis, abrégeant son agonie, il lui trancha la tête.

— Nous te demandons pardon, frère poisson ! Comme toi nous sommes chasseurs, comme toi nous prenons la vie, mais ta chair ne pourrira pas inutile dans le ventre du fleuve car elle remplira nos estomacs affamés. Tes arrêtes nous fourniront des alênes larges et solides, ta peau le sac pour les protéger. Ton jus et ta graisse renforceront le goût du « pemmican » et tes dents deviendront parure pour le jeune Iktomi, afin qu'il n'oublie jamais la force et la sagesse du grand guerrier des eaux !...

Avec Cerf-rouge, les actes les plus usuels de notre vie de coureur des bois prenaient ainsi à chaque fois un sens nouveau.

Lors des chasses avec père, et bien que nous ne fûmes pas d'irresponsables tueurs, jamais nous n'aurions pensé remercier notre gibier pour le don de sa chair. Il ne suffisait pourtant que de quelques mots sincères pour comprendre le vrai sens du respect et de l'amour des êtres vivants.

Ce collier de dents fut donc bien plus qu'une parure ! Il me rappellerait toujours que la vie et la mort de tous les êtres restent à jamais liées et que l'acte de tuer ou de laisser vivre ne peut-être nullement ressenti comme un simple et vulgaire plaisir.

— Vrai, Cerf-rouge, m'écriais-je au comble de la joie ! Tu vas me confectionner un beau collier avec les dents du muskie ?

Il se mit à rire, puis aussitôt redevint sérieux et sévère.

— Cerf-rouge ne fera pas ! Il montrera à Iktomi comment percer les dents sans les briser et Iktomi aura son propre collier, la récompense de ses mains !... Mais avant il faut chercher une place pour la nuit, préparer le poisson, manger la part du jour et fumer le restant pour les jours à venir.

Déjà trois semaines passées depuis l'incinération de Lucie et nous n'avions jamais quitté les abords du fleuve.

Des journées entières à pagayer, entrecoupées de courtes haltes pour les repas et le coucher, tantôt sur l'un des nombreux îlots que nous offrait chaque méandre du Père-des-Eaux, tantôt sur l'une des berges la plus accessible, « cabanant » dans les arbres lorsque la terre regorgeait d'eau ou à même le sol sur des couches de fortune.

Mais ce soir serait différent. La prise du grand poisson nécessitant une longue préparation et un feu conséquent pour le fumage, Cerf-rouge décida de s'enfoncer dans la forêt à la recherche d'un lieu moins humide.

À cette idée de changement, une grande euphorie m'envahit, mais père malgré son désir de m'être agréable et se rangeant toujours aux avis de notre guide, ne parvenait plus à partager nos joies.

Il avait tellement changé depuis la mort de mère et passait de longues heures silencieux, insensible à tout, répondant à peine à nos questions, poussant comme un forcené sur sa pagaie.

Le fleuve devenu pour lui un long chemin de croix, il espérait sans doute que les distances parcourues l'éloigneraient suffisamment du lieu de sa douleur. Mais sa douleur le poursuivait, omniprésente. Jamais elle n'accordait le moindre répit, flottant dans le sillage du canot. Tout ce qui nous entourait n'était pour lui que le souvenir de Lucie : les guirlandes de fleurs serpentant en cascade de la cime des grands arbres, mirage des longs cheveux de Lucie ; la lune se reflétant dans le miroir des eaux, la beauté de Lucie ; le vol plané de l'aigle pêcheur, la grâce de Lucie. Et jusqu'au souffle du vent qui murmurait à son oreille, la douce et mélodieuse voix de Lucie.

L'inconnu de l'avant ne lui réservait plus aucune surprise. La silhouette de son amour perdu se profilait encore et toujours derrière l'horizon.

Bien sûr il n'aurait jamais envisagé de rebrousser chemin, d'être parjure à sa promesse, mais pourrait-il un jour retrouver le sourire, pourrait-il accepter de continuer à vivre sans elle.

À une demi-lieue du fleuve, ayant découvert une verte clairière, assis en cercle autour du feu, méditatifs et muets, nous subissions l'envoûtement des premiers appels de la nuit.

Dans un léger froissement d'ailes, de grands papillons gris tournoyaient au-dessus des flammes, parfois si proche des langues de feu que leur danse joyeuse s'achevait en torche vive et éphémère. Sylphes et lutins endiablés, ils célébraient ainsi le chant du monde, offrant sans retenue aux divinités de la terre leur sacrifice suprême.

Toute proche de nous une chouette hulula, tandis que venus du cœur de la forêt éclatèrent des hurlements mystérieux. Les voix semblaient infiniment mornes, tantôt flottant haut dans l'air et ténues, tantôt semblables à un sourd gémissement venu du sol.

— Les loups se parlent et se rassemblent. C'est un soir de grande chasse !...

En brisant notre mutisme, Cerf-rouge qui redoutait la prostration de père, rouvrait ainsi les portes de la communication et par là même celles de la vie.

Nous aurions pu ce soir, tous trois réunis par la force de l'amour et de l'amitié nous laisser envahir par la joie comme le font les hommes qui ne redoutent pas les lendemains, et pour qui le présent est toujours un cadeau ; mais l'être prisonnier de sa souffrance peut-il encore se réjouir à la vue du soleil qui brille inaccessible derrière les barreaux de sa prison ?

Recouvrant une partie des braises de feuilles humides, Cerf-rouge enfila sur des tiges de bois vert de longues lanières découpées dans la chair blanche du muskie. Il les ficha en terre, orientées face au vent dans l'épais nuage de fumée. Une douceâtre odeur de poisson séché nous enveloppa. Alors, sa tâche accomplie, il retourna s'asseoir tout près de père. Et je compris à la gravité de son visage qu'il allait lui parler, libérer les sentiments que le comportement de son compagnon lui inspirait.

— La nuit est douce, mais mon frère ne la sent pas ! La nuit est claire, mais mon frère ne le voit pas ! Le Fils-de-l'ours a le cœur qui saigne !...

Père releva la tête brusquement, doutant un instant que ces paroles puissent lui être destinées, mais le regard perçant de son vis-à-vis le détrompa aussitôt. Il essaya alors de s'expliquer.

— Tu dois comprendre, Cerf-rouge ! Je vois ma femme partout autour de moi, je la sens présente jusque dans le moindre souffle d'air. Et je ne peux la toucher, la serrer dans mes bras, baiser son front, ses lèvres, son corps.

Elle me parle, j'entends sa voix... Et je lui parle, mais nos mots ne se rejoignent pas !...

Cerf-rouge hocha la tête. Il s'empara de sa longue pipe, la bourra lentement, aspira quatre grosses bouffées et les offrit aux quatre directions, puis sans attendre l'assentiment de père, il la lui tendit.

— Mon frère ne rencontrera jamais le poisson sur les chemins de poussière, jamais il ne verra l'ours dormir dans le lit des rivières. Jamais l'homme debout ne pourra ramper sur le sentier des morts !...

— Mon chagrin est si fort, lui répondit père réprimant un sanglot. La raison m'échappe et je ne sais plus penser. Je me perds dans des questions qui ne trouvent pas de réponses !...

— Il n'est point de questions pour qui vit par le Grand-Esprit, lui rétorqua Cerf-rouge. Point de souffrance en l'unité, point de mouvement et point d'hésitation dans sa lumière. Émis par la source unique, tout peut se manifester et les mouvances qui s'en émettent en apparence ne sont point douleurs pour qui les laisse faire !...

Je ne comprenais qu'à demi les paroles de Cerf-rouge mais il me sembla soudain que le feu devenait plus clair, les flammes plus hautes et plus brillantes.

La voix de père, trop forte et agressive, résonna comme un tambour à la peau mal tendue, hostile à la magie du moment :

— Tu ne peux savoir, Cerf-rouge ! De noirs sorciers se sont emparés de mon âme et je ne retrouve plus ma place dans leur sombre décor !

— Suivant ses maîtres, on a ses décors, répliqua sèchement Cerf-rouge. Choisis tes maîtres, Fils-de-l'ours, tu changeras tes décors, et choisis tes décors, mon frère, pour rencontrer de nouveaux maîtres !...

Père, bouleversé par les paroles du sage, tirait nerveusement sur la pipe. Il recevait les mots comme un présent, mais conscient de ne pouvoir les sublimer par des actes, sa douleur telle une vrille pénétra plus avant dans son cœur.

— La douleur parle au cœur ! L'esprit l'entend mais il n'écoute pas, laissa échapper Cerf-rouge comme s'il voyait en père avec la même netteté que celui qui contemple son visage dans l'eau claire et immobile d'un lac. Car si le cœur est grand, l'esprit qui se ferme est petit !... Vois ton corps, Fils-de-l'ours, il est débordant de vie, il est fort ! Ta place n'est pas dans le monde des fantômes !...

— Je ne redoute pas la mort, se défendit père, elle sera pour moi la délivrance. Le seul chemin pour rejoindre ma Lucie.

Cerf-rouge hocha la tête, bourra et ralluma la pipe que père venait de lui tendre. Ses traits s'estompèrent dans les nuages de fumée bleue. Il s'enferma dans une intense méditation avant de lui répondre après de longues minutes.

— Que la voix de ton mental n'agite point ton possible d'écoute et d'entendement. Tes paroles aujourd'hui sont celles de l'homme seul, et tu ne cherches qu'à t'écouter parler. Tu ne fais qu'attendre sans vouloir voir, tu ne fais que combattre contre le dehors sans percevoir les bruits de combat de ton dedans !...

Il est toujours ici le temps pour le guerrier d'écouter le monde, d'entendre le chant des plaines, des déserts, des montagnes et des forêts ; le temps d'écouter les sources et les rivières, le murmure des plantes, la voix muette des animaux ; écouter le soleil et la lune, entendre le message du feu et celui de ses frères.

Ainsi lorsque les oreilles du guerrier s'ouvrent à la musique de la terre, la douleur recule et s'enfuit !... Toi Fils-de-l'ours, enfermé dans l'égoïsme de ta douleur, tu cherches à défricher la forêt et tu cherches les traces, mais ainsi tu traces dans la forêt et ne peux en sortir. Défricher la forêt c'est l'oublier, et pour l'oublier il faut la percevoir !... Regarde autour de toi, le Grand Cercle est en mouvement perpétuel et immuable. Quel est donc, Fils-de-l'ours, la véritable importance de ta douleur et où se situe-t'elle dans le cercle ? La place du poisson tant qu'il est poisson restera toujours au cœur de l'onde, et celle de l'ours à l'abri des forêts !... De même la place de l'homme debout est parmi les vivants !... L'homme à genoux n'a pas de place, il est dispersé à toutes les places et ainsi ne peut vivre pleinement.

Tu ne peux courir la plaine et gravir les montagnes dans la même foulée ! Si tu entends ta squaw qui murmure dans le vent et que tu ne peux comprendre ses paroles, c'est que tu n'écoutes pas le vent, mais seulement le bruit que fait le vent !... Les âmes qui marchent sur les terrains de chasses éternelles ne disent jamais : « Viens », elles murmurent : « Je T'attends » !... Seul le Grand-Esprit décide de l'instant de ton passage, mais il te laisse le choix de l'instant précis de ta vie, le choix du rire ou des pleurs... L'ours ne dort pas au printemps pour chasser l'hiver !...

Aujourd'hui vis... Vis et espère. « Lucie-zicha » attend ta venue. Pare-toi d'une belle tunique, orne ta chevelure des plumes de l'aigle, fume ta pipe assis devant ton foyer et marche debout. Le temps venu, ta squaw sera là à t'attendre au sommet de la montagne !... Elle te tendra la main ! Elle te reconnaîtra et ne rougira pas de ton apparence !...

À nouveau Cerf-rouge eut recours à un long silence et après ce qui parut une éternité, il conclut par ces mots : Cerf-rouge a parlé ! « Wana Waniyelo », je suis vivant, je suis éveillé !...

Jamais depuis notre départ, le Cerf-rouge ne s'était exprimé avec tant de verve. Il paraissait épuisé, comme s'il avait donné dans le flot de ses paroles une partie de lui-même.

Il tira sur la pipe, les yeux clos, seul à présent dans son monde magique. De tout son être irradiait une paix profonde. Il n'était plus l'Indien assis devant le feu, il était l'âme du feu.

Père se leva, posa sa lourde main sur ma tête, n'ayant pour moi qu'un seul mot mais un mot qui allait me suivre toute ma vie : « Pardon » ! Puis s'adressant à Cerf-rouge :

— Tes paroles ont ouvert une brèche dans mon cœur ! Que dois-je faire pour que le flot s'écoule librement ?

Cerf-rouge revenant à nous, rangea la pipe. Il prit le temps de la curer soigneusement avant de répondre. Ses pupilles luisaient de l'éclat des braises ardentes, mais lorsqu'il plongea son regard dans celui de père, elles s'adoucirent aussitôt pour n'être plus que la douce lumière de la flamme.

— Emporte mes paroles, Fils-de-l'ours, pars seul au cœur de la forêt, marche sous les étoiles, prie et cherche ta vérité !...

La dernière vision que j'eus de cette nuit fut le large dos de mon père s'enfonçant dans les ténèbres.

Mes larmes en silence l'accompagnèrent. Certes je compatissais, mais ne pouvais partager le mal qui le rongeait.

Aidé sans doute par ma jeunesse, le grand vide que le départ de Lucie avait installé dans nos existences se comblait pour moi par cette inébranlable certitude : Mère était devenu l'arbre, l'oiseau, le cerf, le poisson ; ce tout qui désormais régirait ma vie. Lucie était nature, elle vivait en moi. J'avais mangé ses cendres et ne doutais plus de la retrouver au bout de mon chemin.

« Wana Waniyelo » mon père...

•••

Ce fut à l'heure où les bêtes diurnes sortent de leur dormance, emplissant la forêt de leurs cris d'éveil et l'animant soudain d'une vie nouvelle, que père, penché sur ma couche, me tira des brumes du sommeil.

Placidement il souriait, sa grosse main calleuse caressant mon front. La fatigue d'une probable nuit blanche avait creusé ses traits, et cependant émanait de lui une grande paix, un changement si profond que même son dur physique en était adouci.

Il avait taillé sa barbe, égalisé les mèches rebelles de sa longue toison rousse. Il paraissait plus jeune et plus avenant, semblable aux imageries de mon enfance où de preux chevaliers auréolés de lumière, le poing armé du glaive divin, terrassaient les dragons du mal.

Je ne pourrais affirmer qu'à partir de ce jour il retrouva son humeur d'antan ! Non... Je crois qu'il vécut dans une sorte de « no man's land », oscillant entre l'acceptation d'un fait qui ne pouvait être modifié et la découverte d'une vie future axée sur la certitude d'un au-delà, les terrains de chasses éternelles que les croyances et la persuasion de Cerf-rouge avaient insufflés en lui.

S'il n'avait pu se résoudre à perdre son épouse le soir de l'incinération sur l'île au courlis, il l'admit sans doute durant la nuit de son errance solitaire. Mais il ne narra jamais, ni à moi, ni à Cerf-rouge ce qu'il avait enduré et de quelle manière il avait transcendé sa peine..

Jamais plus, si ce n'est au dernier instant de sa vie, il ne prononça le nom de ma mère, tout comme le font les Indiens lorsqu'ils considèrent qu'une chose ou un être est devenu sacré.

Son lourd secret devint ainsi le tribut versé à la forêt. Tel un inestimable trésor, celle-ci l'enfouirait à jamais au profond des halliers, le confiant à la garde jalouse des grands arbres séculaires...

La douceur n'étant point suffisante à me sortir de ma léthargie, père me secoua sans ménagement.

— Debout, fils ! Il n'est pas concevable de ronfler alors que tout s'agite autour de toi. Serais-tu plus paresseux qu'un mulot ?

Ce faisant il me montra du doigt, à quelques pouces de ma tête, un minuscule rongeur affairé, ayant choisi pour déjeuner un gros carabe rutilant. Puis extirpant de sa besace trois belles grappes de raisin aux grains ventrus comme des prunes, mêlées à une demi-douzaine d'œufs bruns mouchetés de taches noirâtres.

— Voilà de quoi nous offrir un repas matinal des plus ravigotants ! Allons, en piste !... Fais chanter ton briquet et ranime le feu. La mère plongeon qui a bien voulu nous concéder cette omelette serait fort marrie de ne point nous savoir la dégustant.

Fier de son argument, il partit d'un rire tonitruant qui fit s'envoler deux fauvettes apeurées et réintégrer dare-dare au mulot son terrier, la pauvre bête abandonnant sur l'herbe deux élytres d'or que je m'empressais de recueillir tel un précieux trésor.

Plus d'échappatoire possible ! Il fallait se lever !... Mais cet effort fut largement compensé par le dynamisme de père et l'excellence de son butin.

Les jours à venir seraient-ils enfin des jours heureux ?

Le bonheur paisible est probablement enfoui dans la terre de son jardin. La plus sûre manière de le savourer ne peut se concevoir que calé confortablement dans son fauteuil à bascule, fumant une bonne pipe en rêvant du temps qui passe... Mais la route du bout du monde où chaque pas soulève une tornade de poussière allait cette fois encore nous emporter dans son irrésistible tourbillon.

Cerf-rouge ne partagea pas notre accès de gaieté. Il restait silencieux, soucieux, touchant à peine à notre repas, attentif aux appels de la sylve.

Père jouant l'ironie ne put se retenir de lui faire grief de son manque d'entrain.

— Le grand chef indien a donc si mal dormi qu'il ne peut partager la joie de ses frères ?

— Ahh-h ! soupira celui-ci, interjection que tout Indien réserve aux événements regrettables. Les oreilles de Cerf-rouge ont été troublées cette nuit par l'aboiement du coyote et avant que le père soleil ne se lève, les guetteurs de la forêt ont fait entendre leurs cris d'alerte.

Je compris qu'il parlait des geais car il m'avait appris que ces oiseaux se manifestaient par des cris et des miaulements rauques et puissants dès qu'un intrus traversait leur territoire, avertissant ainsi d'un danger imminent les autres habitants de la forêt.

— Cerf-rouge a tant marché sur le sentier de la guerre qu'il ne peut ignorer les signes. Une troupe d'hommes trace une piste sur nos pas... À l'heure des grandes chasses, elle nous aura rejoints.

Père, malgré la confiance totale qu'il éprouvait envers notre compagnon, ne put s'empêcher de rester sceptique.

— Qui donc pourrait nous suivre dans cette contrée ou bien peu d'hommes osent encore s'aventurer ? Et pourquoi ? Nous avons distancé Bâton-Rouge d'une bonne trentaine de lieues ! Quelques coureurs des bois ? Les Natchez contre qui O'Connel nous a mis en garde ? Non, grand chef, crois-moi, personne ne nous file le train et les oiseaux ne piaillent que pour fêter le jour !...

Mais Cerf-rouge ne partagea pas son optimisme :

— L'oiseau n'a pas qu'un seul langage et les notes que le Cerf-rouge a perçues sont celles de la peur. Les visages pâles à la longue carabine ont appris la forêt, ils marchent sans inquiéter l'oiseau guetteur, Fils-de-l'ours ! Quant aux guerriers du peuple des Natchez, ils frôleraient ton épaule que tu ne croirais qu'à la caresse du vent. Je te le répète, mon frère, des hommes inconnus sont à nos trousses ! Amis ou ennemis, le Cerf-rouge ne se laissera pas surprendre comme le lapin au terrier !... Que mes frères attendent dans la clairière ! Cerf-rouge retourne sur ses pas, il va lire les signes !...

Il fut inutile de chercher à le retenir et lorsque sa silhouette eut disparu dans l'épaisseur des taillis, un sombre pressentiment m'envahit.

Il dut en être de même pour père car je le vis s'adosser contre le tronc rugueux d'un vieil orme, s'emparer prestement de son fusil et en entreprendre méthodiquement le nettoyage complet, vérifiant avec soin l'état de ses silex et de sa poudre. Ses paroles confirmèrent ma peur :

— La soudaine inquiétude de Cerf-rouge ne me dit rien qui vaille, autant se tenir prêt, et si la poudre doit parler, vaudrait mieux qu'elle ne soit pas humide... Souffle les braises, fils... Charge ta carabine de gros plombs !...

L'attente chargée d'incertitude s'avéra interminable. Tous bruits que nous ne pouvions identifier, chaque craquement de branche et jusqu'au moindre crissement de feuilles nous faisaient sursauter, les nerfs à fleur de peau, l'index crispé sur la détente de nos armes.

Il y eut le fracas d'une charge. Nos fusils se redressèrent prêts à faire feu. Mais ce n'était qu'un cerf à queue blanche déboulant d'un bosquet d'érables. Surpris par notre présence, il s'immobilisa au centre de la clairière. Etonné, il nous fixa de ses gros yeux bruns avant de basculer sa lourde ramure vers le sol, nous défiant des poignards acérés de ses andouillers, labourant hargneusement l'humus de son antérieur droit.

Père dont la tempérance n'était certes pas la qualité première, et par trop énervé pour se contenir lui lança sur l'échine un tronçon de bois mort en hurlant.

— Maudit bestiau ! Assassin en sabots ! Tu pourras te vanter de m'avoir collé une sacrée frousse !...

Puis aussitôt comme pour se rassurer :

— Branle-Dieu, cette attente est insupportable !...

La bête, décontenancée par le son inhabituel de la voix humaine, et la crainte l'emportant sur la hardiesse, libéra dans un bond prodigieux la formidable tension de ses muscles, nous gratifiant au passage d'un pet sonore.

L'effet ne se fit pas attendre. Après un bref regard complice, une explosion de rires dispersa les derniers remparts de notre stress, et le calme en nous retrouvé remplaça la peur.

Le soleil terminait sa course lorsque Cerf-rouge réapparut, ombre fugitive se coulant sous l'épaisse frondaison.

Il avait dû progresser à vive allure tout au long de sa traque sans s'accorder le moindre repos, car son front ruisselait de sueur et son souffle court soulevait sa poitrine en un rythme rapide entrecoupé de profondes expirations.

Père se dressa d'un bond, expulsant tel un boulet de canon la question qui lui brûlait les lèvres..

— Alors ! Est-ce le loup ou la brebis qui marche sur nos traces ? Trappeurs ? Natchez ? Voyageurs égarés ?... Ou peut-être n'était-ce que le souffle brûlant des bayous qui trouble les esprits ?

Certes cette dernière pique n'était pas des meilleures, mais elle permit à père de se libérer des derniers lambeaux d'anxiété.

Cerf-rouge ne se pressa pas pour répondre. Il avait besoin de reprendre son souffle, mais je pense aussi que l'ironie de père l'irritait quelque peu. Les Indiens, même ayant acquis une grande sagesse, n'en restent pas moins des êtres fiers et susceptibles.

Lorsqu'enfin il se décida, son ton n'était guère de ceux qui inspirent la plaisanterie.

— Cerf-rouge a compté autant de soldats que deux fois les doigts de la main !... De mauvais guerriers plus bruyants que le tonnerre dans un ciel d'été. Ils brûlent leur poudre sans raison et la forêt autour d'eux se lamente dans des cris de mort. J'ai découvert les dépouilles des frères ailés qui la nuit dernière ont prévenu le Cerf-rouge de leur présence.

Comme nous nous étonnions de n'avoir entendu aucun coup de feu, notre compagnon à son tour ironique nous répondit :

— Il n'est pas d'oreille plus fermée que celle qui ne veut pas entendre !...

La vérité était sans doute que le vent ne portait pas dans notre direction, mais cela le Cerf-rouge ne le dit pas.

Père, ayant alors compris que la moquerie n'était plus de mise, formula sa question avec beaucoup plus de révérence :

— Cerf-rouge peut-il dire si leurs intentions à notre égard sont belliqueuses ? Et pourquoi ces soldats nous suivent ?

— Langage inconnu ! Cerf-rouge n'a pu comprendre le sens des mots, mais il sait que l'ami ne vient pas à l'encontre de l'ami ses armes prêtes pour le combat !... Beaucoup de longues carabines.

Désignant l'épée pendue au côté de père :

— Longs couteaux comme celui du Fils-de-l'ours !...

— Et leurs uniformes, s'inquiéta père. Quelle est la couleur de leurs uniformes ?...

Les peurs qui m'avaient assaillies durant les heures passées, à cette dernière question resurgirent comme des bêtes féroces tapies dans la nuit. Ces soldats parlant une langue inconnue de Cerf-rouge ne pouvaient être que des Français. Cerf-rouge lui aussi avait compris. Il n'attendait par sa réponse que la confirmation de père.

— Longues tuniques bleues !...

Réprimant alors avec peine un mouvement de colère, père s'exclama :

— Je l'aurai juré ! Les Français !... Rien de bon à espérer de ces gaillards, et si c'est bien la troupe à laquelle nous pensons tous, Branle-Dieu ! nous n'allons pas nous laisser cueillir comme des jouvencelles !...

En claquant avec force la crosse de son fusil, il rajouta :

— Nous allons leur réserver une danse que, foi d'Irlandais, ils n'oublieront pas de sitôt !...

Puis s'adressant à Cerf-rouge :

— Penses-tu qu'ils seront sur nous avant la nuit ? J'aimerais autant la lumière du jour pour ajuster mes tirs !...

— Le Fils-de-l'ours peut se préparer à combattre, mais son bâton de feu ne parlera pas dans les ténèbres. Les soldats blancs ont allumé leurs feux, ils ne les éteindront qu'avec le jour !... Hoka Hey ! Demain sera une belle journée pour mourir !...

Sans plus d'inquiétude, il ramassa de grosses bûches, m'ordonna de préparer le feu, et ma tâche accomplie, le plus tranquillement du monde, l'alluma, s'assit devant en tailleur et sortit sa pipe.

— Cette nuit le Grand-Hibou sera le gardien de nos vies !... Fumons en paix l'écorce du saule rouge et que la fumée emplisse nos cœurs de la force des braves.

Père qui ruminait encore sa colère tournait en rond autour de nous, sans parvenir à trouver sa place. Il se parlait à lui-même, mais avec tant de rage que nous pouvions sans peine le comprendre :

— Branle-Dieu ! Si cette terre demain doit rougir, ce ne sera pas le bon sang gaélique qui l'abreuvera !...

Cerf-rouge tira les premières bouffées, paisible et souriant. Il remercia le ciel, la terre, le Grand-Esprit et les quatre directions, puis captant le regard de père, il lui tendit la pipe en le sermonnant affectueusement :

— Le Fils-de-l'ours gronde comme le tonnerre avant la pluie, mais les paroles ne sont pas les actes ! Le guerrier fume et prie avant le combat, il chasse de son esprit les pensées mauvaises et remercie le Grand-Esprit pour toutes les merveilles qui lui sont offertes !... Le don de la vie est fragile et éphémère comme la rosée du matin... Que mon frère apaise son cœur, car la colère est semblable au mauvais arc qui se brise au milieu de la bataille.

Père, calmé aussi soudainement qu'il s'était emporté, ne chercha pas à répliquer, percevant au fond de lui que son compagnon n'avait pas tort. Il trouva enfin sa place, face à nous deux, et la fumée odorante de l'écorce de saule et du tabac noir eut raison de ses dernières irritations.

Cette nuit fut sans doute l'une des plus courtes de mon existence, et bien que la peur se fût envolée, il restait en moi une sourde appréhension, troublant la confiance que je pouvais avoir en la force de mes protecteurs.

Cerf-rouge qui lisait dans mon cœur comme l'oiseau les signes avant-coureurs de l'orage dans un ciel limpide, m'autorisa avec l'accord de père à tirer sur la pipe.

— La pipe, me dit-il, est le lien sacré entre l'enfance et l'âge d'homme !... Ce soir, Iktomi, tu vis dans l'attente de ton premier combat et demain tu marcheras aux côtés des guerriers !...

Je dus me faire violence pour ne pas tousser, mais ce fut avec une grande fierté que je m'acquittais du cérémonial, saluant respectueusement les quatre directions.

À l'heure où le soleil brûle la peau, ils surgirent de l'orée de la forêt en troupe compacte, bruyants tel un ouragan, précédés par le vol des geais en colère.

Dix soldats à la démarche lourde, aux uniformes jadis bleus, à présent noirs de crasse et s'effilochant en lambeaux. Chacun d'eux serrait fermement un long fusil à la gueule sombre et menaçante, braqué sur nous.

De la physionomie de l'individu qui marchait à leur tête se dégageait une si grande fourberie qu'il eût fallu être fou ou inconscient pour lui accorder la moindre confiance.

Empli de morgue et de suffisance, l'homme arborait en sautoir, jurant sur la grisaille de ses guenilles, un brillant collier d'or massif. Nous ne pouvions douter, nous étions bien en présence des assassins du « Grand-Soleil » des Natchez.

Père, bien campé sur ses jambes écartées, le toisa de toute sa hauteur, le canon de son arme reposant dans le pli de son coude, chien relevé et le doigt sur la détente. Impassible et sûr de lui, il attendait les premiers signes d'hostilité.

Cerf-rouge quant à lui n'était plus à nos côtés. Il s'était évanoui avant même l'arrivée des soldats, préférant, nous dit-il, les prendre à revers et dissimuler ainsi nos forces véritables.

Inquiet et soupçonneux, le soudard promena son regard alentour, cherchant à déceler d'autres présences, puis visiblement rassuré après de longues minutes pesantes comme une chape de plomb, il commença sa harangue. Le ton de sa voix se voulait amical, mais il y avait chez cet homme une telle propension à la tromperie qu'il ne réussit qu'à se rendre plus retors encore :

— Je te salue bien bas, trappeur !...

Sans pour autant cesser de nous menacer de son arme, il nous honora d'un geste ample, exacerbant à outrance le ridicule et la fausseté de son attitude.

— Heureux de rencontrer des âmes chrétiennes dans ce foutu pays de sauvages !

Puis claquant des talons, il ébaucha un vague salut militaire.

— Sergent major Belmont, pour vous servir !... Très loyal sujet de sa majesté Louis le quatorzième, en patrouille sur les possessions de son roi !...

Il avait appuyé sur « possessions » avec insistance, nous spécifiant ainsi que nous n'étions à ses yeux que des intrus. Pourtant dans la suite de ses propos, il força son ton et son comportement jusqu'à l'obséquiosité :

— Mille pardons de troubler vot' solitude, amis trappeurs !... Mais mes gars et moi y'a ben trois jours qu'on s'est rien calé sous la dent ! Foutre de Dieu ! Le gibier est plutôt rare par ici !...

Il eut alors un rictus méprisant.

— Mais plus de problèmes à présent, nous voilà sauvés !...

Et apostrophant père :

— Un grand gaillard comme toi aura bien dans sa besace un cuissot de daim ou une queue d'alligator à nous faire partager, et qui sait... Il se retourna vers ses hommes... Peut-être même des trésors plus grands encore ?

La troupe approuva par des rires complices. Confiant dans leur nombre et leur puissance de feu, ils relâchèrent ostensiblement la forte tension qui les habitait.

Jouant de finesse, père répliqua sur le même ton, fort désireux de connaître la raison de leur présence et le pourquoi de leur acharnement à nous suivre.

— Pas de chance l'ami, mauvais jour pour faire bombance !... Comme tu le dis le gibier se fait rare. J'ai pas eu la moindre opportunité d'aligner un seul bestiau, pas même un raton-laveur ou un rat musqué. Faut dire que mon fils et moi on est novice dans le métier et qu'on est sans doute plus apte au maniement de la bêche que du fusil.

La réalité était évidemment tout autre. J'avais déjà vu mon père, à plus de cent pas, d'une seule balle atteindre un pigeon en plein vol.

Ces paroles mensongères réjouirent le sergent au-delà de ses espérances. Il se tourna à nouveau vers ses sbires et ne put se retenir de s'esclaffer :

— Vous entendez ça, mes loups ! Encore un de ces foutus bouseux qui s'est imaginé que les marigots de Louisiane par un coup de bêche magique allaient soudain se transformer en terre à blé. Si c'est pas malheureux ! Ces culs-terreux vont nous pourrir le pays aussi sûr que des rats lâchés dans un silo à grains.

Au fil de son discours, sa vraie nature reprenait le dessus. C'est désormais avec hargne qu'il acheva :

— « Foutre Dieu » ! C'est une armée de bons soldats que le roi aurait dû nous envoyer, manière de botter le cul à tous ces sauvages, et sûrement pas cette horde de putains et de « gratteurs de terre » qui de surcroît fricotent avec l'Indien.

À cette pensée, il virevolta brusquement, nous scrutant d'un œil soupçonneux.

— Mais au fait, bonhomme, je me suis laissé dire à Bâton-Rouge que tu traînais avec toi une donzelle et un Peau-Rouge !... J'ai beau chercher, pas l'ombre d'un jupon ni d'une plume. Toi et la face cuite, z'auriez pas grillé la poulette ? Manière d'améliorer l'ordinaire !... Et ensuite on s'dispute les morceaux... Et couic... Deuxième service !...

En rigolant grassement, il fit le geste de se passer un couteau sous la gorge.

Père était blême et je crus qu'il allait bondir. L'effort qu'il dut accomplir pour se contenir releva de l'exploit.

— Remarque, poursuivit le sergent sans cesser de rire, c'est pas vraiment mes oignons !... Mais tout de même c'est un foutu brasier que t'as allumé sur le fleuve... Et la fumée, j'te dis pas l'odeur !...

Père serra les mâchoires à s'en briser les dents. Après un court instant il se décida tout de même à répliquer :

— Ma femme est morte des fièvres et l'Indien a rejoint sa tribu. J'ai incinéré mon épouse selon ma religion.

L'homme se gratta le menton et rejeta son bonnet en arrière.

— Ouais ! Chacun ses croyances, mon gars. Tu vois, pour nous, le paradis ce serait plutôt ici... Et maintenant !...

Une grimace de convoitise lui déforma les traits et son ton se fit dur et autoritaire.

— On va pas finasser plus longtemps. L'enfoiré d'Irlandais, O'Connel ! Tu connais !... Il t'a refilé un bijou en or tout couvert de jolies pierres vertes ! Et ben, c'est exactement c'qu'on est venu chercher !... Toi tu peux pas comprendre avec tes rêves de betteraves, mais pour nous autres, c'est la clé du pays doré !... Alors va falloir devenir compréhensif, pas comme le gnome qui nous a fait des problèmes et qu'on a dû s'couer un peu.

S'adressant à ses hommes, et cette fois sans se retourner :

— Pas vrai, les gars ?

— Pour sûr, sergent, qu'on l'a secoué, et même qu'il est pas prêt de revoir sa gentille maison !...

— Ou alors en plusieurs morceaux, et pas dans l'ordre, renchérit en riant un second soldat.

Coupant court aux plaisanteries morbides de sa troupe, le sergent reprit avec une pointe d'admiration. :

— Courageux et têtu, le p'tit bonhomme ! Pas un mot gentil pour nous autres !...

Mais toutes les langues sont pas liées quand on les brusque un peu. On vous a vus chez lui, toi et ta compagnie !... Pas d'bijou chez l'Irlandais et moi j'comprends vite ! Alors fini de rire l'ami ! Déballe !...

Au dernier mot, il releva le canon de son arme, mais ne put se retenir d'ajouter :

— Mes hommes et moi on est pressé et t'es pas en position de force pour un refus ! Tu vois ce que je veux dire, bouseux !...

Son pouce actionna le chien.

Dans la même fraction de seconde, père hurla : « À terre, Marcus ! », bondissant lui-même sur le côté.

Les deux fusils aboyèrent à l'unisson... La balle du soldat percuta un tronc d'arbre à deux pouces de la tête de père, tandis que lui-même se courbait en avant, ses deux mains plaquées sur son ventre, les yeux démesurément agrandis, fixant la tâche rouge inondant sa tunique. Il eut encore le temps de lâcher un dernier juron avant de s'écrouler face contre terre :

— « Fils de pute » ! Y m'a crevé la panse !...

— De la part de John O'Connel, lui cria père.

La corde d'un arc vibra par deux fois dans le court silence qui s'ensuivit. Deux autres soldats, pantins désarticulés, s'affaissèrent lourdement sur leurs genoux pour achever leur chute dans un râle, le visage écrasé dans la poussière, une flèche en travers du cou.

Cerf-rouge toujours invisible prenait ainsi la troupe à revers. Chacun de ses traits mortels augmentait la panique de nos agresseurs. Avant qu'ils ne puissent revenir de leur surprise et se réfugier sous le couvert des arbres, une troisième flèche faucha dans sa course désordonnée un nouvel antagoniste.

L'homme hurla, tentant désespérément d'arracher le fer qui lui brûlait la poitrine.

— Les sauvages... Ils... Un flot de sang noir endigua le cours de ses dernières paroles.

De la terre s'exhalait une âcre odeur de poudre et de sang, confirmation de la folie des hommes toujours prêts à sacrifier à leurs rêves de richesse et de gloire le don si précieux de la vie.

Une volée de plombs dans un roulement de tonnerre, trouant le feuillage autour de nous, marqua la reprise des hostilités.

Père rechargea, me suppliant de ne pas intervenir et de rester caché. À présent à l'abri d'une grosse souche, il espérait que l'un des assaillants, trop pressé, expose ne serait-ce qu'une seconde sa silhouette au tir infaillible du « 45 ».

Comblant son attente, sur notre droite une ombre traversa notre champ de vision. Père épaula. Dans le même mouvement il pressa la détente sans prendre le temps de viser... La fumée qui s'échappe en gros nuage opaque, le fracas assourdissant dans mes oreilles suivi d'un gémissement étouffé, des bras au loin qui s'agitent en moulinets désespérés. C'est à nouveau l'inévitable chute en avant, la vie qui s'enfuit et l'homme surpris qui ne comprend pas.

— Et de cinq, s'exclama père ! Les forces s'équilibrent !...

La baguette de chargement volait dans ses mains comme l'archet d'un violon dans celles du virtuose. Corne à poudre aux grains noirs, argent mat du plomb, étoiles d'or nées du silex heurtant la platine : implacable et mécanique ballet de la mort.

Une nouvelle salve des soldats en ponctua le rythme.

L'écho des déflagrations se mourait à peine dans le lointain qu'il fut aussitôt remplacé par les bruits assourdis d'une lutte sauvage. Cerf-rouge ne restait pas inactif. Un court râle d'agonie en marqua le dénouement.

— Six, rectifia père ! Le renard a surpris la poule sur son nid !...

— « L'or ou la mort » !...

C'est au cri de cette devise absurde que les quatre survivants s'élancèrent à l'assaut de nos positions.

Ayant lâché leurs fusils au profit de leurs sabres qu'ils agitaient au-dessus de leur tête en de terribles moulinets, ils escomptaient sans doute par cette charge brutale et désespérée nous surprendre et remporter la victoire.

Père fit feu, brisant net l'élan du plus proche d'entre eux. Mais avant qu'il ne puisse recharger un grand gaillard fut sur lui, abaissant son sabre avec un rugissement de bête fauve. Il n'eut que l'instinct de lever son fusil, parant ainsi le coup qui aurait dû lui fendre le crâne. La lame retomba lourdement entaillant profondément la crosse. Sous la violence du choc, père perdit l'équilibre, son arme roulant à ses pieds.

Le soldat, profitant de l'avantage, releva son bras, prêt à servir l'estocade mortelle.

Alors, en proie à la panique et galvanisé par la peur, d'un geste mécanique je pointais vers l'homme le canon de ma carabine. Mû par un réflexe incontrôlé, mon index écrasa la détente... Le soldat fut violemment projeté en arrière, de larges auréoles rouges vif mouchetant le bleu de sa vareuse.

Jamais je n'avais vu de si près l'horrible faciès de la mort violente. Je n'en ressentis qu'un profond sentiment de dégoût et de honte. Quelle était donc cette cruelle loi qui poussait les humains à s'entre-tuer, trop souvent et pour d'obscures raisons ? Étais-je devenu à mon tour un assassin, ou n'avais-je seulement répondu qu'à l'appel ancestral de survie qui ordonne de protéger son corps et celui des membres de sa tribu ?

Bien incapable de répondre à mes propres questions, le cœur au bord des lèvres devant cet humain qui se tordait dans d'atroces convulsions, les larmes aux yeux, secoué par de violents hoquets, je ne pus retenir le flot de bile, qui telle une source brûlante jaillit en longs jets saccadés.

— Nous ne sommes pas coupables du trépas de ceux qui viennent le chercher, me lança père tout en plongeant son épée dans le cœur du moribond.

La phrase de père ne put me rassurer, et au dernier râle du soldat, je n'avais plus qu'un seul désir : m'enfuir.

Il fallut pourtant se ressaisir car devant nous le combat se poursuivait. Cerf-rouge se trouvait maintenant face aux deux derniers adversaires.

Il s'était dévêtu pour ne garder que son pagne. Son tomahawk dans une main et le couteau dans l'autre il s'avança vers les soldats, sans feinte ni bonds de côté ; au contraire il marcha droit et progressa lentement en chantant son chant de guerre.

Les deux hommes semblèrent un instant pétrifiés par l'apparition quasi-surnaturelle du guerrier rouge au visage peint d'un éclair blanc, au torse puissant zébré de cicatrices, qui luisait au soleil telle une armure de bronze. Dans leurs yeux se devinait le tourment de la mort, et c'est avec l'ultime énergie des vaincus qui n'espèrent ni grâce, ni pitié, qu'ils s'élancèrent pour l'assaut final.

Le plus leste des deux, parvenu à hauteur de Cerf-rouge frappa d'un puissant revers... La lame ne trancha que le vide. Cerf-rouge s'était déporté sur le côté opposé, évitant le coup avec autant d'agilité que de puissance, puis profitant de l'ouverture que le bras encore tendu du soldat lui offrait, il planta son « tomahawk » dans son front.

L'autre chargea comme un taureau furieux, son sabre pointé vers l'avant.

À la vision du fer à quelques pouces de la poitrine de Cerf-rouge, père se précipita en hurlant, mais avant que la pointe acérée ne pénètre les chairs, notre compagnon dans un bond prodigieux se propulsa par-dessus son adversaire, virevoltant avant de retoucher le sol. Il saisit dans le même élan l'épaisse tignasse du soldat, et appliqua sur sa gorge offerte la lame effilée de son large couteau.

Au même instant, miracle de la vie, la violence retomba. Peut-être n'avait-elle jamais existé. Du moins au chant de la forêt revenu, je voulais encore le croire !...

Les insectes furent les premiers musiciens à occuper l'espace scénique ; abeilles, mouches, grillons et chrysomélidés. Tout d'abord accordant timidement leurs divers instruments, puis très vite encouragés par le silence paisible, avec une force sans cesse croissante, ils emplirent l'atmosphère de leurs bourdonnements et stridulations. Inoubliable concert de contrebasses et de violons aussitôt rehaussé des mélodies variées du peuple des passereaux.

D'immenses vols d'aigrettes immaculées et d'anatidès de toutes tailles et de toutes couleurs s'abattirent au loin, plus à l'est vers le fleuve, zébrant l'azur de leurs ailes effilées.

Frôlant la cime des pins, un grand aigle à tête blanche, rémiges écartées, se jouant des courants ascendants, planait majestueusement au-dessus de nos têtes. Tête penchée, il nous fixait de sa pupille d'or.

Cerf-rouge m'avait conté la légende de l'oiseau blanc, choisi parmi toutes les créatures du ciel pour devenir le messager entre les hommes et le

Grand-Esprit. Celui-ci rendait-il hommage à notre force et notre victoire ou condamnait-il le droit que s'octroient les humains de briser le cercle en s'opposant à l'œuvre de leur créateur ?

J'eus soudain la certitude que le regard perçant de l'oiseau se fondait dans le mien, dévoilant le message qui fortifia mon cœur... La chanson de Lucie, le courage et la bonté de John ! Tout au long de cette terrible journée nous avions tué, non pas dans le seul but de défendre nos vies, mais parce que nos destins nous poussaient irrésistiblement vers l'avant. Parce que la prophétie de Cerf-rouge appartenait au temps et qu'elle se devait d'être réalisée. Nous avions donné la mort pour que perdure la vie.

Ni rien, ni personne ne pourrait désormais me détourner de mon but. Cette pensée se fit aussi claire que le plumage de l'aigle. Apprendre chaque heure et chaque jour, apprendre à me rencontrer, petit homme assis au bord du talus. Apprendre comme l'oiseau roi du ciel à poursuivre mon vol, recevant et acceptant la dureté de l'épreuve tel un enseignement.

« Emporte ma prière, Grand-Aigle, et si je ne suis pas né Lakota, ma vie est au sein de ce peuple... Donne-moi la force et le courage... Je marche à l'encontre de mes frères. »

Le rapace reprenant de l'altitude, dans un puissant battement d'ailes fila droit vers le nord. Il abandonna dans son vol une large plume qui tournoya longtemps dans le ciel avant de choir sur le sol, si près de moi qu'elle effleura mon épaule.

Cerf-rouge s'étant rapproché ramassa la plume et la fit tourner entre ses doigts, usant de mille précautions comme s'il tenait entre ses mains un inestimable trésor.

Il leva alors les bras au ciel et entonna de sa voix profonde une douce mélopée.

— O Grand-Esprit dont j'entends la voix dans les vents et dont le souffle donne vie à toutes choses, écoute-moi !...

Il présenta la plume au ciel, à la terre et aux quatre directions.

Le redoutable guerrier qui, il y a peu, donnait encore la mort, à présent devenait le sage qui par sa parole insufflait la vie.

— Fais que mes mains d'homme respectent ce que tu as créé et rends mes oreilles attentives à ta parole sacrée.

Sa voix se fit plus forte, plus vibrante, chargée d'amour et d'émotion.

— Iktomi aujourd'hui a vu s'envoler son enfance dans le sillage du Grand-Aigle !... Accueille-le parmi le cercle des guerriers, qu'il puisse désormais s'asseoir et fumer la pipe autour des feux du conseil, que sa parole soit entendue !... O Grand-Esprit, anime l'esprit de ton enfant dans le respect des valeurs de l'homme, courage, générosité, endurance et sagesse.

Iktomi retourne à la terre et aux rêves... Le jeune guerrier marchera désormais la poitrine gonflée et le regard droit dans le camp des Lakota. Les jeunes filles sur son passage chanteront son nom d'homme : « Celui-à-qui-parle-l'aigle-à-tête-blanche ».

Il posa alors sa main sur mon front et son visage bien qu'empreint de gravité s'illumina d'une douceur presque irréelle.

— Celui-à-qui-parle-l'aigle-à-tête-blanche peut entonner son chant de victoire, non pas uniquement celle qu'il remporta sur ses ennemis, car il n'y a pas de gloire à voler la vie même si cela est parfois juste et se doit d'être fait... Une seule victoire est grande pour le guerrier ! La victoire sur lui-même, celle qui le fait naître et s'ouvrir à la réflexion de ses actes !... « Je suis vivant, je suis éveillé ».

Délicatement il se saisit de mes longs cheveux, les divisa en deux larges nattes qu'il enserra dans une bande de peau de loutre, puis piquant la plume dans l'une d'elle, pointe dressée vers le ciel, il conclut par ses mots qui me comblèrent de joie et de fierté : « Ainsi les guerriers Lakota reconnaîtront leur frère » !...

Après de brefs palabres il fut décidé d'un commun accord que nous passerions une nouvelle nuit dans la clairière afin de pourvoir au matin à l'ensevelissement des soldats. Il ne pouvait être question de les abandonner ainsi sans sépulture, car bien qu'ils aient été des ennemis impitoyables, ils n'étaient plus à présent que des cadavres sans intention, et comme le justifia père, la violence étant passée, nos rancœurs ne pouvaient être une raison suffisante pour nous empêcher d'accomplir notre devoir d'hommes justes.

Cerf-rouge rajouta que si le Grand-Esprit nous avait offert une place si belle, ce n'était pas pour lui rendre en retour un charnier puant.

De son hululement sourd, prémices au réveil des ombres, le hibou moyen-duc marqua les premières heures de la nuit.

Tous trois épuisés, après un frugal repas de poisson séché, nous nous laissâmes doucement sombrer dans un profond sommeil.

Un curieux rêve troubla ma nuit, peut-être dicté par la mort si proche qui reposait à nos côtés.

« Un cavalier s'approche au galop. Seule son apparence est indienne, car son regard est plus clair que l'eau, ses cheveux plus dorés que les blés et sa peau plus pâle que le cuir fragile d'un bison nouveau-né.

Il chevauche solitaire, soulevant en épais nuages la poussière de la plaine balayée par le vent du nord. Derrière lui, un peuple d'homme nus, enchaînés, et qui marchent tête basse, silencieux... Devant lui, sur la ligne d'horizon, se dresse un mur de chair, de sueur et de sang, couronné de hautes flammes rouges... Le cavalier s'élance, mais sa monture se cabre, elle refuse l'obstacle, le désarçonne et s'enfuit... »

La nuit écoulée, troublée en intermittence par le furetage d'un chasseur nocturne et parfois la plainte déchirante de la proie surprise, nous consacrâmes une bonne partie de la matinée à la construction de « travois », nécessaires au transport des corps vers le fleuve. À l'unanimité, le Père-des-Eaux fut choisi comme étant la plus saine et la plus naturelle des sépultures.

Alligators et poissons-chats, si nombreux dans les parages, s'avéreraient de zélés fossoyeurs. Il suffirait de quelques jours pour que du drame il ne reste pour ultime trace que des ossements blanchis, rejoignant à leur tour l'insatiable estomac du grand fleuve.

Délaissant le surplus d'équipement et le dissimulant à quelques futures fins utiles dans une anfractuosité de rocher, fusils et sabres liés dans les lambeaux de tuniques préalablement copieusement enduites de graisse, nous récupérâmes tout ce qui fut nécessaire à la poursuite de notre voyage : une large et profonde besace de cuir, de la poudre et des balles, un écheveau de cordelette de chanvre, plusieurs hameçons de fer forgé et pour le plus grand plaisir de père une bourse de tabac bien remplie ainsi qu'un brûle-gueule au fourneau sculpté d'une tête d'ours.

À cette dernière découverte, Cerf-rouge y lut de curieux présages, considérant la possession d'une effigie de son animal totem comme une prochaine rencontre avec celui-ci.

Père s'amusa de cette remarque, ironisant qu'il était bien normal que le Fils-de-l'ours rencontre sous peu son géniteur, mais notre compagnon ignorant de ses rires garda un visage soucieux.

Père mit également de côté deux des meilleurs fusils, des « Springfields » de manufacture anglaise, considérés à juste titre par tous les coureurs des bois du Nouveau-Monde comme les plus performants de l'époque. L'un remplacerait avantageusement ma trop légère carabine bien que je ne pus me résoudre à l'abandonner. Elle était l'arme symbole de mon accession au statut de guerrier, l'arme qui m'avait permis de sauver la vie de mon père.

— En prévision de nouvelles escarmouches, me dit père en me tendant le « Springfield ». Un bon tireur n'est rien s'il n'a pas le bon fusil !...

Il s'octroya le second en renfort de son « 45 », Cerf-rouge ayant refusé l'arme, jugeant son arc plus maniable et moins encombrant, et rajouta-t'il avec un demi-sourire, plus proche de sa condition de sauvage.

En alignant les corps tout au long de la berge, père n'oublia pas de délester le sergent du collier et des bracelets d'or. L'homme qui injustement se les était appropriés n'aurait désormais pour seule fortune que la sombre profondeur du fleuve. Pour nous ces illusoires richesses ne pouvaient attirer notre convoitise, notre but et nos aspirations nous paraissant bien supérieurs à l'éphémère éclat du métal jaune ; mais nous en étions convaincus, leurs légitimes propriétaires ne tarderaient pas à se manifester.

Alors que père se préparait à faire basculer les corps dans le fleuve, Cerf-rouge le devança, son large coutelas à la main. Il se saisit de la tignasse du sergent, puis entaillant profondément le front sur toute sa largeur, il décolla la peau d'un geste vif jusqu'à la base du crâne, brandissant sous nos yeux son macabre trophée.

Avant même que nous ne puissions le questionner sur son geste, il lâcha sans détour :

— Le scalp de l'homme mauvais réjouira le cœur des Natchez ! Les guerriers du Grand-Soleil sauront ainsi que leur père bandera à nouveau son arc en courant le cerf aux côtés de ses ancêtres sur les terrains de chasses éternelles !... Une âme non vengée errerait sans fin autour des foyers des vivants, reprochant aux braves leur faiblesse à n'avoir point su préparer le passage du meilleur d'entre eux.

Sans doute pour achever de nous convaincre, il rajouta :

— Là où s'en va le guerrier sans honneur, sa chevelure ne lui sera plus d'aucune utilité !...

Enfin les dix corps, chacun lesté d'une pierre, glissèrent lourdement, aspirés par les eaux boueuses, accompagnés vers leur dernière demeure par la courte oraison de père.

— Que Dieu tout puissant puisse pardonner et vous absoudre de vos sinistres méfaits, que dans son immense mansuétude, il vous accueille en paradis.

Il se signa rapidement. Amen ! Et rajouta en grommelant dans sa barbe :

— Nous voilà tout de même débarrassés d'une belle troupe de canailles !...

Après cette éprouvante journée, père et moi n'avions plus qu'un seul souhait : embarquer au plus vite et retrouver le calme et la sérénité du fleuve, mais contre toute attente Cerf-rouge s'y opposa.

Il était plus urgent, nous dit-il, de purifier nos corps et nos âmes, de rendre grâce au Grand-Esprit, lui qui avait sans faillir veillé sur nos vies.

Perdre l'eau souillée de nos corps, voyager dans les méandres des mondes invisibles, retrouver la nudité et la pureté du nourrisson, réapprendre le respect envers nos ancêtres, réapprendre à pleurer, à faire rejaillir le son enfermé à l'intérieur de nous, se détacher de la peur ancestrale de la mort et harmoniser la vie... Rencontrer les esprits... Voilà ce qu'était pour les Lakota le rite sacré « Inipi », la hutte à sudation !... Par l'intermédiaire de Cerf-rouge le Waayatan, nous allions en partager les bienfaits.

Il nous enseigna longuement, usant de mots simples et justes comme le ferait un maître patient et rempli de sollicitude envers ses jeunes disciples, la manière sacrée de bâtir une hutte, ce panier retourné qui, le temps de la cérémonie, abriterait nos corps.

Comment choisir les fines et souples perches de saule au pouvoir analgésique, de quelle manière les écorcer afin d'obtenir de longues lanières qui permettront de les lier ensemble. Comment offrir avant leur coupe une poignée de tabac aux quatre directions, au créateur et à notre mère la terre.

Il nous montra comment choisir la bonne place où seraient édifiés la hutte et le foyer, comment s'imprégner de leur force spirituelle, les nettoyer, soigneusement les aplanir et ne pas oublier de diriger la porte de la hutte vers l'ouest, la couleur noire, couleur du rocher originel qui le premier émergea de la terre.

Il nous fit ensuite creuser seize trous à égale distance sur la ligne invisible d'un cercle de huit pieds. Nous y enfonçâmes les huit plus longues perches en les courbant parallèles deux à deux, formant ainsi en leur sommet deux carrés superposés, symbole des quatre directions animées de leur pouvoir positif et négatif.

Cerf-rouge possédait un tel don de narrateur, que guidès par ses paroles nous accomplissions chacun de nos gestes comme s'ils s'imposaient à nous insufflés par la mémoire de nos pères.

Le dôme ainsi élevé il fallut renforcer la fragile construction en y rajoutant de bas en haut quatre cercles, chacun représentant les différentes phases de la création.

Le premier, nous apprit Cerf-rouge, brisé par l'ouverture de la porte, s'associe aux esprits supérieurs nés de la chair et de l'esprit du créateur : « Wi » le soleil, « Skan » le mouvement, « Maka » la terre porteuse et « Inyan » le Grand-Esprit « Waka Tanka ».

Le second cercle rappelle les esprits associés enfantés par les premiers : « Hanwi » la lune, « Tate » le vent qui donne mouvance à la poussière des chemins, qui ondule l'herbe de la prairie et dont les colères sont parfois plus à craindre que le tonnerre. Né de « Maka » vint au monde « Unk » la satisfaction, la passion qui unit l'homme et la femme, et enfin mis au jour par « Inyan », l'oiseau tonnerre « Wakinya ».

À l'intérieur du troisième cercle, poursuivit notre maître, se tiennent les esprits subordonnés : l'homme qui fut créé sous le nom de nation bison « Tatanka Oyate », celui qui peut accéder au plus haut. Après lui vint « Tob

Tob » l'esprit ours, l'esprit de la sagesse, suivi de « Wani » les quatre directions, et en dernier « Yuni » le grand cercle de l'univers où se déplacent la terre, la lune et les étoiles.

Cerf-rouge confectionna et posa lui-même le quatrième cercle au sommet du dôme, le plus petit qui devait être cintré en un seul mouvement et sans se briser.

— Voici le cercle des esprits inférieurs, acheva t'il de nous expliquer.

« Nagi » offert à l'homme par le créateur afin qu'il puisse comprendre le sens de son existence ; « Nayi » le fantôme, son ombre temporaire.

À ses deux puissants esprits, le créateur rajouta deux présents : « Sicun » l'intellect et « Yuni » le matériel afin qu'il puisse jouir librement de tous les bienfaits de la terre et qu'il chasse de son cœur les désirs injustifiés de possession.

Au fil des explications, la hutte s'élevait dans la joie et sans efforts inutiles. Un travail compris devient une œuvre choisie !...

Notre maître nous fit encore creuser une fosse en son centre où, dit-il, viendraient se loger les pierres brûlantes qui transformeraient l'eau versée en nuage de vapeur purifiante. Même la terre retirée trouva son utilité. Elle servit à ériger le tertre sacré à la droite de la porte. Nous entourâmes celui-ci de vingt-quatre petits bâtons symbolisant les mois de l'année, doublés afin de rappeler les côtés négatifs et positifs de toute chose.

Le travail achevé, nous reculâmes tous trois pour contempler notre bâtisse. Ce n'était peut-être pas la plus grandiose des constructions humaines, mais c'était l'œuvre de nos mains, de notre esprit et de nos cœurs. Nous avions su mettre à profit les dons du créateur, unissant « Sicun » et « Yumni » dans le sens de l'amour et de la vie.

Il ne manquait plus qu'une seule chose : recouvrir notre panier afin de le rendre obscur et étanche. Pour cela, il fut aisé d'employer les épaisses couvertures, cadeau de John O'Connel, découvertes soigneusement pliées dans le fond du canot.

« John ! Toi qui as donné ta vie, aujourd'hui par « Inipi » tu vas revivre parmi nous et pour nous. »

Alors que mes pensées s'envolaient vers lui, jetant un regard vers le trou sombre de la hutte, j'eus soudain le pressentiment que tapie dans l'obscurité une armée de fantômes attendait ma venue. Un frisson glacé me fit tressaillir.

— Celui-à-qui-parle-l'aigle-à-tête-blanche ne doit pas avoir peur de la nuit, me susurra Cerf-rouge dans le creux de l'oreille. La nuit est le creuset de la spiritualité, le temps des alliés, l'heure où voyagent les esprits ; Grands-

Pères et Grands-Mères qui guideront tes pas sur la route du jour si pleine de dangers.

Il effleura l'extrémité de la plume qui ornait à présent ma chevelure et choisissant ses mots, il nous parla du foyer où bientôt se réchaufferaient les pierres, trente-deux recueillies dans le lit du fleuve :

— Le feu est « Wi », le soleil diffusant son énergie vers la terre, ici le centre de la hutte.

Puis avec un sourire, il nous remit au travail. Nous traçâmes tout d'abord en partant de la porte d'entrée un chemin rectiligne d'une vingtaine de pas. Au bout de celui-ci, nous creusâmes une vaste cavité en tassant tout autour la terre retirée jusqu'à égaliser une plate-forme facilitant l'accès au feu.

Puis cette nouvelle tâche achevée, à l'aide de grosses bûches nous entreprîmes l'édification du foyer, un rondin placé à l'ouest, un second à l'est, un troisième au nord et le suivant au sud, ébauchant ainsi un carré représentant les quatre directions.

À l'intérieur nous empilâmes des aiguilles de pin, des brindilles de bois mort, de l'écorce et de grosses touffes d'herbes sèches. Sur ce matelas de combustibles, nous disposâmes sept pierres de manière à dessiner un visage, rappel de notre mère la terre et de son créateur, la dernière pierre réveillant la mémoire au respect que nous devons aux traditions de nos pères et au maintien des rites sacrés.

En posant cette pierre, exaltés par notre labeur, caressés par les doux rayons du soleil couchant, l'âme apaisée par la mélodie des oiseaux et des insectes, nous sentions monter en nos cœurs l'appel des premiers enfants du monde, bercés dans le ventre chaud de la terre, sauvages et libres. Aussi lorsque les trente-deux pierres furent amoncelées sur leur tréteau de bois, recouvertes de longues et fines bûches, et que Cerf-rouge y porta la flamme de son briquet, explosa en nous une irrésistible envie de rire et de chanter, d'offrir et de partager notre joie avec tous les habitants de la forêt.

Sensible à notre enthousiasme, Cerf-rouge tendit ses bras vers les nuées. Son regard voyageant au-delà de la cime des arbres, dans l'azur infini où vole le Grand-Aigle, il libéra dans un cri sa prière :

— O Grand-Esprit « Waka Tanka », toi qui sans repos veilles sur tes fils, nous te remercions pour la lumière du jour qui se lève au matin, pour le souffle de la vie et la force que tu nous donnes, pour le bonheur de vivre, pour la nuit qui nous enveloppe et pour la joie de mourir et celle de renaître.

O Grand-Esprit, regarde tes enfants, ils sont humbles et respectueux de ton enseignement, ils t'honorent par le rite « Inipi », le chant de la terre.

Nous sommes vivants, nous sommes éveillés !...

Trois heures furent nécessaires pour que les pierres chauffent à en devenir brillantes comme l'or. Durant cette attente, Cerf-rouge s'assit près du feu et nous invita à le rejoindre.

Comme il en avait l'habitude dans les moments de paix, il alluma sa pipe. Après avoir accompli le rituel, il aspira la fumée les yeux fermés et la rejeta en volutes bleutées qui s'unirent à l'épais nuage blanc du foyer. Puis il la remit à père, qui après avoir prié et fumé, me la tendit à son tour.

Le silence se fit en nous et autour de nous... Nous étions par le don de la fumée devenus maîtres de la vie, cette vie simple qui dans l'instant s'harmonisait naturellement avec nos actes et nos pensées. Alors, pour nous, notre maître raconta une légende de son peuple.

— Dans les temps anciens commença-t'il, alors que la nation des Teton Lakota, ceux dont le nom est « Otchenti Chakowin », le Conseil des Sept Feux, prospérait en force et en sagesse...

Il se tut, le temps de bourrer la pipe, puis reprit, ses premières phrases ponctuées d'un long jet de fumée :

— ... Les hommes étaient beaux et les femmes belles car la viande chaque jour remplissait les « pare-flèches » devant chaque tipi.

À la lune des feuilles qui tombent, tandis que les jeunes hommes rentraient au camp après une dure chasse au bison, l'un d'entre eux déclara qu'il souhaitait épouser la plus belle fille de la tribu, la fille du chef Taureau-noir.

« Je ne t'y autoriserai pas avant que tu ne m'apportes suffisamment de plumes d'aigle pour confectionner un bonnet de guerre », lui dit le père.

Le jeune homme partit donc dans les montagnes à la recherche des grands oiseaux, le cœur plein de joie et d'espoir à l'idée de gagner ainsi la main de la ravissante jeune fille.

Mais durant son absence, la tribu quitta son campement pour rejoindre ses quartiers d'hiver. Lorsque le jeune brave revint, il trouva son village désert où seul subsistait un étrange tipi. Les côtés étaient couverts de terre jusqu'à mi-hauteur et il n'y avait pas de porte.

L'intrépide chasseur parvint pourtant à se frayer un passage. À l'intérieur, il put voir quatre grands poteaux plantés dans le sol...

Cerf-rouge s'interrompit à nouveau, nous laissant suspendus à ses lèvres. Il prit tout son temps pour remplir la pipe une troisième fois, aspirant au tuyau avec de petits bruits de succion, signe d'une grande satisfaction. Il nous enseignait ainsi à savourer le temps sans précipitation, dans le calme et la sérénité propices aux périodes de repos.

— Ces poteaux, reprit-il enfin, soutenaient une litière funéraire. Sur la plate-forme reposait une jeune fille aux vêtements ornés de perles et de dents d'élan. Elle tourna la tête vers l'intrus et celui-ci la reconnut aussitôt :

c'était une femme de sa tribu, mais elle n'avait plus de vie, elle était devenue une femme fantôme !...

Les deux jeunes gens restèrent longtemps dans l'intimité du tipi et devinrent mari et femme. Mais il arriva que l'époux s'en vint à regretter les grandes plaines du dehors, la caresse du soleil et du vent sur sa peau.

Alors un matin, tandis que le vent soufflait de toute sa puissance, faisant vibrer la toile du tipi comme la peau tendue d'un tambour géant battu par les bras vigoureux de mille musiciens, il crut y reconnaître la voix de son peuple et ne put résister à son appel.

« Je dois sortir, rejoindre les miens et sentir de nouveau sous ma langue la douce saveur de la viande de bison » !...

Il n'avait prononcé ces mots que dans le silence de son cœur, mais la femme fantôme connaissait et lisait toutes ses pensées.

« Tu as faim de viande de bison et tu désires courir dans le vent à la lumière du jour ! Alors pars et ne reviens que lorsque tu auras trouvé un immense troupeau au centre duquel se tiendra un bison blanc comme la neige !... Élance-toi au milieu des bêtes, perce-le de ta lance, dépèce-le et rapporte-moi le meilleur morceau. Fais-le griller à point et présente-le moi !... Mais je dois te prévenir que lorsque tu accompliras cela, tu ne pourras plus jamais partager le quotidien de la vie de ton peuple et tu deviendras à ton tour un fantôme. »

Le jeune Teton prit sa lance et durant d'innombrables lunes voyagea jusqu'aux confins de la terre. Il traversa les profondes forêts de l'est mais les bisons y étaient bruns, couleur des troncs des grands chênes... Il gravit les hautes montagnes de l'ouest mais les bisons étaient noirs, couleur du rocher... Il chemina sur la grande plaine du sud mais les bisons étaient rouges, couleur de terre cuite... Alors il remonta vers le nord, dans le pays blanc où la lumière brûle les yeux des chasseurs, et son cœur s'emplit de doute et de désespoir ! Comment pourrait-il voir le bison blanc dans ce pays tout blanc ?

Les années succédèrent aux années et le viril et vigoureux jeune homme de jadis n'était plus à présent qu'un vieillard fatigué. Son visage était craquelé comme la terre séchée au soleil, ses muscles flasques et ses yeux presque aveugles. Il était proche de son dernier souffle !... Alors il se rappela les coutumes sacrées de son peuple et érigea une hutte de branches. Il la recouvrit de son manteau de peau, alluma un immense brasier et se prépara pour sa dernière purification...

Cerf-rouge fit une quatrième pause dans son récit et bourra la pipe. Puis il poursuivit :

Une lune entière, le vieux chasseur pria dans la hutte, entassant tant de pierres brûlantes que celles-ci brillaient dans la nuit comme des milliers d'étoiles, faisant fondre la neige sur des centaines de lieues alentour. Lorsqu'enfin il souleva le voile de la porte, un gigantesque troupeau de bisons recouvrait la plaine, au centre duquel se dressait une énorme femelle, blanche et pure comme la neige.

Retrouvant toute la vigueur de sa jeunesse, il s'élança et perça de sa lance le cœur de la bête. Il la remercia pour le don de sa chair, choisit le meilleur morceau qu'il fit cuire à point et le rapporta, comme elle le lui avait ordonné, à la femme fantôme.

Celle-ci l'attendait debout au centre du tipi, jeune et belle, parée dans une robe couleur de nuit étoilée. Lorsqu'elle mordit dans la viande juteuse, le vieux chasseur sentit son corps devenir plus léger que la feuille dans le vent, et son âme s'envola vers les étoiles suspendues à la robe de son aimée.

Depuis ce jour, deux fantômes invisibles veillent sur le peuple Teton, ceux qui vivent ici de manière sacrée. Ils sont assis tous deux côte à côte autour des sept feux du conseil, présents dans le souffle des sept tribus de la branche Lakota : Sigangu, Oglala, Etazipeho, Hunkpapa, Chewi nump, Siha sapa et Minikayelawoju.

Ainsi, comme le lui avait prédit la femme fantôme, le brave chasseur ne vécut jamais plus parmi son peuple, mais il devint l'esprit gardien, au travers des siècles, de son âme et de son enseignement.

Ayant achevé son histoire Cerf-rouge se tut... Longtemps... Si longtemps que le foyer ne fut plus qu'un tapis de braises ardentes et les pierres des noyaux de feu.

Il planta son regard dans le mien. Regard insondable et mystérieux, regard de l'homme qui voit au-delà du présent...

Et je compris !...

Cette légende était la mienne, le déroulement de ma vie à venir, mon enseignement. Je serai celui qui cherche, celui qui va au bout de sa quête, et que m'importeront les épreuves puisque rien ne peut être figé dans le cercle. Espoirs et désirs ne sont qu'étincelles, prémices du feu ardent attisé par le créateur. Point de sens dans le but, seuls comptent les pas sur le chemin, et le but en est le feu !...

Détournant son regard, Cerf-rouge se leva et brisant le rêve dans lequel je me laissais partir, il dit :

— Le temps est venu mes frères ! Allons !...

Après nous être dévêtus, nous pénétrâmes père et moi à l'intérieur de la hutte, déposant près de la porte à droite une bassine emplie de l'eau du fleuve, là où l'eau, l'air et le feu s'unissent à la terre. Cerf-rouge lui ne rentra pas, mais il plaça sa pipe en équilibre sur deux branchettes au centre du tertre sacré.

L'obscurité était totale et je dus faire un effort pour ne pas reculer. Père s'assit, et prenant ma main m'invita près de lui. Sa respiration saccadée devint mon seul rempart contre la peur. D'interminables minutes s'écoulèrent, puis pour la première fois la porte s'ouvrit. Cerf-rouge apporta les pierres sur une fourche de bois. Il les déposa dans la fosse selon un rituel précis ; la première au centre, symbole de la terre, les quatre suivantes aux quatre directions, puis une sixième chevauchant l'ensemble, le créateur. Il nous rejoignit alors, referma le pan de toile et s'assit en tailleur près de l'eau.

À la première louche versée, je vis frémir les pierres, une myriade d'étincelles courant sur leur peau de granit, réveil de leur vie minérale explosant en une suave mélodie issue de l'union du feu et de l'eau, gonflant le ventre de la terre ; exhalant un souffle de vapeur dense et chaud, suspendu un instant au-dessus de nos têtes pour rejaillir sur nos corps nus en gouttelettes brûlantes.

D'une voix assourdie qui dominait à peine nos respirations haletantes Cerf-rouge, dont seuls les yeux étaient visibles, luisants comme des braises, entonna sa mélopée :

— Je vais au centre de la terre et je prie !... Je vais au sein de la terre et je prie pour toute la création !...

La voix rebondissait sur la voûte de toile et par bribes nous revenait en échos.

« Je prie... Je prie pour toute la création !... »

Puis ce fut le silence et le recueillement. Nouvelle bouffée de chaleur... À nouveau la voix... Je prie pour l'âme de nos pères... « Mitakuyi Oyasin »... Le maître verse de l'eau sur les pierres.

L'air devient lourd, brûlant, à peine respirable... Nous unissons nos voix pour n'en faire plus qu'une. Nous oublions le feu. Notre esprit voyage au-delà des douleurs, nos âmes s'élèvent vers l'infini de l'univers... La voix se fait plus forte, plus vibrante...

« Je vais au centre de la terre et je prie. Je prie pour que toutes les créatures puissent vivre... Je suis au cœur de la terre et je prie... Je prie afin que toute la création soit bénie. »

Un rameau de saule dans sa main gauche qu'il agite en tourbillon au-dessus de la fosse, Cerf-rouge disperse l'épais brouillard... Vagues de feu qui brisent mon endurance et me forcent à courber la tête, à baiser la terre, avide de sa fraîcheur... Humilité !...

À l'instant même où le souffle me manque, où je suis proche de l'évanouissement, où mon corps en cendre se consume, le maître entrouvre la toile. Portées par un nuage, nos prières s'échappent et le vent du dehors les disperse dans chacune des quatre directions de la terre. Nous venons de franchir le premier cercle, d'effleurer la conscience des êtres supérieurs.

Dehors le jour s'assombrissait. Des nuages gris et bas, annonciateurs de pluie, s'étendaient sur le fleuve, sombre et si proche, offrant à son tour le réveil de son chant, l'appel des batraciens et des oiseaux de nuit mêlé aux mille autres manifestations de la vie nocturne.

Une seconde fournée de pierres et la porte se referma.

L'eau, la vapeur, le souffle ardent, la voix de Cerf-rouge, lointaine, irréelle.

« Grand-Esprit, j'envoie une voix... Jusqu'aux cieux j'envoie une voix pour que vive mon peuple... »

La main de père se referme sur la mienne et des larmes se mêlent à l'eau de nos corps. L'amour se libère de son carcan, il devient palpable, musique des cœurs qui battent à l'unisson, des poitrines qui se soulèvent dans un souffle unique, des esprits qui se rejoignent et se comprennent.

Le feu... Le feu ardent du noyau de la terre qui me dévore et me transforme, qui m'ouvre les arches du ciel et soulève pour moi les voiles de la création. Je suis libre, désenchaîné de la mort, apte enfin à naître. Nous voilà franchissant le cercle des esprits associés...

La porte s'ouvre... Encore des pierres... La lumière et l'air frais de la nuit pénètrent dans la hutte mais je ne les sens plus... Je ne suis plus ici... L'obscurité... L'eau qui bouillonne et qui fuse, la brume de feu... À demi inconscient je m'envole et je rêve... Une voix qui monte. Elle voyage sur l'eau, dans l'air, au cœur des pierres. Elle pénètre dans ma tête et devient mouvement.

« Je suis le poisson qui ondule dans l'onde, je suis le cerf qui brame, je suis l'arbre qui plie sous la bourrasque, je suis l'aigle à tête blanche qui danse dans les courants. »

« Tatanka Oyate », « Tob Tob », « Wani et Yuni » dansent pour nous et nous ouvrent les bras. Les esprits rentrent, les hommes sortent !...

La porte s'ouvre pour la quatrième fois et les hommes sont restés. La nuit du fleuve pénètre la nuit de la terre.

Je suis assis, seul dans un désert blanc, blanc comme le métal en fusion. Devant moi, nimbé d'une lumière bleutée, un œuf géant, translucide. Avec fracas, la paroi de calcaire se brise. Alors lentement éclos un être de chair et de sang, une longue jeune femme nue. Sa peau est rouge et de fins cheveux noirs couvrent pudiquement sa poitrine et son sexe. Elle s'avance vers moi, prend ma main... Son souffle est plus frais que la rosée, son regard plus brillant que l'étoile, sa peau plus douce et plus soyeuse que le duvet de l'aigle...

Des entrailles de la terre monte un chant.

« Je prie pour les morts, et je n'ai pas peur car « Nayi » le fantôme marche à mon côté. Je prie pour les morts et je vois dans leurs yeux. »

La femme se penche, elle dépose un baiser sur mon front. Je suis plongé dans un bassin d'eau vive. Les traits de son visage me sont si familiers... Cette femme m'a donné la vie, elle m'a nourri de son sein, elle m'a bercé dans le creux de son bras, elle a veillé sur mon sommeil... Je pleure et mes larmes sont ruisseau.

« Mère ! Tu es revenue !... »

Le timbre de sa voix est plus suave que le murmure des sources.

« N'ai pas de peur, mon fils ! Regarde-moi ! Je suis venue pour toi, regarde ! Dans mon regard est le chemin !... »

Dans la lumière de ses yeux une forêt de tipis couvre une immense plaine où s'ébat innombrable un peuple d'hommes rouges. Des guerriers à demi-nus, la poitrine percée de longs éclats d'os blanc prient et chantent. Ils tournent, leurs corps reliés par une lanière de cuir à un mât écarlate. Leurs yeux sont grands ouverts, fixés vers le soleil.

Des femmes aux longues tresses noires étalent sur le sol de larges peaux de bison fraîchement dépecées. Des nuées d'enfants jouent dans la poussière, laissant échapper de leurs mains des rayons de miel d'or.

« Regarde ! Dans mon regard est la douleur !... »

Dans le miroir de ses yeux, des forêts sombres et profondes et de hautes montagnes. Des lacs et des rivières bleues, des millions d'hirondelles dans l'azur infini, et sur toute la plaine la charge des bisons.

La terre tremble. Le soleil s'efface, voilé par la fumée des canons. Les hautes herbes sont couchées, foulées par la roue du chariot. La prairie s'éclabousse de rouge, le rouge sang des hommes rouges.

La terre brûle, les tipis ne sont plus que cendre et le peuple comme l'herbe est couché, face dans la poussière... Le bison est parti, le ciel est vide, l'oiseau ne vole plus.

Alors se dressent à l'horizon montés sur leurs poneys de guerre, les derniers grands hommes de la nation Sioux. Ils ont pour nom « Cheval fou », « Taureau assis », « Gall », « Nuage rouge ». Mais d'autres hommes surgissent, à la peau blanche comme le linceul. Ils emportent les guerriers rouges dans le tourbillon de leur multitude. Et la terre s'ouvre aux quatre directions, elle vomit des bâtisses de pierre et de fer plus hautes que les cèdres millénaires, plus dures et plus froides que le rocher sacré... Le vent devient poison, les rivières coulent noires et n'engendrent plus la vie. Il n'y a plus de cerfs, plus de forêts... Dans le ciel montent des fumées grises qui exhalent la mort.

« Mère, pourquoi ? Pourquoi vivre encore si le souffle sacré n'est plus dans le cœur des hommes ? »

« Regarde, mon fils, regarde plus loin ! Nayi le fantôme ! Il vit dans l'esprit de l'homme aux yeux clairs et ne peut pas mourir !... Il vole au-dessus des nuages, là où le ciel est pur. Il est en toi mon enfant, toi choisi pour être le gardien, toi courant le monde à la recherche du bison blanc. »

Dans les yeux de mère, il y eut une larme ; elle roula sur ma poitrine, perça ma peau à l'emplacement même de mon cœur.

Le rêve de ma nuit resurgit... Un cavalier chevauche la plaine sous le vent. Dans la poussière de son galop, un peuple nu se traîne, et devant lui, dressé telle une montagne, un mur de flammes rouges...

Lorsque je rouvris les yeux, j'étais étendu nu sur le sable. La pluie tombait à verse, rafraîchissant mon corps fumant. Père et Cerf-rouge étaient penchés sur moi, tous deux ils souriaient.

— Père, mère est revenue !...

Mais je regrettai aussitôt mes paroles, croyant réouvrir la blessure de son cœur, pourtant il se contenta de me sourire plus fort encore.

— Je sais, mon fils, nous ne sommes plus des humains ordinaires, nous sommes des êtres simples aux regards ouverts.

Rassuré et heureux je baissai les yeux vers ma poitrine, et là, juste à l'emplacement du cœur, un tout petit trou rouge.

•••

Chapitre 4.

« Jamais les corbeaux ne nichent sur l'aire de l'aigle mais ils partagent avec lui le même ciel. »

De l'eau !... De l'eau tout autour de nous, au-dessus et au-dessous de nous, pénétrant à l'intérieur de nous... De larges et grosses gouttes plates qui inlassablement nous fouettaient le visage et le torse. À croire que le grand fleuve, ivre de courroux, nous reprochait soudain de l'avoir si longtemps délaissé.

Sous un ciel devenu couleur de cendre où couraient des cohortes de nuages noirs voilant à demi la clarté du jour, il se fondait avec la dense couverture boisée de ses rives, nous laissant l'étrange illusion d'être plus large encore.

Père et Cerf-rouge, ruisselants de pluie et de sueur mêlées, luttaient de toute leur énergie contre la puissance du courant, se gardant des tourbillons et évitant par de savantes esquives les arbres arrachés aux berges noyées. À chaque passage de ces géants terrassés, je tremblais qu'ils ne nous heurtent et éventrent notre trop frêle embarcation, mais attentif aux injonctions pressantes de Cerf-rouge : « À gauche, vite ! » « À droite, plus à droite ! », père poussait de toute sa force sur la pagaie, nous propulsant de justesse dans la direction choisie, réussissant toujours à éviter la fatale collision.

Alors que nous n'étions que vacarme et chaos, sur les berges et sans doute bien plus loin encore, la forêt tout entière semblait s'être endormie. Refusait-elle l'inégal combat contre les éléments déchaînés ? Ses hôtes dans l'oubli et la peur s'étaient-ils terrés au plus profond de leurs caches ? Ni les oiseaux, ni les insectes ne faisaient plus entendre leurs chants. Nous étions seuls... Il fallait donc être aussi fou que des hommes pour braver la colère complice du ciel et du Père-des-Eaux !...

J'en étais à imaginer les pires tourments pour une telle audace, quand subitement, déboulant de l'horizon à la vitesse d'un cheval au galop, l'orage nous enveloppa de son manteau de feu, zébrant le ciel de longs éclairs blancs, déchirant la fausse nuit d'un roulement de tonnerre.

Vainement j'essayais de ne plus penser, de m'en remettre à la force de père, à la sagesse de Cerf-rouge, à la clémence du Grand-Esprit. Mais le ciel ne l'entendit pas ainsi... La pluie redoubla et les nuages vomirent des braises ardentes.

À intervalles réguliers, la foudre s'abattait sur un arbre trop grand, trop fier, ayant lui aussi oser défier les cieux de sa flèche arrogante. Le glaive en fusion le consumait alors comme fétu de paille, ne laissant plus de l'impudent qu'un squelette noirci et fumant.

— Nous devrions peut-être songer à nous abriter, cria père, espérant de sa voix de stentor dominer le fracas alentour. Je ne tiens pas à rejoindre la bande de canailles qui par nos soins dorment au fond des eaux !... Cerf-rouge donne l'ordre et nous virons vers la berge.

Mais Cerf-rouge en guise de réponse leva la tête, scrutant le ciel avec attention. Puis sans se retourner, comme s'il se parlait à lui-même.

— L'oiseau tonnerre referme déjà ses ailes et sa fureur s'apaise. Je sens sur ma peau la caresse du vent... Je vois le grand loup blanc qui entraîne sa horde vers d'autres chasses... O Grand-Esprit, redonne la paix à tes enfants !...

La puissance de Cerf-rouge allait-elle jusqu'à se faire obéir des éléments ? Je ne saurais le dire, mais le tonnerre aussitôt s'apaisa et la pluie ralentit pour n'être plus qu'un faible crachin.

Le ciel s'entrouvrit tel un voile déchiré par une invisible main, faisant place au radieux soleil de l'après-midi. Déjà sous l'ardeur retrouvée de ses rayons nos corps fumaient, nous habillant de brume diffuse et tremblotante.

— Cerf-rouge a-t'il une magie pour faire taire l'orage, ne pus-je m'empêcher de le questionner, bien que sachant stupide ma demande ?

Il éclata de rire sans retenue et, entre deux hoquets, me répondit :

— Il n'y a pas de magie, Celui-à-qui-parle-l'aigle-à-tête-blanche et qui n'a pas encore bien écouté !... Les orages d'été sur le Père-des-Eaux ont la puissance d'une charge de bisons mais ils sont aussi brefs que le chien de prairie dans les jeux de l'amour !...

Heureux de sa comparaison et de ma mine déconfite, il rit avec tant de force, se tenant les côtes et balançant son corps de gauche à droite, qu'il fit osciller le canot dangereusement. Il ne me restait plus ainsi comme alliées que la honte de mon ignorance et l'inquiétude de chavirer.

Père à son tour laissa éclater sa joie. Emporté par leurs rires et oubliant ma fierté bafouée, je n'eus d'autre solution que de les rejoindre dans l'allégresse.

Cerf-rouge le premier retrouva son sérieux, nous précisant que si le ciel était à nouveau clément, le Père-des-Eaux quant à lui n'avait rien perdu de sa fougue.

En effet le courant était toujours aussi fort et la navigation demandait encore une extrême prudence.

Chaque relâchement, dans le moins grave des cas, faisait perdre deux ou trois coudées en arrière et un effort anéanti, mais pouvait être aussi la rencontre désastreuse d'un tronc, l'éclatement du canot, la perte de notre équipement et probablement un grand péril pour nos vies.

Vigilants donc mais harassés, nous parcourûmes une demi-douzaine de lieues avant que le fleuve ne se transforme en une grande boucle, où les eaux brisées dans leur élan soudainement s'apaisèrent pour devenir aussi soumises que celles d'un lac.

— Ouvrez-vos yeux, murmura Cerf-rouge, le Grand-Esprit nous offre la paix après le courroux !...

À notre grande stupéfaction, sur notre droite se dressait une haute falaise de glaise rouge, majestueuse et d'une beauté à couper le souffle.

De la paroi abrupte pendaient mollement en cascade de longs serpentins de vignes sauvages, chacun ployant sous sa charge volumineuse de grappes oblongues. D'entre les grains juteux s'égayaient en essaim bourdonnant des légions d'abeilles et de guêpes géantes, des bataillons de mouches ventrues cuirassées de bronze et de métal poli, des nuées de passereaux nains parés de livrées éclatantes : justaucorps bleu de Prusse, pourpoints rouge vermillon, gilets orangés, culottes de jade à l'éclat laiteux, jabots d'un jaune lumineux à faire pâlir l'astre du jour.

Nous ne pouvions détacher nos yeux de cet enchantement, et s'il nous arrivait parfois de rêver au paradis, nous crûmes ici y être enfin conviés.

À l'idyllique ballet se mêlaient en ronde flamboyante des nuages de papillons, vaporeux et lisses comme des soies de Chine.

Nos regards émerveillés se portèrent plus haut, où sur une large saillie, vierge de verdure et maculée de longues traînées blanches, s'accrochaient à la paroi des centaines de petits paniers bruns façonnés de salive et de boue séchée. Tout autour tournoyaient en piaillant de fins oiseaux noir-de-jais au ventre gris pâle. En un va-et-vient incessant, becs largement ouverts, ils s'abattaient sur la manne grouillante, creusant de larges trouées dans les rangs des insectes, qui pourtant, le danger passé, se regroupaient aussitôt, enivrés de nectar et d'effluves sucrés. Emportés par leur vitesse, les plus hardis plongeaient vers le canot en un piqué vertigineux. Ils effleuraient nos têtes de leurs ailes en arc de faux, puis sans même briser leur élan, dans une savante virevolte remontaient en chandelle vers le soleil, éclatant en gerbes d'étoiles.

— Nous sommes maintenant tout proches des « papooses » du Père-des-Eaux annonça notre guide, brisant net notre rêve éveillé.

Il voulait parler des rivières « Red » et « Ouachita », les derniers affluents du grand fleuve avant qu'il ne se jette dans le Golfe du Mexique.

Et en effet la falaise passée, nous vîmes une large confluence où des eaux bouillonnantes se mêlaient au fleuve, lui redonnant force et impétuosité.

— À droite, cria Cerf-rouge ! Il faut longer la rive opposée, ici la bouche du Père-des-Eaux dévore tout ce qui passe à sa portée.

À coups de pagaies redoublés, le canot remonta par le travers et il fallut toute la force de père pour enfin le stabiliser. Les traîtres tourbillons évités, les eaux retrouvèrent un débit plus lent et, sans effort, nous rejoignîmes la berge, effleurant les racines plongeantes des cyprès.

Ce que le ciel nous avait offert en beauté, le fleuve à son tour le sublimait, transformant l'aile chaude et duveteuse en nageoires froides et translucides.

Chaque fois qu'une pagaie crevait la surface, s'égaillaient alors en troupe compacte des perches bossues aux flancs zébrés de noirs, leurs hautes et rouges nageoires dorsales hérissées de piquants. Plus loin c'était une grosse dame truite qui filait tel un éclair d'argent, abandonnant dans son sillage un nuage de sable d'or ; ou bien encore, collé contre le fond, un grand-père muskie, qui relevait vers nous sa longue gueule plate dans un large bâillement dédaigneux. Attirés par les claquements secs, d'énormes poissons-chats en livrées noires et plastrons blancs nous escortaient par groupes de cinq ou six, leurs grosses bouches charnues écumantes de bulles vertes et bleues ; tandis que de l'entrelacs des racines, inquiétées par tout ce remue-ménage, s'enfuyaient prestement à reculons des armées d'écrevisses brun-rouge aux fines pinces menaçantes.

Une telle profusion de vie, réflexe naturel du prédateur, nous déclencha une irrésistible envie de manger, et père le premier osa dire tout haut ce que nous pensions en silence.

— Branle-Dieu ! La faim me tenaille à m'en faire exploser la panse. J'ai bien peur que toutes les tribus environnantes ne se lancent sur le pied de guerre croyant entendre le son du canon !...

Sur ce il s'esclaffa, se tapant violemment sur les cuisses.

— Mais ce ne sera que la plainte déchirante de mon estomac en souffrance !...

— Je suis partant, rajoutai-je avec empressement, une bonne partie de pêche suivie d'un bon repas ! Voilà qui nous remettrait en forme !...

Cerf-rouge ne pipa mot, mais opinant du chef, il dirigea le canot vers une racine affleurant la surface, puis déroulant la corde avec grand soin l'y arrima. Sans nous regarder, il sauta sur la berge, la besace contenant le matériel de pêche à la main. Il ne pouvait y avoir d'assentiment plus clairement exprimé, et c'est donc tous trois, confortablement assis sur un rocher débordant le talus, que nous entreprîmes la recherche de notre repas. Nos hameçons aichés de gros vers et noués à de la cordelette lestée d'un plomb fendu devinrent le piège idéal pour assouvir ce juste désir de festin.

L'attente fut de courte durée. Une légère pression et brusquement ma ligne se tendit. Ferrage immédiat et... déception !... La prise n'était guère plus longue que ma main. Un « kalikoba » dont le seul intérêt résidait dans la splendeur de sa robe ; tissée de délicates écailles agencées dans un dégradé de jaune, de bleu azur et de vert irisé de reflets émeraude. La bête malgré sa petitesse se débattait avec l'énergie du désespoir, ouvrant et refermant sa gueule démesurée, cherchant à recracher l'hameçon, ses pupilles noires cerclées d'or roulant dans leurs orbites comme l'aimant affolé d'une boussole.

— Mauvaise prise pour le grand pêcheur, ironisa Cerf-rouge !... Le poisson-soleil n'offre que son éclat, chair pas bonne à manger.

Dépité, je m'apprêtais à rejeter sur le sol mon poisson, mais au regard noir que me lança Cerf-rouge, je compris mon erreur et le relâchai délicatement dans son élément.

« Ne jamais prendre la vie, aussi insignifiante soit-elle à nos yeux, s'il n'y a aucune utilité à le faire. »

— Branle-Dieu ! C'est du sérieux, ça tire comme un bœuf !...

Père, les muscles tendus, venait à son tour de ferrer une prise, mais à voir la ligne filer prête à se rompre, il ne pouvait cette fois être question d'un simple kalikoba.

Deux ou trois tirées tout en force et la surface de l'eau éclata dans une gerbe d'écume. La ligne était solide et le bras de père trop puissant pour le poisson, fut-il le monstre que nous venions d'entr'apercevoir.

Père enroula sa ligne autour de son poignet et échoua sous mes yeux ébahis une fort belle truite à la robe mouchetée de noir. Six livres bien pesées, et encore je me demande si un peu jaloux de son succès, je n'en sous-estimais pas le poids.

Nous prîmes ainsi en moins d'un quart d'heure de quoi rassasier nos ventres affamés : une seconde truite, presque aussi belle que la précédente, et un grotesque poisson-chat qui malgré son aspect peu engageant promettait, selon les dires de Cerf-rouge, de succulentes bouchées. À cette heureuse pêche vinrent encore s'ajouter deux bonnes douzaines d'écrevisses que je m'étais fait un plaisir de débusquer dans les trous profonds de la berge.

Alléchés à la pensée des agapes à venir, il ne fut pas besoin de longs discours pour reprendre le chemin de la forêt à la recherche d'une place sèche où il ferait bon installer notre campement.

•••

La nuit était claire, illuminée par une lune ronde et brillante semblable à un disque d'acier poli. Le feu lançait à l'assaut du ciel de hautes flammes orangées. L'air était doux, chargé des puissantes odeurs de braises chaudes et de poissons grillés.

Comme toujours durant la halte, Cerf-rouge bourra sa pipe, et avec lui nous fumions en silence, heureux, le ventre rebondi, l'esprit libéré et léger, ouvert à l'échange.

Je n'avais pas encore eu l'occasion, ni même vraiment le désir, de narrer à mes compagnons mon extraordinaire expérience lors du passage dans la hutte ; mais encouragé par l'ambiance et la chaleur de cette nuit, il m'apparut soudain impératif de leur livrer les secrets de mon âme.

Rejetant toute envie d'emphase ou de lyrisme, je m'efforçais de rester simple et concis dans le déroulement de mon récit. La seule chose importante à mes yeux était d'en comprendre la signification et non d'en retirer une quelconque fierté.

Je leur parlai alors du grand désert blanc, de l'apparition de l'œuf lumineux. Je parlai de l'avenir qui défilait dans les yeux de ma mère, du peuple rouge anéanti, de cette terre verdoyante et débordante de vie qui basculait dans un monde mort où le fer et la pierre volaient leurs places aux arbres et aux prairies. Et je parlai encore de ce mur de flamme qui se dressait infranchissable devant ma chevauchée.

Cerf-rouge me laissa raconter jusqu'au bout sans jamais m'interrompre. Il hochait seulement la tête, fermant parfois ses paupières comme pour se replonger dans ses propres souvenirs. Puis il tirait de longues bouffées sur la pipe, avec ces petits bruits de succion que je lui connaissais et qui marquaient toujours un état d'intense réflexion.

Père quant à lui, et cela dès mes premiers mots, avait choisi de se retirer, un peu à l'écart, à demi dans l'ombre d'un bosquet de cornouillers, me laissant Cerf-rouge pour unique interlocuteur.

Tout en parlant, je l'observais du coin de l'œil. Aucun de ses traits n'exprimaient la moindre trace de tristesse, bien au contraire ; et j'en fus rassuré. Le regard fixé sur les braises, il souriait. Il semblait s'être échappé dans un rêve merveilleux dont lui seul possédait la clé et qu'il ne désirait sans doute point partager.

Tandis que j'achevais mon récit, Cerf-rouge remplit à nouveau le fourneau de la pipe, admirable et mystérieuse pipe qui liait dans sa fumée les liens indestructibles de l'amour et de la connaissance.

Après d'interminables minutes silencieuses, allant soudain jusqu'à me surprendre, le maître prit calmement la parole.

— L'homme nu chemine dans le cercle, vêtu de son enveloppe visible de chair et de sang ; c'est par elle qu'il se reconnaît, qu'il regarde et apprend à retrouver ses frères ou fuir ses ennemis. Mais l'enveloppe n'est que l'écorce qui protège la graine, et pour celui qui voit, dans chaque graine sommeille le pouvoir de la vie !... Alors il n'y a plus de frères, il n'y a plus d'ennemis... Il n'y a plus que le pouvoir, il n'y a que l'esprit.

Il étendit les bras vers le sol, ses mains aux doigts largement écartés plaquées contre la terre. Et sa voix monta d'un ton.

— Cerf-rouge est un homme rouge et chacun ici peut le voir, mais il est aussi le waayatan, l'être qui voit loin, celui qui voit en dedans.

Pour la seconde fois, il s'enferma dans le silence, me laissant juste le temps de m'imprégner de ses paroles, puis subitement sans prévenir, il imita avec une extrême perfection le hululement de la chouette.

Ce qui s'ensuivit fut tellement invraisemblable, au-delà des frontières de la perception, que je crus en avoir perdu la raison.

L'homme que j'aimais, celui dont je connaissais chaque trait, l'homme qui depuis le début de ce voyage marchait à mon côté n'était plus là... À sa place battait des ailes un petit oiseau gris tout de plumes ébouriffées qui me fixait intensément de ses larges yeux ronds.

Affolé, je portai alors mes mains vers mon visage, masquant mon regard avec un mouvement de recul. Ce ne pouvait être possible ! Je rêvais !... Mais lorsque j'osai à nouveau regarder, l'apparition persistait et je ne pus retenir un cri... « Cerf-rouge » !...

Aussitôt l'oiseau de nuit s'envola... Mon maître riait...

— Je suis ici, mon fils !

C'était la première fois qu'il me nommait ainsi, et mon cœur sous le choc vibra comme un tambour. Dans un souffle je murmurai « père », prenant conscience à la même seconde d'un imperceptible tressaillement de mon père, celui qui m'avait donné la vie... Mais n'étais-je pas toujours en état de rêve ?...

— Je suis ici, répéta Cerf-rouge. Assis en face de toi et je n'ai pas bougé !... Les apparences peuvent n'être que des illusions et les songes parfois deviennent réalité. Le désert blanc de ta vision est la frontière qui les sépare. Apprends à ne plus regarder mon fils et vois !...

Le fleuve est le monde du poisson, le ciel le monde de l'oiseau, la forêt le monde du cerf et de l'ours, la prairie le monde du bison, et la grande mère la terre qui unifie toutes choses est le monde des hommes. Derrière le voile est le désert blanc, le monde des esprits !... Celui qui regarde comprendra tout cela, mais celui qui voit avec les yeux de son âme comprendra bien plus encore, et la frontière s'effacera.

Il prit ma main et la posa sur son front. Celui-ci était brûlant comme les pierres d'Inipi. Dans une vapeur blanche, les traits de son visage et sa forme d'homme s'estompèrent.

Cerf-rouge ressemblait maintenant à un œuf lumineux irradiant une vive lumière jaune safran. Cette forme ovoïde était identique, hormis la couleur, à celle dans laquelle avait éclos le fantôme de Lucie.

Dès cet instant, je sus que mère était vivante, non pas dans ce monde vêtue de son enveloppe charnelle, mais là-bas de l'autre côté, au cœur du désert blanc. Elle était la source d'énergie qui m'ouvrait la porte et Cerf-rouge le passeur qui m'invitait à entrer.

Et c'était par cet enseignement, avec d'autres mots et d'autres gestes, car tous les hommes ne comprennent pas le même langage, que Cerf-rouge mon maître avait permis à père de s'ouvrir, d'accepter et de sortir de son inutile douleur. « L'être debout ne vit pas avec les morts, il vit près de ses morts. »

Je sus également que mon père, lors de sa nuit solitaire, l'avait compris !...

Il y eut dans l'air un bruit de pas, lourd et léger à la fois ; une puissante bête qui marche dans la neige... Le pas de l'ours...

Père posa sa lourde main sur mon épaule. Il me tendit la pipe encore fumante et s'assit près de nous de manière à ce que nos corps dessinent un triangle. Dans l'énergie qui nous réunissait, mère était le fantôme-gardien et le présent m'offrait deux pères.

Alors sous la lune ronde à l'apogée de sa course, Cerf-rouge raconta.

— Il y a bien des lunes, alors que les plumes de l'aigle n'ornaient pas encore ma chevelure et que je n'étais qu'un tout jeune guerrier avide de savoir et d'émotions, désireux de connaître la voie et le sens de ma vie, surmontant ma timidité, j'osai gratter au rabat du tipi de l'homme sacré, le waayatan de la nation Lakota.

Comme aujourd'hui nous avons fumé la pipe, honorant les quatre directions, puis après m'avoir purifié par la cérémonie Inipi, l'homme saint marcha vers la colline qui surplombait notre village, m'invitant à le suivre à la recherche de « Hanblecheyapi », « pleurer pour une vision sur une montagne isolée ».

Le vieil homme, malgré ses jambes grêles et son corps cassé par les ans, se déplaçait rapide comme le « chinook » à la lune où la prairie se couvre de pousse vertes. Il me fut très difficile de le suivre, moi qui pourtant parmi tous les jeunes hommes de mon peuple courait le plus vite.

Parvenus au sommet de la colline, le waayatan me fit asseoir à plusieurs endroits, jusqu'à ce que je sente de légers picotements dans les muscles de mes membres. « Ici est une bonne place pour celui qui va pleurer », me dit-il alors.

Ensemble nous préparâmes la fosse dans laquelle je me coucherai sans boire et sans manger en attente d'une vision.

Des omoplates de cerf nous permirent de creuser la terre dure comme le crâne du bison mâle en cette fin d'hiver. Mes bras étaient déjà musclés et puissants, mais pour chaque pelletée que j'arrachais au sol, le waayatan aux membres frêles en rejetait trois.

Le trou achevé, juste à la dimension de mon corps, le vieux sage me tendit la pipe sacrée, m'invitant à me coucher avec elle.

« Si tu as peur, jeune Cerf-rouge, serre-la fort dans ta main car elle est le lien ».

Ce furent ses seules et dernières paroles, puis il se retourna et descendit la colline plus rapide que le cerf qui craint pour sa vie. De lui, je n'apercevais plus qu'un opaque brouillard de givre.

S'interrompant, Cerf-rouge jeta sur le feu une pincée de sel. À la lueur des flammes bleues, je vis courir le vieil Indien enveloppé de son manteau d'argent.

Mon maître gratta la terre au milieu de nous, y dessinant un cercle, puis il reprit le cours de son récit.

— Durant la première nuit, je ne rencontrai que le froid et les hurlements des loups. Les fauves tournaient si près de la fosse que leurs haleines chaudes réchauffèrent mon visage et mon cou, mais aucun parmi eux ne tenta de me mordre.

La seconde nuit, je ne rencontrai que la faim et la soif, mais le givre déposé sur mes lèvres empêcha ma langue de gonfler.

La troisième nuit, je ne rencontrai que la lassitude et l'épuisement, mais une fourmi noire qui courait sur mon torse m'empêcha de sombrer dans le sommeil.

Au seuil de la quatrième nuit, je vis descendre vers moi un aigle géant. Il brassait l'air de ses ailes avec tant de force que les buissons furent arrachés à la terre, les arbres courbés comme de tendres roseaux, les pierres roulées tout autour de la fosse comme les balles de peaux qui servent aux jeux des enfants.

S'étant tu à nouveau, Cerf-rouge dessina dans le cercle le crâne d'un bison. Il lissa ses longues plumes d'aigle et reprit la parole.

— La peur s'empara de mon esprit et je me mis à trembler, fragile comme la feuille emportée par le vent d'automne. J'essayais vainement de m'extraire de la fosse avec pour seule pensée de prendre mes jambes à mon cou et de dévaler la colline sans me retourner.

Mais avant que je puisse réaliser ce que mon esprit me commandait, ma main rencontra le tuyau de la pipe. Je le serrai alors si fort que les jointures de mes doigts blanchirent comme la neige... Et la peur s'envola... Et je pus regarder l'aigle en face !...

Les mots jaillissaient de son bec avec un fracas de tonnerre et j'en compris le sens car il parlait le langage de mon peuple.

« Monte sur mon dos, accroche tes doigts à la hampe de mes plumes, je vais te montrer le monde d'avant !... »

Je fus à peine assis sur sa large encolure qu'il s'éleva si haut dans le ciel que les hommes de ma nation ne furent plus que des fourmis s'affairant sur la terre et les mâts de leurs tipis de ridicules brindilles.

L'oiseau vola longtemps et toujours vers le nord.

Au-dessous de nous, s'étalait une immense terre froide battue de vents violents et recouverte de neige, sans arbres et sans buissons, mais tapissée de hautes herbes blanchies de givre.

Des hommes à la peau rouge vêtus d'épaisses fourrures et agitant des lances aux pointes de pierre y chassaient des bêtes monstrueuses, hautes comme des arbres et larges comme des rochers, avec sur le devant de leur tête un long bras puissant et velu planté entre deux cornes blanches qui pointaient vers le ciel.

Emporté par l'élan de ses ailes, l'aigle vola plus loin encore, et je vis une terre bleue habillée de glace où la lumière était si blanche et si pure qu'elle brûlait les yeux. Des créatures apeurées qui ressemblaient à des animaux se terraient dans des trous de terre ou des creux de rochers. Ils ne connaissaient ni le feu, ni la lance et les flèches, et ne pouvaient se défendre des bêtes sauvages. Mais dans leurs yeux couleur de terre ou de nuit brillait encore une étincelle.

Sans aucun repos, l'aigle battit des ailes avec une puissance redoublée.

Il y eut une terre noyée de marais, plantée d'arbres, d'herbes et de fleurs géantes où paissaient et se dévoraient des animaux aussi hauts que des montagnes. Mais j'eus beau chercher, mon œil ne croisa pas le regard d'un homme.

Et l'aigle n'arrêta pas sa course.

Sous ses ailes noires, la Grand-Mère terre n'était plus qu'une boule de feu et la vie n'existait pas...

Cerf-rouge ramassa une grosse poignée de feuilles et de terre. Il la projeta vers le ciel. Lorsque le vent doux de la nuit en eut dispersé les dernières particules, il resta longtemps, doigts écartés, les bras tendus, les paumes vides tournées vers les nuées.

C'est dans cette position, sur le même ton un peu monocorde, qu'il reprit le récit de sa vision.

— L'aigle ouvrit ses ailes plus large encore, il vola toujours plus loin.

Il y eut un jardin où la terre était noire, riche et regorgeant de graines. Les arbres et les buissons croulaient sous des fruits aux formes et aux saveurs merveilleuses et multiples. Le ciel était coloré d'oiseaux de toutes tailles au plumage arc-en-ciel. L'air bruissait de mouches, d'abeilles et de papillons aux mille couleurs.

Au cœur de ce paradis se croisaient des rivières aux eaux transparentes et pures comme l'âme des tout jeunes enfants, et dans la verdoyante prairie se côtoyaient le cerf et le loup, tandis que le bison partageait sa couche avec le lion des montagnes.

Les êtres qui vivaient ici n'avaient ni forme, ni couleur ; ils n'étaient que nuages, ils n'étaient que lumière.

Vers moi s'éleva une sphère d'amour resplendissante de beauté et de douceur, et j'en ressentis un bien-être si puissant que je crus être revenu dans le ventre de ma mère.

L'aigle me dit alors : « Voici le peuple des Elohim, le souffle et la parole du créateur. Tu as vu la porte du nord, je vais te montrer à présent la porte du sud. »

L'oiseau géant fila telle une flèche au sortir de l'arc.

Je vis mon corps étendu dans la fosse, ma poitrine haletante comme le flanc du bison blessé.

L'aigle écarta ses rémiges à pointe blanche.

Au-dessous de nous, la terre ressemblait à celle que je foule aujourd'hui de mes pas. Des hommes rouges et d'autres à la peau claire, au centre d'un tourbillon de fumée grise, se faisaient la guerre.

Pour un guerrier rouge, il y avait cent soldats blancs et le combat dura tout un jour et toute une nuit. Mais au matin, la nation rouge tout entière gisait sans vie sur l'herbe verte de la prairie.

Et l'aigle dans son vol rattrapa le vent.

Et je vis une terre brûlée où les rivières coulaient noires sous le sol, prisonnières dans des tubes de fer, une terre où les arbres étaient déracinés. La peau de la Grande-Mère saignait, ouverte de profondes blessures. Le souffle du vent était poison et d'étranges tipis se dressaient si haut vers le ciel que leurs perches d'acier en crevaient les nuages.

Et je vis des hommes qui s'affairaient, paraissant être sans but, colonnes de termites sur des pistes grises dépourvues d'arbres et de fleurs. Et ils étaient si nombreux qu'aucun d'eux n'avaient de place pour lever les bras vers le ciel et prier.

Et l'aigle plaqua ses ailes le long de son corps. Il distança le tonnerre.

Je vis le ciel s'embraser, les montagnes se fendre par le milieu, la terre vomir des pluies de cendre et des torrents de boue incandescente ; je vis au bout de ce chaos un mur de feu... Et mon œil perçant chercha la vie... Mais je n'en vis aucune trace.

À ce point crucial de son histoire, Cerf-rouge n'ouvrit plus la bouche. Il se tenait droit, immobile, sans le moindre tressaillement sur son visage, sa vaste poitrine ne se soulevant plus sous l'impulsion de son souffle. La vie semblait l'avoir quitté.

Pourtant je pouvais ressentir toute sa force, mon être en son entier pénétré de son mental. Sa vision était la mienne, et par elle mes doutes s'estompèrent... Ne subsistait encore que la peur devant le mur de flammes !...

Comme si mon angoisse, pareille au serpent qui cherche la chaleur du refuge, venait de se glisser dans les profondeurs de son esprit, Cerf-rouge émergea de sa léthargie. Recouvrant alors son mouvement et sa respiration, il ajouta : « Et l'aigle traversa le mur... Sous ses ailes déployées s'étendait le jardin des Elohim !...

Ce fut comme un pieu arraché de mon cœur, et la large et profonde cicatrice sous l'effet du baume magique se referma si vite que la joie elle-même en devint douleur. »

— Au matin du cinquième jour, conclut Cerf-rouge, lorsque j'ouvris les yeux, j'étais seul dans la fosse et rien de ce que je connaissais n'avait changé ; la même colline, les mêmes arbres et les mêmes buissons. Mon corps se refusait au mouvement et je crus sentir sur mon flanc gauche le souffle froid de la mort... Mais le nuage de givre remonta la colline. Le vieux sage se tenait tout contre moi. Il me prit dans ses bras sans force, et me porta ainsi jusque dans son tipi.

Lorsque j'eus achevé pour lui le récit de ma vision, le waayatan s'étendit sur sa couche, saisi brusquement d'une immense fatigue, et ses paupières devenues trop lourdes se fermèrent à jamais.

« Tu es le waayatan, mon fils, je te donne le pouvoir de mon esprit !... »

Ayant prononcé ses dernières paroles le saint homme rendit son dernier souffle.

Mon maître, alors que depuis longtemps elle ne brûlait plus, tira doucement sur la pipe et laissa échapper dans un murmure :

— Ce vieil homme s'appelait Élan-noir, mon père !...

« La loi du cercle est la loi du créateur et jamais nulle nation, aussi puissante soit-elle, ne pourra la transgresser ».

Ainsi était le présent que Cerf-rouge le waayatan, fils d'Élan-noir, ce soir au bord du fleuve du bout du monde, nous offrait.

Le cercle gravé devant nous dans la terre s'ornait à présent en son centre de l'effigie d'un bison mâle accouplé à sa femelle, et je le jure encore, jamais je ne vis mon maître en modifier le dessin après qu'il y eut tracé le crâne.

•••

« Krou krurr » ! « Krou krurr » !

Depuis déjà une bonne heure nous accompagnaient ces énigmatiques sons de trompette venus de la berge droite du fleuve, courts et presque étouffés lorsque nous approchions, longs et puissants dès que l'embarcation regagnait le milieu du lit ; mais toujours omniprésents, rythmant le clapotis des vagues sur les flancs du canot.

Père, agacé, fut le premier à s'en plaindre.

— Nous devons longer une zone de marais ! Si je ne me trompe, c'est bien le cri des grues !... Mais bon Dieu, il doit y avoir là une belle troupe, voilà trop de temps que ces sacrées trompettes nous brisent les tympans !...

— Les oiseaux parfois n'ont pas d'ailes et se déplacent sur des jambes puissantes aux mollets ronds et musclés, s'empressa de rajouter Cerf-rouge avec une moue dubitative.

— Que veux-tu dire ? renchérit père à son tour soupçonneux.

— Je veux dire, Fils-de-l'ours, que ces oiseaux ne danseront jamais comme la grue et que leurs plumes ne pendent pas au bout de leurs ailes, mais se dressent bien droites au sommet de leurs têtes. Beaucoup d'hommes peuvent imiter le cri de l'oiseau, mais aucun ne peut devenir l'oiseau !...

À cette dernière remarque, l'envie fut trop forte de lui rappeler que hier encore je l'avais vu sous mes yeux se transformer en chouette.

— Mais pourtant ! Cette nuit...

— Je sais, Celui-à-qui-parle-l'aigle-à-tête-blanche, me devança-t'il, mais entre l'homme médecine qui agit et le jeune guerrier qui regarde, il y a la force de l'esprit.

Il rajouta sans fausse modestie, ce qui accentua mon trouble :

— Cerf-rouge, de plus, n'est pas un homme ordinaire !...

— Les Natchez, s'écria père, se rappelant soudain la mise en garde d'O'Connel.

Dans le même élan, il empoigna son fusil.

— Les Natchez ! confirma Cerf-rouge. Beaucoup de guerriers, trois fois les doigts de la main !... Ils ont pris notre piste avec le lever du soleil, aussi confiants que la meute de loups sur la trace sanglante du cerf blessé.

Cerf-rouge a vu ! Natchez sur le sentier de la guerre, visages peints aux couleurs de la mort.

Père grogna, claquant la crosse de fusil.

— S'il faut encore se battre, Branle-Dieu, je suis prêt !...

Cerf-rouge secoua la tête, posant sa main sur le canon de l'arme.

— Non, Fils-de-l'ours ! Ces guerriers ne sont pas les soldats bleus !... Ta force et ton bâton de feu peuvent prendre la vie de nombreux braves, mais dans un combat au corps à corps, avant la montée de la lune, nos scalps orneraient leurs ceintures.

— Tu veux dire que nous allons nous laisser prendre sans résistance, explosa père !...

Mon maître lui sourit.

— Ils ne le savent pas encore mais ce n'est pas nous qu'ils cherchent. Les jeunes guerriers veulent venger la mort de leur Grand-Soleil, et il sera plus sage pour nous de fumer la pipe autour de leurs feux que de mourir, même en braves, dans un combat qui n'est pas le nôtre.

— Et s'ils attaquent avant même qu'on ait pu s'expliquer, argumenta père tout en lissant nerveusement les poils de sa barbe.

— Dans ce cas, c'est au fond de l'eau que nous fumerons la pipe !...

Père, je le vis dans ses yeux, se préparait à riposter violemment, mais Cerf-rouge lui enserra les poignets. Il le fixa intensément et je perçus dans son regard une pointe de surprise mêlée de tristesse.

— Je te l'ai dit, Fils-de-l'ours, ces guerriers ne sont pas des soldats, ils sont Indiens... Ne vois-tu pas que Cerf-rouge est frère de leur nation ?

À cet argument, père ne chercha pas à répliquer, car malgré son tempérament soupe au lait et son envie quasi incontrôlable de toujours vouloir en découdre lorsqu'il pensait la vie de ses proches en danger, il avait en outre une grande confiance et un profond respect envers notre compagnon.

— Tu as sans doute raison, Cerf-rouge, je laisserai mon fusil dormir au fond du canot.

Puis pour ne pas s'avouer tout à fait vaincu, il rajouta :

— Le fleuve est large et aucune flèche ne pourra nous atteindre si nous naviguons toujours rive gauche !...

À nouveau, Cerf-rouge sourit. L'index tendu, il nous montra alors la masse sombre qui se profilait à une demi-lieue devant l'embarcation.

— C'est sur cette île, là où le fleuve ressemble à la langue du serpent, que nous attendent les guerriers Natchez.

Le contenu de nos bagages lui revenant soudainement en mémoire, père en dégagea la longue-vue et la colla contre son œil, geste aussitôt suivi de grognements irrités et ponctué de son juron favori : Branle-Dieu !

Il voulut ensuite tendre l'objet à Cerf-rouge mais celui-ci refusa, assurant que ses yeux possédaient l'acuité du faucon et qu'il n'avait guère besoin pour discerner ce qui était en face de son regard d'un troisième œil.

Pour ma part je n'eus pas cette assurance et scrutant l'horizon à mon tour, l'œil rivé sur la lentille de verre, je pus constater que devant nous, divisant le fleuve en deux canaux réguliers aux eaux tumultueuses, s'étalaient une large bande de terre boisée tout à fait propice à une embuscade.

À demi rassuré par les images du futur entrevues lors de ma vision (comment pourrais-je périr ici alors que ma destinée était de vivre parmi le peuple Sioux ?), je m'y préparais sans trop d'appréhension, chassant de mes pensées l'instant inévitable de la rencontre.

Une question cependant restait à résoudre ! Comment Cerf-rouge pouvait-il être aussi sûr qu'il s'agissait de guerriers Natchez, et surtout que ceux-ci arboraient sur leurs visages leurs peintures de guerre ? Comme lui, père et moi nous regardions souvent vers la berge, mais hormis les manifestations animales qui étaient choses courantes, nous ne vîmes jamais l'ombre d'un humain.

— Cerf-rouge, osai-je demander, comment peux-tu voir ce qui nous est invisible ?

Il éclata de rire, ce qui eut à nouveau pour résultat de me mettre mal à l'aise.

— Si tu regardes, énonça-t'il en retrouvant son sérieux, la forêt avec seulement l'aide de tes yeux ouverts, tu ne distingueras que la masse sombre des arbres, mais si tu sais observer, l'esprit en éveil, alors tu verras toute la diversité de la vie qu'elle abrite.

Il me désigna un grand arbre qui se haussait bien au-dessus du reste de la végétation.

— Raconte-moi, Celui-à-qui-parle-l'aigle-à-tête-blanche, tout ce que tu peux voir dans l'entourage de cet arbre en partant de sa gauche.

Je commençai lentement et à haute voix l'énumération de toutes les formes que pouvait englober ma vision concentrée : un cyprès noir paré de sa longue barbe de mousse. Accolés à son tronc, trois jeunes chênes enrubannés de vigne ; enchâssée dans le creux d'un gros rocher à l'allure de chien assis, une touffe de jonc vert tendre ; un peu en contrebas, ses racines apparentes plongeant dans le limon, un second cyprès de taille plus modeste, encerclé d'un bosquet de saules. Et à demi-dissimulé par le plus épais d'entre eux une... Bon Dieu ! La silhouette sombre d'un homme courbé qui nous épiait.

— Père ! Cerf-rouge ! Il y a un homme sur la berge !...

Tandis que père se tournait vivement vers la direction indiquée, la longue-vue plaquée sur l'œil, Cerf-rouge, telle une évidence, affirma :

— Rien n'est invisible à celui qui désire voir !...

Alors que nous n'étions plus qu'à quelques coudées de l'île, le chant des grues éclata avec une telle ampleur que je fus bien près de croire que tous les oiseaux nichant à des lieues à la ronde s'étaient donné rendez-vous ici pour l'un de ces grands rassemblements annuels que leur commande leur instinct.

— Surtout pas de panique, nous intima Cerf-rouge, coupant court à l'enchanteresse vision des blancs échassiers tournoyant dans la frénésie de leurs gracieuses danses.

Ce que vous allez voir n'est pas commun et il faut une âme bien trempée pour oublier que fuir est la plus raisonnable des solutions.

Il eut à peine achevé ces paroles que surgit devant nous, comme propulsé du couvert végétal, un fort parti de guerriers ; vingt, peut-être trente sauvages à demi-nus, la taille ceinte d'un léger pagne de cuir. Difficile d'en définir le nombre exact tant l'agitation qui les animait était intense. Roulements de gorge rauques et modulés, casse-tête, arcs, flèches et lances brandis au-dessus de leurs têtes, tournoiement de plumes multicolores, sautillements cadencés et larges moulinets menaçants.

Accentuant encore l'effet diabolique de leur apparition, leurs corps de bas en haut étaient peints de larges bandes parallèles noires et blanches courant de la cheville jusqu'à la base du front, divisant leurs faces grimaçantes en deux parties égales, chaque œil souligné d'un cercle, blanc pour la moitié sombre et noir pour l'autre.

La seule possibilité de fuite aurait été de se laisser emporter par le courant, mais il nous répugnait de perdre ainsi l'avantage du chemin parcouru, et d'autre part, nous précisa Cerf-rouge, un parti sur le sentier de la guerre n'abandonne jamais une chasse à l'homme avant d'avoir accompli quelques faits héroïques et récolté sa moisson de chevelures.

Quant à s'engager dans l'un des chenaux qui longeaient l'île, autant ne pas y penser. Cela n'aurait servi qu'à exciter un peu plus nos poursuivants, toute échappatoire dans ce sens étant vaine, chacune des extrémités opposant en défense une flottille de canots.

Nous ne pouvions envisager qu'une ultime solution : accoster ! Le plus naturellement possible, se gardant du moindre signe de velléité et surtout tenter de parlementer.

Mais avant même que la proue du canot ne heurte la pointe de l'île, une volée de flèches creva la surface de l'eau tout autour de l'embarcation, l'une d'elles se fichant dans son flanc à un quart de pouce de la main de père, ce qui fut aussitôt l'étincelle attisant le feu de sa colère.

— Branle-Dieu, hurla-t'il avec une telle force que les sauvages surpris abaissèrent leurs arcs. Patrick O'Brien, foi d'Irlandais, va vous apprendre le vrai sens de l'accueil !...

Il s'apprêtait à ramasser son fusil lorsque Cerf-rouge agrippa fermement son bras.

— Mon frère n'a-t'il plus le goût de la vie et cherche-t'il à se vêtir de la peau du porc-épic, ironisa-t'il en faisant ainsi allusion aux longs piquants de la bête, les comparant à la nuée de flèches qui ne manqueraient pas de nous transpercer s'il pointait seulement son arme vers les Indiens ?

— Je veux surtout défendre nos vies, rétorqua père en se libérant de l'étreinte de fer. Pour chaque flèche tirée, je répondrai par la poudre.

— Ces flèches ne sont qu'une démonstration de force ! Crois-moi, Fils-de-l'ours, un homme rouge naît l'arc à la main et à si courte distance, à moins de le vouloir, ne rate jamais sa cible !...

— Faut-t'il que tu aies toujours raison, se défendit père ! Eh bien soit ! Je me range encore à ton avis, mais sois-en sûr, mon ami, une seule égratignure à l'un de nous et tu ne pourras plus arrêter mon bras.

Le canot eut à peine effleuré la berge que des bras puissants s'en saisirent, le hissant sans ménagement sur la terre ferme.

Les Natchez nous entouraient de toute part, leurs arcs à nouveau bandès et les pointes menaçantes de leurs flèches dirigées sur nos poitrines. Mais lorsque père le premier se fut extrait de l'embarcation, à la vue de son imposante stature, de sa tignasse rouge et des éclairs que lançaient ses pupilles, ils reculèrent en masse, aucun d'eux n'osant porter la main sur sa personne.

L'instant de trouble aurait pu ainsi s'éterniser, aucun des deux partis ne se risquant au moindre geste, si un nouveau personnage ne s'était soudainement imposé.

Au ton autoritaire de sa voix et à l'ordre bref qu'il lança, le cercle des sauvages se brisa instantanément, se scindant en deux files égales entre lesquelles il s'engagea.

C'était un homme jeune, svelte et élancé, aux muscles saillants qui roulaient sous sa peau à chacun de ses pas, au regard franc et loyal, à l'allure fière et noble d'un dignitaire.

Dans sa main gauche se balançait au rythme souple de sa démarche une vieille arquebuse espagnole du siècle dernier, dont la mèche pendante, rougeoyante et fumante, indiquait qu'il était prêt si nécessaire à en faire usage.

Contrairement aux membres de sa troupe, son corps drapé dans une peau de cerf nouée sur l'épaule ne laissait apparaître qu'une moitié de sa poitrine, celle-ci zébrée de longues cicatrices, certaines récentes, encore perlées de gouttes de sang vermeil.

Sur son passage les guerriers s'inclinaient, le regard baissé, attendant qu'il daigne prendre la parole ; ce qu'il fit enfin après nous avoir longuement dévisagés. Son ton fut arrogant et c'est à notre compagnon qu'il s'adressa.

— Mon frère rouge a-t'il perdu son esprit et son honneur pour que ses mocassins se posent dans l'empreinte des visages pâles à la langue fourchue ?

Son langage bien que légèrement différent dans l'intonation ressemblait tant au parler Lakota que nous n'eûmes aucune peine à le comprendre.

Bien campé sur ses jambes, les bras croisés sur sa poitrine et le toisant de toute sa taille, Cerf-rouge aussitôt répliqua ne lui cédant en rien à l'arrogance du ton :

— Cerf-rouge, le waayatan des Lakota Oglala se retourne et regarde (il fit ce qu'il disait, nous pointant de l'index dans un geste ample et théâtral) mais il ne voit à ses côtés que des hommes au cœur droit et pur. Il ne voit que ses pairs !...

Le jeune chef (nous ne pouvions douter à présent que tel était son rang) de sa main droite éteignit la mèche de son arquebuse, ce qui malgré le regard dédaigneux à notre encontre indiquait somme toute qu'il était disposé aux palabres. Toujours s'adressant à Cerf-rouge, il reprit :

— Mon frère a donc perdu aussi la vue, et son raisonnement est semblable à celui du jeune garçon qui n'a pas encore conquis sa première plume.

Au même instant, il feignit une grande colère, se maîtrisant juste ce qu'il fallait pour que ses guerriers ne voient pas en lui un homme incapable de contrôler ses émotions.

— Tous les hommes blancs sont fourbes comme le coyote et tordus comme le tronc du vieux chêne ! Ils ne sont que des guerriers sans honneur et ne respectent pas la parole donnée !... Moi, Cœur-noir (il se retourna alors vers sa troupe guettant une approbation), devant le conseil des sages, j'ai juré de prendre le scalp de ces chiens qui déshonorent la grande nation rouge.

Puis brandissant son arme il s'écria, et cette fois je crois que son courroux était réel :

— La balle de mon bâton de feu serait trop douce pour eux ! Ils périront dans la torture ! J'ai dit !...

Adieu donc la paix et le cercle paisible où dans des mains amies circule la pipe sacrée !

Tout autour de nous fusèrent des acclamations de victoire et déjà les cordes des arcs se tendaient. La tension était insoutenable. Père, les poings serrés, avait bien du mal à se retenir de bondir, mais Cerf-rouge levant la main réclama la parole, et Cœur-noir d'un même geste calma ses guerriers.

Portant la main au manche de son couteau, laissant lui aussi exploser sa colère, notre compagnon s'exprima alors en ces termes :

— Cœur-noir accuse son frère de ne pas savoir ouvrir les yeux, mais il est lui-même aveugle et sourd ! Ne sait-il pas que la parole et les actes n'ont pas de couleur ? Que l'esprit est le même pour toutes les créatures du Grand-Esprit ? Que le cœur de l'homme est pur lorsque son souffle sacré se pose sur lui ?

Si Cœur-noir doit lever la main sur mes frères (il dégagea à demi la lame de son couteau), le couteau du Lakota plongera dans sa poitrine avant même qu'il n'ait amorcé le premier geste.

Sur le visage du jeune chef se dessina une expression d'intense surprise. Il regarda Cerf-rouge comme s'il se fut agi d'un dément.

— Le Lakota a perdu la raison, il donnerait sa vie pour des blancs qui n'apportent jamais rien de bon aux hommes rouges !...

Cerf-rouge retrouva alors un ton beaucoup plus modéré. Ses doigts se détachèrent du manche du couteau tandis qu'un large et franc sourire adoucit la rigueur de ses traits. Il venait de trouver le premier point à marquer dans cette joute oratoire.

— Mon frère parle fort comme se doit de le faire un chef puissant et respecté, mais il s'égare dans le sens de ses paroles. Les yeux du Cerf-rouge sont suffisamment ouverts pour voir que dans sa main Cœur-noir serre avec fierté un bâton de feu. L'esprit du Lakota est encore assez lucide pour savoir que c'est une arme d'homme blanc !... Cœur-noir décide donc selon son intérêt ce qui est bon et ce qui ne l'est pas ! D'où lui vient le droit de prendre une chose et d'en rejeter une autre avec autant de désinvolture ?

Il y eut un flottement dans le groupe des guerriers, ceux-ci comprenant que leur chef venait de se placer en position désavantageuse, mais le vénérant tel un dieu, ils n'espéraient qu'un geste pour décocher leurs flèches et laver l'affront.

Cœur-noir ne fit pas ce geste, au contraire, d'une brève intonation il les apaisa, puis ayant tempéré sa colère, il répondit à l'accusation de Cerf-rouge :

— Cœur-noir s'incline devant la sagacité de son frère Lakota (joignant le geste à la parole il se courba en avant et remit son arquebuse à l'un de ses guerriers) et il comprend que ces hommes (son regard se posa sur nous, toute trace d'animosité ayant disparu) pour qui il donnerait sa vie ne sont peut-être pas aussi mauvais qu'il le pense !... Mais Cœur-noir doit raconter son histoire, et lorsque Cerf-rouge et ses compagnons auront entendu ses paroles, ils comprendront sa légitime colère.

Avant que ne s'exprime le jeune chef, Cerf-rouge, conscient de son avantage et sans doute pour le préserver, se laissa aller à l'une de ses paraboles dont il avait le secret.

— Deux loups croisent la piste d'un cerf. L'un souffre cruellement de la faim. Il s'élancera donc à la poursuite de sa proie, mais l'autre au ventre encore gonflé de son dernier repas le regardera passer sans même dresser l'oreille. Ainsi chacun d'eux détiendra sa propre vérité du moment !

Mais s'ils en parlent ensemble devant le feu du conseil, ils se mettront d'accord sur le fait que pour un loup, le cerf est source de nourriture ; en cela réside une autre vérité ! Maintenant il se peut que le cerf lie un pacte d'alliance et de paix avec la nation loup, ce qui serait encore une nouvelle vérité. Les loups ne sont pas de ceux qui brisent la parole donnée, aussi que l'un d'eux souffre de la faim et que l'autre n'ait point besoin de remplir son ventre ne changerait rien au fait que le cerf soit devenu un allié, si ce n'est que le premier devra se détourner de son instinct primaire et réfléchir à un autre moyen de remplir son ventre affamé. En cela réside une autre vérité !...

Le chef des Natchez ne fut pas long à comprendre l'allusion : les loups représentaient les hommes rouges ; lui-même était affamé et le Cerf-rouge avait le ventre plein. L'homme blanc et le guerrier Lakota se voyaient liés par un pacte d'alliance et lui, Cœur-noir, se devait de comprendre avant de tenter de le briser.

Pour la seconde fois, il s'inclina, et par ce geste répété la tension retomba aussi soudainement qu'elle était montée.

Les visages alentour se firent plus avenants, les lances s'abaissèrent et les cordes des arcs se détendirent.

Cœur-noir, d'un signe invita ses guerriers à s'asseoir, et nous fîmes tous de même. Mon maître avait vu juste ! Mieux valait fumer la pipe que de déclencher un combat où de toute manière l'issue nous serait fatale.

Ce fut Cœur-noir qui, avant de reprendre la parole, bourra la pipe de saule rouge et de tabac, la présenta aux quatre directions, en tira les premières bouffées et la tendit à Cerf-rouge. Cet acte accompli nous n'avions plus rien à craindre, la pipe étant le lien sacré de paix qu'aucun Indien ne se serait risqué à rompre, sous peine de se voir refuser à sa mort l'accès aux terrains de chasses éternelles.

— L'homme sage des Lakota, commença Cœur-noir, parle comme l'ondée rafraîchissante des soirs d'été et ses paroles coulent dans le cœur du chef Natchez semblables au ruisseau qui s'élance vers les grandes eaux, offrant l'ombrage de ses berges calmes où poussent le saule et l'ajonc, refoulant l'épine et l'ortie.

Du cercle des guerriers s'élevèrent des soupirs d'approbation et des raclements de gorge exprimant le plaisir.

Être un bon orateur était pour les Indiens une marque de valeur et de dignité. Tout chef se devait d'en faire preuve chaque fois que l'occasion se présentait.

— Que dans sa sagesse, reprit Cœur-noir sensiblement flatté par l'enthousiasme de ses guerriers, le Cerf-rouge autorise son interlocuteur à lui conter son histoire !

Le jeune homme démontrait à nouveau qu'il était un personnage puissant, maître de ses émotions et respectueux des usages.

Avec une égale humilité, Cerf-rouge porta la main sur son cœur. Par ce geste, il reconnaissait et acceptait la valeur de son vis-à-vis.

— Mes oreilles sont grandes ouvertes et mon esprit s'éveille à la parole du grand chef des Natchez.

Heureux d'avoir reconquis son ascendant, Cœur-noir débuta son récit.

— Il y a moins d'une lune le peuple des Natchez, sous la bénédiction de son Grand-Soleil et confiant dans la parole donnée, ouvrit les portes de ses huttes aux soldats bleus, leur offrant, comme il est coutume, nourriture et logis, autorisant ses femmes à partager leurs couches.

Son visage se rembrunit alors qu'il poursuivait sur un ton chargé de reproches :

— Mais une nuit, tandis que nous dormions dans la confiance que l'on donne aux amis, ces hommes sans honneur, bafouant l'hospitalité de mon peuple, ont pénétré dans la demeure sacrée du Père-bien-aimé. Le surprenant dans son sommeil, avec pour seul but le vol du métal jaune, ils l'ont alors lâchement assassiné !...

Maîtrisant non sans peine un nouvel accès de colère, Cœur-noir se redressa, bomba le torse et serra les poings. Sa voix se fit grave et profonde.

— Le temps des larmes et des lamentations achevé, moi Cœur-noir, fils de Pekani le Grand-Soleil, selon nos coutumes j'ai dressé au centre du village les deux « Mais » bien rougis depuis le haut jusqu'en bas. Je les ai ornés de plumes, de flèches et de casse-tête comme nous l'ont enseigné nos pères, puis publiquement j'ai appelé vers moi les jeunes braves. Ils se sont rassemblés, leurs visages peints aux couleurs de la guerre, chacun jurant de combattre, de prendre des scalps ou de mourir à mes côtés. Ensemble nous avons bu le breuvage sacré, la médecine de guerre qui donne force et courage, et nos cris de vengeance toute une nuit ont fait trembler la forêt.

À ce douloureux souvenir, il s'interrompit et se tourna vers nous, avec dans son regard farouche une profonde indécision.

— La vue des visages pâles qui marchent aux côtés du Cerf-rouge a réveillé la douleur dans mon cœur, car le Grand-Soleil ne pourra rejoindre les terrains de chasses éternelles et dormir en paix sur la terre de ses ancêtres que lorsque j'aurai arraché de mes propres mains le cœur de ses assassins !...

Dénouant alors violemment sa tunique, il offrit à la vue de tous les nombreuses blessures de sa poitrine.

— Cœur-noir a choisi de meurtrir sa chair, car tant que ces hommes vivront, il ne pourra se reposer en paix dans sa hutte, ni marcher tête haute parmi les siens sur la place de sa cité. Chaque jour où le couteau dansera sur sa peau il se souviendra qu'il n'a pas encore su venger le plus sage et le plus noble guerrier de toute sa nation.

Accablé par la profonde affliction du jeune homme, j'aurais voulu lui crier que sa quête était désormais achevée, que les hommes qui avaient planté dans son cœur le poignard acéré de la douleur n'étaient plus de ce monde, qu'il pouvait à présent se réjouir et cesser de mortifier son corps. Mais sans doute retenu par la réalité que moi-même j'appartenais au peuple de ses tourmenteurs, les mots s'étranglèrent dans ma gorge. Peut-être aussi furent-ils refoulés par les notes plaintives, vibrantes comme le vol d'un essaim d'abeilles, que les guerriers rouges, en gage de leur peine, expulsaient avec force de leurs poitrines gonflées.

Ce fut l'instant que choisit mon maître, comme s'il avait pressenti mon désir et mon trouble, pour se placer au centre du cercle et prendre la parole.

— Cœur-noir peut désormais panser les plaies saignantes de sa poitrine et les braves avec lui apaiser leurs cœurs ! Les soldats bleus ne fouleront plus jamais la terre des Natchez car leurs os à ce jour blanchissent dans le ventre du Père-des-Eaux !...

Sous le choc de la révélation, le murmure des guerriers se transforma aussitôt en cris de surprise, mais, imperturbable, Cerf-rouge poursuivit :

— L'esprit de Pékani, Grand-Soleil aujourd'hui dans le monde des fantômes, lui qui voit le destin de chacun des hommes de sa nation, dans sa grande sagesse n'a pas voulu que Cœur-noir, son fils choisi pour être à son tour le souffle et la lumière de son peuple, puisse souiller son bras dans le sang impur des hommes sans valeur. Pour que ce désir prenne forme, il a ainsi permis que Cerf-rouge, Fils-de-l'ours et Celui-à-qui-parle-l'aigle-à-tête-blanche (à l'énoncé de nos noms, il nous désigna à toute l'assemblée) croisent la route de ceux qui, méprisant les lois du créateur, lui ont volé la vie.

Ce fut un combat sauvage mais loyal, et avant que le hibou ne fasse entendre son chant, la force réunie de nos bras guidée par l'esprit du Père-bien-aimé des Natchez nous donna la victoire.

Je bénissais à présent l'inhibition qui m'avait empêché de rompre le silence, car comment aurais-je pu trouver les mots pour expliquer à Cœur-noir que bien malgré nous nous l'avions frustré de sa vengeance ? Comment aurais-je pu argumenter comme le fit mon maître, usant d'une surprenante diplomatie permettant d'aplanir toutes les difficultés et les malentendus, et de consolider une entente durable entre nous et les Natchez ?

Après les paroles de Cerf-rouge, Cœur-noir ne pourrait plus nous reprocher de lui avoir volé son combat. Une telle pensée équivaudrait à douter de la puissance de son père et de sa place influente dans le monde des esprits. De même il ne pourrait plus nous considérer désormais que comme intimement liés à lui et à son peuple, son père nous ayant inclus dans ses desseins.

Mais toute la finesse de mon maître résidait surtout dans le fait qu'il grandissait le prestige du jeune chef aux yeux de ses guerriers, le haussant au statut d'homme d'exception promu à devenir à son tour Grand-Soleil.

Pour couronnement de son discours et sous l'ovation des Natchez, Cerf-rouge brandit au-dessus de sa tête la chevelure du sergent que tous reconnurent comme étant celle du meurtrier.

Chaque brave et Cœur-noir le premier voulut y apposer sa marque, tous proférant une insulte ou des paroles de mépris envers ce trophée qui à leurs yeux symbolisait la mémoire et l'esprit de l'ennemi haï.

Si les Indiens célébraient leurs adversaires valeureux tombés au combat avec honneur, ils n'éprouvaient en revanche que morgue et dégoût pour les lâches et les assassins, et s'ils se faisaient une gloire de parer leurs tuniques des scalps d'ennemis illustres, ils n'en dédaignaient que plus fort la chevelure d'hommes tels que le sergent.

Cœur-noir ne dérogeant point à la coutume, après avoir enflammé l'épaisse tignasse, la jeta dans le fleuve, maudissant une dernière fois son porteur et toute sa descendance.

L'ire des braves s'étant apaisée, engloutie dans les eaux avec l'objet de leur courroux, Cerf-rouge invita père à se rapprocher, puis vantant ses exploits de guerrier, il l'exhorta à restituer au jeune chef les bijoux d'or du Grand-Soleil, insigne de la fonction, et sans lesquels celui-ci aurait eu bien du mal à se faire reconnaître comme le possible héritier spirituel.

L'homme important des Natchez reçu l'offrande sans un mot, ni remerciements, ni questions, comme il sied à un chef lorsque ses mains se posent sur des objets sacrés, mais son visage exprimait une sincère et profonde reconnaissance, celle d'un homme à qui l'on redonne l'honneur perdu et la noblesse de son rang.

Lorsqu'il rangea précieusement collier et bracelets dans une poche intérieure de sa tunique, au regard qu'il porta sur père je compris que celui-ci venait de se faire en la personne de Cœur-noir un allié pour la vie.

Il est bon de savoir que les gestes que l'on apprend et que l'on croit immuables ne sont en réalité jamais statiques. Ils évoluent et se transforment au gré des peuples et des coutumes. Ainsi la manière de bâtir un foyer chez nos nouveaux compagnons différait totalement de celle que m'avait enseignée Cerf-rouge. Ces hommes étaient passés maître dans l'art du foyer discret.

Ils se servent pour parvenir à leurs fins de quatre grosses bûches de chêne sec, épointées et entaillées de manière à soulever de petits copeaux en spirales qu'ils enflamment d'un feu de brindilles jusqu'au rougeoiement des extrémités. Ensuite, avec une minutieuse attention, ils en étouffent les flammes naissantes, veillant à ce que les bûches se touchent en permanence de leurs pointes sans jamais se chevaucher.

Il en résulte un feu couvant de braises au pouvoir calorifique élevé, à condition toutefois de ne point trop s'en tenir éloigné.

L'avantage d'un tel feu, outre le fait qu'il réunit les hommes, réside dans la faible importance de son panache de fumée, et surtout dans la facilité à l'éteindre en cas d'alerte.

Ce fut donc pressés les uns contre les autres, odeurs et sueurs intimement mêlées, que débuta notre première veillée avec le peuple des Natchez.

Curieux et avides de connaître nos exploits lors du combat contre les soldats, le cercle des guerriers se tourna vers père, persuadé que sa force devait être pour une grande part cause de la victoire.

Père raconta tel qu'il savait le faire, sans minimiser son rôle, sans l'exagérer pour autant, ponctuant toutes ses phrases de son sempiternel juron qui immanquablement déclenchait l'hilarité de son auditoire.

Et malgré le sujet qui n'avait certes rien de comique, les rires redoublèrent pourtant lorsque les Indiens, à demi satisfaits de ses paroles, insistèrent pour qu'il anime son récit par le mime de ses actions.

À la demande générale et sans trop rechigner d'ailleurs, père se leva d'un bond se composant rapidement une mine farouche, offrant alentour la démesure de ses gestes larges où les ombres nées du crépuscule accentuèrent encore davantage la formidable impression de puissance qui émanait de lui.

C'est ainsi que, géant dansant parmi un peuple de nains, il retranscrit son premier contact avec l'ennemi ; l'échange des coups de feu, la rapidité de son tir et notre plongeon sous le couvert, sans oublier la chute de son adversaire, singeant l'expression de son visage déformé par la surprise et la douleur. Il termina la scène en plaquant ses mains sur son ventre, chancelant sur ses jambes tel un homme ivre.

Ses auditeurs se tenaient les côtes, cassés en deux par d'explosives crises de rire, mais lorsqu'il en vint à narrer les passes d'armes de Cerf-rouge, tous tournèrent leurs regards vers mon maître, ne pouvant retenir de bruyantes exclamations d'admiration.

Père, comprenant alors qu'il n'était plus le centre d'intérêt, préféra se rasseoir, se replongeant dans cet état de rêve éveillé qui ne le quittait plus depuis la mort de mère.

Cerf-rouge, lui, insensible à toute cette agitation s'était retiré à l'écart, accompagné de Cœur-noir, si loin du foyer que même leurs silhouettes s'effacèrent, avalées par la nuit.

Ces deux hommes étonnants devaient avoir bien des secrets à partager, au-delà des préoccupations du commun des mortels, car si l'un se préparait à devenir le chef spirituel de toute une nation, l'autre, visionnaire éclairé, s'engageait à l'y aider suivant un dessein incontournable qu'il était seul à connaître.

Quant à moi j'aurais pu rester silencieux jusqu'au matin, méditant sur les événements de ces derniers jours, si un tout jeune guerrier, probablement de mon âge, ne s'était approché, sollicitant avec grand respect l'autorisation de s'asseoir près de moi.

— Celui-à-qui-parle-l'aigle-à-tête-blanche aurait-il plaisir à partager ses pensées avec Petit-serpent, le guerrier sans plumes ?

En effet, alors que tous ses compagnons arboraient fièrement une ou plusieurs plumes piquées dans leurs cheveux, le jeune garçon était tête nue, seul un bandeau enserrant ses longues mèches noires.

Son sourire était si franc et sa demande si polie que malgré mon désir de solitude, je n'eus pas le cœur de l'éconduire et m'efforçai de lui répondre sur le même ton, à la manière indienne.

— Celui-à-qui-parle-l'aigle-à-tête-blanche considère comme un grand honneur la venue de Petit-serpent et son cœur bondit déjà de joie à la pensée d'entendre ses paroles.

L'apprenti guerrier, charmé par la tournure du compliment se gonfla de fierté. Ainsi encouragé il se laissa aller à son éloquence naturelle et devint aussi volubile qu'une pie sur son nid.

— Mes yeux s'agrandissent d'étonnement à la vue de la plume de l'aigle dressée sur la tête de Celui-à-qui-parle-l'aigle-à-tête-blanche ! Mon frère doit être un grand guerrier pour en mériter l'ornement !... A-t'il lui aussi comme le Cerf-rouge, le grand homme des Lakota, ou comme le Fils-de-l'ours, la montagne qui gronde, pris le scalp d'un ennemi ? Acceptera-t'il de conter à Petit-serpent la grandeur de ses exploits ?

Il ne me laissa guère le temps de répondre, pour enchaîner dans le même élan, dissimulant soudain la jeunesse de ses traits par la dureté de son expression.

— Petit-serpent à lui aussi le cœur brave ! La peur n'a jamais fait trembler son bras !...

Pourtant, malgré son effort, son visage très vite redevint ce que ses peintures faciales ne pouvaient totalement dissimuler, celui d'un adolescent dans le désarroi.

— Mais dans le camp des Natchez, les jeunes filles s'étouffent de rire sur son passage et aucune d'elles ne l'invite jamais à venir s'étendre sur sa couche, car il n'a pas conquis sa première plume et nul ennemi ne s'est dressé devant son arc ou son couteau ! Les scalps ne font pas encore l'ornement de sa chemise. Petit-serpent est semblable au jeune loup sans expérience et ses frères, quand ils chassent ou suivent le sentier de la guerre, ne le laissent jamais courir devant. Petit-serpent ne mange que les restes et doit s'incliner devant chaque guerrier.

Comme il s'était tu, prostré dans une infinie tristesse, me revinrent alors en mémoire les paroles de Cerf-rouge : « Le jeune guerrier cherche sa voie dans l'obéissance, le respect, l'honneur et l'écoute ».

Tout naturellement, je retransmis cette devise à celui qui, je le pressentais, allait devenir mon ami.

— L'honneur, s'écria-t'il surpris ! Comment un guerrier peut-il vivre dans l'honneur s'il n'a pas prouvé sa bravoure au combat ?

Je ne pus me retenir de sourire, car sans ma rencontre avec Cerf-rouge, ces mots auraient été les miens.

— Mon frère bondit tel le daim impétueux et il cherche à éviter l'obstacle qui ralentit sa course, mais dans sa précipitation il risque fort de ne pas voir le piège dissimulé sous la broussaille !...

L'obéissance, l'écoute et le respect sont les premiers pas vers l'honneur. Pour apprendre à contourner le piège, le jeune daim doit tout d'abord observer ses aînés et accepter de marcher docilement dans leurs traces.

Indécis, Petit-serpent se gratta la tête, précisément là où se fixe la plume. Par ce geste, je compris que je venais d'ébranler son assurance.

— Celui-à-qui-parle-l'aigle-à-tête-blanche se moque-t'il de Petit-serpent ?

— Non, mon frère, m'empressai-je de le rassurer, Celui-à-qui-parle-l'aigle-à-tête-blanche parle de ces choses parce qu'il les vit lui-même, et contrairement à ce que pense Petit-serpent, il n'est pas un grand guerrier !... La plume qui orne sa chevelure, il ne la doit pas à sa bravoure, mais peut-être seulement à l'amour qui sommeille dans le fond de son cœur !

Devant sa mine perplexe et ne voulant pas rester sur une énigme je lui racontai toute mon aventure depuis le départ de ma terre natale jusqu'au douloureux épisode de la néfaste rencontre avec les soldats français. J'osai même lui parler de Lucie et de l'enseignement que me prodiguait chaque jour Cerf-rouge.

Les mots eurent tout d'abord bien du mal à franchir le seuil de mes lèvres, puis soudain, libéré de pouvoir enfin me confier à un être qui, somme toute, me ressemblait, ils jaillirent sans retenue, tel un flux ininterrompu, vagues se brisant sur des écueils de tristesse, enrichies aussitôt par l'amour, se reformant alors plus hautes et plus puissantes, pour exploser enfin en gerbes d'écume de joie.

Chaque événement et chaque sentiment qui en découlaient retrouvaient à présent leur véritable place, complétés et harmonisés par son opposé : la disparition brutale de mère, la beauté de son incinération et la compréhension de son passage. L'horrible vision de la torture de John O'Connel, plus forte encore parce qu'imaginée, le respect pour sa loyauté et le bonheur de savoir qu'il avait rejoint son épouse. La peur de mourir et la honte et le dégoût d'avoir ôté la vie, l'acceptation et le sens de l'acte juste, délesté du poids de la morale. La cruauté de la nature, l'émerveillement et le mystère de son cycle. La rudesse de père cachant la tendresse de son cœur. Les instants de moquerie de Cerf-rouge et l'inestimable valeur de son enseignement. L'angoisse de la rencontre avec le peuple de Petit-serpent et la joie d'avoir découvert un ami.

Il y eut pourtant un sujet que j'omis sciemment de raconter : ma troublante vision ! Mais l'esprit de mon maître, soudain aussi présent que son corps physique à mon côté, me souffla que le futur du visionnaire ne peut être lié à sa propre histoire, que chaque chose en engendre une autre et que derrière le voile s'en dissimule souvent un second, plus lourd et plus impénétrable encore.

À cette nouvelle pensée, des larmes que je n'avais pas appelées me brûlèrent les yeux.

Petit-serpent garda le silence tout au long de mon histoire, mais lorsqu'il comprit que je ne parlerai plus, et découvrant la brume qui voilait mon regard, il me souffla dans un murmure presque inaudible : « Celui-à-qui-parle-l'aigle-à-tête-blanche est un grand guerrier ! Petit-serpent connaîtrait le bonheur en devenant son ami !... »

Le silence et le recueillement qui nous enveloppèrent furent plus forts que les mots, et lorsque nos mains, irrésistiblement attirées l'une vers l'autre se joignirent, en cette nuit unique et différente, tous deux oubliant la fierté du guerrier, nous étions redevenus des enfants, égarés dans un monde d'adultes.

•••

Chapitre 5.

« Qu'est-ce que la vie ?
C'est l'éclat d'une luciole dans la nuit.
C'est le souffle du bison en hiver.
C'est la petite ombre qui court dans l'herbe
et se perd au coucher du soleil. »

Crowfoot, chef Blackfeet, 1821-1890

En route vers notre nouvelle destination, le village des Natchez, Cerf-rouge et Cœur-noir marchaient en tête.

La troupe des guerriers, respectueuse de l'intimité de son chef, les suivait en silence à quelques coudées en arrière, chaque homme glissant sur ses mocassins, le corps légèrement courbé, l'œil aux aguets, la foulée longue et souple, attentif au posé de ses pas.

Père, selon son propre désir fermait la marche, son fusil négligemment jeté sur son bras gauche, la main droite reposant sur la platine.

Les agressives peintures de guerre effacées de leurs corps et de leurs visages, les braves avaient recouvré cette allure discrète, apanage de tout parti de chasse...

La chasse !... Activité qui occupait tout mon esprit, tant j'étais désireux d'offrir un noble gibier, présent d'approche, à ceux qui pour toute une saison allaient devenir mon peuple d'adoption.

Accompagné de Petit-serpent, un peu à l'écart sur le flanc gauche de la colonne, le « Springfield » prêt à faire feu, et lui l'arc à demi-bandé, une flèche encochée, nous espérions, fébriles, la sortie d'une « bête douce ». Et ce serait probablement un daim, très vulnérable en cette période estivale où les excès de l'amour leur ôtaient toute prudence.

Petit-serpent le pressentait par expérience. Il me raconta que les brocards, musant à la recherche des chevrettes et oublieux de leurs chemins routiniers, s'égaraient parfois sur les pistes des hommes, toutes formes en mouvement leur rappelant les femelles volages abandonnées à l'assaut de leurs désirs brûlants.

Harassé de fatigue, harcelé par une nuée d'insectes piqueurs, marchant à cadence soutenue depuis six bonnes heures, mes espoirs de chasse s'amenuisaient, emportés par la montée d'un soleil trop chaud.

Je n'avais plus en tête que le désir d'une halte à l'ombre d'un bosquet. Bercé par cette douce vision, j'amorçais déjà l'ébauche d'une demande en ce sens auprès de mon compagnon, mais je n'eus que le temps d'un seul mot... Brusquement surgi de nulle part, un jeune daim de l'année, reconnaissable à sa première tête, déboula face à nous, à peine distant d'une portée de flèche.

L'amoureux transi, surpris par la curieuse apparence de ce qu'il croyait être sa future épousée, recula dans un sursaut d'effroi.

D'abord figé sur ses jarrets tendus, puis très vite retrouvant ses sens, dans un rapide volte-face il s'élança sous le couvert des arbres.

L'intacte intensité de mon désir, dans le même mouvement retrouva ses droits, et habitué au tir en forêt, j'épaulai prestement, lâchant mon coup de feu par instinct... Trop rapidement sans doute, car gênée par l'épaisseur du feuillage, ma visée fut incertaine, et l'animal au lieu de s'écrouler comme je m'y attendais, fit un large écart, abandonnant l'un de ses bois, brisé net par la balle.

« Mon Dieu ! Je l'ai raté », m'entendis-je hurler.

Mais non ! Était-ce un miracle ? Le son perçant de ma voix vibrant encore à mes tympans, je vis la bête s'affaisser sur le flanc, ses quatre pattes violemment agitées dans un ultime soubresaut.

Abusé par ce soudain retournement de situation, je courus de toute la puissance de mes jeunes jambes à l'encontre de l'animal étendu, Petit-serpent sur mes talons. Ce que je croyais alors être une énigme m'apparut brutalement comme une cuisante vérité. Juste au défaut de l'épaule, tranchant sur la clarté du pelage telle une injure, affleurait le long empennage de plumes noires et rouges.

Inutile de me leurrer plus longtemps, j'avais bel et bien manqué ma cible, supplanté par l'adresse de mon compagnon, ayant quant à lui fauché le daim dans sa course d'une flèche en plein cœur.

— Le tir d'un champion, le complimentai-je, ayant bien du mal à dissimuler les accents amers de la rivalité.

— Sans la balle de Celui-à-qui-parle-l'aigle-à-tête-blanche, le daim n'aurait jamais fait l'écart dégageant sa silhouette des troncs, et la flèche de Petit-serpent, inutile, aurait volé sans but. La proie abattue est l'œuvre de deux grands chasseurs. Petit-serpent en partage l'honneur avec son ami.

Il appuya si fort sur le dernier mot que tout sentiment de jalousie s'estompa, faisant place à une noble fierté. Comment ne pas s'incliner devant tant d'altruisme et de modestie !...

Lorsque les hommes s'approchèrent, Petit-serpent ne démentit aucunement sa version des faits, insistant sur la rapidité et l'efficacité de mon tir. À l'entendre, sans moi la bête courrait encore.

Au récit de cette chasse couronnée de succès, les guerriers poussèrent des clameurs de triomphe, nous serrant de près, chacun voulant poser sa main sur nos épaules en gage de reconnaissance.

Petit-serpent, ivre de bonheur, comblé par la considération de ceux qui jusqu'ici ne lui en avaient guère témoigné, parvenait à peine à bredouiller de vagues remerciements, me désignant sans cesse afin de bien marquer ma participation.

Et tandis qu'à mon tour je me laissais griser par le flot de compliments, Cerf-rouge, à qui rien ne pouvait échapper, ramassa discrètement l'andouiller brisé et me le tendit en souriant.

— Mon fils découvre aujourd'hui l'inestimable saveur de l'amitié. Qu'il garde précieusement ce trophée pour ne jamais en oublier le goût !...

Puis se détournant, il rajouta pour lui-même :

« L'ami est au cœur du guerrier le rayon de soleil qui réchauffe la solitude de ses pas ! »

Comme toujours les paroles de mon maître savaient trouver le chemin de mon cœur. Je bénissais la chance qui nous avaient portés vers les Natchez, car je voyais en mon nouvel ami le confident et le compagnon de jeux que mon jeune âge réclamait encore. Quel inestimable et pur bonheur de pouvoir à nouveau jouir de la douce insouciance de l'adolescence ! Le temps des responsabilités, j'en étais convaincu, viendrait bien assez vite !...

Comme s'il pouvait, même à distance, lire le tréfonds de mon âme, mon maître revint sur ses pas et me glissa tout doucement dans le creux de l'oreille : « L'homme conscient découvre chaque jour un trésor et son cœur est assez vaste pour contenir toutes les richesses de la terre. Savoure mon fils l'instant qui t'est offert ! Demain, porté par le souffle du créateur, l'aigle volera vers une autre direction. »

Cet intermède heureux fut prétexte au repos, et je crois bien qu'aucun de nous n'eut à s'en plaindre, car même si les visages ne dévoilaient aucune trace apparente de fatigue, l'ardeur du soleil en ce milieu d'après-midi incitait à rechercher l'ombre protectrice. Mes compagnons, seuls ou en petits groupes s'égaillèrent sous le couvert des arbres et des taillis.

Père, nonchalamment étendu sous la frondaison d'un grand chêne, avait à nouveau choisit l'isolement. Absent et indifférent à l'agitation alentour, il fumait sa courte pipe au fourneau sculpté, celle-là même prise à l'un des soldats tombés dans la clairière et qui symbolisait son animal totem : le grand ours brun.

Loin des exploits de chasse ou de guerre, il s'abandonnait sans retenue au plaisir égoïste du tabac noir, son visage enveloppé d'un épais nuage bleuté qui dissimulait en partie aux yeux des indiscrets l'étrange béatitude de ses traits.

Depuis son récit avorté de la veille, il n'avait plus prononcé le moindre mot, repoussant d'un vague geste de la main, sans agressivité mais fermement, tout homme qui cherchait le contact.

Je comprenais que dans ces moments de solitude, seule l'image de Lucie occupait sa mémoire, et si mon désir était grand de le rejoindre, en contemplant son regard perdu dans le lointain, je sus que le moment n'était pas encore venu.

Se confier à son père, partager avec lui les doutes et les peurs, les peines et les joies, n'était pas, je m'en rendais compte aujourd'hui, chose facile. Mère n'étant plus là pour nous ouvrir les portes de la communication, notre amour trop pudique se contentait de puiser sa force dans le silence.

Avortant l'élan que je ne pouvais achever, c'est vers mon nouvel ami que je dirigeais donc mes pas.

Appréhendant notre arrivée dans son village dont les fumées déjà visibles s'élevaient sur l'horizon, noyant la cime des arbres dans un voile grisâtre, j'éprouvai soudain l'impératif besoin de lui confier mes inquiétudes.

Après nos courses sauvages et solitaires au cœur de la forêt et sur le cours du fleuve, ne serait-il pas trop dur de partager le quotidien d'hommes, de femmes et d'enfants qui, il ne pouvait en être autrement, ne changeraient pas pour nous leurs habitudes de vies ?

« Siffler le chant du merle dont on occupe la cage », avait coutume de clamer père lorsqu'en Irlande nous rendions visite à quelques voisins éloignés dont les idéologies différaient des nôtres ! Aurai-je le ton juste et la voix assez claire pour le chant des Natchez ?

Oignant mon cœur de son baume apaisant, Petit-serpent sut me parler de son peuple avec ferveur, louant ses mérites et la chaleur de son accueil, vantant l'abondance et la variété de ses nourritures, exaltant la dignité de ses princes, la douceur et la beauté de ses jeunes filles, la fécondité de ses femmes ; célébrant l'impartialité doublée de sagesse de ses chefs.

Encouragé par mon écoute attentive, il m'exposa dans le détail les rouages de l'organisation oligarchique de sa société, où chaque membre, du haut dignitaire à l'homme du peuple, s'acquittait avec honneur de sa tâche coutumière, ses actes et ses pensées tournés en permanence vers le Grand-Soleil, le père protecteur et vénéré, le petit frère de l'astre du jour.

Avec la même verve, il fit défiler devant mes yeux éblouis de vastes champs verdoyants où poussaient en abondance citrouilles et melons, fèves et maïs, blés mûrs aux épis gonflés ondoyant en vagues d'or sous la brise d'été.

Intarissable, il sut aussi me faire frémir, me présentant avec orgueil les palissades entourant son village, croulant sous les crânes blanchis de leurs ennemis. Chaque guerrier de sa nation, me dit-il, y avait plusieurs fois de ses mains suspendu les macabres trophées.

Enfin, certain d'avoir gagné mon admiration, il m'enchanta de merveilleuses légendes où les divinités de la terre et du ciel se heurtaient dans de titanesques combats, offrant parfois aux hommes d'exception les attributs de leurs pouvoirs. Ceux-ci devenaient alors les glorieuses décorations du grand temple de terre dressé au centre de sa cité, où des vieillards vigilants veillaient nuit et jour sur le feu sacré qui y brûlait, souffle du peuple qui ne pourrait jamais s'éteindre.

Il m'apprit avec fierté que son père était l'un de ces héros silencieux, et qu'un jour prochain il hériterait de sa charge divine.

Et si son exaltation et l'ampleur de l'admiration pour son peuple laissaient sans doute dans l'ombre quelques noires vérités, son récit suffit pourtant à dissiper les derniers lambeaux de mes angoisses. Oubliant alors tout ce qui n'était pas la joie de la découverte, je n'avais plus qu'une hâte : reprendre notre route.

Petit-serpent, auréolé de sa fierté de chasseur nouvellement reconnu n'aurait jamais permis à quiconque de transporter notre gibier. Ce fut donc bien malgré moi, le daim emmailloté dans son linceul de fougeroles, lié par les pattes sur une forte tige de saule, qu'avec lui j'en supportai la charge.

Oubliant nos épaules endolories et les muscles de nos jambes tendus à se rompre, nous nous efforcions d'allonger le pas ; les hommes, leur ardeur redoublée à l'approche imminente du foyer, ayant adopté le rythme soutenu des coureurs de fond.

Une ultime colline gravie non sans peine et d'où s'égaillèrent à notre approche des nuées de passereaux, nous débouchâmes enfin sur une vaste étendue de terre rase, territoire gagné sur la forêt par l'activité humaine.

Veine encore gonflée par les pluies diluviennes, une large et profonde rivière y serpentait en son mitan, charriant en ses eaux boueuses des montagnes de débris végétaux.

Vision d'apocalypse, heureusement adoucie par la succession de parcelles cultivées qui s'étalaient sur ses rives en tendres dégradès de verts et de jaunes mêlés.

En arrière-plan, perchée sur un faible dénivelé, éblouissante, presque irréelle, joyau posé sur un écrin de verdure, s'imposa alors l'arrogante et fière cité des Natchez.

Je ne pouvais en détacher mes yeux et malgré la joie de mon compagnon, les doutes et la peur à nouveau me submergèrent.

Délimitée par de hautes palissades de pieux épointés où courait la sinistre guirlande de crânes séchés au soleil, la place tant vantée par Petit-serpent, ne représentait plus soudain que la sombre nuit et l'horreur.

Ce que j'avais imaginé comme un simple village, semblable à ceux que l'on rencontre en Irlande, à savoir une poignée de masures de bois regroupées sur une faible portion de lande, devenait brusquement tout à fait illusoire. Un rêve d'enfant qui ne s'abreuve qu'à la source de son désir. J'aurais pourtant bien dû comprendre au récit de mon ami que sa nation puissante abritait autant d'âmes qu'un ciel d'automne de nuages...

Cœur-noir et Cerf-rouge toujours en tête nous dévalâmes la colline au pas de charge, l'obstacle de la rivière aisément franchi grâce à un gigantesque pont de bois, et comme nous approchions de la porte principale une marée humaine nous submergea ; vagues déferlantes sans cesse grossies par des milliers de corps et de bras tendus, des milliers de cris et de mains rouges agitant au-dessus de nos têtes, arcs, lances et casse-tête menaçants.

Si Petit-serpent, un immense sourire illuminant sa face, ne m'avait assuré que tout ce brouhaha n'était que manifestation de joie, malgré la présence de père et de Cerf-rouge, je crois bien que j'aurais cherché mon salut dans la fuite.

Comme je me pressais contre lui, se détachant de la horde, jouant des coudes et des hanches, un groupe de femmes et d'enfants tenta désespérément de s'insérer parmi notre colonne, hurlant à pleins poumons les noms des guerriers de Cœur-noir, les unes recherchant leurs époux, les autres leurs pères, tous laissant libre cours à leurs effusions lorsque ayant vaincu la mêlée, ils reconnaissaient enfin l'être aimé.

Comme je m'étonnais d'un tel empressement, Petit-serpent m'expliqua combien il était capital pour une famille de ne point perdre celui qui par sa force et son autorité en était le pilier. Sans mari, sans père, femmes et enfants se voyaient relégués à un rang inférieur et leur subsistance quotidienne de ce fait était mise en péril.

Chez toute nation combattante, expédition de guerre étant trop souvent synonyme de deuil, les épouses des grands guerriers du peuple du soleil ne pouvaient aujourd'hui qu'exprimer leur grande joie. Aucune d'entre elles n'aurait à pleurer son homme, ou même comme le voulait parfois la coutume, l'accompagner dans la mort. Aujourd'hui serait un jour de liesse ; aucun enfant mâle ne deviendrait orphelin, sans maître pour lui enseigner le sens de l'honneur et l'art difficile du guerrier.

Dans la confusion et les clameurs qui ne cessaient d'aller croissant, je me pris à trembler qu'un guerrier, sa haine de l'homme blanc attisée à notre vue, ne se laisse tenter par un bon coup de « tomahawk », mais, et j'en fus presque vexé, pas un seul de ces hommes, pourtant si prompts à concrétiser sur le champ leurs pensées, ne semblait nous avoir remarqués, allant même jusqu'à manifester à notre égard l'indifférence la plus totale.

Ce n'est que plus tard que je compris. Si Cœur-noir nous avait acceptés au sein de son groupe, nul, en raison de son statut de prince et de chef, n'aurait osé le lui reprocher, ni même seulement le questionner avant qu'il ne daigne lui-même s'en expliquer.

Portés plus qu'avançant nous-mêmes, nous pénétrâmes dans l'enceinte de la cité où sur la grande place nous attendait une autre délégation, moins importante et moins bruyante certes, mais tellement plus mystérieuse et impressionnante.

Princes, honorables et ministres ; la grande noblesse de la nation Natchez, alignée sur quatre rangs, digne et immobile, chaque notable drapé dans sa tunique d'apparat : colliers de perles fines, de dents ou de griffes, pendentifs et bracelets d'or, longues coiffes de plumes, larges casse-tête cloutés d'argent et de cuivre, boucliers façonnés dans des carapaces de tortues géantes.

Alors que mon regard s'attardait sur chacun de ces troublants personnages, Petit-serpent attira mon attention sur l'opulence de sa cité.

À perte de vue, s'étalaient dans un ordre brouillon plus d'un millier de huttes, légères habitations sans murs, aux toits de chaume reposant sur d'ingénieux assemblages de cannes, symbole de la grandeur et de la magnificence de ce peuple.

Au centre de cette forêt reconstituée, et l'œil ne pouvait que s'y attarder, trônait un gigantesque four de terre d'où s'échappait en permanence une mince colonne de fumée blanche. L'édifice devait approcher les cent pieds de circonférence et sa voûte, culminant à une hauteur égale, se parait de nattes soigneusement empilées, d'où surgissaient défiant les puissances du ciel, trois grands aigles de bois aux couleurs éclatantes. L'un jaune tel l'astre solaire, le second rouge sang et le troisième d'un blanc de lys.

Il se dressait donc devant nous le temple magique, creuset du savoir, et bien que ne pouvant en définir la source, il fit naître en moi de longs frissons de peur, comme si soudain l'ange de la mort m'eût effleuré de son aile glacée.

Je ne pouvais en détacher mes yeux lorsque Petit-serpent me rappela à l'ordre d'un violent coup de coude dans les côtes.

Se détachant du groupe des dignitaires, les deux guerriers les plus impressionnants qu'il m'eût été donné de voir à ce jour, s'approchèrent de nous, chacun les bras croisés sur la poitrine, de la démarche assurée des hommes que rien ne peut émouvoir.

Petit-serpent, avant qu'ils ne prennent la parole, eut juste le temps de me souffler dans l'oreille, agité d'une soudaine gêne que je ne lui connaissais pas :

— Voici Loup-gris et Renard-féroce, les chefs de guerre de la nation.

Plus bas encore, il rajouta avec dans sa voix une intonation de respect mêlée de crainte : « Les tueurs d'hommes » !...

La foule derrière nous se calma aussitôt. Chaque homme, chaque femme et chaque enfant retenait son souffle, jusqu'à n'être plus qu'une assemblée de statues muettes et immobiles.

Les deux guerriers stoppèrent leurs pas face à Cœur-noir, veillant à respecter une distance suffisante pour que, les bras tendus, ils ne soient pas en mesure de toucher sa personne.

Le plus âgé offrait l'image d'un homme que l'on ne peut contempler sans frémir. Plus grand et plus massif que père, ce que, bon Dieu, je n'aurais jamais cru possible, il possédait un cou de taureau barré d'une large cicatrice lie de vin qui, au premier regard, vous laissait la désagréable sensation que sa tête, jadis décapitée, venait à peine d'être recollée par des moyens de fortune.

Sur sa face aplatie aux traits lourds et grossiers descendait de son front bas une longue mèche sombre coupant à angle droit son nez proéminent, semblable au bec crochu d'un grand oiseau de proie, lequel pourtant ne pouvait faire oublier le sombre trou noir de son orbite gauche.

Et si l'on doutait encore de la fonction de ce monstrueux personnage, plus proche de la bête que de l'homme, il suffisait pour s'en convaincre de regarder sa large poitrine d'où ondulaient en cascade une centaine de mèches humaines, épaisses et noires pour la plupart, mais quelques-unes soyeuses, blondes et brillantes comme un rayon de miel.

Le second personnage, écrasé par la stature de son compagnon, m'apparut alors plus frêle qu'un enfant, mais à mieux l'observer, oubliant le géant, l'illusion fut de courte durée. Lui aussi possédait à n'en pas douter l'envergure d'un redoutable guerrier.

Son visage sec en lame de couteau, la froideur et la détermination de son regard, les veines bleues saillantes sous la peau, la souplesse et le délié de ses muscles longs et durs en étaient autant de preuves irréfutables ; et bien qu'en nombre moindre, il arborait également sur son torse et le haut de ses cuisses une inquiétante guirlande de scalps.

« Les tueurs d'hommes », avait dit Petit-serpent ! Quels autres qualificatifs auraient pu être plus justes pour définir ces deux hommes ?

Malgré l'œillade furibonde de notre protecteur, le géant nous toisa, insistant avec étonnement sur père. Pourtant ne se lisait dans son regard ni haine, ni dédain. Lentement il leva la main droite, réclamant par son geste un silence inutile que ses premiers pas avaient déjà obtenu.

Soutenant de son œil unique l'intensité du regard de Cœur-noir, il l'apostropha d'un fort salut de tête, ce qui fit voler en désordre la couronne de plumes au sommet de son crâne. L'image comique d'un gros oiseau s'ébrouant dans la poussière me traversa l'esprit, et aussitôt la métamorphose du monstre s'opéra.

Quelle ne fut pas ma surprise au son de sa voix que j'aurais imaginée puissante comme un roulement de tonnerre, lorsqu'elle s'écoula en léger filet, étouffée, presque inaudible, avec par instants les notes grinçantes d'une crécelle.

Ses premiers mots achevèrent la transformation ; la bête était humaine et sous le masque simiesque se dévoilait un homme au cœur pur.

— Le cœur de Loup-gris bondit dans sa vieille poitrine, semblable à celui de l'oiseau qui s'élance pour la dernière fois vers la grande migration d'automne, et son œil se voile de rosée à la joie de revoir Cœur-noir, son prince.

À la manière des grands orateurs indiens, il exprimait ainsi le respect partagé qu'il escomptait asseoir lors de l'entrevue, considération due à son âge et à son ascendant, et pour sa part déférence envers un homme de rang social plus élevé que le sien. Mais ces paroles renfermaient encore sans doute beaucoup plus que cela. Il me sembla que Loup-gris devait ressentir pour son seigneur une réelle affection, trahie par la tendresse avec laquelle il prononça son nom.

Désireux de lui rendre son salut avec le même égard, Cœur-noir s'exprima à son tour, insistant sur chaque mot d'une voix haute et claire afin que rien n'échappe aux différents personnages de l'assemblée dont les regards sombres ne quittaient plus les deux hommes.

— Cœur-noir partage avec Loup-gris le « tueur-d'hommes » une joie identique et son cœur bondit dans un élan commun, bien que sa jeunesse le limite à l'envol d'un premier voyage.

Ainsi il reconnaissait la valeur et l'expérience de son vis-à-vis, le situant malgré la différence de statut sur un pied d'égalité.

— Le combat que mon prince a mené contre les soldats doit être émaillé de nombreux exploits, enchaîna Loup-gris, à présent certain de pouvoir s'exprimer librement. Mais mon œil avisé de vieux combattant s'étonne de ne point voir les chevelures ennemies orner la ceinture du vainqueur !... Les coyotes aboieraient-t'ils encore sous le couvert de la forêt sans avoir expié leurs crimes ?

L'interrogation ainsi formulée aurait pu laisser sous-entendre la défaillance de Cœur-noir et l'échec de sa mission, mais pourtant et je l'aurai juré, ce n'était à mon sens qu'une manœuvre du vieux guerrier pour essayer de comprendre ce qu'il n'osait demander directement, à savoir l'explication de notre présence, nous des hommes blancs pénétrant dans la cité Natchez endeuillée par la mort du Grand-Soleil.

Cœur-noir d'ailleurs ne fut pas dupe, et c'est sans colère, juste avec une pointe de raillerie qu'il lui répondit.

— Le grand « tueur-d'hommes » aurait-il oublié les usages du peuple ? Les scalps des bêtes puantes ne font pas l'ornement des poitrines des braves. Cœur-noir, poursuivit-il d'un ton plus sévère, fils de Pekani le Grand-Soleil, n'a pas à justifier ses actes, fût-il en présence du célèbre Loup-gris !...

Laissant pantois le grand guerrier il se radoucit aussitôt, ébauchant une esquisse de sourire.

— Demain lors du conseil des sages, il contera son expédition et par ses paroles de vérité, tous pourront comprendre que le fils de Pekani n'a pas à rougir de ses actes.

Loup-gris lui-même pourra satisfaire sa curiosité, défaut que je lui pardonne aujourd'hui, car les grands hommes ne seraient pas ce qu'ils sont s'ils n'avaient quelques faiblesses !...

Murmures et soupirs étouffés agitèrent l'assemblée des nobles, les uns tremblant, d'autres se réjouissant, mais tous impatients de connaître la réaction du chef de guerre.

Le ton de Cœur-noir se voulait sans réplique et le géant sous la remontrance, agacé par les chuchotements dans son dos, fut bien près de céder à l'emportement. La cicatrice de son cou, sous l'effort qu'il fit pour se dominer, vira au rouge pourpre. Respirant bruyamment à pleins poumons, il réussit cependant à reprendre la parole, et ses propos, loin de la colère, ne laissèrent filtrer qu'une grande humilité.

— Que mon prince me pardonne ! Sous la fourrure de l'ours, son serviteur dissimule la roublardise du renard.

Il baissa la tête, son œil fixé sur le sol, en homme qui se repent avec sincérité.

Loup-gris n'a pas oublié les coutumes de son peuple. Ses paroles n'étaient que ruse grossière et mon prince ne s'y est pas trompé.

Si certains des notables ricanèrent, Renard-féroce étant de ceux-là, la majorité approuva, laissant échapper des « Ah ! » de satisfaction.

Conciliant et peu enclin à voir le plus valeureux des guerriers perdre la face, Cœur-noir clôtura l'entrevue par des paroles apaisantes :

— Loup-gris ne doit pas se déprécier, chacun ici connaît sa valeur, et lorsque la nuit venue les braves s'assemblent autour des feux, c'est la grandeur de ses exploits qui font la force de leurs chants.

Il est juste qu'un homme tel que lui puisse trembler à l'idée de rougir des actes de ses pairs, mais qu'il se rassure, et le peuple avec lui, car le Père-bien-aimé, celui devant qui chaque guerrier n'est qu'un petit enfant, est à ce jour vengé. Son âme repose en paix dans le monde des esprits aux côtés de ses ancêtres.

Un grand souffle de libération s'exhala de mille poitrines, balayant les doutes et les peurs passés. Les paroles du jeune prince, telle la houle sur une mer agitée se propagèrent de bouche en bouche jusqu'à atteindre le plus éloigné des guerriers.

Mais avant que n'explose la joie, Cœur-noir leva le bras, imposant le silence.

Nous invitant alors à se rapprocher, d'un ton solennel il nous présenta au groupe des honorables, et à Loup-gris en particulier :

— Voici Cerf-rouge, le grand homme des Lakota Oglala. À ses côtés, Fils-de-l'ours, la montagne qui gronde, et Celui-à-qui-parle-l'aigle-à-tête-blanche, son fils.

Au regard que Loup-gris posa sur père, je compris qu'un courant de sympathie venait de circuler entre les deux hommes, et sans doute leurs similitudes physiques n'y étaient point étrangères.

Cœur-noir ne laissa guère le temps à ses auditeurs de manifester leur surprise. Il enchaîna aussitôt :

— Mille fois loué fut le jour où nos pistes se sont croisées !... Ces hommes sont devenus pour Cœur-noir aussi précieux que peut l'être le souffle de chacun des guerriers de son peuple.

Au grand désarroi des notables, il ne voulut en dire plus, se réservant pour le conseil, mais désormais nous étions intouchables, hôtes de marque sous la protection d'un prince.

Indifférent aux protestations de ses pairs, il se retourna alors vers le peuple, il les libéra du silence. L'allégresse éclata, puissante et sourde comme un orage d'été. Les hommes scandèrent son nom, les femmes et les enfants entonnèrent un chant de victoire en son honneur.

Gagnés par la liesse générale, les honorables eux-mêmes en oublièrent leurs griefs. Ils égrenèrent alors, veillant cependant à ne pas se départir de leur dignité, les notes flûtées d'une douce mélopée où se répétaient inlassablement les mots : honneur, gloire, fils du Grand-Soleil.

Un seul homme pourtant ne partagea pas la joie commune ; Renard-féroce, le chef de guerre qui n'avait pas demandé la parole mais dont les yeux brûlant de haine lançaient des éclairs alentour, foudroyant tous ceux qui près de lui osaient exprimer un bonheur qu'il ne partageait pas.

L'observant à la dérobée, redoutant que son regard ne se pose sur moi, je ne fus pas long à comprendre que les sentiments qui animaient cet homme ne pouvaient être dictés que par la jalousie et le mépris.

Comme je m'en confiais à mon compagnon, sa réponse ne fit que confirmer mes peurs.

— Renard-féroce est un prince héritier, neveu du Grand-Soleil, et personne n'ignore son désir de succession.

Disant cela, Petit-serpent m'éloigna du devant de la scène.

— Ne t'approche pas de cet homme, son cœur est aussi froid que la pierre en hiver, et si pas un de nos guerriers n'apprécie sa compagnie, tous redoutent la force et l'agilité de son bras. Nombreux sont les braves, qui pour avoir osé le défier dorment sans sépulture le long des berges du Père-des-Eaux !...

Je n'eus guère le loisir de méditer les propos de mon ami, car Cœur-noir, embouchant une longue trompe de corne, réclama à nouveau le silence.

Sa voix chaude et vibrante s'éleva par-dessus les têtes, chacun de ses mots illuminant les rudes visages de larges et francs sourires, et pour ceux, trop loin, qui ne pouvaient entendre, des crieurs répétaient mot à mot son discours.

— Qu'on allume les feux du festin, qu'on y rôtisse les viandes, qu'on y réchauffe les ragoûts. Qu'on enduise de miel les épis de maïs et qu'on pétrisse la pâte des galettes !... Ce soir le peuple du soleil va dignement fêter ses hôtes et le retour victorieux des guerriers. Que le peuple se réjouisse, son prince a accompli l'acte sacré de vengeance.

À ces mots, Renard-féroce ne put retenir un cri de rage, mais les hourras qui fusèrent de la foule étouffèrent sa colère montante aussi sûrement que le python broyant les os du cerf.

D'un nouvel appel de trompe, le jeune prince rétablit le calme.

— Il est parmi les braves reprit-il, un jeune chasseur qui s'est distingué par son adresse et sa patience, aidé en cela par Celui-à-qui-parle-l'aigle-à-tête-blanche. Ces deux jeunes hommes à l'avenir prometteur se font aujourd'hui un honneur d'offrir à l'assemblée des notables la chair tendre et juteuse d'un daim de l'année. Le nom de Petit-serpent et de son ami devront à ce jour rester dans nos mémoires, et tous deux méritent à présent la considération due aux guerriers et leur place sera désormais souhaitée autour des feux du conseil. Cœur-noir a parlé ! Que sa parole soit entendue !...

Petit-serpent, sous le choc, chancela.

Voyant ses jambes se dérober et pour lui éviter la honte de s'étaler devant tous, je dus le soutenir de mon bras.

Fébrile, il réussit à peine à bredouiller.

— Cœur-noir a vanté l'adresse de Petit-serpent devant le peuple ! Je vais devenir un guerrier connu et respecté !... C'est un grand jour qui a guidé mes pas vers Celui-à-qui-parle-l'aigle-à-tête-blanche.

Sa joie si pure et si sincère me remplit d'un immense bonheur, bien que je ne pusse ignorer les véritables motifs de Cœur-noir.

Chez les Natchez offrir publiquement un présent était signe d'allégeance ; par la main de Petit-serpent, le jeune prince marquait ainsi son respect envers les traditions, chaque guerrier d'un parti étant une part de la pensée et des actes de son chef. En outre il s'allouait à vie la fidélité de son subordonné et de son clan, ce qui n'était pas sans importance, Petit-serpent étant le fils d'un des prêtres les plus influents du temple.

Cœur-noir œuvrait donc, tout comme Renard-féroce, dans l'unique but d'obtenir la charge de Grand-Soleil, et la lutte, à en juger le tempérament des deux princes, ne se déroulerait certainement pas sans heurts ni violences.

Mais pour l'heure toutes les trompes de toutes les nations indiennes n'auraient pu endiguer l'exaltation de la foule. Chacun courait vers ses tâches, désireux de hâter les préparatifs du festin à venir.

La haine et les dissensions, ce soir, devaient dormir. Comment pourrait-il en être autrement s'il n'y avait plus de témoins pour en attiser le feu ?

•••

Chaque famille, chaque groupe, uni selon les affinités et les alliances du moment, notables, nobles, guerriers, femmes, enfants, tous mêlés, oublieux du protocole, se pressaient autour des feux. Il ne s'agissait plus pour ce soir de fête des chiches foyers de braises larvées, mais de puissants brasiers aux flammes hautes et claires.

Défiant la noirceur de la nuit, la cité des Natchez s'embrasa ; prodigieux incendie où les acteurs, chacun à sa manière, y apportaient la lumière incandescente de leurs âmes.

Chants d'amour et de vie issus des âges anciens, rires clairs des femmes, plaisanteries libertines et soupirs lascifs des hommes, tous libérés pour un soir des tracas quotidiens.

Incessants babillages des tout jeunes enfants ayant déserté pour l'occasion le sein maternel, se faufilant parmi les monceaux de victuailles, quémandant sans relâche des portions de viandes juteuses que les porteurs attendris ne manquaient jamais de leur offrir.

Ces derniers, torses nus, luisant de sueur, circulaient inlassablement de foyer en foyer, proposant alentour sur de vastes claies de canne l'abondance et la variété de leur cuisine : cuissots de daim ou de cerf grillés à point, épaules d'ours tournées en broche, purées de fèves ou de courges servies dans des chaudrons de bois, lentement mijotées sur des pierres brûlantes, queues d'alligators bouillies, ragoûts de tortues, poissons de rivières de toutes tailles et de toutes formes, allant du menu fretin, perchettes et gardons, jusqu'aux monstrueux muskies nappés de sauces piquantes et farcis d'œufs d'oiseaux aquatiques et de condiments hachés.

Mais il n'y avait jamais assez pour rassasier tous ces ventres affamés qui sans cesse réclamaient à grands cris, exhortant les porteurs harassés à remplir à nouveau leurs écuelles.

Suivirent alors des enfilades d'oiseaux rôtis embrochés sur de longues perches de bois : hérons, grues, oies grasses, canards bardès de lard, imposants dindons à la peau dorée et craquelée, passereaux emmaillotés dans leurs langes d'oseille sauvage.

Bien des heures plus tard, les feux se mourant, la nuit redevint enfin reine du ciel. La lune baignait de sa douce lumière les corps des guerriers alanguis et repus, ne laissant de place que pour les rêves, les discours feutrés et les confidences intimes.

Dans cette tiédeur moite, de belles jeunes filles vêtues de leur seule nudité, vestales de l'obscurité, parcouraient encore l'assistance leurs bras chargés de corbeilles de jonc débordant de fruits et de douceurs variées ; baies rouges ou noires, prunelles et pommes acides, raisins et melons dorés, galettes de riz sauvage, épis de maïs et noix de pékan enrobées de miel, gruau de blé noir aromatisé à la menthe poivrée.

Tandis que père, Cerf-rouge, Cœur-noir et Loup-gris s'étaient discrètement éloignés de la fête pour rejoindre dans une hutte attenante au temple un groupe de nobles vieillards, Petit-serpent et moi-même nous ralliâmes à une joyeuse bande bruyante et enjouée. À l'unanimité, nous fûmes accueillis en héros, tous étant avides d'entendre le récit de notre chasse vantée par le prince Cœur-noir en personne.

Petit-serpent ne se fit pas prier, encouragé par les œillades de ses belles compagnes. Il se lança avec véhémence dans un long discours gestuel où son esprit inventif surpassa très vite la réalité.

Le tir du daim qui somme toute, hormis l'adresse avec laquelle il l'avait abattu, ne dépassait pas les limites de l'exploit ordinaire, se transforma soudain en un combat mythique opposant le preux chevalier aux forces surnaturelles. Mais après tout qu'importait la plate vérité !... Il était si bon de se repaître des regards admiratifs et des exclamations de surprise et d'envie.

La lune à l'apogée de sa course et le calme revenu, car il est un temps où même l'impétueuse jeunesse freine ses ardeurs, vinrent aussi pour nous les heures troubles propices à la rêverie, aux confidences secrètes, aux angoisses aussi. Je ne pouvais oublier les paroles de Cœur-noir : demain serait le jour de la confrontation avec tous les grands hommes de la nation Natchez !...

Empli soudain de cette crainte, devenue si forte qu'elle chassa les plaisirs, je cherchai alors le secours de Petit-serpent :

— Mon frère a entendu comme moi les paroles de Cœur-noir ; demain se tiendra le grand conseil des sages !... Mais pense-t'il que Celui-à-qui-parle-l'aigle-à-tête-blanche y sera convié ?

Petit serpent entoura mon épaule avec sur ses lèvres un sourire moqueur.

— Celui-à-qui-parle-l'aigle-à-tête-blanche aurait-il peur ?

Puis se voulant rassurant :

— La présence de Renard-féroce est sans doute la cause des craintes de mon ami, mais le « tueur-d'hommes » est prince et guerrier, et les anciens entendent sa parole.

Ainsi à mon grand désarroi, la réponse à ma question ne pouvait être plus claire, alors sans honte je lui confiai l'étendue de mes peurs.

— Je ne sais si mon courage est assez grand pour soutenir le regard du « tueur-d'hommes » ? La seule pensée d'être assis face à lui me paralyse et je voudrais que demain les chefs ne voient en moi qu'un enfant indigne de leur assemblée !...

Petit-serpent hocha la tête, et malgré son désir de hausser le ton, il parvint toutefois à maîtriser son indignation pour que sa réponse ne soit point audible à notre entourage :

— Celui-à-qui-parle-l'aigle-à-tête-blanche porte la plume du guerrier ! Il a combattu aux côtés du Lakota et de la montagne qui gronde. Les nobles, les guerriers et les sages voudront entendre son histoire.

Que mon frère retrouve la dignité de son rang ! Un conseil n'est pas un champ de bataille, il est régi par des lois sévères et justes. Renard-féroce lui-même n'oserait les braver !...

— Mais ne m'as-tu pas conseillé de m'en tenir éloigné, lui répliquai-je avec le secret espoir qu'à ce rappel mon ami réitérerait sa leçon de prudence.

Sa réponse fut hélas tout autre.

— Le guerrier attentif veille à ne pas poser son pied sur le nid du crotale, mais lorsque le serpent vient à croiser sa piste, il ne saurait se dérober et l'affronte avec courage !...

Je compris alors qu'ayant moi-même sur le fleuve donné une leçon de morale, j'en recevais une autre en retour. La discussion sur le sujet était close. Tenter de la poursuivre plus avant n'aurait servi qu'à me discréditer auprès de mon ami, car ce qui pour moi me semblait être une peur légitime lui serait sans doute apparu comme une inadmissible lâcheté.

D'ailleurs chassant au loin le sérieux de ses dernières paroles, il me bourra les côtes de coups de poing, attirant ainsi mon attention sur une jeune et belle Natchez qui selon ses dires me dévorait de son regard de braise.

— Les inquiétudes du lendemain ne trouveront de réponses que lorsque mon frère aura pris place dans la hutte du conseil, mais ce soir sera-t'il assez sot pour ne point voir le désir dans les yeux de Fleur-de-maïs ?

Petit-serpent riait si fort que tous les regards convergèrent vers nous, celui de la jeune fille si pénétrant que j'en fus parcouru d'un long frisson, délicieux et douloureux à la fois, annihilant tout désir autre que celui de la dévisager à mon tour.

Dieu qu'elle était belle ! La clarté de la nuit, celles de la lune et du feu jouaient de leurs ombres douces sur son visage couleur de cuivre rouge, rehaussant la profondeur des lacs noirs et brillants de ses yeux.

La lumière des étoiles dansait dans les vagues de ses longues nattes sombres, lianes souples et soyeuses encadrant son buste fièrement dressé, soulignant la rondeur de sa juvénile poitrine et l'éclat de terre brune de ses mamelons.

— Le grand et valeureux guerrier à la plume d'aigle ne possède-t'il pas, dressé entre ses cuisses un membre fier et fort ? Apaisera-t'il le feu qui couve sous le pagne de la jolie Natchez ? ironisa Petit-serpent.

Mon trouble fut alors si fort qu'aussitôt mon visage s'empourpra violemment. Le souffle court, recherchant le salut dans la contemplation de mes bottes, j'eus à peine la force de bredouiller :

— Je... Je n'ai... jamais... jamais connu de femme !...

Il n'en fallut pas plus pour déchaîner l'hilarité de mon compagnon. Les éclats de son rire moqueur explosèrent dans la nuit telle une canonnade, réveillant à la ronde quelques dormeurs dont les regards intrigués convergèrent tous vers le même point : ma pauvre personne ! Oh ! combien j'aurais désiré en cet instant maudit posséder le don de transformation de Cerf-rouge, et ainsi me changer en minuscule fourmi, me glisser sous les feuilles à l'abri des regards, indifférent et étranger aux basses préoccupations humaines.

— Elle s'est levée ! Elle vient vers toi ! Fleur-de-maïs désire éclore entre les plumes de l'aigle !...

Petit-serpent chantait les mots plus qu'il ne les énonçait, mêlant l'ironie, la tendre moquerie et l'envie, sans aucune considération pour mon trouble grandissant, martyrisant à nouveau mon flanc de ses poings serrés.

— Le grand tueur de daim va-t-il prendre ses jambes à son cou, refuser le combat, trembler comme la feuille au vent d'automne et n'offrir à la belle en gage d'amour que la triste vision de son derrière ?

C'en était trop ! La colère succédant à la honte, me vint l'envie terrible de repousser Petit-serpent, de me jeter sur lui, de le rouer de coups. Mais lorsque Fleur-de-maïs se pencha, son visage si près du mien, illuminé de son sourire de nacre, lorsque sans un mot elle prit ma main, lorsque la chaleur de son corps s'irradia dans mes veines, brûlante comme le feu des enfers, j'en oubliai les sarcasmes de mon bourreau et avec lui le peuple tout entier des Natchez... J'en oubliai le but de mon voyage... Je ne pensai ni à père, ni à Cerf-rouge mon maître... J'en oubliai jusqu'à ma propre identité.

Ivre sans avoir bu, terrassé de fatigue sans avoir couru, je n'eus alors plus qu'un seul souhait, un seul désir, m'étendre à ses côtés, me perdre dans ses bras, me fondre en elle, reposer mon âme au creux de son sein, m'envoler, atteindre les étoiles, expirer mon dernier souffle, mourir pour un soupir, mourir sans gloire, sans honneur, guerrier vaincu par le glaive de l'amour.

Nous marchâmes longtemps dans la nuit, silencieux, main dans la main, ignorants de tout, aveugles et sourds aux derniers lambeaux de vie qui s'étiraient autour de nous. Seuls au centre de la multitude, habités du même désir brûlant, retardant pourtant l'instant par la lenteur de nos pas, sublimant en ce sens le plaisir anticipé.

Au terme de cette douce errance, la lune pour unique complice, soulevant le voile de sa demeure, je m'étendis enfin sur sa couche, offrant mon innocence en holocauste au bûcher des plaisirs.

Mes lèvres se soudèrent à ses lèvres, ma bouche fouillant sa bouche, avide de son souffle. Mes mains empressées et maladroites froissèrent le satin de sa peau, parcourant sans halte et sans repos les plaines et les vallons de son corps.

Attentive, elle me rendit chacune de mes caresses, mais de manière plus douce, plus ombrée, osant plus loin encore, guidant ma bouche gourmande vers la source de son intimité, étanchant ma soif pour l'attiser plus fort au sel de sa rosée.

Enfin comblée et gémissante sous la passion de mon baiser, rappelant mes lèvres aux siennes, elle guida experte mon sexe, dressé comme l'étendard glorieux des cavaliers d'antan, vers les portes ouvertes de son jardin de roses.

Refusant alors toute grâce, implorant mon bourreau pour que le supplice ne prenne jamais fin, je devins un autre, étranger à mon être... Évaporé Marcus, dans le brouillard d'Irlande, étouffée dans sa toile, Iktomi l'araignée, perdu dans les nuées, Celui-à-qui-parle-l'aigle-à-tête-blanche, oublié le guerrier à la plume.

Je devenais sauvage, vieilli et sage de mille ans d'expérience, chevauchant à cru des cavales insoumises, plongeant au cœur des rapides, gravissant à mains nues les plus hautes montagnes, vibrant à l'unisson de l'âme des forêts, hurlant le chant des loups, volant de l'aile de l'oiseau, ondulant de la nageoire du poisson, priant et remerciant, adorateur et humble comme l'homme à genoux devant son créateur.

À demi inconsciente et pourtant si vivante, ma douce et merveilleuse amante ondulait sous le poids de mon corps, invoquant l'éternité, semblable aux flots tumultueux des rivières et des fleuves qui épousent en leur course immuable la coque fragile des navires, les guidant vers la mer nourricière, comblant leur insatiable faim de vent, de soleil et de sel, pour les abandonner enfin, épuisés, démâtés, sur des plages de sable d'or.

Si c'était un combat, je venais de le perdre et ma semence était mon sang répandu sans honte et sans regrets, offrande à mon glorieux vainqueur.

— Fleur je t'aime, expirai-je en un ultime soupir !

Elle ne répondit pas tout de suite mais doucement prit ma tête entre ses mains, maternelle autant qu'amante, et me souffla de sa voix claire et suave que j'entendais pour la première fois :

— Dors, mon beau guerrier, l'amour est un champ qui se cultive et toi tu n'en as pas le temps !...

L'aube nous surprit tendrement enlacés, mon désir renaissant de ses cendres à la contemplation de son corps alangui, à la vue de ses seins s'offrant à la caresse, à l'appel de son ventre tendu.

Elle repoussa pourtant mes avances, sans doute dans la crainte d'y succomber, puis baisa chastement mes lèvres, susurrant dans un lourd soupir :

— La nuit se fait complice à l'abandon des sens, mais la lumière du jour rappelle à la rigueur de l'esprit. Mon prince aura bientôt besoin de toute sa force ! Le conseil des Natchez durera tout un jour, du lever du soleil jusqu'aux premières lueurs de la nuit.

Ayant prononcé ces paroles, pour moi si lourdes d'inquiétudes, aussi calmement qu'un bonjour matinal, elle se leva sans regret, et sans honte de sa nudité s'affaira aussitôt à la préparation des premières nourritures.

Un gruau de maïs trop vite avalé, un dernier baiser que j'aurais tant aimé prolonger, et brusquement, rompant le charme, la face réjouie de Petit-serpent apparut au rabat de toile de la porte d'entrée.

— Vite debout, chevaucheur de rêves, et suis-moi ! Le Cerf-rouge et la montagne qui gronde s'impatientent déjà devant la hutte du conseil.

L'habitation paraissait plus petite que ses semblables, mais oh ! combien plus mystérieuse. Était-ce la promiscuité du temple ou bien ses quatre faces fermées de peaux tendues ? Chacune d'elle était peinte d'arabesques hautes en couleur où je crus reconnaître dans le fouillis des lignes quelques-unes des grandes énigmes de la vie : le coucher d'un soleil d'or au ras d'une montagne, la naissance d'un enfant extrait avec peine par des mains longues et rouges d'entre les cuisses de sa mère, la chevauchée d'un guerrier de légende, couronné de plumes, bardé de cuir et de fer, heurtant de sa monture la voûte d'un ciel étoilé, impuissant à en percer le voile ; le dernier sommeil d'un vieil homme veillé par son clan, la fin glorieuse du cerf blessé au cœur par le trait du chasseur, et d'autres scènes encore peuplées de monstres mi-hommes mi-bêtes dont les actes incompréhensibles pour le non-initié que j'étais se fondaient dans un brouillon de couleurs et de formes.

Les visages graves et tendus de tous ces hommes, vingt-sept sans nous compter, assis en cercle sur le sol, les yeux fixés sur les braises d'un feu mourant, m'éloignaient définitivement de la douceur de ma nuit d'amour. Mes bras, mes jambes me torturaient, agités d'un tremblement nerveux incontrôlable, qu'heureusement Cerf-rouge toujours attentionné, calma quelque peu d'une légère pression sur ma cuisse.

Mais lorsque Renard-féroce, assis comme je le redoutais face à moi, releva la tête cherchant à m'imposer l'éclair d'acier de son regard, loin de s'apaiser, mon trouble redoubla d'intensité.

Une sueur glacée perla sur mon front. Les tremblements menaçaient de me reprendre de plus belle, mais à nouveau mon maître enfonça ses doigts dans ma chair, détournant l'inquiétant regard du chef de guerre vers sa propre personne.

Par ce geste, il venait d'attiser la haine d'un ennemi redoutable ; certes il en était conscient, mais comme il me l'avait appris, l'homme qui voit loin connaît toujours la portée de ses actes.

Aussi puissant que se voulait Renard-féroce, il ne pouvait être qu'un enfant devant Cerf-rouge, l'homme sacré des Lakota, le waayatan, maître des rêves et des visions. Et cette pensée, douce à mon âme, légère et rafraîchissante comme une brise d'été, suffit à me rendre calme et confiance.

Le plus ancien des sages, si vieux que le temps sur lui devait glisser comme l'eau sur la pierre lisse, au visage plus craquelé que l'argile rouge des marais asséchés, sans un mot, promenant à la ronde ses prunelles noires où brillait le feu intense de la vie, avec des gestes lents, mille fois répétés, façonnés et polis sur la meule des ans, sortit d'un pan de son ample tunique une longue pipe au fourneau de pierre verte et translucide, sœur jumelle de celle qui ornait le bijou offert à mère par John O'Connel.

Alors sans que je puisse en endiguer le flot, de grosses larmes inondèrent mes yeux. L'espace d'un battement de paupières, les fantômes des êtres aimés flottèrent dans l'air, leurs mains reposant sur les épaules du vieil Indien.

Celui-ci, malaxant dans le creux de sa paume un mélange de plantes à l'odeur suave et sucrée, en bourra la pipe, l'alluma d'une braise qu'il tint serrée entre le pouce et l'index, insensible à la douleur malgré sa peau qui grésillait, mêlant aux plantes un fort relent de chair brûlée.

Il aspira goulûment quatre bouffées, ses joues creusées découvrant les os saillants de sa forte mâchoire. Puis il pria, comme le faisait Cerf-rouge, pour les quatre directions :

— Par la pipe sacrée du peuple du soleil, les quatre vents de la terre soufflent au visage des hommes rouges, effaçant de leurs traits le mensonge et l'envie. La parole est unique, elle est le don du créateur ; la profaner, c'est refuser ce don.

N'était-ce qu'une illusion, mais il me sembla pourtant que ses yeux se tournèrent vers Renard-féroce, et le « tueur-d'hommes », j'en jurerais, pâlit légèrement sous son hâle.

Avant de poursuivre, le vieil homme s'enferma de longues minutes dans le silence, immobile, comme mort, les paupières closes. Puis mû par un souffle intérieur, ses longues mains osseuses à nouveau s'agitèrent. Il tendit la pipe à son voisin, un autre vieillard presque aussi ridé et décharné que lui.

Sa voix d'abord chevrotante et faible se fit soudain plus assurée :

— Voilà plus d'une lune que le peuple des Natchez pleure la mort de son Grand-Soleil, et le cœur de ses guerriers, de ses femmes, de ses enfants et de ses vieillards aujourd'hui se dessèche, semblable à la graine du pois dans sa cosse, arrachée de sa tige nourricière, abandonnée sous le soleil brûlant, livrée à la voracité des corbeaux.

« Ah Hey ! Ah Hey ! » approuva l'assemblée, chaque homme redressant la tête, révélant la profonde douleur qui assombrissait leurs traits.

La pipe se remplit à nouveau, circulant de mains en mains ; les anciens d'abord, puis les chefs de guerre en commençant par Loup-gris. Renard-féroce, Cerf-rouge et père en suivant. Les plus jeunes enfin jusqu'à échoir dans mes propres mains.

Les herbes utilisées pour le mélange devaient être bien différentes de celles employées par mon maître, car à la première aspiration, ma gorge devint de feu et ma tête se mit à tourner si vite que les mots du chaman me parurent de lointains échos jaillis des entrailles de la terre.

— Cœur-noir nous a quittés, creusant plus profond encore le sillon de notre douleur, puis il est revenu et ses paroles furent plus douces que l'averse à la saison des jeunes pousses vertes. Chacun de nous tremble dans l'impatience de son récit ! Qu'il s'exprime à cette heure devant tous, nos oreilles sont ouvertes. Que ses paroles deviennent le ruisseau qui nourrit les rivières !...

Moi, Roseau-tremblant, celui qui traversa plus d'hivers que ne peut en compter aucun homme de son peuple ; moi, celui qui garde en son cœur la mémoire des ancêtres, j'ai parlé et j'attends !...

« Ah Hey ! » confirmèrent à l'unisson les membres du cercle.

Cœur-noir ne prit que le temps d'une longue inspiration avant de s'exprimer à son tour.

Tous les regards étaient braqués sur lui, celui de Renard-féroce sombre et brillant comme les eaux noires et immobiles d'un puits.

— Je salue Roseau-tremblant, le plus sage et le plus noble d'entre nous. Que ma parole puisse être aussi claire que la sienne !...

D'une ample inclination du buste, il manifesta son profond respect pour le vieillard. Roseau-tremblant reçut l'hommage d'un furtif hochement de tête.

— Cœur-noir, au regard de toute la nation, a planté les « mais », dressés droits au centre de la cité, colorés de rouge vif et ornés de plumes et de casse-tête comme l'ont enseigné les ancêtres.

Il a crié dans le vent sa peine et son désir de vengeance afin que tous puissent l'entendre. Il a juré qu'il ne reverrait pas ses frères et ne goûterait plus la douceur de son foyer avant que l'âme de celui qui est deux fois son père (Cœur-noir dans ses discours ne manquait jamais de réaffirmer son rang) ne rejoigne apaisée les terrains de chasses éternelles.

Pour donner plus de force encore à sa promesse il a entaillé chaque jour sa poitrine de la lame effilée de son couteau, mêlant le rouge de son sang au rouge de sa peau.

Dans le feu de ses paroles, le jeune prince écarta vivement le devant de sa tunique, offrant à la vue de tous les profondes cicatrices qui barraient son torse, les plus récentes encore rougeâtres et boursouflées.

Satisfait des exclamations de ses pairs, il reprit en refermant les pans de cuir :

— Cœur-noir a bu la potion de guerre, « mataché » son visage et son corps aux couleurs de la mort et les jeunes braves ralliant sa cause l'ont suivi dans sa quête.

— « Ah Hey ! Ah Hey ! »

Tous avaient vu, tous avaient entendu, et nul ne pouvait mettre en doute sa parole.

— La route fut longue, enchaîna Cœur-noir, la trace des soldats fuyante, ne laissant au pisteur que de faibles indices : quelques empreintes à demi-effacées par les eaux du ciel, une poignée de cendres humides, une légère odeur de poudre dans le vent ! Mais les voies du Grand-Esprit ne vont pas toujours dans le sens et le désir des hommes !...

Cœur-noir et ses braves ont croisé une autre piste, différente, plus visible que celle de l'ours à la saison des amours ; la piste d'hommes qui ne cherchent pas à dissimuler la trace de leurs pas.

Mon cœur guidé par une force que je ne pouvais encore comprendre me poussa à suivre cette piste...

Il se lança alors dans un long discours, n'omettant aucun détail sur les circonstances de notre rencontre : l'embuscade sur le fleuve menée à bien grâce à la ruse de ses guerriers, son échange avec Cerf-rouge qu'habilement il présenta comme une manifestation du Grand-Esprit, notre combat avec les soldats tel que nous le lui avions narré, allant même jusqu'à exagérer quelque peu nos faits d'armes. Il insista ensuite sur la vengeance accomplie, relatant l'épisode du scalp brûlé et jeté dans les eaux du fleuve sous sa malédiction et celle de ses compagnons.

Il est pourtant un acte crucial qu'il sut taire : la remise par père des ornements sacrés du Grand-Soleil. Sans doute réservait-il son effet de surprise pour une meilleure occasion plus favorable à ses plans !

— L'esprit de mon père dont personne dans cette noble assemblée ne peut contester l'immense sagesse... Il marqua une courte pause avant de poursuivre, dévisageant avec insistance chaque membre du conseil, s'assurant ainsi de leur approbation... L'esprit de mon père a parlé par ces hommes !... Cerf-rouge, l'homme sage des Lakota, le guerrier qui connaît le prix de la mort mais encore plus celui de la vie ; Fils-de-l'ours, la montagne qui gronde, dont la force et le courage n'ont d'égal que la puissance de notre grand chef de guerre, Loup-gris...

À l'appel de son nom, le géant secoua la tête, sa couronne de plumes dansant dans l'air avec un frôlement ténu, semblable à l'envol des oiseaux de nuit.

Celui-à-qui-parle-l'aigle-à-tête-blanche, le jeune brave au cœur pur comme l'eau des fontaines.

Ainsi pour la seconde fois, il nous présentait à son peuple, réaffirmant nos valeurs et l'importance de son alliance.

Sa conclusion, sans pour autant altérer la sincérité de ses propos en expliquait et justifiait les causes.

— L'esprit de mon père qui voit désormais plus clair qu'il ne pouvait le faire en ce monde n'a pas armé sans raisons le bras de ces valeureux guerriers. Il a choisi sa vengeance et n'a point permis que son fils puisse souiller ses mains dans le sang de ses bourreaux.

Dans les propos du jeune prince, je reconnaissais les sages avis de mon maître. Il était clair que lui-même et Cœur-noir œuvraient pour un même but : l'ascension de celui-ci à la succession de son père.

— « Ah Hey ! » souffla Roseau-tremblant, aussitôt imité par l'ensemble.

Du milieu de la clameur, s'éleva alors une voix grave et dominatrice :

— Je suis Renard-féroce, prince et chef de guerre !... Les chevelures qui ornent ma poitrine m'honorent du titre de « tueur-d'hommes » !...

Ayant crié ces mots, le guerrier se leva à demi sous l'impulsion de sa colère naissante.

— Que le « tueur-d'hommes » reste assis, l'apostropha durement Roseau-tremblant ! Sa parole sera entendue, point n'est besoin qu'il agite les chevelures de ses ennemis sous le nez de ses frères. Tous ici connaissent sa valeur !...

— « Ah Hey ! Ah Hey ! »

Les exclamations redoublèrent, car si le redoutable guerrier inspirait la crainte, le respect pour Roseau-tremblant était plus fort encore.

Renard-féroce n'ignorant pas cela dut faire un effort surhumain pour ne pas exploser. Sa voix se fit presque douce et amicale.

— Cœur-noir, mon frère, est prince parmi les princes, son visage est avenant et les jeunes filles se pâment à son passage. Son corps est souple et agile, son sang est noble et la force de son bras le guide, empli de bravoure sur le sentier de la guerre.

Mais pense-t'il que le Grand-Esprit ne l'a point assez comblé pour qu'il réclame encore la vision du chaman qui converse avec les morts ?

Un seul homme dans cette noble assemblée peut-il se souvenir de l'avoir déjà vu visiter le monde des esprits ? Pourquoi tant de joie et si peu de doutes pour des paroles qui renferment tant de questions sans réponse ?

— « Ah Hey ! »

Malgré ses nombreuses qualités Cœur-noir n'était pas homme médecine. Nul ne l'ignorait, et force était de se soumettre aux propos du « tueur-d'hommes ».

Le débat trop vite clos ne faisait en fait que débuter.

Pourtant le jeune prince, au grand dépit de Renard-féroce, sut trouver la juste parade :

— Cœur-noir est fils légitime par le sang de Pekani le Grand-Soleil (Renard-féroce n'était pour sa part qu'un lointain neveu). L'esprit d'un père n'est-il pas toujours aux côtés de son enfant ? La mort briserait-elle les liens sacrés, éteindrait-elle l'amour en consumant le corps ? Cœur-noir n'est pas homme médecine, il ne partage pas la vision des morts, mais a-t'il besoin de pouvoirs surnaturels pour entendre la voix de son père ?

— « Ah Hey ! »

Chacun venait de se rallier à sa cause et dans les voix assourdies se percevait l'admiration.

Renard-féroce le comprit. Réalisant son erreur, il se fit humble, remarquable dans son aptitude à maîtriser ses émotions.

Mais loin d'abandonner, il prit le parti de modifier sa tactique. Cœur-noir était bien trop puissant, bien trop aimé du peuple et des sages. Le provoquer directement ne pouvait servir ses desseins.

Le chef de guerre eut un sourire de condescendance et humblement levant le bras, il réclama la parole. Comme il s'y attendait, elle lui fut accordée.

— Renard-féroce a mal employé son haleine, mais Cœur-noir et les sages de ce conseil ne doivent point en prendre ombrage, car le « tueur-d'hommes » par ses mots maladroits ne cherchait qu'à comprendre !...

Son cœur serait meurtri à jamais s'il ne pouvait avoir la certitude que l'âme du Père-bien-aimé repose en paix sur les terres des chasses éternelles.

C'est alors que je compris la fausse sincérité de son repentir. Saluant Cœur-noir d'un geste amical, il reporta son regard de braise vers Cerf-rouge, laissant cette fois libre cours à sa haine.

— Le Lakota n'est pas de notre peuple !

Il désigna Cerf-rouge d'un doigt accusateur.

— Nous ignorons les coutumes de sa nation tout comme il ignore les nôtres. Aussi loin que remonte ma mémoire, puisant sa source dans les récits des pères de nos pères, jamais un Natchez ne s'est abaissé à quémander le secours d'un étranger. Notre Grand-Soleil, celui qui par sa sagesse montre le chemin à ses fils, serait-il le premier à oublier nos lois ? Que le Lakota, s'il le peut, explique ce prodige !...

Ayant ainsi parlé, le « tueur-d'hommes », satisfait de sa ruse, bomba le torse, lançant à la ronde un sourire de satisfaction. Mon maître se devait de répondre. Le conseil impatient attendait sa riposte, mais celui-ci ménageant ses effets prit son temps, en homme qui ne redoute pas les conséquences de ses paroles.

Semblant oublier momentanément son délateur, il s'adressa au vieux sage.

— Je te salue, Roseau-tremblant. L'étranger Lakota s'incline devant ta grande sagesse comme il s'est toujours incliné devant les hommes vrais lors des conseils des multiples nations où ses pas l'ont mené.

— « Ah Hey ! Ah Hey ! »

— Cette terre, poursuivit mon maître, est le berceau de l'homme rouge. Chaque graine s'y éveille, chaque animal y prend vie. C'est le pouvoir du cercle ! À ce pouvoir mystérieux et sacré, nous devons nous aussi notre existence.

— « Ah Hey ! Ah Hey ! »

Nos nations qui dressent leurs tipis ou bâtissent leurs huttes dans le nord ou le sud, à l'est ou à l'ouest, resteront fortes et libres tant que ce cercle ne sera pas brisé.

Des territoires des Lakota aux terres des Natchez, le soleil chaque jour s'élève et redescend dans ce cercle, honoré le soir, espéré au matin, par la prière unique et semblable des hommes rouges.

Le Grand-Esprit qui dans sa bienveillance a uni tous ses enfants par le rite sacré de la pipe a su diversifier la saveur de leurs fumées, afin que son don, notre mère la terre, ne puisse ressembler à un désert aride et monotone.

La voix de Cerf-rouge s'égrenait dans le silence, douce et grave, modulée de tels accents de passion et de sincérité que jeunes et vieux retenaient leur souffle, recevant ses paroles, attentifs et soumis, chacun percevant en son cœur l'ombre immense et protectrice du créateur.

— Chaque être et chaque chose y puisent la sève bouillonnante de leurs vies, se désaltérant au puits intarissable d'autres vies, qui à leur tour s'assemblent et se complètent dans l'unité du cercle.

La lune ne mendie pas la clarté des étoiles, elle s'unit et partage avec elles la brillance du ciel. Le large fleuve ne serait qu'une larme vite bue par la terre desséchée si les nuages ne parcouraient le ciel, lui offrant le partage de leurs eaux.

L'arbre ne peut croître et offrir la douceur de ses fruits sans l'humus qui le nourrit, et le sol à son tour s'engraissera de son feuillage, de son sang, de sa peau, afin toujours de redonner la vie.

— « Ah Hey ! »

Roseau-tremblant pleurait et ses larmes semblables aux ruisseaux nés des pluies d'orage emplissaient les profonds sillons de son visage, abreuvant son âme depuis si longtemps assoiffée.

— Les hommes rouges, insista mon maître, ont besoin aujourd'hui de tous leurs frères et les quatre directions doivent s'embraser du feu de leurs esprits, devenus uniques par la réunification dans le cercle.

Car le temps est venu, redouté par les pères de nos pères, où d'autres nations, plus puissantes et différentes dans leurs mœurs, animées par le seul pouvoir de la destruction et de la possession, leur voleront leurs terres et leurs corps.

Lakota et Natchez seront alors semblables au sac de blé dispersé au milieu des chevaux affamés.

Enfouissant la pipe sacrée au centre de la terre, nous n'aurons d'autre choix que d'accepter les voies du Grand-Esprit, car ses décisions ne peuvent être jugées. Mais qu'importe la mort pour l'homme rouge si dans le cercle non brisé son esprit est toujours vivant, présent en toutes choses.

— « Ah Hey ! Ah Hey ! »

Les sages avaient entendu la parole du Lakota et leurs cœurs débordèrent de joie. Mais Cerf-rouge parla encore ; son différend avec Renard-féroce n'existait plus. Avait-il vraiment existé à ses yeux ?

Sa pensée s'envolait, bien au-delà de la hutte, bien au-delà de la cité des Natchez, bien au-delà des peuples et de leur histoire. Elle s'élevait vibrante et pure, se gravant en lettres de feu dans l'infini de l'univers, héritage des hommes de demain.

Et je n'ignorais pas que dans chacun de ses mots se profilait les pas de mon futur.

— Lorsque le dernier homme rouge aura péri, lorsque le souvenir de sa nation sera devenu un mythe parmi ceux-là même qui l'auront tué, cette terre s'animera des morts invisibles de nos tribus. Lorsque les enfants de leurs enfants se croiront seuls dans leurs champs désertés par les plantes sauvages, dans leurs maisons carrées bâties de pierres et de fer, où dans le silence des bois sans oiseaux, en vérité ils ne seront pas seuls.

La nuit, quand les rues de leurs cités seront silencieuses et qu'ils les penseront désertes, elles se rempliront de la multitude des revenants qu'elles contenaient jadis. Non, mes frères, les bourreaux ne seront jamais seuls ! Les morts ne sont pas sans pouvoir, car en vérité il n'y a pas de mort !... Seulement un changement de monde !...

— « Ah Hey ! Ah Hey ! »

Un souffle divin balaya l'assemblée et au-dessus de nos têtes, je revis flotter les corps vaporeux de mes chers fantômes... « Les morts ne sont pas sans pouvoir. »

Brisant le silence pesant, mon maître reprit la parole :

— Le Grand-Soleil des Natchez a vu toutes ces choses ! Il a guidé les pas de Cœur-noir, son fils éclairé, vers la piste du Lakota et de ses compagnons !...

Cerf-rouge alors, comme émergeant brutalement d'un rêve, plongea son regard triste et sévère dans celui du « tueur-d'hommes ».

— Quel est donc l'homme qui s'élèvera contre l'alliance sacrée du Grand-Esprit ?

— « Ah Hey ! »

Les morts n'eurent soudain plus leur place au conseil des vivants. La fumée du foyer dans ses volutes grises emporta les fantômes.

— Et qui est donc le Lakota pour oser dicter sa conduite au conseil des Natchez ?

Renard-féroce avait lâché sa phrase comme on lâche une meute de chiens affamés sur la proie.

Il y eut dans l'assemblée un sourd grognement de désapprobation. Chacun des sages, avant de prendre une décision, aurait voulu maintenant fumer la pipe, se laisser guider par ses rêves et ses visions, oublier un instant le conflit dans lequel Renard-féroce s'acharnait à les maintenir.

Roseau-tremblant péniblement leva la main. Son visage exprimait une intense douleur, pourtant mêlée de compassion. Lui aussi désirait en finir, ramener Renard-féroce à la raison. Mais en juge impartial, devant l'insistance du « tueur-d'hommes », il l'autorisa à poursuivre.

— Le Lakota se dit notre frère ! Renard-féroce n'est pas aveugle, il voit bien que sa peau est rouge, mais cela suffit-il à faire de lui un Natchez ?

Mon maître sourit et malgré toute sa morgue et sa fierté le « tueur-d'hommes » en fut ébranlé jusqu'au plus profond de son être. Là où il espérait insuffler la peur, il ne rencontrait qu'un détachement qui le dépassait.

Les paroles qui suivirent lui firent définitivement comprendre que par les mots, il ne pouvait espérer rivaliser avec un tel adversaire :

— Renard-féroce emprisonne en son cœur la pensée du guerrier et ne laisse échapper de ses lèvres que les paroles du combattant grisé par le tranchant de la lame. Il confond l'art du couteau et le sens de la vision, mais il ignore que la vérité n'est pas dans la main qui frappe. Elle puise sa force dans l'esprit qui la guide !...

— « Ah Hey ! Ah Hey ! »

Aux paroles justes et réfléchies de Cerf-rouge, à nouveau le conseil marqua son approbation.

Le chef de guerre fulminait. Il sut aussitôt qu'il venait de perdre la face, mais aveuglé par sa haine, il ne put revenir en arrière :

— Le Lakota parle comme un sage, mais ne sait-il pas que les hommes blancs ne valent pas mieux que les chiens qui errent dans le camp des Natchez, volant la nourriture de leurs enfants et fuyant le courroux des guerriers ?... Ne nous a-t'il pas dit lui-même qu'ils nous apporteraient la honte et la destruction ? Qui sont les hommes qui l'accompagnent ? Ne sont-ils pas plus pâles que la glace en hiver ? D'où leur est venu le droit d'assouvir une vengeance qui n'est pas la leur ? Leurs semblables ont assassiné notre Père-bien-aimé.

Relevant la tête et cherchant nos yeux, ceux de père et de moi-même, le « tueur-d'hommes » nous fustigea d'un regard de mépris et de haine.

Puis changeant brutalement le timbre de sa voix jusqu'à le rendre presque aimable, il s'adressa aux sages :

— Mon cœur saigne et la plaie ne peut se refermer !...

Il leva ses bras au ciel, implorant.

— Grand-Soleil ! Père-bien-aimé ! Laisseras-tu ton fils dans l'affliction pour consoler tes bourreaux ?

Et revenant à Cerf-rouge, plein de colère :

— Qui es-tu Lakota, pour voler la douleur d'un fils ? Qui es-tu étranger, pour oser imposer aux grands hommes des Natchez l'insoutenable vision des assassins de leur père ?...

Mon maître se préparait à répondre, mais il fut aussitôt devancé par Roseau-tremblant.

— La haine et la colère ont fermé l'esprit du « tueur-d'hommes », le faisant ressembler à l'enfant incrédule à la parole de son père.

Que Renard-féroce, comme nous tous, et comme son Père-bien-aimé dont il cite le nom avec tant de ferveur, apprenne à regarder avec les yeux de son cœur.

Le Fils-de-l'ours et Celui-à-qui-parle-l'aigle-à-tête-blanche ont certes la pâleur de l'homme blanc, mais je le vois et nous le voyons tous, leurs cœurs sont purs et leurs esprits se lient à ceux des hommes rouges.

Lorsque sera venu le temps des grands combats, nous aurons besoin de la connaissance de l'homme blanc, et ces hommes parmi d'autres seront le lien. Par eux viendra le baume répandu sur la plaie, par eux l'esprit des hommes rouges traversera le feu sans se brûler. Tel le vent de la plaine ils porteront les graines de l'alliance afin que la mémoire de nos peuples ensemence à jamais cette terre et qu'éclosent les jeunes plants d'un monde nouveau.

Renard-féroce se veut l'enfant du peuple Natchez !... Sera-t'il assez fou pour briser l'alliance ? A-t'il tant d'orgueil pour ne voir que l'ombre de son arbre et oublier la forêt qui tremble autour de lui ?...

Le vieil homme se mit alors à frissonner, mais ce n'était ni de froid, ni de peur, ni de rage. Un radieux sourire illuminait sa face. Il tendit ses bras vers nous et ouvrit largement ses mains.

Je crus voir s'écouler de ses paumes les grains de blé, de maïs et de seigle qui depuis toujours furent les nourritures divines, unissant les hommes et leurs nations autour du festin de la vie.

— « Ah Hey ! » conclut-il dans un souffle. J'ai parlé, que ma parole soit entendue !...

Renard-féroce aurait dû accepter les propos du chaman, mais il ne put ou ne voulut s'y résoudre.

Les attaques sournoises contre Cœur-noir ou Cerf-rouge n'ayant pu servir sa cause auprès du conseil, c'est cette fois vers père qu'il retourna sa fureur.

— L'homme qui touche les nuages (il pointa vers père un doigt accusateur) a fait couler le sang, qui ainsi répandu par des mains étrangères ne peut laver la honte et l'affront subis par notre nation. Comment les sages peuvent-ils encore croire que nous soyons vengés, alors que le bras qui s'est armé pour nous appartient à ce même corps qui nous offensa ?

Porter le nom de l'ours n'en donne pas la valeur au coyote et le visage pâle restera toujours ce qu'il est, un serpent venimeux que les sages du conseil devraient bien vite écraser sous leurs talons avant que son venin n'empoisonne leurs cœurs.

— « Ah Hey ! Ah Hey ! »

À nouveau, la tristesse et la lassitude se peignirent sur tous les visages.

Sous l'insulte, père ne pouvait se dérober. Le conseil attendait sa réplique, anxieux des réactions d'un étranger devant le plus redoutable des leurs.

Père rejeta les longues mèches en désordre de sa tignasse rousse. Ses prunelles claires s'enflammèrent d'éclairs de glace azurée.

— Ma peau est blanche, s'exclama-t'il de sa voix grave et tonnante qui figea le « tueur-d'hommes » dans un rictus de surprise. À qui dois-je m'en plaindre ou m'en excuser ? Au créateur ou à Renard-féroce ?

— « Ah Hey ! Ah Hey ! »

Les sages d'un commun élan se détendirent. La réplique convenait à leur manière de penser.

— Le Grand-Esprit façonne ses œuvres selon des plans qui ne sont connus que de lui-même. Je ne suis qu'un homme, sagesse de l'ours ou ruse du coyote ! Le choix ne peut m'appartenir, mais je remercie chaque jour pour le souffle de vie qui m'anime !... Comment oserais-je me plaindre de la couleur de ma peau, des poils drus ou soyeux de ma fourrure, du choix de la caverne de pierre ou du terrier de terre qui abrite mes nuits ?

Renard-féroce, celui que l'on nomme le « tueur-d'hommes », serait-il aussi un « façonneur de vie » ? Serait'il au-dessus du créateur pour contester ses choix ?...

Au gris de cendre qui envahit le visage de Renard-féroce, je crus qu'il allait se jeter à la gorge de père. Dans ses yeux dansait une lueur de meurtre. Ce ne fut sans doute que la honte d'enfreindre les lois ancestrales du conseil qui lui permit de se maîtriser.

— « Ah Hey ! Ah Hey ! »

Confiant et ignorant le regard fou du « tueur-d'hommes », père poursuivit :

— La juste et légitime vengeance appartient aux braves et la couleur de leur peau n'y fait aucune différence !...

Extrayant alors de sa chemise l'oiseau de la liberté, il l'éleva d'un geste théâtral dans la faible lueur du foyer. Les pierres vertes ranimées par la lumière brillèrent d'un tel éclat que tous nous en fûmes un instant éblouis, chacun sans doute replongé dans d'anciens mais inoubliables souvenirs.

— « Petit-homme ! Petit-homme ! » s'écrièrent en cœur les sages et les guerriers ne pouvant retenir l'expression de leur surprise.

— John O'Connel était mon ami, s'écria père, sa voix se haussant d'un ton, couvrant toutes les autres.

Les soldats l'ont tué, ceux-là même qui ont assassiné votre Grand-Soleil ! Je suis fier que ma vengeance ait pu rejoindre celle des Natchez !... L'acte inconsidéré des soldats blancs est ainsi expié par un autre homme blanc qui se dit et se veut frère des hommes de la nation rouge. Le cercle est ainsi refermé comme l'a voulu le Grand-Esprit !...

— « Ah Hey ! Ah Hey ! »

Pour l'assemblée, les derniers doutes s'envolèrent. O'Connel, « Petit-homme », avait eu sa place d'honneur parmi eux, il avait épousé la fille du Grand-Soleil, et même Renard-féroce à cette époque voyait en lui un guerrier de sa nation. Père était son ami, et selon les lois indiennes, il avait vengé sa mort.

Je crus que sous l'impact de ce nouveau choc, Renard-féroce allait cette fois s'étouffer de rage. Sa voix prit l'éclat du tonnerre, des éclairs sortirent de ses yeux. Il s'exprima avec la formidable puissance que donne une immense colère.

— Le conseil est aveugle et sourd et Roseau-tremblant sans doute trop vieux pour en être le centre !...

L'insulte était grave. S'en prendre au vieux sage, c'était briser les liens sacrés de la pipe, remettre en cause les valeurs les plus profondes de la nation, les paroles et les enseignements des ancêtres.

Loup-gris, qui pourtant jusqu'ici n'avait pas jugé bon d'intervenir, ne put cette fois retenir un grognement sourd et, sans l'intervention apaisante de Roseau-tremblant, il se serait probablement jeté sur le chef de guerre.

Mais Renard-féroce ne se raisonnait plus. Sa haine l'aveuglait. Il ne sut pas se taire. Il se dressa de toute sa taille, bravant à nouveau les lois du conseil.

— Les sages de la nation se laissent endormir par des paroles fourbes. Moi, Renard-féroce, celui dont le bras n'a jamais tremblé, je demande la vérité dans le sang. Et puisque aux yeux de ses frères le Grand-Soleil parle par la bouche d'étrangers, j'affirme qu'il parlera aussi par la force de mon bras !...

— « Ah Hey ! »

Le jugement par les armes ! La demande était incontournable. À contrecœur mais ne pouvant s'y dérober, le conseil accepta.

Renard-féroce, le guerrier aux mille combats, le guerrier invaincu, le « tueur-d'hommes » triomphait à présent, et c'est avec un large sourire découvrant des dents de loup qu'il se tourna vers Cerf-rouge, l'apostrophant narquoisement.

— Que le Lakota, lui qui se dit frère des Natchez, relève mon défi, et nous verrons si la grandeur de son courage est égale à l'agilité de sa langue !... Si les paroles que mes oreilles ont entendues sont aussi limpides que les eaux de la source, alors Renard-féroce perdra la vie, mais si dévoilant le mensonge, le « tueur-d'hommes » remporte le combat, le peuple tout entier devra s'incliner et nul ne pourra plus douter de la voie choisie par le Grand-Esprit. J'ai parlé et mes paroles ne peuvent s'effacer !...

— Renard-féroce est fou, hurla Loup-gris surpassant son infirmité en forçant le barrage de sa voix cassée afin que tous puisse l'entendre. Je relève son défi !...

— Loup-gris n'est qu'un guerrier de basse extraction, le rejeta avec dédain Renard-féroce. Comment ose-t'il défier un prince ? A-t'il seulement accompagné Cœur-noir dans sa quête, a-t'il dansé avec lui autour des « mais » ? Non, le Grand-Soleil ne parlera pas par sa bouche !...

Le géant n'eut d'autre choix que de ravaler sa honte. Il aimait trop sa nation pour se soustraire à ses lois. Un homme du peuple, fût-il un guerrier de sa trempe, ne pouvait lever le bras contre un prince.

— Alors c'est moi, Renard-féroce, qui combattrait ta folie et ta vanité, laissa tomber Cœur-noir, résolu et sans le moindre tremblement dans le timbre de sa voix.

Le « tueur-d'hommes » s'esclaffa d'un grand rire sarcastique.

— Au contact des étrangers, Cœur-noir en oublie lui aussi les traditions de son peuple. Un prince ne peut s'élever contre un prince !...

— « Ah Hey ! »

Roseau-tremblant confirma sans joie les paroles du « tueur-d'hommes ». La loi était juste et non dénuée de sens. Le peuple ne pouvait prendre le risque de perdre en un même combat ses deux « Grands-hommes », uniques héritiers de la puissance du Grand-Soleil.

Tous les regards convergèrent alors vers mon maître. Lui seul désormais, l'étranger Lakota, tenait entre ses mains l'avenir de la nation Natchez.

Refuser de combattre, c'était ouvrir une brèche dans l'esprit des anciens, y laissant s'immiscer le doute, et retirer à Cœur-noir son ascendant, lui faire perdre à tout jamais la possibilité d'accession au trône, reconnaître le mensonge et de ce fait déposer aux pieds de Renard-féroce le sceptre du pouvoir. Mais c'était aussi nous condamner à mort, père et moi, et cela plus que tout, Cerf-rouge ne voulait en prendre le risque.

Indifférent à la forte tension qui émanait du cercle, mon maître, impassible et silencieux, fixa chaque visage.

Décontenancé par la sincérité de son regard, les sages et les guerriers détournèrent leurs yeux. Certes, aucun parmi eux n'approuvait en son cœur la requête insensée du « tueur-d'hommes », mais ne pouvant l'ignorer, ils espéraient tous, telle une délivrance, une réponse positive.

Renard-féroce, trompé par le silence de Cerf-rouge, osa une ultime bravade. Confiant dans sa force et son agilité, il ne pouvait imaginer une défaite et sans doute se voyait-il déjà victorieux, coiffé de la couronne du Grand-Soleil.

Lorsqu'il parla la morgue et le mépris remplacèrent la colère.

— Le Lakota serait-il devenu pareil au jeune faon qui tremble impuissant devant les crocs du loup ? Aurait-il si peur de la mort que sa langue il y a peu si agile se transforme soudain dans sa bouche en plomb fondu ?

Sans se départir de son calme et de sa dignité, émergeant de son mutisme calculé, comme à regret, mon maître rétorqua, laissant sourdre dans son ton un sentiment de pitié à peine dissimulé.

— Tous les hommes marchent vers la mort, mais bien peu se tiennent droit sur le sentier de la vie !... Le Cerf-rouge aime et respecte trop la vie pour craindre l'ombre de la mort ! Il accepte et relève le défi de l'homme fou des Natchez.

— « Ah Hey ! Ah Hey ! »

Les cris fusèrent de toutes les poitrines enfin libérées de l'oppression.

— L'orgueil et la vanité, reprit Cerf-rouge, ont assombri l'esprit de Renard-féroce. Lui qui parmi son peuple aurait pu être un grand guerrier ne laissera dans les mémoires que le souvenir d'un « tueur-d'hommes » !...

À ces mots, les yeux de Renard-féroce flamboyèrent et la colère à nouveau reprit possession de son esprit.

— Le Lakota aurait pu marcher vers les terrains de chasses éternelles rapidement et sans rencontrer la souffrance, mais le fiel de ses dernières paroles lui feront implorer à genoux la clémence du « tueur-d'hommes ». Qu'il n'espère alors plus aucune pitié, j'arracherai son cœur, et sa dernière vision serra celle de son sang répandu sur mes lèvres.

J'ai parlé, que ma parole marque le début de ton tourment !...

Tel un ressort sous tension qui se brise d'un coup sec, Renard-féroce se détendit alors, convaincu à présent d'avoir gagné.

Il regarda Cerf-rouge comme le bourreau sa victime, avec aux coins des lèvres un demi-sourire où se lisait la cruauté mêlée de jouissance anticipée.

— Le choix, conclut mon maître, à cette heure n'appartient déjà plus aux hommes. Le Grand-Esprit ouvrira pour l'un de nous les portes du territoire des ombres !...

Moi, Cerf-rouge, waayatan des Lakota Oglala, j'ai parlé ! Que ma parole soit entendue !...

— « Ah Hey ! Ah Hey ! »

Roseau-tremblant, autant que cela fut possible, semblait encore avoir vieilli. De son visage émacié émanait une insondable tristesse. Mais lorsqu'il eut levé la main, imposant le silence, sa voix vibrante et grave retrouva les intonations d'un grand chef.

— Il en sera donc ainsi ! À nouveau, la douleur des Fils-du-Soleil ne s'apaisera que dans le sang. Mais comment pourrait-il en être autrement si l'esprit de ses enfants s'égare dans la voie du couteau !...

Le vieux sage soudain se redressa, bombant son torse décharné, noble et digne tel un roi devant ses sujets.

Dans la nuit de ses pupilles brilla une lueur sauvage, flamme du souvenir qui ravivait le feu de sa mémoire.

— Hier encore, le vieil homme assis devant vous était un roseau jeune et fort et son bras ne tremblait pas. Il se tenait fier et droit au centre du marais et la bourrasque pouvait souffler sur lui sans jamais le déraciner.

Roseau-tremblant était en ce temps un grand guerrier qui combattait pour l'avenir de son peuple et la défense de sa terre, héritage de ses pères. Ses ennemis, les redoutables Caddos au nord et les sanguinaires Atakapas au sud, terrorisés lorsque de sa poitrine jaillissait son cri de guerre, fuyaient devant son courroux, semblables au cerf sous la menace des crocs du grand loup solitaire.

Le feu devenu brasier, Roseau-tremblant retrouvait à présent les traits du puissant guerrier qu'il fut jadis. L'ardeur bouillonnante de sa jeunesse courait à nouveau dans ses veines. Ses yeux lançaient des éclairs et le masque de son visage d'ordinaire figé dans la lassitude s'anima des anciennes passions maintenant retrouvées.

— « Ah Hey ! Ah Hey ! »

De la poitrine des anciens, les cris jaillissaient comme des torrents impétueux. Chaque vieillard ranimait en son cœur les élans et la puissance du passé.

Roseau-tremblant dut par deux fois lever la main pour ramener le calme.

— Mes frères ne l'ignorent pas, Roseau-tremblant était un grand guerrier ! Mais lorsque ses mocassins foulaient le sol de la hutte du conseil, l'homme sage à l'entrée déposait ses armes pour ne chérir dans ses mains que la pipe sacrée. Il respectait alors les traditions qui sont l'âme de son peuple et la parole des anciens était pour lui le souffle des esprits.

À ce point de son discours, son visage s'assombrit et ses traits retrouvèrent l'usure et la fatigue de son âge.

— Aujourd'hui Roseau-tremblant n'est qu'une plante desséchée qui ne portera plus jamais de fruits. Demain il ne sera que grains de poussière mêlés à la poussière des chemins.

Son cœur déborde de tristesse et le doute envahit son âme, et ses larmes ruissellent, fuyantes comme l'eau sur la pierre lisse.

Deux grosses perles translucides s'écoulèrent lentement de ses joues. Il les recueillit dans les paumes de ses mains ouvertes et les offrit sans un mot aux regards de l'assemblée.

À peine le temps d'un frisson et je crus y voir des perles de sang.

— Roseau-tremblant, reprit-il de sa voix brisée par l'émotion, ne redoute pas la mort. Il ne pleure pas la vie qui le fuit mais il pleure pour le devenir de sa nation, et ses yeux se voilent devant les temps qui changent, et ses oreilles sont écorchées par les clameurs discordantes des jeunes braves qui se disputent honneurs et pouvoirs tels des chiens affamés se battant pour un os.

Je suis vieux et je m'interroge ! Trop vieux sans doute et ce n'est déjà plus sur ce monde que mon regard se pose. Mais mon esprit pourra-t'il dormir en paix, la terre de mes pères sera-t'elle encore accueillante lorsque mon fantôme y posera ses pas ?

Je m'interroge ! Si comme un feu délaissé, les valeurs des pères de nos pères s'éteignent et se meurent ! Où je vous le demande, où le peuple viendra-t'il réchauffer son âme froide et sans lumière ? N'est-ce pas le temps d'une nation qui disparaît ? N'est-ce pas ainsi que le cercle se brise ? Que sera demain la puissante nation des Natchez si aujourd'hui le frère plonge son couteau dans le cœur de son frère ?

Il se tourna alors vers Renard-féroce. S'il n'y avait aucune trace de haine dans ses paroles, y perçait cependant une implacable résolution.

— La colère et l'indignation du « tueur-d'hommes » ne sont que des ombres dissimulant à peine ses buts véritables.

Roseau-tremblant ne se laissera pas tromper ! Le « tueur-d'hommes » convoite le pouvoir plus qu'il ne désire le bien-être et la prospérité de son peuple, mais dans sa fougue et l'aveuglement de son désir, il en oublie que la puissance née du couteau est une lame acérée et coupante qui bien souvent tranche la main de celui qui croit la posséder.

— « Ah Hey ! »

Chacun dans le cercle rejoignit sa pensée.

— Le Grand-Esprit, poursuivit le vieil homme, sera seul juge. Le peuple, et quel qu'en soit le dénouement, écoutera sa parole !...

Renard-féroce, s'il doit en être ainsi sera le Grand-Soleil des Natchez et Cœur-noir son rival, reconnu de mensonges par la nation tout entière, sera banni.

À ces mots, un frisson de plaisir déforma les traits du chef de guerre et il ne put retenir une clameur de triomphe.

— Que le « tueur-d'hommes » tempère son élan, lâcha Roseau-tremblant, méprisant l'éclat impromptu du guerrier. Son couteau comme il le pense n'a pas encore plongé dans le cœur du Lakota, et si mes yeux s'attardent sur le délié du bras de son adversaire, alors je vois que le sang du « tueur-d'hommes » pourrait bien être celui qui abreuvera la terre des Natchez !...

Qu'il sache alors que son corps sera jeté sans scrupules aux bêtes du grand fleuve. Le « Père-des-Eaux » effacera son image et les Fils-du-Soleil en oublieront jusqu'à son nom.

Tandis que Renard-féroce balayait les propos du chaman d'un haussement d'épaules, l'assemblée approuva bruyamment :

— « Ah Hey ! Ah Hey ! » « Ah Hey ! Ah Hey ! »

Les paroles de Roseau-tremblant seraient entendues et rien ne pourrait plus les effacer.

— Tout est dit ! ponctua le vieil homme. Les mots ne seraient plus que des pierres jetées dans le miroir du lac !...

Fumons à présent mes frères. Fumons la pipe sacrée !... Elle est le lien, elle est la voix du peuple, sa chair, son sang, son avenir et son espoir. Elle est le souffle du Grand-Esprit.

Dans les tourbillons odorants de fumée bleue, dans la paix retrouvée de la pipe sacrée des hommes rouges, mon esprit comme l'aigle à tête blanche, s'éleva dans un battement d'ailes, pour s'évanouir libre au-delà des nuées.

La peur et l'angoisse du combat à venir ne furent plus qu'un lointain cauchemar, chassé par la douceur du corps de Fleur-de-maïs, reposant tout contre mon âme.

Cerf-rouge ne pouvait être vaincu, il était le waayatan et mon destin s'enchaînait au sien.

• • •

Chapitre 6.

« La leçon de la pluie est dans la multitude des gouttes d'eau qui te poussent à rejoindre ta demeure, élève. »

Paroles du druide sans nom et sans visage

Plus vite que je ne l'aurais souhaité vint le jour du combat, me dépossédant sans crier garde de la douceur du cocon dans lequel, depuis une semaine, j'en oubliais presque jusqu'à mon but, ensorcelé par les bras trop accueillants de Fleur-de-maïs.

L'humain est ainsi fait qu'il aime à se leurrer, reculant l'instant redouté, espérant l'impossible, l'enfouissant si loin dans les brouillards de son esprit qu'il en arrive parfois même à l'occulter.

La mort, elle, n'attend pas ! Elle fut ce jour-là au rendez-vous des hommes qui l'avaient conviée.

Loup-gris, en arbitre consciencieux, traça du pied dans la poussière le contour du cercle dans les limites duquel les adversaires devraient se restreindre à combattre.

Si par inattention, par peur ou bien acculé par la charge du rival, ils en franchissaient la ligne, les lances acérées des guerriers sous son ordre, sans la moindre hésitation, se ficheraient dans leur dos, abrégeant ainsi le combat.

Agglutiné sur la place, telles des abeilles affairées autour de leur reine en période d'essaimage, le peuple attendait. Hommes, femmes et enfants retenant leurs souffles, attentifs au bras levé de Roseau-tremblant qui, lorsqu'il l'abaisserait, tous en étaient conscients, scellerait sans retour possible le sort de la nation.

La main toujours en l'air, le vieux sage prit la parole. Il n'y avait plus dans sa voix aucune trace d'émotion. Seul subsistait un ton neutre et impartial que rien ne pourrait ébranler.

— Un homme aujourd'hui va rejoindre le jardin des morts, mais qu'importe celui qui passe puisque le souffle qui l'emporte est celui du Grand-

Esprit. Les fils-du-Soleil marcheront toujours sur la terre et les temps passés redeviendront nouveaux.

Que le couteau parle au couteau, que la parole du Grand-Esprit soit entendue !...

Tout était dit, et sans frémir Roseau-tremblant abaissa son bras .

Maintenant, les deux hommes étaient seuls à l'intérieur du cercle.

Leurs torses nus luisaient, identiques à des plaques de bronze sous la lumière du soleil. De légers tressaillements parcouraient par instant leurs poitrines aux muscles tendus. Ce n'était point les frissons de la peur, mais l'extrême tension qui les habitait, les rendant semblables au prédateur qui s'apprête à bondir sur sa proie.

Chacun tenait fermement son couteau dans la main droite, immobile, se mesurant du regard.

Cerf-rouge était plus grand, plus massif, mais dans les muscles longs et secs de son adversaire se devinaient une force et une agilité hors du commun.

Le « tueur-d'hommes », amorçant un premier pas, soudain brisant le silence oppressant, les yeux brillant de fureur lança le défi rituel :

— La vérité est dans le couteau ! Puisse le couteau la libérer !...

Malgré la force des paroles, hurlées plus qu'énoncées, Cerf-rouge ne détacha pas son regard de son adversaire. Pourtant, à bien l'observer, il paraissait lointain, absent, comme si le combat n'était plus qu'un vague souvenir et qu'il restait seul au centre de l'arène.

Lui seul connaissait les grands courants de l'avenir. Je le savais ! Pourtant la peur ne me quittait pas, car nous étions « maintenant » et les pieds nus de mon maître, en cette seconde, foulaient la poussière de la terre des Natchez.

La mort était présente dans un nombre infini de probabilités. Tout pouvait arriver, modifier l'avenir : un guerrier ne retenant pas son cri, un brusque changement de lumière, le passage furtif d'une ombre... Pour la première fois, soudain je me surpris à douter de l'invulnérabilité de mon maître.

Renard-féroce s'avança lentement sur la droite, suivant le cercle. Son corps vibrait, tous ses muscles tendus à se rompre.

Mon maître se déplaça à son tour, lui aussi posant ses pas à la limite du tracé.

— Mon couteau plongera dans ton ventre, Lakota !

Et dans l'instant où comme une insulte il prononçait le dernier mot, le « tueur-d'hommes » bondit.

Mais à la place même où il frappa, il n'y eut plus que le vide.

Cerf-rouge était maintenant derrière lui, son couteau prêt à trouver le chemin de ses reins. Pourtant le coup fatal que tous attendaient ne vint pas. Mon maître, répugnant à tuer par derrière, à l'ultime seconde retint son bras.

La foule tétanisée laissa échapper une longue clameur de surprise.

Ce geste permit à Renard-féroce de se retourner et de se porter sur la droite de son adversaire pour amorcer une nouvelle attaque.

Cerf-rouge recula en un large bond en arrière et à nouveau la lame du « tueur-d'hommes » inutilement fendit l'air.

— Il faut d'abord que tu en trouves le chemin, lui lança mon maître en réponse au défi !...

Galvanisé par ces mots qui faisaient ombrage à sa fierté, le Natchez attaqua une troisième fois. Ses pupilles brûlaient de haine. Il fut si rapide que son corps un instant ne fut plus qu'une ombre rouge dans la clarté du soleil.

Je fermais les yeux, tremblant de les rouvrir sur le corps sans vie de mon maître. Mais cette fois encore Cerf-rouge s'était dérobé, esquivant avec une égale rapidité le coup porté.

Attaque, esquive... Attaques redoublées, nouvelles esquives... Chaque fois la lame du « tueur-d'hommes » ne tranchait que le vide.

Les deux protagonistes tournaient à présent autour du cercle, frôlant les pointes des lances, l'un face à l'autre, chacun cherchant à anticiper le geste à venir.

Les guerriers suffisamment près pour avoir une vue parfaite de la scène retenaient leur respiration, figés, silencieux, vigilants au moindre déplacement ; tandis que plus loin, là où les larges dos empêchaient toute vision, montait une sourde plainte, semblable aux gémissements d'une bête blessée.

Ce n'était plus les combattants, mais le combat lui-même qui captivait la foule, et qu'importait le dénouement ! Tous, en ces poignantes minutes, l'avaient oublié.

Renard-féroce, arrogant, le buste droit, pointait son couteau le bras tendu, avec dans le poignet un léger mouvement de rotation. La lame lançait des éclairs d'argent.

Cerf-rouge, ramassé sur lui-même, en flexion sur ses jambes, baissait le sien, le bras à demi-replié.

— Renard-féroce va bondir, souffla Loup-gris, qui pas une seconde n'avait détaché ses yeux des deux adversaires.

J'eus alors la fugace vision du mythique duel de la mangouste et du cobra.

Brusquement, surprenant Loup-gris, qui dans sa surprise ne put retenir un cri, Renard-féroce s'élança, plus rapide encore.

Mon maître se détendit avec la force d'un ressort. À la seconde où l'acier brilla devant ses yeux, il leva son arme.

Une gerbe d'étincelles fusa dans un douloureux crissement de métal.

Cerf-rouge alors tourna sur lui-même, se déportant vivement sur la gauche, tandis que le « tueur-d'hommes » battait en retraite vers le centre, ses yeux hébétés écarquillés sur sa main d'où perlaient de grosses gouttes de sang.

Il fixa longuement mon maître. Dans ses prunelles luisait une lueur nouvelle où pour la première fois se devinaient la surprise et l'indécision.

— Le grand guerrier invaincu a sans doute à présent moins l'envie de jouer, s'exclama Loup-gris, appréciant en connaisseur l'excellence de la passe d'arme.

— Le « tueur-d'hommes » vit ses dernières minutes !...

Père qui jusqu'ici n'avait pas desserré les dents, exprimait ainsi son soulagement. Pour lui l'issue du combat ne faisait plus aucun doute.

Autour de nous, il dut en être de même pour les guerriers. Une puissante clameur de joie explosa de chaque poitrine. Les combattants l'emportaient sur le combat, et le but comme une délivrance retrouvait toute sa valeur et sa cruciale importance.

Pour la première fois coulait le sang du « tueur-d'hommes » et c'était pour beaucoup un immense plaisir ; combien parmi les Natchez avaient perdu un père, un fils ou un frère, fauchés par la lame infaillible et sans pitié du terrible guerrier.

Renard-féroce, recouvrant ses esprits et sa hargne, passa nerveusement sa langue sur la profonde blessure, espérant ainsi étancher le flot de sang qui déjà éclaboussait sa poitrine en une multitude de petites fleurs aux pétales écarlates.

Mon maître à son tour s'avança vers l'intérieur du cercle. Il cherchait à présent le combat. Le temps de l'esquive était pour lui révolu, le temps du dénouement était enfin venu.

Tuer ou être tué ! Il n'y avait pas d'autre alternative.

Sous la pression, Renard-féroce recula. Il comprenait soudain qu'il n'avait pas en face de lui un jeune guerrier inexpérimenté, une proie facile pour le fer, mais au contraire un combattant aguerri, son égal et peut-être même son vainqueur. Les mèches noires qui pendaient de la ceinture de mon maître lui sautèrent aux yeux comme autant de menaces, ombres de sa propre mort.

Alors il connut ce qu'il avait toujours condamné avec dédain : un sentiment de doute et de peur, envahissant, paralysant son corps et son esprit.

Les guerriers pressentirent l'instant décisif. Une rumeur feutrée monta de leurs rangs, enveloppante, presque irréelle, accompagnant chaque souffle et chaque geste des combattants comme le chant accompagne la danse.

La tension devint subitement si puissante qu'on eût pu croire que la mort en personne tournoyait au centre du cercle, hypnotisant par son ballet macabre les hommes apeurés et soumis à sa loi.

— « Ye Aaah ! »

Repoussant la peur telle une compagne répudiée, Renard-féroce se projeta en avant, feinta et frappa de la main droite. Mais sa main était nue. Le couteau brillait dans la gauche.

Loup-gris pâlit. Il connaissait la ruse du « tueur-d'hommes » et sa mémoire était encore chaude des hommes qui ne pouvant la prévenir y avaient succombés.

Cerf-rouge avait vu l'erreur du Natchez, le déséquilibre qui le retarda, à peine le temps d'un clignement de paupière, emporté par ce bond qui ne visait qu'à le surprendre et masquer le changement de main du couteau.

Il esquiva en un éclair, se jeta de côté et frappa à son tour, à l'endroit précis où se tenait la poitrine offerte du « tueur-d'hommes ».

Renard-féroce se figea, comme soudain frappé de tétanie. Dans ses pupilles dilatées, la surprise remplaça la peur. En une ultime contraction, il serra plus fort son couteau, prêt à bondir, mais très vite ses bras impuissants retombèrent mollement le long de son corps.

Ses doigts lentement s'ouvrirent, et l'arme désormais inutile chut à ses pieds.

Le manche de corne du couteau de Cerf-rouge ornait sinistrement sa poitrine, là où l'instant d'avant battait encore son cœur.

Il voulut parler, proférer une dernière injure, mais les mots dans sa gorge s'étouffèrent. Il chancela, s'abattit d'un coup, face contre terre.

Le « tueur-d'hommes » perdait son nom, le redoutable guerrier aux mille combats victorieux avait cessé de vivre.

Il y eut d'abord un long silence et le temps retenu en oublia d'égrener ses secondes, puis brusquement, brisant l'éternité, les clameurs s'élevèrent, se répercutant de groupe en groupe jusqu'à atteindre les plus éloignés, ceux qui n'avaient pu voir le combat et qui soudain, portés par la liesse générale, en comprenaient l'issue.

Les plus proches se précipitèrent au centre de la lice, bousculant Loup-gris qui tentait sans grande conviction d'en endiguer le flot.

Chacun n'osant encore y croire voulait voir, toucher le corps inerte du « tueur-d'hommes », s'assurer de la réalité de son trépas.

Aidé de Cœur-noir et du son strident de sa trompe de guerre, Roseau-tremblant écartant tant bien que mal les indésirables qui le serraient de trop près imposa le silence.

Une colère feinte se peignait sur son visage, mais ses yeux remplis de malice brillaient comme ceux d'un enfant transporté par la joie.

— Mes frères ont-ils si peu de respect qu'ils refusent au vainqueur l'instant de sa victoire ? Les Natchez seraient-ils un peuple sans honneur, faudra-t'il que les lances des guerriers se retournent contre leurs frères ?

Bien que la menace manquât de conviction les paroles du vieux sage eurent l'impact escompté, et la foule, sa voix éteinte, se retira, faisant place à Cerf-rouge.

Seul comme il l'avait entrevu dans sa vision avant le combat, face à l'acte accompli, mon maître impassible et froid se tenait immobile près du corps de son adversaire, la tête haute, le buste droit, les jambes légèrement écartées, les bras croisés sur sa poitrine. Aucune émotion, aucune lueur de gloire, ni même de soulagement, ne trahissaient la lassitude de son regard. Aucune joie ne relevait le coin de ses lèvres serrées.

Il avait accompli ce qui était écrit. Il se situait comme l'instrument d'une force supérieure, le serviteur d'un maître que l'on ne peut trahir.

Mais il savait aussi que le choix de prendre ou de donner appartient à l'homme, et ce choix en toute conscience, il l'avait embrassé.

La mort devenait le fruit de son arbre ; en guerrier, il en supportait l'amertume.

Petit-serpent, de par son rang nouveau de chasseur chevronné, mais surtout favorisé par l'attention bienveillante de Cœur-noir, et peut-être aussi simplement parce qu'il était mon ami, avait bénéficié du privilège d'être à mes côtés, en bonne place pour ne manquer aucune phase du duel.

— Un combat de maître, s'extasia-t'il, piaffant comme un jeune poulain ! Jamais je n'aurais imaginé que le « tueur-d'hommes » puisse à son tour mordre la poussière !...

Puis se calmant un peu et relevant la tête avec fierté :

— Le Lakota est le plus grand des guerriers ! Petit-serpent marchera sur ses traces !...

Son désir de gloire et d'éclat ne l'avait donc pas abandonné, mais je ne pouvais partager son enthousiasme. J'avais décelé bien trop de tristesse dans le regard de mon maître.

— La lame qui s'enfonce dans la poitrine de ton ennemi est aussi celle qui déchire ton cœur !

Il me dévisagea alors, aussi surpris qu'irrité, forçant l'ironie dans sa réplique.

— Mon frère est devenu bien sage depuis qu'il a connu l'amour !...

En dépit d'une légère rougeur qui voila mon front, je ne voulus lâcher prise. Je désirais tant lui faire comprendre que les rêves de gloire bien souvent se changent en cauchemars.

— Mon frère a tort de se moquer ! La charge du guerrier est bien lourde à porter et toutes les épaules, aussi puissantes et larges soient-elles, sous le fardeau un jour s'affaissent.

Petit-serpent dut comprendre le sens de mes paroles, mais son cœur encore trop fier ne voulut pas se résoudre à les accepter.

— Les paroles de Celui-à-qui-parle-l'aigle-à-tête-blanche ne sont que nuages qui courent dans le ciel, emportés par le vent.

Il leva les yeux et m'incitant à faire de même balaya d'un large geste ce qui ne pouvait être aujourd'hui entendu.

Je ne pus que me taire. Les nuages passaient si haut, inaccessibles. Ignorant la prière des hommes, seul le vent en resterait le maître.

Dans un silence pesant, le peuple dans l'attente de l'acte ultime, Cerf-rouge s'agenouilla devant sa victime.

Lorsque dans un horrible bruit de succion, il retira son poignard de la poitrine encore chaude du « tueur-d'hommes », un sang noir et épais jaillit en flots saccadés, tel le ruisseau libéré dont la source fut obturée.

Et la terre assoiffée aussitôt s'abreuva de son dû, ne laissant plus au souvenir qu'une large tâche sombre mêlée à la poussière.

Sans un mot, sans un regard vers la foule, lentement, ignorant des pupilles acérées qui comme des crocs d'acier se plantaient dans son dos, il saisit la tête inerte du gisant, incisa la peau du crâne sur toute sa longueur, retrouvant dans ses gestes la précision millénaire transmise par les pères de son peuple guerrier.

Puis avec une égale lenteur, comme harassé par un effort surhumain, il se releva face au peuple, dressé de toute sa hauteur, et brandit sous son regard ravi, flottant dans sa main levée, son sinistre trophée.

La longue chevelure aux nattes dénouées s'échappa de ses doigts comme une fumée noire...

— « Ah Hey ! Ah Hey ! » Lakota ! Lakota !

Pour la nation Natchez demain serait un autre jour, mais aujourd'hui l'homme fort se dressait devant eux. Par son image les guerriers transcendaient la peur et le doute. « Lakota ! Lakota ! »

Leurs cris libéraient la joie, la dépersonnalisant, l'étendant comme un voile protecteur sur toute la nation.

Le Cerf-rouge, en offrant la chair et le sang, ouvrait la route d'un avenir nouveau où de la mort immuablement naîtrait la vie.

Un faible sourire éclaira le visage de mon maître, mais alors que je le contemplais essayant de comprendre, oubliant le regard pour ne retenir que le voir, je crus percevoir dans le feu couvant de ses prunelles l'ombre noire d'une immense solitude.

La vision du waayatan l'emportait-elle si loin sur les chemins sinueux de l'avenir, voyait-il dans les mèches sombres poissées de sang rouge la multitude de morts à venir, la fin d'un peuple et de son histoire ? Je ne sais ! Mais deux larmes gonflèrent ses paupières, se frayant un invisible chemin jusqu'à mon cœur.

Avoir été et ne plus être rien ! Pas même un nom que l'on cite le soir autour des feux en mémoire d'un temps passé. Ainsi se voulait la loi implacable des peuples vrais en cette époque sauvage.

Sur un signe bref de Loup-gris, la dépouille du « tueur-d'hommes », hissée sur un brancard de fortune, fut emportée vers le fleuve sans même un regard de commisération de ceux qui furent ses frères.

Son image pour toujours serait oubliée, sa hutte brûlée, ses terres redistribuées. Sa famille, ses épouses, ses serviteurs devraient à leur tour choisir la mort ou le bannissement.

Pour l'homme blanc que j'étais, dans cette aisance à dissoudre le passé, dans cette facilité à faire endosser le poids de la faute d'un seul par toute une descendance, pointait un sentiment d'injustice et de cruauté, mais pour l'Indien, enraciné dans ses traditions comme le chêne dans les profondeurs de la terre, ce n'était que banalité : le tronc coupé, les branches ne porteraient plus de fruits.

Le chef de famille détient en lui la gloire et les honneurs autant que l'erreur et la déchéance. Selon son choix de vie, les uns ou les autres rejailliront sur son clan.

Renard-féroce fut de son vivant un homme craint et respecté, et ses proches dans son ombre surent jouir de cet avantage sans que personne n'ose le leur reprocher.

À ce jour, le grand guerrier n'était plus rien ; avec lui disparaissait tout ce qui aurait pu rappeler son existence, êtres et biens.

Ainsi était la loi des Natchez ! La loi des blancs puisait-elle son eau en meilleur puits ?

Malgré mes réticences je ne possédais pas de réponse et tout comme mes hôtes, il me fallut oublier Renard-féroce, le « tueur-d'hommes ».

Le son perçant de la trompe de guerre brisa les clameurs de joie, tranchant comme la hache de fer sur le bois de la lance.

Roseau-tremblant soutenu par Loup-gris et Cœur-noir, une dernière fois prit la parole.

Il paraissait soudain si fragile et si vieux que j'eus peur que sa voix ne se brise en un ultime souffle. Mais il n'en fut rien ! Le chaman retrouva les accents vibrants d'un maître orateur.

Si la voix du vieux sage ne puisait plus sa force vive dans les replis de son corps décharné et usé, elle renaissait dans le tréfonds de son âme, portée par l'amour de son peuple, lui insufflant une fois encore les élans impétueux de la jeunesse.

— Le temps de la joie et des festivités n'est pas revenu ! Mes frères auraient-t'ils oublié les devoirs sacrés qui depuis l'aube hésitante au soleil déclinant de ce temps, firent du peuple Natchez une grande et puissante nation ?

Le vieil homme assura ses appuis sur les bras forts de ses compagnons, dodelinant sa tête grise dans ce mouvement lent et calculé propre aux grands oiseaux de nuit.

— Le temps n'est pas aux festivités, réaffirma-t'il avec un ample geste de son bras tendu. Le temps est aux pleurs ! Il est aux cérémonies accompagnatrices du dernier voyage. L'enveloppe charnelle de notre Grand-Soleil doit enfin retrouver sa place auprès des ossements de ses pères.

— « Ah Hey ! Ah Hey ! »

Graves et profondes, écho de sa pensée, s'élevèrent les voix des anciens, ceux qui marchaient avec la mort à leur côté, ceux qui ne pouvaient oublier les rites hiératiques.

— À la nuit de la lune ronde, mes frères rouvriront leurs cœurs à la prière comme le veulent les traditions, et les plus sages d'entre eux étendront sur sa dernière couche le corps fatigué de leur Père-bien-aimé.

— « Ah Hey ! » vibra le chœur des anciens.

— « Ah Hey ! Ah Hey ! » entonna la foule.

La voix de Roseau-tremblant se fit alors chevrotante, brisée par une incontrôlable émotion.

— Ceux qui doivent embrasser la mort, accompagner l'ombre du maître divin jusque dans la terre froide du tertre sacré, doivent à ce jour se tenir prêts et purifier leurs âmes.

Les enfants dont le devoir est aujourd'hui de marcher dans les traces du Père se doivent désormais de regarder le temps comme l'oison au nid, avide de son premier envol.

Sous le sens caché de ces paroles d'initié, sans pourtant les comprendre, confusément je vis pointer l'ombre d'une menace, un rite païen qui d'avance me glaça le sang, inquiétant comme l'entrée sans lumière dans une grotte sombre.

Alliés indésirables de mes angoisses, des murmures étouffés flottèrent au-dessus de la foule.

Quelques-uns, une dizaine, presque autant de femmes que d'hommes, sans doute concernés par les propos énigmatiques du chaman, mirent un genou à terre, leurs faces tournées vers le soleil.

— Le Grand-Esprit, poursuivit Roseau-tremblant, dans sa grande mansuétude a posé son regard sur ses enfants et fait entendre à leurs oreilles attentives la vérité de sa parole. Inspiré par la magie de son souffle, Pékani, Grand-Soleil, notre Père-bien-aimé, du monde des esprits nous envoie son message et désigne sans faillir et sans doute son unique héritier.

Le vieux chaman se tut, à peine plus que le temps d'un battement de cœur. Il dévisagea l'assemblée, cherchant dans les sombres regards une interrogation, peut-être même un désaccord. Mais rien de semblable ne transparut sur les visages impassibles.

Alors, soulagé, il posa sa vieille main de guerrier sur l'épaule gauche de Cœur-noir, rehaussant le ton autant qu'il le put, et prononça les mots que tous attendaient.

— Prince Cœur-noir, fils de Pekani, enfant du soleil, éclairera dès ce jour selon la parole donnée, les vies renouvelées de ses enfants.

Le jeune homme ne sourcilla pas, trop désireux de préserver sa dignité, mais son cœur devenu presque visible au travers de sa poitrine, bondissait de joie et de fierté, enflammant le noir de jais de ses pupilles d'une lueur sauvage, insoutenable, aveuglante, pour qui aurait osé en cet instant lever les yeux sur sa personne.

— Peuple du soleil, incline-toi, hurla Roseau-tremblant, les veines de son cou gonflées à se rompre.

Guerriers, glorifiez son nom ! Femmes, chantez sa gloire ! Notre père est à nouveau parmi nous !... Par lui et en lui, le peuple vivra !...

— « Cœur-noir ! Cœur-noir ! »

Le tonnerre dans un ciel d'été jamais n'eût autant d'éclat ! Les poitrines des guerriers se gonflaient tels des soufflets de forge, expulsant en tempête l'aquilon dévastateur, balayant comme fétu de paille les dernières hésitations des plus timorés parmi les leurs.

Un chant cristallin s'éleva de la troupe des femmes. Dans chacun des couplets, le soleil y brillait au zénith et le jeune prince s'y vit paré de l'or de ses rayons.

Alors le nouveau dieu, marqué par l'ivresse du pouvoir, extirpa de sa tunique les ornements sacrés, symboles incontournables de son nouveau royaume, ceux-là même que père lui avait remis ; ces parures d'or pur par lesquelles le sang avait déjà tant coulé.

Il les brandit dans la lumière. Des lances de feu transpercèrent le noble métal.

Dans la mémoire ranimée des hommes rouges se succédèrent aussitôt les innombrables têtes couronnées des pères du peuple, issues des temps lointains où celui-ci rampait encore sur la terre gelée.

Et ce fut la longue litanie des noms glorieux qui depuis toujours sur les chemins de la vie avaient guidé le peuple.

« Tortue d'or... Aigle des nuées... Loup boiteux... Soleil rouge... Pekani... Et aujourd'hui Cœur-noir... »

— « Cœur-noir ! Cœur-noir ! » Le nom désormais sacré roulait au-dessus des têtes comme un torrent furieux : « Cœur-noir ! Cœur-noir !... »

La foule approchait l'extase. Le Grand-Soleil était enfin revenu, il n'y aurait plus de mort pour les Natchez.

Lorsque Cœur-noir ceignit son cou du collier magique, lorsqu'il orna ses poignets des bracelets de lumière, les guerriers les plus proches se jetèrent à ses pieds, implorant sa bénédiction.

Alors et sans pouvoir le condamner, je compris les désirs et la faute du « tueur-d'hommes ». Je m'étais trompé, je n'étais pas Natchez, et le fleuve ne suffirait pas à me faire oublier son nom.

Loup-gris, seul avec Roseau-tremblant à se tenir près de son seigneur, referma sa main de fer sur celle du prince, lui arrachant l'ébauche d'une grimace de douleur. Mais le géant ne la vit pas, emporté par la sincérité de son cœur. Les yeux cloués au sol, il murmura :

— Mon Père-bien-aimé ordonne ! La force de son fils sera toujours à ses côtés.

Cœur-noir sourit, oubliant la brusquerie du geste.

— Regarde-moi en face, fidèle ami. Je n'ai besoin aujourd'hui que d'une chose...

Joignant alors le geste à la parole, il retira vivement de la coiffe du chef de guerre une aérienne plume rouge, la présenta à ses lèvres, lui imprimant de son haleine chaude la poussée nécessaire pour qu'elle s'élève dans les airs.

— L'âme de Pekani, emportée par le souffle de son peuple, monte vers les nuées. Solitaire, elle rejoint le soleil.

La plume légère tournoya au-dessus de sa tête. Tous crurent qu'elle filerait droit en chandelle vers l'immensité du ciel, mais par un brusque caprice de la brise, elle retomba mollement dans ses mains tendues réunies en coupole.

— L'esprit du père a rejoint l'esprit de son fils !... Je suis le Grand-Soleil et je conduirai mon peuple sur les innombrables sentiers de la mort et de la vie.

— « Cœur-noir ! Cœur-noir ! » « Grand-Soleil, notre Père-bien-aimé ! »

•••

« La neige en épais flocons est tombée cette nuit. La prairie est toute blanche, enveloppée dans son linceul, si loin là-bas dans le nord, où se dressent les tipis à trois perches des Sioux...

Dressé sur son « appaloosa », l'homme étrange des Lakota, le canon de sa Winchester reposant sur l'encolure de sa monture, sa main en visière sur son front soucieux, scrute encore l'horizon.

Loin, là où le vent murmure un requiem, depuis la veille s'érigent haut dans le ciel les colonnes grises du grand incendie.

Hier, à l'heure où les femmes vont puiser leur eau, sans prévenir, la foudre a frappé, et le village endormi n'a pas vu se lever le soleil.

Cheval-fou pleure doucement. Il pleure comme un homme, en silence...

L'eau de ses yeux s'épanche lentement, elle assèche son cœur. Des larmes de sang roulent sur ses joues, rubis de glace sous la morsure du vent froid venu du nord.

Cheval-fou n'a plus de chair, il n'a plus d'« être ». Il pleure ! Il est le rocher noir émergé de la terre.

Les soldats bleus ont baigné leurs longues lames dans le fleuve de vie du peuple des « humains ». Ils ont ri. Ils ont injurié le guerrier tombé, celui qui a rampé mourant sous les sabots ferrés de leurs grands chevaux. Ils ont violenté le ventre de la femme aux tresses noires, dépouillé le vieux sage, traîné son corps nu sur le sol gelé. Ils ont joué avec l'enfant comme on joue d'une balle.

Les soldats bleus ont craché la mort comme on crache une chique de tabac noir devenue trop amère. Ils ont fauché la vie comme la lame d'acier l'herbe tendre.

L'homme étrange est seul et sa voix devient tonnerre. Sa douleur est si forte que là-bas, dans leur fort de pierres, les hommes bleus l'entendent et tremblent dans leur sommeil.

Cheval-fou se battra, il le jure. Il se battra jusqu'à la dernière goutte de son sang. Il se battra pour l'âme torturée de ses frères. Il le crie au vent qui dépose des étoiles d'argent dans sa noire et longue chevelure. Il le crie à la neige qui bleuit la peau de ses jambes et de ses mains nues.

L'homme étrange des Lakota ne sera jamais blanc et sa sève versée sur sa terre lavera la honte et l'horreur.

Sous la forte pression des cuisses musclées de l'Indien, l'« appaloosa » hennit, se cabre. Il bondit, droit devant lui, rapide comme la flèche, vers l'étrange fumée là-bas où s'évanouit la neige, fondue sous la cendre encore chaude des ossements de son peuple.

Jaillis des sabots du poney de guerre s'envolent des nuées de flocons, suspendus un instant sur les flancs écumants de la bête sauvage, brouillard de givre où naissent et grandissent un millier de guerriers.

« Oka Hey ! » Les plumes d'aigle et les noires chevelures volent au vent.

« Oka Hey ! » La terre gronde sous la charge des chevaux.

« Oka Hey ! » Ce soir la mort sera rouge !... »

Flottant dans une brume opaque, la silhouette de l'homme étrange s'estompa pour n'être plus qu'un minuscule point brillant, une étoile perdue dans l'infini du ciel, une lumière rouge et tremblotante ; la lumière froide et réelle de l'éveil.

Assis sur ma couche, la respiration suffocante, j'émergeai soudain de mon rêve tel un noyé, les poumons gorgés d'eau saumâtre, qui désespérément appelle une dernière fois cette goulée d'air pur qui ne veut pas venir.

— Mon prince a fait de la douleur la compagne de ses nuits ! Fleur-de-maïs n'est-elle pas assez douce ? minauda mon Indienne entremêlant ses doigts fins dans les mèches rebelles de mon imposante crinière.

— Rien n'est plus reposant que les prairies et les vallons de ton corps, ma fleur.

Tout en la rassurant, je me rassurais moi-même, retrouvant peu à peu mon souffle et mes esprits.

Elle accentua sa caresse, se lovant dans le creux de mon épaule.

— Je ne t'oblige pas à me parler de tes peurs, Celui-à-qui-parle-l'aigle-à-tête-blanche, mais sache que la femme est la plus proche confidente du guerrier.

Tant de douceur et de compréhension appelaient l'abandon.

Alors pourquoi ne pas lui dire que mes visions et mon destin étaient la cause de mes nuits agitées ? Pourquoi taire plus longtemps que mon chemin ne s'arrêterait pas sur la terre des Natchez, que bientôt je devrai la quitter ?

Aussi comme je l'avais déjà fait pour mon ami Petit-serpent, je lui racontai tout, depuis mon départ d'Irlande jusqu'au but de mon voyage.

Elle fut attentive à mon récit, riant aux éclats à la narration des nuits houleuses dans la cale du « grand-canot », admirative à mes exploits de chasse, tremblante à mon baptême du feu, bouleversée et émue aux larmes par la mort tragique de mère.

Et lorsqu'elle comprit que je ne resterai pas, elle n'en fut pas surprise, mais son regard s'assombrit et ses yeux se voilèrent.

— Mon prince ne doit plus avoir peur ! Les mots qu'il me confie sont les actes que mes pensées, au premier jour, m'ont dévoilés.

Fleur-de-maïs n'aura pas d'homme à ses côtés, mais son âme pourtant ne sera jamais solitaire. Elle aura partagé un présent merveilleux auprès de Celui-à-qui-parle-l'aigle-à-tête-blanche. Cet instant deviendra son futur !...

Ses baisers se firent plus pressants, ses caresses plus douces encore. Tous ses sens s'enflammèrent, et sans d'autres mots inutiles que : « Viens », elle s'offrit de tout son corps, de tout son cœur, de toute son âme.

Nous fîmes l'amour doucement, avec ce désir fou de retarder le temps.

Là-bas, très loin vers le nord, sur le sommet d'une colline blanche, debout, l'homme étrange des Lakota entonne son chant de vie...

« Debout dans le vent sacré
Je regarde vers l'Ouest
et j'offre des présents aux géants de l'orage.

Debout dans le vent sacré
Je regarde vers le Nord
et j'offre des présents à la neige, à la pluie.

Debout dans le vent sacré
Je regarde au Sud
et j'offre des présents au monde de l'au-delà.

Seul dans le vent sacré
je prie et je fais des offrandes. »

Le matin de la lune ronde, les tambours de peau s'éveillèrent avec le peuple.

D'abord un murmure ténu, à peine le bruissement des feuilles de saule agitées par la brise légère. Puis le soleil déclinant, les paumes rouges dansèrent plus vite sur le cuir tendu, lourdes, solides, semblables au marteau qui chante sur l'enclume.

Et le peuple guidé par l'appel lancinant, à nouveau se rassembla.

Les hommes délaissèrent sans regret leurs traques de chasseur, les femmes abandonnèrent sans question leurs travaux des champs.

Lorsque tous eurent franchi les portes de la cité, en groupe compact et silencieux ils s'approchèrent du temple, Cœur-noir le Grand-Soleil, les nobles et l'élite des guerriers menés par Loup-gris, ouvrant la marche.

Père, Cerf-rouge et moi-même, nous nous tenions à la droite de Cœur-noir, symbole aux yeux de tout le peuple de l'alliance indestructible.

Lorsqu'enfin toute la nation fut rassemblée, la lune au plus haut dans le ciel luisait d'une lumière pâle, mystérieuse et apaisante, invitant les hommes à la prière.

Ils n'avaient plus à présent qu'une seule gorge, une seule poitrine, et leur souffle unique monta vers le disque d'argent, ouvrant la route nouvelle pour celui qu'ils avaient craint et aimé, celui qui parmi eux n'était plus, l'homme-Dieu, Pekani, être de chair et de sang dont l'immortelle divinité brillait à nouveau dans le corps jeune et fort de son fils héritier.

Les femmes dansaient, leurs pieds nus soulevant la poussière, leurs bustes immobiles, leurs bras écartés, frémissant à peine.

Le rythme sourd de leurs talons pénétrait le sol dur et sec dans un grondement continu au rythme des battements des tambours, de leurs cœurs et du cœur de la terre.

Ainsi enveloppé dans la demi-nuit, baigné de la clarté diffuse des feux naissant, le peuple soudain grandissait, se multipliait, servi par une armée nouvelle d'ombres et de fantômes.

La fête mortuaire prenait son essor et rien maintenant ne pourrait l'arrêter.

Pekani, corps de poussière, allait rejoindre enfin les terres de lumière où l'attendaient ses ancêtres.

Emporté par le tourbillon magique de cette étrange nuit, étourdi par la danse syncopée des femmes, soulevé par le souffle puissant des guerriers, mon cœur chancela, enivré de tristesse, et sans que je puisse les retenir, de lourdes larmes voilèrent mes yeux, versées pour ce peuple qui au-delà des différences ce soir devenait le mien.

Père et Cerf-rouge, tout deux proches de mon émoi, posèrent chacun une main sur mes épaules tremblantes. Dans la crispation de leurs doigts vibrait la même émotion, mieux contrôlée sans doute, mais tout aussi vive.

— Il est bon que mon fils partage la douleur, me souffla Cerf-rouge de son étrange voix douce ! C'est au filet de la source que naît le ruisseau de l'amour !...

— Laisse couler tes larmes, mon enfant, murmura à son tour père, elles trouveront le chemin des étoiles !...

Le grand guerrier de ma vision se tenait devant moi. Surgi de nulle part, l'homme étrange des Lakota dans un éclair de feu embrasa la nuit.

Ses longs cheveux libres flottaient dans le ciel laiteux, mêlant dans leurs mèches sombres les doutes et les espoirs de toutes les nations de la terre.

Les tambours redoublèrent... Sous l'ovation des guerriers et les lamentations des femmes, la dépouille du vieux roi fut avancée par les prêtres du temple, étendue sur une natte de bambou.

Les tambours se turent... Il y eut un grand silence, troublé par intermittence par l'aboiement plaintif d'un coyote dans le lointain, sinistre rappel de la présence de la mort au cercle des vivants.

Vêtu de ses plus beaux atours et le visage peint de vermillon, apparut ainsi pour la dernière fois le Grand-Homme des Natchez.

La mort, malgré la science des embaumeurs, avait depuis longtemps marqué son corps et son visage. Son teint gris de cendre, ses traits affaissés, ses membres grêles et desséchés n'offraient plus que l'image d'une enveloppe vide, futile, dérisoire, où dans les pupilles éteintes ne brillerait plus jamais le tourment des passions.

Drapé de dignité, de sa voix forte et assurée, Cœur-noir prit la parole, le peuple à son écoute, chaque homme suspendu à ses lèvres, retenant jusqu'aux battements de son cœur.

— Je vois, comme dans une vision, s'élever vers le ciel la lueur de la vie ! Je vois cette lueur qui brille au-dessus de nos têtes !...

Dans un élan unanime, mille visages crédules et soumis se levèrent vers la voûte étoilée.

— Nous sommes aujourd'hui semblables à l'oiseau dont l'aile fut brisée, et nos cœurs sont froids au-dedans de nous !...

— « Ah Hey ! » « Ah Hey ! »

Sous les ovations, le nouveau dieu reprit, mêlant l'espoir au sens de ses paroles :

— Il n'est pourtant pas de feu qui ne puisse se ranimer sous l'haleine chaude du guerrier. Le père s'est éteint, mais renaissant de ses cendres le fils brûlera, et le peuple réuni autour de sa douce flamme retrouvera la chaleur et la vie.

— « Ah Hey ! » « Ah Hey ! »

Sur un signe de Cœur-noir, deux vieillards s'approchèrent. Ceux-là mêmes à qui était confiée depuis de nombreuses années la garde du temple et de son feu sacré. L'un d'eux était le père de Petit-serpent.

Ils déposèrent au pied du défunt les multiples pipes qu'il avait reçues tout au long de sa vie en gage de soumission, ainsi que ses armes préférées : un long casse-tête en bois de cyprès, un arc à corde de peau torsadée et plusieurs flèches empennées de noir, certaines à pointes de fer, d'autres de pierre taillée.

— Que tes nobles armes t'accompagnent sur les terrains de chasse des esprits, ânonnèrent les saints hommes. Qu'elles arment pour toujours ton bras puissant afin qu'il ne se retrouve pas nu quand, devant tes yeux à nouveau vifs et brillants, passera le grand cerf.

— Que tes nobles armes t'accompagnent, reprirent en cœur les guerriers à la suite de Cœur-noir.

Puis se détachant du cercle des hommes d'élite, Loup-gris dressa devant l'entrée du temple un large et haut mât bariolé de rouge écarlate portant en son milieu vingt-sept cerceaux de bambou, symboles du nombre d'ennemis abattus.

— Que ta force soit connue de tous afin qu'elle te préserve d'inutiles combats.

L'émotion et l'infirmité du géant donnait à sa voix cassée une force et un mystère redoublés que ne purent égaler les voix claires et puissantes des guerriers.

— Que les ennemis de ta vie ne soient point ceux de ta mort et qu'ils tremblent encore dans l'autre monde comme ils ont tremblé ici-bas au seul rappel de ton nom !...

— Qu'ils tremblent ! Qu'ils tremblent ! hurlèrent les plus jeunes guerriers agitant par défi leurs couronnes de plumes.

Ce qui suivit me glaça d'horreur et de révolte. Sans la poigne solide de mes compagnons, je ne doute pas que sans honte je me serais laissé choir sur le sol, le visage enfoui dans mes mains, refusant d'entendre et de voir.

— Ne juge pas ! mon fils, lâcha très vite Cerf-rouge. Juger un peuple pour ses actes et ses croyances, c'est déjà préparer son extermination !...

Dix personnes furent poussées plus qu'elles ne vinrent elles-mêmes vers la porte du temple. Trois femmes, les épouses du défunt Grand-Soleil, dont l'une très jeune ne pouvait endiguer le flot de ses larmes ; deux enfants mâles, ses derniers fils ; trois autres femmes, vieilles et ridées comme du cuir trop sec, et deux hommes dans la force de l'âge, ses serviteurs les plus proches.

Sans ménagement et sourd à leurs plaintes, on les déshabilla pour les revêtir de fines tuniques de peau de daim, ornées de perles bleues et de piquants de porc-épic.

On leur teignit les cheveux en rouge après les avoir lavés et soigneusement lissés à l'aide de larges peignes de corne à trois dents. Puis leurs nattes artistement nouées furent coupées à ras.

Ce qui avait débuté dans les pleurs s'acheva dans le recueillement. L'esprit de Pekani, conscient du sacrifice de ses enfants, venait-il de souffler sur leurs têtes, apaisant de son haleine divine les affres de leurs peurs ?

Comment pourrais-je en donner la réponse, moi qui n'avais pas choisi ce que tous les hommes redoutent : la perte d'une vie de chair pour l'espoir d'une vie d'esprit !

Ainsi sans plus de hâte et dans un lourd silence furent apprêtés ceux qui, je ne le comprenais que trop, allaient mourir, accompagner le maître dans la terre froide du tertre sacré selon les propres mots de Roseau-tremblant, afin que celui qui fut le Grand-Soleil ne se retrouve point seul pour l'accomplissement de son dernier voyage.

Chacune des victimes, à présent dociles et soumises, se vit escorter de six de ses parents masculins, ceux-ci étreignant dans leurs mains les objets rituels du sacrifice : un casse-tête symbole de la force du guerrier, la natte rougie enroulée autour du poignet tel un serpent se mordant la queue, image du cercle infini de la vie ; la corde de chanvre destinée à la strangulation, les bandelettes de lin pour fermer les yeux des voyageurs, un pot de terre cuite contenant six boulettes de tabac (mélangées d'un puissant narcotique, m'assura Cerf-rouge) et enfin un cruchon d'eau pure.

Suivaient impassibles, le visage et le torse peints en blanc, deux robustes guerriers au rôle choisi de bourreau.

Ceux qui allaient mourir, précédés de leur cortège d'officiants, se frayèrent un chemin parmi la foule qui, respectueuse, s'écartait à leur passage.

De leurs traits, toute peur était absente. Seule une immense fierté éclairait leurs regards. Étaient-ils déjà sous l'emprise de la drogue ou l'acceptation de l'inévitable leur donnait-elle cette force insensée de ceux qui n'attendent plus rien de la vie ?

Posant la question à Cerf-rouge, il hésita d'abord, puis me répondit, les coins de sa bouche relevés d'un sourire amer :

— Ces traditions ne sont pas celles de mon peuple et je ne peux les juger. Pourtant, lorsqu'un guerrier Lakota se prépare au combat, il a pour derniers mots avant la bataille : « C'est un beau jour pour mourir ». Il ne choisit pas la mort mais l'accepte sans peur et sans appréhension. Les Natchez agissent différemment, ou du moins les rites ancestraux choisissent pour eux. Ainsi est la loi de leur nation et le Cerf-rouge ne s'élèvera pas contre les actes et les croyances de ses hôtes, il ne peut que s'incliner face au courage et à l'abnégation.

La seule conduite à tenir pour lui et pour Celui-à-qui-parle-l'aigle-à-tête-blanche trouve sa place et sa raison dans la prière ! Seul le Grand-Esprit voit et juge !...

« C'est un beau jour pour mourir ! »

— Je comprends, père ! Et je tairai les hurlements de mon cœur !...

Il sourit et son sourire cette fois n'offrait que l'amour.

— Ainsi est le sens de la vie d'un guerrier, fils !...

Ceux dont l'histoire dans cette cité touchait à sa fin dansaient en sautillant, progressant lentement, leurs corps se balançant de gauche à droite avec des ondulations de reptile.

À intervalle régulier, chacun d'eux poussait un cri long et modulé rappelant celui de l'aigle.

La foule reprenait à l'unisson, accentuant les dernières notes jusqu'à ce qu'elles deviennent aussi effilées et tranchantes que le fil du couteau.

Le cortège tourna ainsi six fois autour de la foule en extase avant de revenir s'asseoir sur des nattes disposées tout autour de la dépouille de Pekani, ingurgitant à chaque passage une boulette de tabac, suivie d'une gorgée d'eau.

Nous approchions maintenant de l'acte final, et je sus que je ne pouvais rien, qu'il était inéluctable, ancré depuis toujours dans l'esprit de ces Indiens sauvages.

Ne pas juger, avait dit Cerf-rouge, accepter et seulement prier !

Père serra fortement ma main, mêlant ainsi son trouble à ma révolte.

— Ah ! Marcus, la mort est une étrange histoire ! Les hommes, qu'ils soient rouges ou blancs, l'ont-ils vraiment compris ?...

Dans l'amertume de ses paroles, je devinai soudain qu'il repensait à Lucie, à notre cérémonie pour adoucir son voyage vers l'autre monde.

Il n'y fit pourtant aucune allusion, ne prononça pas son nom, mais le bleu de son regard le portait en lui, inscrit en lettres d'eau, de vent et de feu.

Mon maître avait raison, juger n'est qu'illusoire ! Sinon qui nous jugerait nous ! Nous qui avions entraîné Lucie si loin de sa terre natale, nous qui avions brûlé son corps, dispersé ses cendres au vent d'une contrée sauvage et lointaine !

— Père ! Si les hommes ne comprennent pas, ils ne cessent pourtant jamais de chercher !...

La pression de ses doigts se fit plus forte et je revis le quai désert de

Biloxi, j'entendis à nouveau ses paroles réconfortantes, je perçus la grandeur de l'amour qui l'habitait.

Être aujourd'hui à ses côtés, c'était accepter, devenir sauvage, devenir Natchez et comme eux prier pour les morts.

Lucie était auprès de nous. Elle pétrissait nos mains dans les siennes...

De sa démarche de vieillard, hésitante dans le pas mais ferme dans la détermination, Roseau-tremblant, en maître de cérémonie, s'avança calmement vers les futures victimes.

Un silence oppressant régnait parmi la foule.

De vieillard sénile, il était devenu le chaman, celui qui n'a pas d'âge, celui qui traverse le temps.

Sur ses épaules soudain redressées, s'étalait en cascade une longue coiffe de plumes rouges. Un pagne de plumes écarlates et noires ceignait ses reins, et dans sa main noueuse il étreignait avec force un solide bâton de même couleur sombre et cramoisie, mais orné de plumes de corbeau noires comme la nuit.

Ainsi s'accomplissait l'unité.

« Ce qui a été fait se défait, et ce qui est défait se refera ! »

Effleurant de son bâton les têtes des martyrs, Roseau-tremblant pénétra dans le temple, aussitôt englouti par l'insondable obscurité.

Il y eut un temps qui ne peut se définir dans l'espace. Il y eut un cri comme aucune poitrine d'homme n'en fit jamais surgir. Un cri qui portait en lui le vagissement d'un enfant nouveau-né mêlé au souffle d'agonie du moribond.

La foule s'imprégna de ce cri. Il devenait la plainte déchirante de tout un peuple qui ose regarder la mort en face et la transcende en source de vie.

Certains pleuraient, d'autres priaient, mais tous attendaient le dénouement dans la sérénité et la paix.

Lorsqu'enfin le chaman écarta la lourde tenture qui obstruait l'entrée du lieu saint, son visage nous apparut transfiguré. Une étoile de lumière au centre d'un ciel d'encre... En lui demeurait la parole sacrée du Grand-Esprit.

Montèrent alors de la foule les voix douces des femmes, légères comme des fumées, mêlées aux vibrations de l'air, s'élevant vers les étoiles, cadeaux des hommes à leur Dieu.

Et l'homme saint parla, et sa voix s'harmonisa au chant.

— Mon père m'a fait appeler !... J'ai vu qu'il allait partir et j'ai pris sa main dans la mienne. J'ai pressé la main de mon père. Mon père a souri et sans un mot s'en est allé vers la terre des esprits.

Moi, le fils, je l'ai suivi, comme un fils doit suivre son père.

Ces « mots-musique » à peine achevés, les parents bandèrent les yeux de leurs proches, qui de son frère, qui de sa sœur, qui de son père ou de sa mère. Puis sans émotion apparente, ils passèrent la corde autour de leurs cous offerts.

Les suppliciés endormis par la drogue ne bougeaient déjà plus, mais leurs visages s'étaient figés en une bouleversante béatitude.

Alors les deux guerriers choisis pour cette tâche passèrent de l'un à l'autre, avec dans leurs gestes cette assurance et cette force du laboureur qui retourne la terre meuble de son champ. Ils torsadèrent les cordes, leurs pieds bien campés sur le sol, le buste légèrement en arrière, ahanant juste un peu sous l'effort.

Il n'y eut pas un cri, pas une plainte, pas un soupir. Les corps sans vie s'affaissèrent dans la poussière comme des sacs trop lourds que l'on relâche sans crier gare.

Et la lune avalée par la nuit déserta le ciel...

Ce qui suivit se déroula très vite, sans temps mort, comme si les hommes à nouveau redécouvraient l'horreur de la mort et la cruauté de leurs actes.

Les gardiens du temple assistés de leurs aides, se saisirent des corps sans autre rite que de les recouvrir d'un drap de lin blanc.

Celui qui fut le Grand-Soleil, ses trois épouses et ses deux fils furent ensevelis dans le secret du temple à la place préparée où reposaient déjà leurs illustres prédécesseurs.

Le long de chaque corps, les prêtres disposèrent les effets personnels des défunts afin qu'ils puissent encore jouir dans l'autre monde de ce qui furent les signes distinctifs de leur pouvoir et de leur richesse.

Quant aux serviteurs, de nouveaux aides descendirent les corps dans une vaste fosse jouxtant le temple. Ils resteraient près de leurs glorieux maîtres, prêts à les servir pour l'éternité.

Leurs noms ne seraient pas oubliés et de par leur sacrifice, toute leur descendance se verrait élevée au statut de noble.

Ainsi était la loi des Natchez, le peuple du soleil.

La foule se dispersa dans un ultime chant et chaque famille regagna la quiétude de son foyer, bien décidée à ne plus jamais reparler de cette inhabituelle nuit, celle-ci et tous les actes y attenants étant désormais devenus sacrés.

•••

Je rêvais, je ne pouvais douter que je rêvais ! Et pourtant tout semblait si proche, si réel...

« Le tipi rayonne d'un blanc lumineux, dressé seul au nord sur l'immense prairie.

Le ciel a perdu sa couleur terne du jour pour prendre les teintes pourpres du couchant. Il y a une porte, ronde, exiguë, et le rabat de peau claque au vent comme une main géante qui me fait signe et qui m'appelle.

« Wicasa wacan », l'homme sacré des Lakota, est assis au centre de la demeure de peau, là où d'ordinaire brûle le feu.

Il ne porte pas de plume, il n'en a plus besoin ! Il est l'homme saint, celui qui a franchi les marches du rêve, celui qui vole au côté de l'aigle tacheté.

Son corps harmonieux est celui d'un jeune guerrier, solide comme le tronc du chêne, mais sa tête est celle d'un vieillard sans âge où luisent des prunelles sombres, accueillantes et profondes, mais pénétrantes comme le froid de l'hiver sur la peau nue.

Il fume, recueilli, sa main chérissant la longue pipe de frêne au fourneau de pierre rouge.

La fumée bleutée devient nuage. « Wicasa wacan », être immatériel, flotte au centre de ses volutes.

Sa voix ne ressemble plus à celle des humains, elle ne sort pas de sa gorge mais jaillit de son ventre comme un tumultueux torrent.

— Entre, mon fils, là est ta place !...

Il me montre du doigt un petit cercle de terre rase face à lui. Il me tend la pipe. Le tuyau est brûlant de la chaleur de sa main.

— Fume, mon fils ! Fume pour les enfants qui n'ont plus de peuple, fume pour les fils qui n'ont plus de père, fume pour les hommes qui n'ont plus de terre !...

Il sourit, découvrant deux rangées de dents d'une blancheur de nacre.

— Fume pour toi, mon fils, fume pour le seul plaisir de fumer !...

Dix-ours, c'est son nom et il me le dit, sourit à nouveau, et son sourire ressemble aux vagues mourantes qui se brisent sur le rocher noir.

Sans me quitter des yeux, il extrait d'un sac de cuir posé à ses pieds un large couteau au manche d'os et à la lame de pierre. Puis d'un geste si rapide qu'il me prend au dépourvu, il entaille profondément son bras, à la pliure du coude, là où la veine est la plus grosse.

En jaillit un sang rouge vif, bouillonnant comme le torrent à la fonte des neiges, fluide comme la source.

— Vois, mon fils ! Vois comme la sève de l'homme est rouge !...

Aussitôt sans prévenir, il se saisit prestement de mon bras et l'entaille pareillement.

J'ai peur de mon sang qui s'échappe, mais n'en ressens aucune souffrance.

— Vois, mon fils ! Vois comme ta sève est rouge !...

Son sourire illumine sa face et son sourire ressemble aux vagues déferlantes qui s'élèvent au-dessus du rocher jaune.

De la lame effilée de son couteau, il fend les chairs de sa poitrine, puis saisissant son cœur à pleines mains, il l'arrache et le dépose à nos pieds.

— Vois, mon fils ! Vois le cœur de l'homme qui palpite !...

D'un même geste vif, il plonge à présent le poignard dans ma propre poitrine, en retire mon cœur et le dépose auprès du sien.

J'ai peur de ma blessure mais n'en ressens aucune souffrance.

— Vois, mon fils ! Vois ton cœur qui palpite !...

Son sourire monte jusqu'à ses yeux et son sourire est semblable aux vagues de tempêtes qui brisent le rocher blanc.

— Vois, mon fils, il n'y pas de races, n'existent que des peuples !...

Tu es le peuple blanc et je suis le peuple rouge, tu es le vent de l'Est et je suis le vent du Nord ! Regarde notre sang, regarde nos cœurs ! Nous sommes le peuple du Grand-Esprit et « Maka » est notre mère. Son sourire est vaste comme la terre. Il est vague d'or et d'argent qui s'unit, se confond et se mêle au Grand-Rocher-Sacré. »

« Regarde-moi, car c'est ainsi que j'ai grandi.
Avec la pipe sacrée, ma vie a commencé.
C'est la tradition de mon peuple, regarde-moi.

Les nuages sont ma couverture,
la terre est mon lit.

Regarde-moi, car c'est ainsi que j'ai grandi.
Regarde-moi, car c'est ainsi que j'ai été élevé.
Regarde-moi, car c'est ainsi que je mourrai. »

Les oreilles encore bourdonnantes du chant de Dix-ours, le « Wicasa wacan », le réveil fut douloureux et triste.

Mes mains pressèrent ma poitrine, affolées et fébriles, tremblantes dans la peur de ne plus y sentir battre mon cœur.

— Mon prince est encore loin de moi ! Celui-à-qui-parle-l'aigle-à-tête-blanche voyage plus loin la nuit qu'il ne le fait le jour et sa route est toujours solitaire.

La mélodieuse voix de Fleur-de-maïs à nouveau fut le pont qui, lancé sur la rivière des songes, tend sa flèche vers la lumière du jour.

— Je n'ai jamais été aussi près de toi ! Oh ! je le sais, mon amour, je le sais maintenant, rien ne nous sépare plus, ni la couleur de notre peau, ni nos croyances et notre religion, rien... Pas même la différence dans nos yeux !...

•••

Les journées du peuple des Natchez ne différaient en rien de celles de toutes les nations de la terre : recherche quotidienne de la nourriture, chasse, pêche et culture ; loisirs et détente, jeux de balle, exercices destinés à entretenir le corps ; festins en l'honneur de tout événement propice à se réjouir ; réflexions et longs palabres autour d'un feu convivial ou dans l'intimité de son foyer.

Au fil des jours, le temps s'écoulait lentement, laissant s'enfuir les lumières de l'été pour donner plus de place aux couleurs automnales.

Confiné dans mes relations exclusives avec Fleur-de-maïs et Petit-serpent, auprès desquels je partageais à égale mesure les heures du jour et de la nuit, je ne voyais père que très rarement.

Sans le réconfort d'un signe de la main ou d'un sourire complice éclairant sa bonne face de géant dès que le hasard ou son propre choix le plaçait sur mon chemin, j'aurais pu croire qu'il s'était fondu dans le peuple, devenant à son tour étranger parmi le millier d'hommes qui déambulaient chaque jour dans la fourmillante cité.

Mais père ne souffrait pas de cette temporaire séparation, car si mon idylle amoureuse l'inquiétait un peu, en revanche ma toute récente indépendance le rassurait. Elle lui procurait sans doute l'ineffable satisfaction d'un père qui voit sous ses yeux grandir son enfant.

Ayant enfoui sa peine quelque part, une nuit, dans les profondeurs de la forêt, Patrick O'Brien réapprenait dans sa nouvelle vie le sens perdu du bonheur.

Il s'était découvert un ami sincère en la personne de Loup-gris, un de ces compagnons avec lesquels chaque jour se partage.

Sans doute avaient-ils en commun ce même handicap, leur trop imposante stature, qui si elle leur octroyait crainte et respect, les séparait tout aussi sûrement des autres hommes. Ensemble, ils partageaient leur solitude, et de les voir réunis, nul ne pouvait douter qu'ils en retiraient un immense plaisir.

Tous d'eux s'absentaient parfois de longs jours pour de fructueuses expéditions de chasse dont ils revenaient les épaules chargées de nobles et grands gibiers. Un jour, ils ramenèrent un ours noir et ce fut pour le peuple une nouvelle occasion de se réunir et de festoyer. Mais ils furent aussi dans le même temps porteurs d'inquiétantes nouvelles ; les Houmas avait déterré la hache de guerre et de nombreux partis de guerriers rôdaient en permanence autour des palissades.

La cité resta sur le qui-vive toute une longue semaine et les femmes ne se rendirent aux champs qu'accompagnées de guerriers fortement armés.

Pourtant l'attaque redoutée tardant à venir, on oublia la peur et la vie retrouva la quiétude de ses tâches quotidiennes.

Il n'y avait en Loup-gris que son apparence de rude, car c'était un homme affable, simple et joyeux, patient et peu avare de ses connaissances.

Père apprit de lui le maniement de l'arc, la subtilité de la lutte indienne ainsi que l'art de fabriquer une multitude d'objets usuels avec pour seuls matériaux les innombrables richesses de la nature.

Par l'enseignement de son compagnon chaque jour répété, il devint vite expert dans le tressage du jonc et du roseau, dans la taille du silex, l'allumage d'un feu sans briquet, l'écorchage et le tannage des peaux. Il passa maître dans l'art de se rendre invisible dans la forêt, d'effacer ses traces, de marcher avec le vent et de se frotter le corps de terre et d'excréments afin de mieux approcher le gibier convoité. Toutes ces choses simples et bien d'autres encore, si utiles au coureur des bois.

Père apprenait sans mesure, cherchant toujours à en connaître plus comme s'il pensait ne pas avoir assez de temps pour tout assimiler, et lorsque, les rares fois où nous nous parlions, je lui en demandais, troublé, la raison, il me répondait en riant :

— Il faut bien que l'un de nous apprenne la vraie vie puisque l'autre ne pense plus qu'au doux plaisir de l'amour !...

En échange de tant de sollicitude, père initia le grand guerrier au tir du fusil, le « bâton de feu » comme ce dernier le nommait, la voix empreinte de mystère et de respect.

Il lui fit même cadeau de l'une de ses armes, le Springfield conquis de haute lutte sur le fleuve. Il y joignit un baril de poudre et trois livres de plomb, mais Loup-gris, après en avoir appris consciencieusement le maniement, enterra arme et munitions dans la terre battue de sa hutte, expliquant à père que le temps du changement n'était pas encore venu et que lui, le plus grand chef de guerre de la nation Natchez, ne pouvait se battre avec d'autres armes que celles qui, depuis des temps immémoriaux, dansaient dans les mains de ses ancêtres.

Alors père, à la plus grande joie de son ami, oublia la guerre et ses jeux. Il lui narrait en contrepartie durant des heures interminables, assis devant le feu, fumant la pipe, l'histoire de son pays et des hommes qui y vivaient.

Loup-gris y prenait un intérêt tout particulier, les coutumes et les traditions de ce peuple si différent du sien étant pour lui source d'émerveillement sans cesse renouvelée.

« Il est bon, répétait-il après chaque récit, qu'un guerrier n'ignore rien de la vie des créatures du Grand-Esprit, aussi lointaines que soient les contrées qui les séparent de son peuple.

— Mais l'Irlande est de l'autre côté des grandes eaux, lui répétait père inlassablement. Jamais tu n'en verras les vertes prairies.

Loup-gris souriait alors et sa réplique était toujours la même :

— L'esprit du guerrier est semblable au vent, et le vent n'a pas de maître, il voyage aux quatre directions de la terre. »

Sans autre préoccupation que d'être heureux, je savourais les jours sans les compter, confiant comme l'oiseau sur son nid.

La terre et les êtres vibraient et je vibrais avec eux.

Cerf-rouge me visitait quelquefois, grattant au rabat de la hutte, attendant patiemment l'invitation de Fleur-de-maïs.

Mon amante se retirait alors, nous laissant seuls face à face, soucieuse de préserver notre besoin d'intimité.

Mon maître la remerciait, puis il bourrait la pipe, l'allumait en silence, tirait avec délectation les premières bouffées en offrant chaque nuage aux quatre directions.

Nous fumions, tout d'abord sans un mot, car il m'avait appris que seul du temps de la réflexion s'écoulent les bonnes paroles.

Les minutes s'égrenaient à leur juste mesure, nos regards se mêlant sans l'ombre d'une rivalité, savourant la douceur de l'instant ; l'arrêt de l'aigle dans le ciel, qui, libre, jouit sans contrainte de la caresse du vent.

Puis nous parlions ! De son peuple, des chemins de la vie, des beautés de la terre, de mes visions... Surtout de mes visions !

— Maître ! J'ai croisé le regard de l'homme étrange des Lakota, le Cheval-fou. Quel homme est-il auprès de ton peuple ? Quand le rencontrerai-je ?

Il ne fut pas surpris par mes questions et débordant d'affection, il posa sa main sur les miennes.

— Celui-à-qui-parle-l'aigle-à-tête-blanche est donc bien le fils que je suis venu chercher !...

L'homme étrange n'est pas un rêve, il est l'un de mon peuple, mais vois-tu, mon fils, son esprit n'est encore qu'une graine qui n'a pas germé.

Son père n'a pas encore de nom et les plus jeunes à ce jour parmi les Oglala ne chevaucheront pas au côté de « Ta-shunca-witco », le cheval mystique et le plus grand des chefs de guerre à venir.

Je fus profondément troublé par cette surprenante révélation et ne pus retenir mon émoi.

— Qui suis-je, père, pour voir ce qui n'est pas encore ?

Il sourit et son sourire ressemblait étrangement à celui de Dix-ours.

— Tu es « Celui-à-la-longue-vie », le « Wicasa wacan » des temps nouveaux, le chevaucheur de nuages et le gardien de l'esprit.

Avant que je ne puisse répondre ou demander, il enchaîna aussitôt :

— Mais il est encore bien trop tôt, mon fils, pour parler de ces choses ! L'aigle ne bâtit pas son aire au sommet de la montagne alors que ses plumes ne sont encore que duvet !...

— J'entends, père, mais je ne comprends pas ! « Ta-shunca-witco » n'est pas seul à m'avoir visité. Dix-ours, le « Wicasa wacan », a lui aussi touché mon cœur. Est-il à son tour un homme qui n'est pas encore né ?

— Dans son village, le Cerf-rouge peut chaque jour toucher la main de l'homme saint. Dix-ours ne voyage pas dans les rêves, il est présent partout et toujours, il est l'herbe que tu foules, il est le rocher qui te protège de son ombre, il est le vent qui frôle ton visage... Dix-ours est le passé, le présent et le futur. Il est le père immortel qui attend et guide ses enfants.

Ayant révélé ce qui pouvait être dit et passant sous silence ce qui ne pouvait être entendu, mon maître rebourra calmement la pipe, laissant s'envoler dans la fumée les questions sans réponse.

En-dehors de ces visites, Cerf-rouge participait activement à la vie quotidienne de nos hôtes, ne ménageant ni son temps, ni ses enseignements.

Les longues soirées où le ciel était clair, il rassemblait les plus jeunes autour du feu et leur contait de merveilleuses légendes, combinant morale et humour dans un savant mélange. Pas un seul enfant de la cité ne pouvait le voir passer sans quémander sa présence.

D'autres nuits, lorsque le ciel se voilait de noirs nuages, il disparaissait jusqu'au matin dans la hutte de Roseau-tremblant, échangeant à n'en pas douter avec le vieux sage quelques secrets de chaman inaccessibles au commun des mortels. Mais il en ressortait toujours soucieux, et moi, parce que j'étais son fils et son élève, je devinais dans son regard que le miel des jours anciens deviendrait amère nourriture dans les temps à venir.

Les femmes surtout l'appréciaient énormément, car outre sa belle prestance, il usait pour ces dernières d'attentions et d'égards inconnus des autres hommes, plus habitués à considérer leurs épouses comme des êtres mineurs.

Pourtant les guerriers, même les plus jaloux, n'en prenaient point ombrage tant était grand le respect qu'ils lui portaient. Bien que jamais aucun d'eux n'y fit allusion, son combat avec le « tueur-d'hommes » l'avait hissé dans la fierté de leurs cœurs au rang de guerrier d'exception.

Pour cela, de jeunes braves impétueux au regard brillant d'admiration le réclamaient à leur tour dans l'espoir avoué qu'il leur enseigne son art.

Mon maître ne s'y dérobait que rarement, car il voulait avant tout que l'on sache que la force du bras n'était que peu de chose sans l'esprit pour le guider.

Nous aurions pu vivre ainsi le restant de nos jours, Natchez parmi le peuple des Natchez. Pourtant je ne pouvais oublier que tel n'était pas notre aboutissement ; d'autres hommes, d'autres manières de vivre et de penser, d'autres coutumes et d'autres traditions nous attendaient là-bas, à la source du grand fleuve, là-bas vers le nord, au pays des sept conseils, la terre fertile des Lakota.

Malgré les apparences, l'idée d'un proche départ restait gravée en moi, et chaque jour, confusément, j'en ressentais les prémices.

Fleur-de-maïs elle-même n'y restait pas insensible. Elle devenait plus soucieuse, plus attentive, plus proche, plus câline, usant des élans passionnés de l'être qui jouit de ses derniers instants de bonheur, sachant que la fin est inscrite en toutes choses.

Petit-serpent non plus n'était pas dupe. Il avait beau répéter sans cesse qu'un guerrier ne peut verser dans la sensiblerie, dans son comportement et jusque dans le ton de sa voix, nul doute que la mélancolie inexorablement distillait ses amers poisons.

Lorsqu'il proposa que nous nous rendions pour quelques jours au bord du fleuve pour une de ces longues parties de chasse qu'il affectionnait tant, malgré un sombre pressentiment, je n'eus pas le cœur de lui refuser.

•••

C'était une de ces pures matinées d'automne où la nature au faîte de son cycle oscille entre l'éclat de la vie et la longue dormance de l'hiver à venir.

Le temps était clair, l'air doux, presque frais, bien que le soleil eût déjà entamé sa longue courbe au-dessus de l'horizon.

Des milans noirs et des aigles pêcheurs tournoyaient en piaillant au-dessus du fleuve, se disputant la manne journalière charriée par les eaux boueuses du père nourricier.

Quel incomparable plaisir que cette vision sans cesse renouvelée ! Les majestueux rapaces fondaient vers la surface dans un piqué vertigineux, crevant l'opaque miroir dans une gerbe d'écume brune, pour s'élever très vite, haut dans le ciel, loin des harcèlements de leurs rivaux, un éclair d'argent scintillant entre leurs puissantes serres.

Nous avions quitté la cité depuis deux jours et la nuit précédente s'était révélée des plus inconfortables. Peu rassurés par la promiscuité d'une meute de loups en chasse, nous n'eûmes droit qu'à un sommeil agité et peu réparateur, recroquevillés dans une anfractuosité de rocher.

Je n'avais donc au matin qu'un seul désir ; m'étendre de tout mon long sur le sable tiède, contempler encore les grands oiseaux, réchauffer mes muscles endoloris aux doux rayons du soleil matinal.

Pour mon malheur, les préoccupations de mon compagnon étaient tout autres.

Petit-serpent venait de repérer sur le sol mou de la berge de larges empreintes de sabots fendus.

Il gesticulait comme un possédé, hurlant, m'invectivant sans aucune considération pour mon envie justifiée de « farniente », n'ayant de cesse de m'avoir à ses côtés.

— Approche ! Regarde !

Ses yeux s'agrandissaient et brillaient comme les galets ronds et polis par le fleuve.

— Trop profonde pour un daim, trop large pour une biche ! Pas de doute possible, c'est l'empreinte d'un cerf !... Vois comme les talons sont marqués, les pinces renflées, les soles évasées. (Puis se parlant à lui-même le front barré d'une intense réflexion). Non, ce n'est pas un hère ! Pas même un daguet ! Mais bien un grand cerf, un maître de harde !...

(Reprenant subitement conscience de ma présence) Nous allons prendre sa piste !...

Ce n'était point une demande mais bel et bien une affirmation, presque un ordre, et quoique fort impressionné par l'acuité de sa déduction, j'essayai malgré tout de trouver les arguments capables de lui faire abandonner dans l'immédiat son projet :

— Nous n'allons tout de même pas abattre un grand cerf en pleine période de rut ! Aucun chasseur digne de ce nom ne commettrait pareille faute !...

— Mon frère est bien ignorant, me railla-t'il, sa face s'éclairant d'un malicieux sourire. Il ne voit pas plus loin que le bout de sa plume ! Petit-serpent n'est pas un chasseur blanc ! Le roi de la forêt ne sera pas sa proie mais ses traces nous mèneront tout droit vers la harde. Il nous sera alors facile de choisir le bon gibier ! Une biche pas trop jeune, ou même avec de la chance, une seconde tête !...

Sa remarque sur le chasseur blanc écorcha quelque peu mon orgueil et pourtant je ne pouvais lui donner tort. Il me suffisait de rafraîchir ma mémoire : le pénible souvenir de cette expédition de chasse avec père dans les bayous de Biloxi où nous croisâmes un détachement de soldats français qui, sous le prétexte fallacieux d'assainir les alentours du fort, abattirent dans une seule journée plus de cent alligators.

Négligeant la précieuse chair alors que la population souffrait cruellement du manque de vivres, ils laissèrent pourrir sur place les carcasses, chaque bête mortellement touchée coulant à pic dans les eaux glauques.

— Celui-à-qui-parle-l'aigle-à-tête-blanche chasse aujourd'hui comme un Natchez, me surprit soudain mon compagnon comme s'il avait deviné mes pensées ! Le vieux dix-cors est venu boire très tôt ce matin alors que nous dormions encore.

Et pour confirmer ses dires, il émietta entre ses doigts un bloc de crottin encore chaud dont le lourd fumet emplit aussitôt l'atmosphère.

— La piste est fraîche ! En marchant vite, nous l'aurons rapidement rejoint !...

Marcher vite ! Voilà bien la phrase que je redoutais le plus. Mais après tout, me dis-je en retrouvant les émotions de ma passion, un joli coup de fusil ne serait pas pour me déplaire.

— En route, grand chasseur ! Je suis ton homme !...

Les mots avaient jailli du fond du cœur, et avec eux la fatigue, comme une brume matinale sous les premiers rayons d'un soleil éclatant, instantanément s'estompa.

Nous marchâmes de longues heures, soutenant un rythme endiablé, inaccessibles à tout ce qui n'était pas la piste du grand cerf.

Heureusement les traces étaient très nettement lisibles, semblant projeter l'animal vers un but mystérieux dont rien ne pouvait le détourner ; pas même le fouillis des ronciers sauvagement piétinés, ni les troncs rugueux des grands pins lacérés de larges et profondes entailles.

La bête filait droit, emportée par la passion fougueuse de son instinct de mâle.

Mais pour nous, n'ayant point sa force et son énergie, la course s'avéra pénible. Les essences variées de la sylve se pressaient les unes contre les autres et d'épaisses broussailles entravaient notre progression.

Il nous fallait éviter de faire craquer du pied la multitude de branches mortes qui jonchaient le sol. Le claquement sec du bois qui se brise eût été d'autant plus aisément perçu que nul souffle ne traversait l'espace. Aucun chant d'oiseaux ne distrayait l'oreille et aucune rumeur ne parvenait des profondeurs des halliers. La vie se taisait, toutes les créatures de la forêt respectant dans le silence la course conquérante de leur roi.

Le soleil devenu plus ardent inondait de lumière les ramures immobiles, troublant la vue de son éclat de feu, brûlant le cuir tanné de nos corps ruisselant d'une sueur âcre et salée au fumet malodorant.

— Il faut changer notre odeur, me souffla Petit-serpent en stoppant brutalement sa course. Il fronça les narines avec une grimace de dégoût.

— Nous puons comme des hommes !...

Affaiblissant encore le timbre de sa voix et posant son index tendu sur ses lèvres.

— La poursuite s'achève ! Le vieux dix-cors à rejoint ses biches !...

De nombreuses laissées fraîches et fumantes, ainsi que le sol labouré sur une large bande en étaient autant de preuves irréfutables.

Je portais déjà la main vers les excréments de notre poursuivi quand Petit-serpent arrêta mon geste.

— Non ! Le maître nous prendrait pour un rival !...

Ramassant alors à ses pieds d'anciennes crottes de blaireau, il s'en barbouilla le visage et le torse et m'engagea à suivre son exemple.

Certes l'homme pue, mais la bête sauvage bien plus encore, pensai-je en mon for intérieur en reniflant l'épaisse croûte brune.

Tout dépend sans doute de quel côté on se place et quelle valeur on se donne !

Ainsi « parfumés » et après plusieurs coudées d'une marche sur du velours, nous débouchâmes sur une vaste clairière.

Quelques bosquets d'arbres épars en annonçaient l'entrée et il fut nécessaire de ramper de l'un à l'autre, usant de mille précautions, par crainte d'être aperçu ou entendu, ou même seulement senti, malgré le subterfuge, dans notre odeur-d'homme exécrée des bêtes.

Le spectacle qui s'offrait à nos regards ébahis révélait une beauté magique, propre à vous couper le souffle.

Petit-serpent ne s'était pas trompé ! Devant nous se dressait, majestueux et puissant, un grand vieux cerf. Une douzième tête, pas moins ! Il remplissait à lui seul l'espace clos de la trouée.

Les biches groupées, leurs longues oreilles pointées, se rapprochèrent à pas comptés, apeurées, énervées, fébriles mais déjà soumises, prêtes à s'offrir à leur Pygmalion.

Le flanc encore fumant, les naseaux dilatés, reprenant non sans peine son souffle, le grand cerf attendait immobile, campé sur ses fortes pattes, le poitrail gonflé, la tête portée bas, ses bois démesurés aux chandeliers blanchis à leurs pointes légèrement versés à l'arrière, les andouillers de massacre couvrant son front bombé. Sûr de sa force et de sa suprématie, il releva brutalement son mufle écumant, offrant en défi vers le ciel les poignards acérés de son impressionnante ramure.

De sa silhouette massive émanait une énergie et une détermination inébranlables. Son cou épais palpitait spasmodiquement sous l'abondante fourrure, trahissant son excitation contenue, tandis que naissant du garrot bossué courait sur toute la ligne harmonieuse du dos une vague ondulante et houleuse.

S'écoulèrent ainsi d'interminables minutes où la bête de son œil rond et larmoyant jaugeait son harem. Se décidant enfin, il s'avança à l'encontre des femelles, lentement, renâclant, labourant le sol de son antérieur droit, dominateur, certain que sa quête touchait à sa fin.

La sueur s'écoule en ruisseau de mon front. Mes yeux se brouillent. Il fait si chaud, beaucoup trop chaud... Le grand cerf, ses biches, le long canon du Springfield, la mire de cuivre... Tout devient flou, irréel, lointain... Excitation, peur et émotion se mêlent.

J'entends battre mon cœur... Il déborde, il explose ! Mes doigts se crispent sur le fût, mes ongles crissent sur l'acier poli... Le fusil devient lourd... J'ai peur ! Une peur panique... L'angoisse de ne pas tirer juste !...

— N'oublie pas ! chuchota Petit-serpent. Ce n'est pas lui la cible !...

Alors soudain, j'eus honte. Honte de n'être qu'un chasseur blanc ! Une demi-seconde et mon index endolori aurait pressé la détente.

— Sur ta gauche ! enchaîna mon compagnon, ignorant mon trouble. Regarde !... Deux autres mâles.

À l'orée de la clairière, là où les arbres reprenaient possession de leur domaine, en partie dissimulés sous l'épaisse frondaison se tenaient, tremblants de frustration, deux jeunes cerfs d'allure plus modeste.

— Le plus grand, celui qui tient sa tête droite ! C'est lui que tu dois tirer, une troisième tête !...

Le ton autoritaire de Petit-serpent claqua comme le chien du fusil qui se relève. Le noir tube d'acier changea d'axe.

Voilà ! J'y suis !... Juste au défaut de l'épaule... Le vide dans ma tête... Une longue et profonde inspiration, puis j'expire lentement... À mi-parcours je bloque... Feu !...

Mais aucune détonation ne déchira mes tympans ; mes narines n'inhalèrent aucun lambeau de fumée blanche, mes yeux restèrent grands ouverts, sans ce picotement gênant après le cou de feu.

Avant même que mon doigt ne presse la détente, les biches affolées, subitement cédant à la panique, s'égaillèrent en tous sens.

Que s'était-il passé ? Incompréhension !... Je restais figé de longues secondes, interdit et stupide, les muscles de mes bras tétanisés, douloureux à vouloir broyer le pontet et la crosse du Springfield.

Le grand mâle, d'abord ne bougea pas, tendu comme un ressort sur ses pattes écartées, puis poussant de toute sa gorge un brame rauque et déchirant, il détala à son tour, rattrapant les femelles, les regroupant, menant la harde à travers bois dans une course effrénée.

La réponse à ma surprise ne se fit pas attendre. Elle fut aussi brutale que soudaine. Surgissant de nulle part apparurent comme par enchantement deux hommes à demi-nus, la taille ceinte d'un léger pagne de cuir, leurs longues chevelures flottant librement sur leurs larges épaules, la démarche souple et féline des coureurs des bois.

Des Indiens ! Pas des Natchez et certainement pas des chasseurs ! Jamais ils n'auraient approché la harde avec tant de hâte.

Les peintures noires et rouges bariolant leurs visages tendus ne laissaient planer aucune équivoque... Deux guerriers sur le sentier de la guerre !

— Ne bouge pas ! Ne te relève pas, ordonna Petit-serpent, lui-même s'aplatissant sur le sol jusqu'à se fondre avec la couleur brune de la terre.

L'injonction s'avérait inutile. L'aspect redoutable des deux Indiens ne m'incitait en aucune manière à me montrer.

— Guerriers Houmas, souffla Petit-serpent, ennemis héréditaires des Natchez !...

Des propos certes que j'aurais préféré ne jamais entendre. Mes sombres pressentiments se confirmaient donc, et je m'en mordais les doigts de ne pas avoir su y prêter plus d'attention.

À mon tour, j'embrassai la terre, retenant mon souffle et le tremblement inopiné de mes membres.

« Ô, Grand-Esprit, protège tes enfants ! »

Les guerriers sans marquer de pause se dirigèrent droit sur nous d'un pas rapide et assuré.

Les trémulations de mon corps se firent alors si intenses que toute ma volonté concentrée suffit à peine à en atténuer la violence. Si seulement père et Cerf-rouge pouvaient se tenir à nos côtés, nul doute que la peur aurait changé de camp !

Pourtant aucun signe dans le comportement des deux hommes n'indiquait qu'ils nous avaient découverts.

Celui qui marchait en tête, le plus grand, balançait négligemment au bout de son bras une lourde hache de fer retenue au poignet par un lacet de cuir. Tout exprimait en lui l'assurance d'un homme qui, s'il ne redoute rien ni personne, n'en reste pas moins toujours sur ses gardes.

Le second, un peu en retrait, serrait fermement dans sa main droite une longue carabine dont le chien relevé indiquait la probabilité d'un emploi imminent.

Manifestement ils suivaient une piste, et tous deux devaient sentir la proche présence de leur proie.

Néanmoins ce ne pouvait être nous, car lorsqu'ils passèrent près de nos corps étendus, si proches que je pus sentir l'odeur âcre de leur sueur, ils n'eurent ni un geste, ni un regard, ignorants de nos personnes tout comme si nous n'existions pas.

Cinq pas... Dix pas !... Les muscles de leurs dos ondulaient comme un nœud de serpents. Vingt, trente pas de plus !... Le danger s'éloignait et mon cœur retrouva son rythme régulier...

... Violemment, dans un élan commun et plus rapide que la foudre, les Houmas se retournèrent, le porteur de fusil son arme à l'épaule, la bouche noire et menaçante du canon pointé sur moi, prêt à ouvrir le feu.

— « Yee Ah ! »

Petit-serpent cria si fort que le tireur surpris hésita avant de presser la détente ; les quelques secondes suffisantes pour que revienne mon instinct de survie.

Presque sans réfléchir, le buste redressé, j'épaulai à mon tour, ouvrant le feu dans le même geste.

L'Indien chancela. Son arme lui échappa des mains. Un large trou rouge étoila son front. Il chuta en avant, ses traits figés par la stupéfaction.

L'autre n'attendit pas. Il fonça, sa hache relevée, hurlant à pleins poumons son cri de guerre.

Avant que je ne puisse me ressaisir, il était déjà sur moi, le fer luisant de sa hache si proche de mon front. Tétanisé, je vis le tranchant me déchirer les chairs et s'enfoncer dans mon crâne...

... L'étonnement remplaça la douleur ! Le guerrier ne bougeait plus, son bras suspendu dans un geste arrêté, la peur et la surprise marquées sur son visage comme au fer rouge.

Petit-serpent, vif comme l'éclair, avait sauté sur son dos. Étreignant d'une main le cou de son adversaire, de l'autre il lui plongea son poignard dans la poitrine.

Mais l'homme, puisant dans sa force un dernier sursaut d'énergie, réussit à se libérer de son fardeau, le culbutant par-dessus son épaule. Il referma alors l'étreinte de ses bras puissants sur le corps fluet de mon compagnon. Il y eut un sinistre craquement, sec comme la branche morte qui se brise. Puis, terrassé, le guerrier s'écroula entraînant son vainqueur dans sa chute.

La terre du Grand-Esprit ne fut plus soudain qu'un gouffre sombre et amer...

— Petit-serpent ! Petit-serpent !... Je t'en supplie ! Réponds-moi !...

Mais Petit-serpent semblait s'obstiner à vouloir rester désespérément muet.

Ses paupières étaient closes, son visage envahi d'une pâleur mortelle, son corps inerte, marbré de larges auréoles violettes.

L'inéluctable devenait réalité ! Mon ami se mourait, la colonne vertébrale broyée, les poumons perforés par ses côtes brisées.

Il me fallut mille précautions pour le dissocier du cadavre de l'Indien, les bras de ce dernier étant devenus les implacables mâchoires d'un étau géant.

— Petit-serpent, mon frère, mon ami, je t'en conjure, ne m'abandonne pas !...

Les sanglots étouffaient ma voix. J'aurais voulu faire reculer le temps, être l'instant d'avant, ou du moins l'arrêter... Quelques heures, quelques minutes gagnées sur la mort... Refouler l'ombre noire, la faire attendre, être le premier à lui arracher ce qu'elle n'offre jamais. Mais rien de cela n'est possible ! Alors !... Alors seulement sublimer ce que je voyais être ses derniers instants.

Dans un ultime effort, il ouvrit enfin les yeux, s'efforçant de parler malgré la douleur qui déformait ses traits.

— Celui... Celui-à-qui-parle...

La respiration lui fit défaut. Un filet de sang rosé ruisselait à la commissure de ses lèvres.

— Celui... Les mots finirent par sortir lentement, hachés, se frayant avec peine un passage au travers de sa poitrine défoncée.

— Celui-à-qui-parle... l'aigle... l'aigle-à-tête-blanche... Il... Il avait raison... La charge... la charge du guerrier est trop lourde à porter...

Réprimant un hoquet, il eut un pauvre sourire, écueil dérisoire dans la tempête de son visage tourmenté. Dans ses pupilles, je vis briller une lueur de dépit.

— La plume... La plume du brave n'ornera jamais ma nuque !...

L'air venant à manquer, il se tut. Ses paupières trop lourdes se refermèrent. Et ce fut le silence, profond comme l'abysse...

— Ô, Grand-Esprit ! Accorde-moi encore une phrase, un mot, un sourire !...

Ses lèvres s'entrouvrirent... Ses paroles s'épanchèrent de son cœur, plus ténues qu'un murmure, un souffle léger sur le point de s'éteindre.

— Je veux reposer ici, là où se tenait le grand cerf... Je veux dormir dans le soleil...

Remerciant en silence le Grand-Esprit, lui qui venait d'exaucer ma prière, j'étreignis en larmes la main de mon compagnon et lui baisai le front.

Sa peau était plus froide que les eaux de la source en hiver. Mes pleurs inondèrent son menton, mêlant l'eau de ma vie au sang vermeil de sa mort. Ses traits que la douleur ne tourmentait déjà plus retrouvèrent le calme et la beauté de sa jeunesse.

— Mon frère, mon ami... Tu es un grand guerrier, le plus sage, le plus fort !... Aujourd'hui, tu as conquis ta plume et le peuple pour toujours chantera tes exploits.

Je pris alors ma propre plume d'aigle pour la piquer dans ses cheveux.

Son visage soudain transfiguré s'éclaira d'un lumineux sourire, ses paupières à demi se soulevèrent ; le dernier souvenir qu'il m'offrait en présent. Puis sa tête retomba sur le côté... Petit-serpent, le guerrier Natchez, ferma les yeux... Il ne les ouvrirait jamais plus sur ce monde.

Seul dans cette forêt qui devenait tombeau, mon corps étendu tout contre celui de mon ami, ma main chaude étreignant sa main froide, révolté, oubliant le pardon et reniant l'amour, je haïssais les hommes et leur violence, leurs désirs de gloire et de puissance jamais assouvis, leur irrespect de la vie, leurs perpétuelles trahisons envers le créateur.

Je haïssais toute mon existence, mon but et les chemins de pierres qui vers lui me portaient. Je ne comprenais plus. Je ne voulais plus voir, ne plus entendre... Seulement dormir, dormir et me noyer dans l'oubli...

Mère dansa dans mon esprit, elle me fit revivre tous les instants de son passage. Le visage du Cerf-rouge à ses côtés se dessina dans le ciel, tous deux lumineux et brûlants, éclipsant le disque d'or du soleil.

« La douleur s'envole comme la graine dans le vent, elle ensemence la terre et redevient l'arbre de vie. »

Les anciennes paroles pénétrèrent mon âme, apaisant ma douleur, caresse des ailes de soie des grands oiseaux de nuit.

La paix doucement retrouva son chemin... Et je m'endormis sans connaître l'oubli.

•••

Chapitre 7.

« Si brillante est l'étoile qui guide tes pas, qu'aveuglé par l'éclat de sa lumière, tu n'en distingues plus la poussière du chemin. »

Inipi me brûle, me consume et me purifie. Je suis la pierre et l'eau, je suis le feu et la prière. Je suis au centre, noyé dans l'univers...

« Le jour se lève. L'air est encore frais et léger, mais ce n'est déjà plus qu'un court répit. Au loin, derrière les collines, là où le soleil se lève embrasant l'horizon, monte une brume de chaleur. Elle s'enfle et s'épaissit, galope vers le fort tout comme lui, « Ta-chunca-witco », le cheval-mystique.

L'homme étrange est venu, il est fidèle à sa promesse. Il sait qu'il n'a plus d'autre choix. L'homme blanc est partout, il fut et restera le plus fort. Les derniers cris de guerre se sont éteints sur la « Little Big Horn » et le guerrier rouge aujourd'hui est vaincu, écrasé sous le nombre. Il n'a plus la force ni le courage de se battre encore.

Cheval-fou avance lentement. Ses pas ne soulèvent même plus la poussière. Sur son corps frêle se lisent les douleurs des temps achevés, mais son regard est pur, fier, et porte encore dans la nuit de ses pupilles le défi jamais éteint.

Le grand chef blanc l'attend, avec dans sa bouche les paroles de paix, dans ses mains des traités de papier qui lui rendront sa terre, à lui le dernier homme libre des Oglala, lui de la nation des sept feux, lui le Sioux Lakota.

Une haie de guerriers lui ouvre le passage. D'un côté ceux peu nombreux qui sont encore les siens, de l'autre les éclaireurs indiens au service des blancs, se pavanant dans leurs tuniques trop grandes où brillent telles des injures les boutons dorés frappés aux armes des soldats bleus.

Derrière, venus de toute la plaine, d'autres Indiens, des « pacifiques », ceux qui n'attendent ni n'espèrent plus rien. Seuls leur suffisent les cadeaux empoisonnés des blancs : l'eau de feu qui trouble les esprits, les boisseaux de farine avariée où grouillent les vers, les barils de lard rance, les couvertures de lin éculées où s'affichent, nouvelle injure, les sabres entrecroisés de la cavalerie ennemie.

Enfin, le long des palissades, en ordre de bataille sur trois rangs, les soldats bleus, gesticulant, riant, invectivant à son passage le grand chef qui ne les écoute pas, ne les regarde pas.

Il pense à son peuple, au dernier espoir (ce n'est même plus un espoir, c'est une prière) de les voir libre. Il pense à sa vie, à ses combats, au devenir de ses enfants, à ses visions où tant de fois il s'est vu trahi par les siens. Il pense à son père, aux sept feux des sept conseils, à la « bisonne blanche ».

Un Sioux Unkpapa s'avance vers lui, hier son frère, aujourd'hui son ennemi.

Le guerrier renégat saisit l'homme étrange par le bras, sans égard le secoue et lui crie aux oreilles : « Avance ! Avance vers ton destin, homme d'aucun combat !... »

Le guerrier sans honneur secoue plus fort, le traite de lâche. Mais « Tachunka-witko » ne répond pas. Il rêve... D'une terre toujours libre. Il rêve pour son peuple, pour l'homme qui l'insulte.

Deux soldats l'encadrent maintenant, lui qui toujours dans le camp des Lakota marchait seul, entouré du respect de ses frères, lui qui portait la chemise peinte des chefs.

Les hommes, sans ménagement, le poussent dans cette bâtisse carrée où, affirment-ils, l'attend le grand chef blanc et ses officiers.

Cheval-fou rêve encore, il rêve des bisons, des braves sur leurs poneys qui les prennent en chasse, des pare-flèches débordant de viande grasse, des femmes accroupies étirant les peaux. Il rêve aux jours anciens qui ne reviendront pas.

Soudain tel un coup de tomahawk, la réalité le frappe au visage. Le rêve s'évanouit, balayé par le vent de la plaine. Devant lui, des murs sales et gris, une pièce vide, des barreaux de fer. Devant lui, la liberté qui se meurt.

L'homme étrange recule, il se révolte, il refuse, il hurle son cri de guerre.

« Hoka Hey ! » Custer « cheveux-jaunes » est tombé. La rivière de l'herbe grasse coule du sang des soldats bleus. Hunkpapa, Santee, Oglala, Cheyenne... Ils sont tous là ceux de la grande nation ! « Hoka Hey ! » De trois mille poitrines rouges fusent les chants de la victoire : « Hoka Hey ! Hoka Hey ! »

Trois jours ont passé, trois nuits de doute, trois nuits de combat où la coiffe de guerre du grand chef Oglala a chuté dans la poussière, piétinée par les lourds chevaux ferrés.

Les gardes sont revenus. Le voici à nouveau dans la cour. Il cherche sa monture, des amis, des frères, mais ne rencontre que la poigne d'acier de celui qui le traita de lâche.

Cheval-fou se débat, sort le couteau qu'il avait dissimulé dans les plis de sa tunique. La lame brille et danse. Le sang coule...

« Ta-shunka-witko » rejette la lame fratricide. Pour la première fois, il a fait couler le sang de son peuple. Il ne comprend pas, il ne peut pas comprendre !...

Les soldats jusque-là inactifs se jettent dans la mêlée. Un long fusil menace ; au bout de son canon pointe la baïonnette. D'autres Indiens l'encerclent, le ceinturent... Le fer s'enfonce dans ses chairs... Il vacille... Le soldat retire le fer et frappe encore... Deux fois... Trois fois... L'acier fume et rougit.

Cheval-fou se débat une dernière fois, puis vaincu se calme et s'immobilise. Sa voix s'élève au-dessus du tumulte, forte et limpide.

« Laissez-moi en paix ! Vous m'avez bien assez blessé !... Je désire seulement revoir mon peuple. »

À ces douces paroles, tous se figent, Indiens et soldats. Les bras qui le tenaient desserrent leur étreinte. L'homme étrange s'effondre sur le sol... Le sang assombrit sa chemise.

« Ta-shunca-witco », le Cheval-mystique est étendu mourant sur son grabat. À ses côtés se penche Touche-les-nuages, le seul ami fidèle, le dernier, l'immense Minekayelawoju du clan des Enfants-des-plantes.

L'homme étrange se meurt dans la prison même où il ne voulait pas entrer.

Son regard se voile et les blessures de sa poitrine et de son ventre s'épanchent d'un sang noir et épais. Il étouffe, il délire et appelle ses frères. Mais aucun d'eux ne viendra prendre sa main. Où sont Taureau-assis, Gall et Nuage-rouge ? Où sont tous ceux qui arboraient sur leurs bannières l'âme libre du peuple ? Où sont les vrais hommes de la terre des Lakota ?

Il n'en reste donc plus qu'un ! Touche-les-nuages !... Et celui-ci, empli de remords, pleure en silence le grand chef de guerre vaincu dans sa dernière chevauchée.

L'homme étrange redresse le buste. Ses yeux sont pleins de larmes.

« Dites au peuple qu'il ne faudra plus compter sur moi. »

Il retombe lourdement. Ce sont ces dernières paroles, le dernier souffle.

La tête de l'homme étrange s'incline vers l'arrière, ses pupilles démesurément s'agrandissent, comme si soudain il contemplait le visage lumineux de « la femme Bisonne blanche ». Il sourit. Ses longs cheveux défaits glissent lentement vers le sol.

« Ta-shunka-witco », l'homme étrange des Lakota , le plus noble et le plus grand des chefs de guerre des Oglala n'est plus...

Touche-les-nuages l'a porté dans ses bras comme on porte un enfant malade. Il l'a emmené loin dans la plaine. Selon les rites funéraires du peuple, il a offert son corps à « Maka » la terre mère.

Lorsqu'il est revenu parmi les siens et que ceux-ci se sont inquiétés de savoir où dormait la dépouille de « Ta-shunka-witco », avec un regard froid et méprisant, il a répondu : « Lorsque vous marcherez sur la place où il est, vous comprendrez qu'ici repose un homme fort ».

Inipi ! Je suis seul au seuil de la quatrième porte. Le cercle des esprits inférieurs. « Nayi », le fantôme bien réel, s'approche. Il se nomme lui-même « Ta-shunka-witco ».

Je le reconnais. Ses traits juvéniles me sont familiers. Ils sont les traits de mon ami, celui qui a donné sa vie pour que ne s'envole pas la mienne, celui qui a conquis la plume, le guerrier Natchez, Petit-serpent.

Une nuit, interminable nuit de solitude et de songes troubles. Une nuit à veiller le corps de Petit-serpent, indifférent aux appels de la forêt, insensible au brame du grand cerf qui loin des hommes accomplit le pourquoi de sa vie. Seul, étranger aux drames de la nature qui se perpétraient le long des berges du fleuve ; sourd aux ululements de la chouette, aveugle au scintillement des étoiles, apathique aux ailes blanches qui frôlaient nos corps gisants.

Petit-serpent est parti, il ne reviendra pas ! Par lui je reste et je m'enracine. Que l'on m'oublie ! Que l'on me laisse à ma peine !... Toute cette nuit, seulement cette nuit, seul avec mon frère. Qu'ensemble nous apprêtions son bagage.

Au matin, selon son dernier vœu, j'ensevelis le corps de mon compagnon à la place exacte où le grand cerf laboura le sol, sa tête tournée vers l'est, afin que chaque jour ses yeux vides puissent encore contempler le soleil.

Cette tâche accomplie, l'âme et l'esprit apaisés mais le corps fourbu et les paupières lourdes de fatigue et de peine, je pris la route du retour d'un pas rapide et mécanique sans jamais me retourner, imprimant les lieux dans ma mémoire aussi fidèlement que le géomètre trace sur la carte les limites de la terre qu'il vient de mesurer.

La mort de Petit-serpent ne fut pas pour le peuple un long sujet de pleurs et de lamentations. Il avait vécu parmi eux tel un enfant, il était mort au loin comme un brave ! Les guerriers chanteraient son nom.

Seuls père et Cerf-rouge comprirent et partagèrent ma douleur, et c'est par Inipi le chant de la terre, le voyage des hommes vrais, que nous gravâmes son nom et son histoire à jamais dans nos cœurs.

Nous le savions tous trois, les créatures du Grand-Esprit ne meurent jamais tout à fait ! Elles se perpétuent en de nouvelles vies, en d'autres âges et d'autres lieux, sur de nouveaux chemins, unifiées et mêlées dans le cercle, perdurant l'œuvre divine jusqu'à devenir le joyau promis et attendu.

Si Petit-serpent, en ce temps, ne put accéder à la brillance du guerrier dont il rêvait, je n'ignorais plus à présent que dans un lointain futur le bras puissant de l'homme étrange, Cheval-fou, le grand homme mystique des Lakota, s'animerait du souffle d'un jeune Indien Natchez, passé avant d'avoir été...

•••

Depuis ce jour néfaste, la chasse ayant perdu tout son attrait, et percevant notre départ imminent, je me rapprochais plus encore de Fleur-de-maïs, partageant avec elle les tâches quotidiennes de ces mois d'automne.

Les grandes cueillettes touchaient à leur fin et toute la nation en âge de marcher, hormis les guerriers et les nobles, s'égaillait dès l'aube à travers bois pour ne rentrer qu'au soir vers la cité en longues files bruyantes et animées.

Les jeunes filles ouvraient la marche, leurs têtes couronnées de larges paniers tressés débordant de baies et de fruits juteux, provendes des mois à venir et prétextes à de longues réjouissances célébrant la saison endormie.

Les portes franchies, elles déversaient en riant leurs oboles de soleil aux pieds des vieilles femmes, qui aussitôt les étalaient en longs chapelets colorés sur des claies de cannes fraîches.

Ainsi sécheraient lentement cannes et fruits, mêlant en harmonie saveurs et parfums.

J'aimais et appréciais plus que tout ces excursions champêtres où enserrant la taille fine de ma compagne, la soulageant de sa charge, je laissais vagabonder mon âme vers d'anciennes douceurs familiales peuplées des images de Lucie, ma mère, regagnant elle aussi le logis, son tablier débordant de mûres et de noisettes.

S'ajoutait à cela le bonheur simple d'engranger le blé et le maïs, de tenir un instant dans nos mains jointes les grains mûris de soleil et de vent, et de les sentir couler en ruisseaux d'or entre nos doigts entremêlés.

Fleur-de-maïs, au fil du temps, se transformait pour moi en un hâvre de paix.

Toujours renouvelée, toujours en mouvement, intimement liée à mon être comme l'écume à la vague, elle devenait mon ombre, ma raison, la compagne attentive de mes jours, l'indispensable amante de mes nuits.

J'aurais voulu « grandir » à ses côtés, consumer ma vie d'homme auprès d'elle. Et pourtant je ne pouvais rester, ni même l'emmener, nos destins ne s'étant unis que pour mieux se défaire. Je le savais ! Elle le savait aussi... Mais lorsqu'un soir, Cerf-rouge vint gratter à notre porte, ce que je vis dans son regard, je ne pourrai jamais l'oublier : une douleur résignée, immense et silencieuse, comme seuls peuvent en souffrir ceux qui un jour ont aimé.

Mon maître s'assit en tailleur devant moi. Il bourra la pipe, la présenta aux quatre directions. À ses gestes plus rapides que de coutume, je sus que ce soir la fumée ne serait pas le lien, mais au contraire le couteau tranchant de la séparation.

— Mon fils, commença-t'il, donnant au mot plus d'amour et de sens qu'il ne l'avait jamais fait, l'heure est venue de reprendre la route. Demain, avant que ne pointe l'aube, nous partirons !...

— Maître, pourquoi si tôt ? Ne pourrions-nous attendre la fin de l'hiver et ne partir qu'aux premiers bourgeons ?

— Mon fils, reprit-il avec une égale douceur, la saison blanche est propice aux grandes mutations et sache que pour trouver, il faut avoir perdu.

Je ne veux pas que ton esprit s'endorme dans la langueur complice du foyer. Tu vas avoir besoin pour oublier du vent vif sur ta peau, de la froideur des nuits et des matins de glace. Ainsi est le chemin de Celui-à-qui-parle-l'aigle-à-tête-blanche ! Dans le noir brille la lumière !...

Il prit alors mes deux mains tremblantes, diffusant dans tout mon être la chaleur rassurante de son corps.

— Enterre ta peine, mon fils, elle ne serait pour toi qu'une charge inutile. Prépare dans la joie tes adieux ! Tu n'as plus qu'une courte nuit pour rendre le bonheur qui te fut donné. Ne triche pas, n'offre pas les pleurs et les regrets aux porteurs de l'amour !...

Sur ces paroles réconfortantes, il rangea la pipe, et se redressant lentement, regagna le dehors sans se retourner, très vite englouti par la noirceur de cette nuit sans lune, me laissant seul avec mon devoir d'homme libre et conscient, seul avec la femme que j'aurais tant désiré faire mienne.

Fleur-de-maïs, qui tout au long de l'entrevue s'était rendue invisible, se rapprocha alors de moi. Elle me regarda longuement, sans peur et sans doute, son doux visage rayonnant. Puis effleurant mes lèvres du bout de ses doigts, elle m'interdit ainsi toutes phrases inutiles.

— Chut ! Chut, mon prince... Il n'y a rien à expliquer ! Il ne faut que vivre notre dernière nuit !...

Et nous fîmes de cette nuit une apothéose des sens, repoussant le lendemain par la force de nos corps enlacés.

Au matin, avant l'aube, selon le désir de Cerf-rouge, père me sortit du lit sans ménagement, feignant de ne pas remarquer Fleur-de-maïs qui blottie contre mon flanc ne dormait déjà plus, silencieuse, brûlante du désir de me retenir mais pourtant soumise à l'inévitable.

— Adieu, ma fleur, bredouillai-je les yeux gonflés de larmes, le cœur déchiré par un désir contraire.

Elle sourit et ce fut son dernier cadeau.

En cet instant figé, elle et Petit-serpent se rejoignaient.

— Il n'existe pas d'adieu, mon prince ! Tu es en moi pour l'éternité !...

Cœur-noir, escorté d'un fort parti de guerriers dirigés par le monumental Loup-gris, couvrit avec nous les quelques lieues nous séparant du fleuve et de notre canot.

Durant notre séjour, nous n'avions pu approcher le jeune prince devenu roi. Il avait tellement changé depuis que la couronne pesait sur son front. D'aimable et volubile compagnon, il s'était alors métamorphosé en un notable froid et distant, avare d'attentions, ne souriant qu'à demi, lointain et grave, sans doute écrasé par le poids trop lourd de sa royale fonction.

L'approcher relevait de l'exploit, obligé pour cela de braver la cohorte de prêtres et de nobles peu disposés à accepter la présence d'étrangers auprès de leur dieu vivant.

Mais pourtant en ce matin, libéré de sa cour, il redevenait pour nous le jeune chef rencontré sur les berges du Père-des-Eaux, fougueux, alerte et le verbe facile.

Il n'avait rien oublié, et à sa manière aujourd'hui désirait nous en remercier.

— Mes frères ont trouvé leur place dans mon cœur. Cœur-noir toujours se souviendra ! Puisse le soleil guider leurs pas sans que jamais la nuit n'assombrisse leur route.

Cette terre est la vôtre comme elle est aux Natchez, et tant que vivra le dernier homme de mon peuple, vos noms chaque jour autour des feux seront chantés. Vous êtes devenus, aux yeux ouverts de la nation, des hommes sacrés !...

S'approchant alors plus près de nous, il remit à père l'oiseau de la liberté, affirmant que nul autre que lui ne pouvait être plus digne de le porter.

Puis, s'inclinant avec respect, il baisa la main de Cerf-rouge, marquant par ce geste d'humilité sa profonde reconnaissance envers celui qui l'avait élevé au plus haut rang de sa nation.

Enfin, se dirigeant vers moi, il me serra contre son cœur comme un père se séparant de son fils aimé, avec en guise de présent ces paroles étranges et prophétiques : « Le peuple s'éteindra car le soleil un matin ne se lèvera plus sur la terre des Natchez, mais Celui-à-qui-parle-l'aigle-à-tête-blanche marchera, lui, plus loin que ce funeste jour, emportant dans son cœur l'histoire des hommes rouges. »

Solennel, il posa ses deux mains sur mon front, couvrant mes yeux.

— Je te bénis, immortel guerrier, toi qui sera dans le temps la mémoire des paroles oubliées.

Bien des années plus tard, des jours si lointains que jamais je n'aurais cru les vivre, disparut le peuple des Natchez, anéanti jusqu'au dernier de ses enfants, massacré par les soldats français — janvier 1731 — date du génocide inscrite dans l'histoire du peuple blanc comme une éclatante victoire de la civilisation sur la barbarie.

On raconta que lors de ces terribles journées, un grand guerrier borgne réussit à prendre position au sommet d'une butte, armé d'un fusil anglais, d'un baril de poudre et de quelques livres de plomb.

Durant trois jours, il mit en échec toute une compagnie, fauchant plus de trente soldats de ses tirs infaillibles.

Pour en venir à bout, il fallut une journée de plus et l'emploi d'un canon...

Le dernier souvenir de ce noble peuple fut le visage tourmenté d'un géant : Loup-gris, qui en se séparant de père, perdait le seul ami capable de le comprendre et de l'aimer.

De grosses larmes s'échappèrent de son œil unique, et c'est en tremblant d'émotion qu'il tendit à son ami un immense et large coutelas au manche de cyprès cerclé de cuivre. Une arme formidable qui ne pouvait tenir que dans la main d'hommes aussi puissants que ces deux êtres d'exception.

— Le peuple de l'autre côté des grandes-eaux viendra, et Loup-gris leur parlera du Fils-de-l'ours, celui qui lui fit aimer la différence.

Les paroles du grand-guerrier flottèrent longtemps dans le sillage de notre canot...

• • •

La première semaine de navigation prit des allures de course effrénée avec pour unique repos les courtes haltes de nuit, accostant au crépuscule pour rembarquer dès l'aurore.

Délaissant derrière nous la terre accueillante des Natchez, le canot propulsé par les bras vigoureux de mes compagnons fendait les eaux boueuses du grand fleuve, engloutissant dans son sillage les derniers lambeaux de ma peine. « Ne pas prendre le temps de penser », me répétait père, se ralliant à l'avis de Cerf-rouge. Aiguillonné par cette phrase magique ne subsista bientôt plus que le désir d'avancer, l'espoir omniprésent d'atteindre rapidement la terre des Lakota.

Et l'hiver nous rejoignit... Les nuits devenaient plus fraîches et les matins brumeux. La forêt se dépouillait de son manteau de verdure. Seuls résistaient les pins et les grands chênes séculaires, tandis qu'ormes, noyers et saules dénudés se dressaient le long des berges, squelettiques sentinelles immobiles et transies, gardiennes d'un monde en mutation.

Nous voguions confiants sous la protection du Père-des-Eaux, longeant de longues plages de sable ocre animées et criardes d'un peuple coloré d'échassiers, glissant au détour d'un méandre sur des eaux apaisées se donnant des allures lascives de lac.

Quelques lieues de plus et le paysage se transformait encore, les rives s'élargissant à perte de vue en de sombres et inquiétants marécages grouillant de serpents et d'alligators. La terre et les eaux se remplissaient alors d'une troublante et mystérieuse musique ; sifflements aigus, cris d'alarmes d'invisibles volatiles, gargouillis de vase, éclatement de bulles, froissements ténus des larges feuilles de nénuphars caressant les flancs du canot.

Heureusement, si l'eau cachait la vie, le ciel sans avarice nous l'offrait, dispensant sans compter son trésor ailé.

Par milliers au-dessus de nos têtes, filaient en formations compactes oies et canards, sarcelles et grues, leurs cous noirs, blancs ou ocres tranchant sur le bleu électrique de l'azur.

Un matin, alors que la navigation se faisait plus ardue, de dangereux remous menaçant notre frêle embarcation, Cerf-rouge inquiet proposa d'accoster, d'abandonner notre canot sans espoir de reprise.

— Le Père-des-Eaux entre à nouveau en dispute avec l'un de ses fils, nous dit-il. Nous devons fuir sa colère !...

Il nous expliqua alors calmement que nous approchions d'une nouvelle confluence. À une lieue devant nous, le fleuve se grossirait des eaux tumultueuses de l'Arkansas, l'impétueux enfant échappé de son berceau, drainant dans ses veines gonflées le sang lourd et bouillonnant des Montagnes Rocheuses.

— Abandonner le canot ! s'exclama père peu enclin à reprendre une marche aventureuse au travers des marécages.

Tu n'y penses pas sérieusement, Cerf-rouge ! Et puis le courant ne sera probablement pas toujours aussi puissant. Nous regretterons alors amèrement notre si pratique embarcation !...

— Que le Fils-de-l'ours se rassure, lui répondit Cerf-rouge, pagayant déjà en oblique afin de nous rapprocher de la berge. La zone des marais se termine et les sentiers de la forêt guideront nos pas.

Il rajouta, un demi-sourire aux bords des lèvres empreint tout à la fois de sérieux et d'ironie :

— Lorsque le Père-des-Eaux aura calmé sa grande colère, nous fabriquerons un nouveau canot. Le peuple des Lakota n'est pas maladroit dans ce domaine !...

Puis s'adressant à moi, il demanda :

— Qu'en pense Celui-à-qui-parle-l'aigle-à-tête-blanche ? Son avis ne peut être négligé !...

Bien sûr, je me sentais fier de la confiance de mon maître, mais ignorant des caprices du fleuve et de la route à suivre, mon avis ne pouvait différer du sien, et bien que peu enclin à m'attirer les foudres de père, je lui répondis en toute franchise :

— J'ai si peu de connaissances dans l'art de diriger un canot que je préfère m'en remettre au jugement de mes aînés !...

Cerf-rouge sourit et comme prévu, père explosa :

— Branle-Dieu ! Je n'aurai donc jamais raison ! Eh bien ! soit, reprenons la marche puisque tel est le désir des grands chefs !...

Il éclata de rire en se massant énergiquement les cuisses.

— Branle-Dieu ! Soyons franc ! Tout de même pas mécontent de dérouiller mes muscles !...

Sous la pulsion conjointe de ses rameurs, le canot accosta rapidement la rive la plus proche en heurtant violemment les racines plongeantes des saules.

Père fut le premier à prendre pied sur la berge. Il se retourna hilare, nous apostrophant vertement :

— Alors les marcheurs ! On a du mal à s'extraire de sa baignoire flottante !...

Ce fut une soirée délicieuse, un moment d'intimité inoubliable et magique, un de ceux dont nous avions perdu le goût depuis notre rencontre avec le peuple de Cœur-noir.

Le feu brûlait haut et clair. De gros nuages menaçants amoncelés au nord-ouest renforçaient la beauté du couchant et nous restâmes ainsi de longues heures délicieuses à jouir de la danse des flammes, à contempler le ciel, à bavarder en fumant la pipe tout en buvant à petites gorgées une odorante tisane de plantes sauvages.

Père était d'excellente humeur, plaisantant de tout et de rien, libre et délié dans ses gestes, chaud et avenant dans le ton de sa voix.

Lorsque, la lune levée, mon maître invoquant une soudaine et brusque fatigue nous salua, père se rapprocha plus près, posant tendrement son bras sur mon épaule.

— Alors, fiston ! Pas trop nostalgique de notre vieille Irlande ?

— Parfois, père, répondis-je à la fois heureux et surpris par sa soudaine affection, surtout lorsque les événements ne vont pas dans le sens souhaité, mais, m'empressais-je de rajouter, ce pays est tellement beau, cette terre si vaste et prometteuse. Ce que nous y vivons renferme tant de force et d'enseignement que la tristesse et les regrets n'ont guère le temps de prendre racine.

Père soupira, comme libéré d'un grand poids. Renforçant la pression de son bras, il redevint subitement grave et sérieux.

— Tu vois, Marcus, tes paroles me réchauffent le cœur. J'ai si peur de m'être trompé, si peur d'avoir troqué le purgatoire pour un enfer ! J'ai voulu fuir ma terre parce que l'oppresseur m'y contraignait à y vivre en esclave, mais qu'ai-je gagné de plus au Nouveau-Monde ? Un joug plus lourd encore ! La désolation de mon âme !...

Il passa nerveusement sa main dans sa barbe, tirant sur les poils comme s'il voulait les arracher, puis au prix d'un douloureux effort, cherchant ses mots, il poursuivit :

— Tu... Tu parles comme ta mère, mon fils. En toi je reconnais son courage et sa force. Je... Je voudrais tant vous ressembler ! Mais chaque nuit depuis qu'elle n'est plus là, c'est toujours le même rêve qui me hante : notre maison sur la lande noyée de pluie et de brouillard, la douce chaleur du foyer, ta mère en blouse bleue qui s'active au fourneau, le pain noir encore fumant sur la table de chêne, par la fenêtre l'herbe verte et grasse où paissent les brebis... Les odeurs et les gestes de notre Irlande !... Toutes ces choses qui étaient votre dû et que par un désir fou, je vous ai à jamais retirées.

— Père, tu ne dois pas parler ainsi ! Sois sûr que tu nous a offert le plus beau des présents, ce à quoi aspirent tous les êtres : l'espoir et la liberté !... C'est ici que j'ai appris à aimer, à voir et à entendre, et bien que l'Irlande fût mon berceau, bien que sa place dans mon cœur ne puisse être supplantée, cette contrée est aujourd'hui devenue ma terre d'adoption. C'est en remontant son fleuve, en parcourant ses prairies et ses forêts, en gravissant ses montagnes, en partageant le quotidien de ses habitants que je veux devenir un homme.

Père m'écoutait, attentif, sa tête penchée sur mon épaule, sa bouche retombant en un pli amer. Seule la douceur de son regard trahissait son émotion.

— Je te bénis, père, pour ta sage et juste décision, car depuis, sur le fleuve, à chaque souffle de vent, monte un chant. C'est la voix de Lucie ! Ne l'entends-tu pas te murmurer que nous marchons tous deux sur le bon chemin !...

Les murs de notre maison ne sont plus exigus et les fenêtres désormais sont ouvertes sur le monde. La chair du daim et des poissons ont remplacé le pain noir, la lande s'est couverte de pins et de chênes géants, les odeurs sont fortes et sauvages, à notre table s'est assis Cerf-rouge et par lui nous savons que mère est toujours à nos côtés. Non, père ! Je ne regrette rien, j'aime ce nouveau monde et pour lui s'il le faut, le temps d'une génération, j'en oublierai l'Irlande.

L'or du feu et l'argent de la lune s'étant à présent reconnus, s'épousèrent en harmonie, nous baignant d'une lumière pâle, reflétant sur les troncs crevassés des vieux arbres les images oubliées, les souvenirs enfouis d'un passé soudain ressuscité.

Cerf-rouge ne dormait pas. Il fumait en silence, rejetant la fumée par les narines, le regard fixé sur les épaisses colonnes grises, absent, étranger à notre trouble, méditant pour lui seul. Pourtant sa présence me rassurait, elle me libérait de la gêne, ne laissant plus filtrer que l'amour immense que j'éprouvais pour père.

— Tu as grandi, mon fils, je le vois aujourd'hui dans tes yeux, je l'entends dans ta voix, je le comprends dans le sens de tes paroles. N'aie aucune crainte, nous ne retournerons pas en arrière ! J'en ai fait le serment, et un homme, cela doit-il lui coûter plus que sa vie, ne revient jamais sur la parole donnée !...

Il s'interrompit, se leva, juste le temps de jeter une nouvelle bûche dans le feu, puis reprit, la voix plus assurée :

— Lorsque j'étais jeune, à peine plus âgé que tu ne l'es aujourd'hui, mon désir le plus ardent était de prendre la mer, m'engager comme mousse sur un corsaire. Je rêvais d'épiques combats, de trésors et de gloire, me refusant à partager l'existence que je croyais alors plate et monotone de mes parents. Ils étaient en ce temps, comme plus de la moitié de la population sur l'île, cultivateurs et éleveurs de brebis.

Peu doué pour les travaux des champs et refusant tout ce qui était leur exemple, je rejetais le mariage et ses contraintes, abhorrant la vie de famille et ses douceurs vantées qui pour l'intrépide adolescent que j'étais ne revêtaient que le goût amer des poisons.

Au souvenir de son histoire, le visage de père s'empourpra, une légère buée voilant la clarté de ses yeux.

— Et puis ta mère est venue, rencontrée par hasard... Il ferma ses paupières, se reprit aussitôt. Maintenant je sais ! Elle était mon destin !...

Nos regards se croisèrent lors d'une fête des moissons, une de ces nombreuses réjouissances où m'entraînaient mes parents, convaincus que dans l'euphorie du vin et de la danse, j'en oublierai mes sottes idées.

— As-tu jamais, mon fils, regardé le soleil en face ? As-tu jamais brûlé tes yeux au feu de son éclat ? Ta mère en incendiant mes yeux dans la même seconde consuma mon cœur.

Ignorant de la foule, des rires et des chants, je ne voyais plus qu'elle, lumière plus belle que l'essence de la vie... Et je compris à l'instant même où son regard se posa sur moi que pour elle j'accepterai l'inacceptable, que pour elle je renierai mes rêves...

Père était-il conscient qu'il pleurait ! Il ne leva pas sa main pour essuyer les lourdes larmes qui ruisselaient sur ses joues.

Transfiguré, il poursuivit le récit de sa vie, sans plus me regarder, la voix emplie de rêve, la poitrine creusée de profonds soupirs, ses grosses et larges mains tremblantes, le regard vague et lointain d'un homme plongé dans ses souvenirs et qui, s'il parle aux autres, ne parle pourtant que pour lui.

— Mes aspirations de conquêtes, d'épopée maritime et de terres lointaines s'envolèrent à son contact dans les fumées d'un feu de paille. Pour lui plaire, je n'eus plus désormais qu'un unique et pressant désir, celui qui ressemblait au sien !... Devenir fermier, cultiver notre terre, élever notre bétail, rentrer chaque soir au foyer, savourer chaque jour le bonheur simple de m'asseoir à sa table, causer avec elle des actes utiles de la vie : la cuisson du pain quotidien dans le four de terre, les semailles du jour, la récolte à venir, la pluie qui ne s'arrête pas et le soleil qui tarde à paraître, l'agnelage de printemps et l'herbe grasse qui verdit gonflant le ventre affamé des mères ; toutes ces choses humbles et familières qui remplissent la vie d'un homme de la terre.

Père éleva ses mains dans la lumière. Il en regarda longtemps les paumes. Le feu dansait dans les profonds sillons, témoins de sa vie de labeur, miroitant sur les cals épais des jointures de ses doigts.

Pour la première fois, je ne voyais plus ce géant bourru et batailleur, mais un homme simple et juste, et pour cela je l'aimais plus fort encore.

Son regard raccrocha le mien. Ses yeux à nouveau étaient secs, ayant perdu un peu de leur éclat. Il sourit. Un sourire qui n'était que pour moi. Je crois qu'il n'aurait plus rien dit, si désirant en connaître plus, je ne l'avais incité à poursuivre.

— Père, quel âge avait mère à cette époque ?

— Seize ans !... Il cligna des paupières et à nouveau sourit... pour lui seul. Ah ! mon fils, il ne fut pas de joie plus grande... M'étendre chaque soir sur sa couche, la serrer dans mes bras, retenant mes ardeurs dans la peur toujours présente de briser son corps fragile, goûter le grain de sa peau, la combler de caresses et de baisers... Jamais je n'ai connu de fruit plus savoureux !... La nuit, comme un pénitent, je l'espérais et chaque fois j'entrais en paradis. Ce n'était plus moi qui sacrifiait ma vie, c'était elle qui m'offrait la sienne !...

Il se tut et le silence soudain devint pesant, chape de plomb écrasant nos épaules.

Le fantôme de Lucie emplissait l'air, souffle divin caressant nos visages. Père épanchait sa peine ouvertement, conscient et digne, ne cherchant pas à retenir le nouveau ruisseau de ses yeux.

Dans son coin, éloigné de nous et pourtant si proche, Cerf-rouge toujours en éveil, la pipe fumante au centre de ses lèvres, invoquait les puissances du ciel, l'oiseau-tonnerre qui lentement déployait ses grandes ailes sombres.

Les lourds nuages noirs voilèrent la clarté de la lune, puis chassés par la prière du chaman, ils s'enfuirent loin vers l'ouest, là où nous n'irions pas. La lumière ressuscitée retrouva sa brillance, transformant les visages en marbre lisse et froid.

Cerf-rouge pleurait... Et père retrouva la parole.

— Les premières années de notre union furent dures et sans profit, notre terre étant petite et son sol si ingrat. L'impôt nous saignait à blanc et les repas en ces temps de vaches maigres étaient toujours trop pauvres, parfois inexistants. Mais émergeant du cœur de la misère, mon rayon de soleil chaque jour réchauffait mon cœur. J'y puisais la force de mon bras et je crois que pour elle j'aurais creusé la pierre pour y semer le blé. Ta mère était le vin qui enflamme l'esprit, le pain qui fortifie le corps et l'hostie consacrée qui enlumine l'âme.

Père sortit alors sa pipe, celle trouvée sur le soldat français. Il la bourra lentement de grosses pincées de tabac noir, tassant le tout avec application comme si cet acte était de loin le plus important à accomplir dans l'instant. Enfin il l'alluma, caressant amoureusement la tête d'ours sculptée, et reprit le cours de son récit.

— Que de travail et de privations ! Mais il n'est pas de peine sans récompense... Et le grain semé donna de beaux épis !... De semis en récoltes, nous pûmes enfin acquérir de nouvelles terres, agrandir le troupeau, remplir la cour de volailles caquetantes, mais surtout appréhender l'avenir avec sérénité. La vie devint plus douce et le lard rance des jours sombres, poule grasse le dimanche.

Il me gratifia en riant d'une tape affectueuse dans le dos. Les rayons de la lune jouaient sur sa bonne figure, unissant des fils d'argent au cuivre rouge de sa barbe. Qu'il était bon d'être son fils.

— Et ce fut ton heure, mon garçon ! Le rêve secret de ta mère !...

Grisé par la chaleur du souvenir, il se lança dans une longue narration où se chevauchaient pêle-mêle mes premiers pas de nourrisson, la poitrine blanche et opulente de Lucie où je plantais mes premières dents, les longues randonnées dans la lande juché sur ses épaules, les truites débusquées à la main dans les torrents glacés, les collets relevés à l'aurore, les inquiétudes de Lucie à mes premiers bobos et les sévères remontrances à son égard.

Plus il parlait et plus les images lointaines se faisaient claires, résurgence des années heureuses et insouciantes. Je l'écoutais avec ravissement, puisant dans le passé les enseignements qui bâtiraient notre futur.

J'aurais pu ainsi me laisser bercer jusqu'au bout de la nuit, si brusquement, nous faisant tous deux sursauter, un formidable grognement aussitôt suivi d'un claquement de mâchoire n'était venu déchirer la quiétude du soir.

Cerf-rouge se dressa d'un bond, son arc à la main, si prestement que sa pipe lui échappa, roulant sur le sol, un mince filet de fumée s'élevant encore de son fourneau de pierre.

Avec père, nous restâmes figés près du feu, trop ahuris pour réagir.

Les jeunes troncs d'un bosquet d'ormes semblèrent s'animer d'une vie propre, leurs dernières feuilles volant en tous sens comme sous l'effet d'une violente bourrasque. Une ombre immense, éclairée un instant par un rayon de lune, traversa notre champ de vision. Sous la rudesse de sa poussée, un arbrisseau se brisa net, projeté haut dans les airs avec autant d'aisance qu'une tige de roseau. Malgré la peur qui nous enveloppa, nous eûmes encore le temps d'entr'apercevoir la silhouette furtive de Cerf-rouge qui se lançait à sa poursuite.

— Qu'est-ce donc, père, questionnai-je la voix tremblante ? On aurait dit un animal, mais lequel peut paraître si gros ?

— Tu as raison, fils, un animal... Mais l'un de ceux qui se tiennent debout !...

— Un homme, m'exclamai-je avec effroi, redoutant une nouvelle agression !...

— Holà, pas de panique, fiston ! Si tu m'en crois, c'est un ours. Pas de ceux que l'on rencontre habituellement dans ces contrées, pas une bête noire guère plus haute qu'un fourré de joncs, mais un formidable animal, un seigneur de sa race, de plus de neuf pieds.

Le premier effet de surprise dissipé, père retrouvait toute l'assurance du chasseur. Tout en chargeant son fusil, il me documenta sur le « grizzli », ce géant mythique dont les coureurs des bois ne se lassaient jamais d'exalter la force et la ruse, certains allant même jusqu'à se vanter de les avoir terrassés à l'arme blanche.

Aux souvenirs de ces récits, père porta son regard pensif sur le large coutelas offert par Loup-gris. Sa main caressa nerveusement le manche, et j'eus peur dans ce geste et les paroles qui suivirent, d'y déceler l'ébauche d'un projet insensé.

— Une sacrée bête, une force de la nature ! Dieu te garde si le compère t'a choisi pour proie. Rien ne sert de grimper aux arbres, de traverser la rivière à la nage ou de courir !... Le grizzli sait faire tout cela bien mieux que toi.

Lorsque Cerf-rouge nous rejoignit, il confirma ces dires, en s'étonnant lui aussi de la présence d'un tel animal si bas dans le sud.

— « Grand-Père Mato » suit une piste bien étrange ! Cerf-rouge ne comprend pas les raisons de sa venue, mais il perçoit dans son cœur de bien mauvais présages.

Mon maître passa alors furtivement sa main devant son visage comme s'il voulait en chasser une indésirable vision.

— Ce soir, nous n'avons rien à redouter, le Grand-Père ne reviendra pas !...

Sur cette rassurante affirmation, il regagna sa place à l'écart du feu, ramassa et ralluma sa pipe, se replongeant très vite dans sa méditation solitaire.

Père se rasseyant à son tour déposa son fusil, mais plus près de lui cette fois et sans le décharger. Reléguant alors l'incident dans le passé, il reprit le cours interrompu de son récit. Mais quelque chose dans son attitude, dans l'éclat de ses pupilles venait irréversiblement de changer.

— Les démons ne dorment jamais tout à fait, commença-t'il en lissant machinalement les poils de sa barbe, et les miens que je croyais pourtant enfouis au plus profond des oubliettes resurgirent un matin, plus tenaces et virulents que naguère.

Le changement, l'aventure, le voyage et la liberté... Aucun ne manquait à l'appel, remontant à la surface, me tiraillant nuit et jour sans que je puisse les chasser, ni même les repousser. Tout devenait prétexte à me vautrer dans leurs bras accueillants : l'Anglais qui aboyait trop fort, les rumeurs de révolte qui parcouraient le pays, enflammant les cœurs et les esprits plus sûrement qu'une traînée de poudre. Et puis au bout, comme il se doit, ce fut l'explosion ! Cette nuit maudite dans cette taverne enfumée où l'alcool coulait plus dru que les rivières d'Irlande en période de crue.

Comme les eaux grossies, sa voix se fit tonitruante, ses gestes brusques et rapides. Sa figure s'empourpra d'un rouge plus violent que les braises du feu. Ses bras comme des troncs déracinés tournoyaient dans l'air, menaçants, à la recherche d'invisibles ennemis. Sa colère, d'ondée explosa en orage.

— L'idée insensée éclata comme un fruit trop mûr, et sans plus de réflexion qu'un gamin étourdi, je vous entraînai vers le Nouveau-Monde, plongeant ainsi le dard mortel dans le cœur de ta mère. Maudit soit Patrick O'Brien, maudit soit son orgueil et sa folie ! Malheur à celui qui de ses mains étouffe son amour !...

À ces mots, ma rage et mon indignation surpassèrent le respect, libérant hors de moi des propos qu'en d'autres circonstances jamais je n'aurais laissés s'échapper.

— Père, tu triches avec toi-même, et tu triches avec la mémoire de ta femme !... Jamais nous n'aurions embarqué si notre désir de changement n'avait pas été aussi fort que le tien. Jamais tu n'aurais imposé ton choix si la moindre réticence avait effleuré nos esprits. Mère autant que toi croyait aux promesses du Nouveau-Monde, elle aussi désirait une autre vie, elle aussi voulait se sentir libre !... Rappelle-toi ses dernières paroles. Non, père, tu n'as pas le droit de douter, pas le droit de trahir sa mémoire. Lucie nous a quittés mais rester en Irlande n'aurait pu prolonger sa vie. As-tu déjà oublié l'enseignement de Cerf-rouge ? « L'homme choisit le sens de sa vie, le Grand-Esprit est maître de sa venue et de son aboutissement ». Le chemin de Lucie était tracé avant même que ne soit prise la décision du départ, et tu dois en être convaincu, père, ni moi, ni toi, ni personne ne possède le pouvoir de retarder son heure. Sache-le, père, le guerrier ne combat pas la mort mais lutte pour la vie ! Lucie avait compris cela, elle nous a quittés sans remords, sans jugement, avec dans le cœur une grande paix, un grand espoir ; son seul souhait a été que nous vivions par elle et pour elle, fidèles à la trace de nos chemins.

J'achevais à peine mes derniers mots que soudain la honte m'envahit, mais ce ne fut qu'un sentiment furtif aussitôt remplacé par un autre plus fort : la joie de la libération, la perte d'un poids qui jusqu'ici m'étouffait, me courbait en avant.

Père, dans un élan incontrôlé, se dressa de toute sa taille. Il me fixait intensément, ébahi, ses pupilles démesurément agrandies, les bras ballants.

Je crus qu'il allait exploser, me frapper, et instinctivement levai mon bras pour m'en faire un rempart. Que la passion peut être parfois trompeuse ! À mieux le contempler, dans son regard ne brillait qu'une lueur d'amour et de reconnaissance.

Sans retenue, il éclata en sanglots et se penchant, il prit mes mains dans les siennes, les pressa fortement, les mouillant de ses larmes.

— Pardon ! Puisses-tu me pardonner, mon fils !

Brisant la communion de nos âmes, du cœur sombre de la forêt monta la plainte déchirante d'une bête qui se meurt, abandonnée et soumise sous la griffe et les crocs de son destin.

Père tressaillit, attentif à ce cri, comme si cette mort lointaine portait en elle un message qui lui était destiné.

— Le grand ours se repaît de sa proie, murmura-t'il pour lui-même, les plissements de son front exprimant le défi.

Cerf-rouge, que je regardais du coin de l'œil, tourna légèrement la tête, son regard porté vers la source du drame invisible, et je perçus bien les mots qui ne franchirent pas la barrière de ses lèvres, la voix intérieure de sa prière :

« Mon frère, va et implore, car rien n'est plus sacré que le sens de ta vie. Tourne-toi vers ton dedans, le Grand-Esprit t'accompagne. »

— La solitude du cœur, reprit père la voix brouillée par les sanglots, est une blessure si profonde que la raison ne suffit pas à en cicatriser les chairs. Certes Cerf-rouge me fut d'un grand secours et sans lui je n'aurais pu trouver la force de lutter. Pourtant rien ne peut être désormais comme avant et je marche bancal aujourd'hui car ma flamme n'est plus qu'une faible lueur à peine suffisante pour éclairer ma route. J'ai connu chez les Natchez la chaleur d'autres femmes et le réconfort de leurs bras accueillants, cela parce que je suis un homme de passion et que la chair se nourrit du plaisir de la chair. Mais vois-tu, je le sais à présent, l'amour sans le cœur ne peut être l'amour !...

Je n'ai aimé et n'aimerai que ta mère. Nulle femme, fût-elle aussi douce que le furent les Natchez, ne pourra jamais la remplacer, ni même une seconde me la faire oublier. Et la vie ne pourra me faire mentir car je vois que le temps de son achèvement n'est plus très loin.

Il m'arrêta d'un geste avant que je ne puisse répliquer à cette stupéfiante affirmation.

— De ce savoir, si fort que le doute ne m'est plus permis, je suis triste pour toi, mais je ne peux non plus te le cacher, j'en éprouve pour moi un grand bonheur. Cerf-rouge a raison ! Ta mère m'attend !... Je ne la rejoins pas pour connaître le goût amer de la mort mais uniquement dans le but de poursuivre ce qu'ensemble nous avions commencé.

Tu es devenu un homme tel que je l'espérais et je suis rassuré car tu ne resteras pas seul. Cerf-rouge est ton guide. Nous l'avons rencontré pour qu'il accomplisse cette tâche et nul autre que lui ne pourrait mieux s'en acquitter.

J'espère t'avoir donné ce que jalousement je conservais pour toi. Le reste est mon jardin secret et pardonne-moi si je ne peux en ouvrir les portes, car les fleurs qui y poussent ne connaissent la main que d'un seul jardinier. Alors je t'en supplie, Marcus, ne me questionne pas, je n'ai plus qu'une seule chose à te dire. Je t'aime, mon fils.

Il m'embrassa comme il ne l'avait jamais fait, puis s'enroula dans sa couverture, s'isolant aussitôt dans le sommeil.

À mon tour, je cherchai l'oubli dans le repos, mais le rêve est le gardien vigilant de la conscience et se charge de toujours la tenir en éveil... Il y eut d'abord la prière du waayatan, la dernière amarre qui libère le navire des songes.

« Mon cœur est vide d'émotion
Et la peur n'y trouve plus sa place.
Car je suis seul et nu devant mon créateur. »

Se profilèrent alors les contreforts d'un autre monde... Un monde nouveau.

« Il n'y a pas de lune et pas de soleil. Le ciel est vide, sans nuage, sans étoile. Mais le ciel est lumière...

Je marche seul dans le grand désert blanc. Mon corps est plus léger que l'air. La fatigue qui engourdissait mes membres lorsque je gravissais avec peine les flancs de la montagne gardienne s'est envolée, chassée par un vent doux et frais.

Devant moi chemine un peuple libre. Des hommes et des femmes qui avancent de front, leurs mains liées, non par des chaînes, mais par le cordon de l'amour.

Ils n'ont de formes et de visages que ceux que mon regard leur donne, et parmi eux j'y reconnais le sourire de Lucie, les traits juvéniles de Petit-serpent, sa chevelure piquée de la plume de l'aigle à tête blanche ; la face joviale et débonnaire de John O'Connel, le faciès adouci de Renard-féroce, les visages souriants et repentis des soldats français.

De derrière les rochers noirs, là où se dresse le flanc de la montagne sacrée, une fumée s'élève et prend forme. Elle s'enfle et se précise. Elle devient puissance... Une main forte se presse dans la mienne, une barbe de cuivre flamboie, des yeux clairs se réveillent et s'illuminent... Père... Père... Je l'appelle, je crie, je hurle... Mais les ombres retournent aux ombres... Le désert blanc s'estompe, se fond dans le sol meuble de la forêt... La lumière n'est plus que la faible lueur de notre feu qui se meurt. J'ai froid et remonte ma couverture sur ma tête... »

Le lendemain, le jour se leva sur un pâle soleil perçant à peine le brouillard blanc et froid. La vapeur s'élevait de la terre, s'accrochant en lambeaux effilés à l'écorce rugueuse des pins, montant et roulant le long des troncs géants, se coulant dans des reptations de serpents au travers des haies et des taillis, baignant notre campement dans un flou vaporeux où se noyèrent les frontières ténues du réel et du rêve.

Il fallut la fraîcheur et l'humidité de l'air mêlées aux injonctions de père m'exhortant au lever pour dissiper les propres brumes de mon esprit et me donner suffisamment de force pour repousser la lourde couverture de laine, ultime rempart des songes désormais incongrus et futiles.

— Allons, fiston, debout ! Un copieux déjeuner et la chaleur d'un bon feu, Branle-Dieu ! ça ne se refuse pas !...

Père avait retrouvé sa joie et sa désinvolture et sans son clin d'œil complice, j'aurais pu croire que notre intimité de la veille n'avait été, elle aussi, qu'un songe.

Cerf-rouge, debout avant l'aube, mais avait-il vraiment dormi, n'avait pas attendu notre réveil pour transformer la froide nuit en un matin chaleureux.

Le feu pétillait, lançant vers le ciel bas de hautes flammes claires, forant l'épaisse couche de brume, libérant de larges trouées bleues.

Sur une pierre plate, nous attendaient deux superbes truites arc-en-ciel dorées à point.

Tout en savourant l'excellence du mets, je me sentais libre et fort, à nouveau prêt à affronter l'inconnu de cette terre sauvage.

— Que mes frères mangent de bon appétit, nous exhorta Cerf-rouge, la route aujourd'hui sera longue et sans halte.

— Sommes-nous si pressés, grand chef ? plaisanta père, son rire étouffé par la grosse bouchée qu'il venait d'ingurgiter. Il y a tant de pas devant nous et toute une vie pour en venir à bout !...

— Le Fils-de-l'ours n'a pas tort, mais il est des vies où les pas sont comptés !...

— Je sais, je sais, grand chef ! Aussi vrai que nul ne peut fuir son destin. Tu as raison ! Ne tardons plus... J'ai rendez-vous au pied d'une montagne !...

Cerf-rouge ne fit pas mentir sa parole. La route fut longue et harassante, et lorsque je m'étonnais auprès de mon maître d'une telle hâte, il se bornait à sourire sans conviction, me désignant d'un geste énigmatique les plus sombres recoins de la forêt. Père, à la même question, répétait inlassablement : « J'ai rendez-vous au pied d'une montagne ».

Tous deux semblaient être devenus les dépositaires d'un terrible secret dont je me sentais exclu, n'en percevant pas la source mais redoutant inconsciemment les aboutissements.

Au fil de notre progression, la forêt elle-même se ralliait à ce qui me paraissait devenir une conspiration. Elle me devenait soudain étrangère ! Aux conifères se raréfiant se substituaient de nouvelles essences de feuillus : érables aux couleurs de feu, peupliers longilignes dont les cimes orgueilleuses crevaient le ciel, hêtres aux troncs massifs dont trois hommes les bras tendus ne pouvaient faire le tour.

Au pieds de ces géants veillaient jalousement de courts robiniers armés de dards au poison redoutable, promus par le maître sombre et invisible de ces lieux, gardiens de ce secret que je ne partageais pas et qui, rendu plus mystérieux encore par un silence lourd et pesant, me glaçait le cœur.

Quand aux hôtes de cette terre froide et inhospitalière, eux qui en étaient la vie et contribuaient à la saison douce à la rendre plus accueillante, ils avaient en partie disparu, avalés par la bouche sombre des cavernes, enfouis sous la terre dans la moiteur de leurs terriers, dissimulés sous les feuilles et la couche profonde et noire de l'humus. Tous ayant fui l'avant-garde du seigneur hiver.

Seules nous croisaient parfois au détour d'une clairière, de petites bandes de cerfs à queue blanche, et chose curieuse, toujours des mâles, les femelles s'étant volatilisées comme si la race, par un de ces étranges caprices de la nature, avait brusquement, pour d'obscures raisons, choisi de s'éteindre. Certains de ces cervidés étaient si vieux qu'ils ne cherchaient même plus à fuir à notre approche, se bornant à nous fixer de leurs grands yeux bruns striés de rouge sang.

D'autres plus jeunes, plus vifs et plus craintifs s'égaillaient en de longs bonds nerveux, la tête portée basse, honteux d'avoir perdu leurs ornements frontaux qui, il y a peu, faisaient encore toute leur fierté.

Père et moi, emportés par l'instinct du chasseur, de temps à autre nous épaulions nos armes, suivant du canon l'une ou l'autre des bêtes, choisissant posément notre proie, mais sans jamais tirer, ces manœuvres ne restant qu'un jeu visant à briser la monotonie de la marche , et pour moi je l'avoue à faire reculer la peur.

Mon maître invariablement se moquait de ces puérilités, nous mettant en garde sur le fait que prendre la vie n'est jamais un jeu et qu'oublier cette évidence amenait trop de chasseurs à perdre le sens du sacré.

Honteux tels des gamins pris en faute nous rabaissions nos fusils, et pourtant à chaque nouvelle occasion, sans plus réfléchir, nous récidivions. Cerf-rouge alors, en désespoir de cause, ne trouvait plus que le rire en réponse à notre stupidité.

Nous aurions pu ainsi parcourir de nombreuses lieues, oubliant la fatigue, les petits matins brumeux et les nuits froides, si Cerf-rouge ne nous abandonnait régulièrement durant de longues heures. Lorsqu'il nous rejoignait, le plus souvent à la tombée de la nuit, c'était toujours les traits tirés, son regard assombri par l'inquiétude, avec aux lèvres les mêmes paroles de mauvais augure.

— Grand-Père Mato est sur nos traces.

Père ne répondait pas mais à chaque fois sa main s'égarait vers le grand coutelas pendu à sa ceinture, geste devenu machinal et qu'il ne pouvait contrôler.

Et moi, sans répit, je questionnais mon maître pour n'obtenir toujours qu'une seule et même réponse :

— Maître, pourquoi une bête sauvage s'attache-t'elle ainsi aux pas des hommes ?

— Le Grand-Esprit, lui seul, le sait !...

Un après-midi, alors que nous soufflions un peu à couvert sous les branches basses d'un hêtre, épiloguant tous trois sur les moyens de contrer cette menace latente qui nous usait les nerfs, un rugissement foudroyant éclata si près de nous que nous pûmes sentir sur nos nuques la chaleur d'une haleine fétide.

Père et moi, sans nous concerter mais dans un élan commun, nous nous précipitâmes sur nos armes, depuis quelques temps toujours chargées.

Cerf-rouge lança son cri de guerre, encochant une flèche sur son arc qu'il serrait déjà fermement dans ses mains en position de tir. Mais le danger ne se concrétisant que par le claquement sec du bois qui se brise et la lourdeur d'un pas martelant le sol, il s'élança à la poursuite de notre tourmenteur.

Durant son absence qui nous parut interminable, nous en profitâmes pour examiner les traces nombreuses laissées par le monstre.

Père tournait en rond, grommelant d'inintelligibles phrases où je crus comprendre que ce qu'il redoutait le plus n'était pas le grizzli mais le fait que Cerf-rouge puisse l'abattre de ses flèches qui jamais ne manquaient leur but.

Pourtant ce que nous découvrîmes me laissa sans voix. De profondes estafilades lacéraient les troncs alentour, chacune distante d'au moins deux pouces et demi et sur une largeur de plus de onze. Les empreintes au sol soulignaient plus encore la formidable stature de la bête. À l'intérieur d'une seule de ces traces, mes deux mains doigts écartés trouvaient place sans aucune gêne.

— Branle-Dieu ! jubila père, le gaillard est au-delà de mes espérances.

Avec un étrange sourire, il rajouta en se frottant le menton :

— Point n'est sûr qu'une flèche, fût-elle décochée par un champion, puisse en venir à bout !...

Lorsque réapparut Cerf-rouge, il paraissait tout aussi agité que père. Dans sa voix d'ordinaire si calme pointait une touche de colère, sentiment qui ne l'effleurait que rarement et jamais sans de graves raisons :

— Cerf-rouge a choisi ! Il va rejoindre le Grand-Père et lui prendre sa vie.

Il se prépara alors à nouveau à nous quitter, mais avant qu'il ne puisse faire le premier pas, à mon grand étonnement, père le retint fermement par le bras.

— Non, Cerf-rouge, le grizzli m'appartient ! Il est venu pour moi, et moi seul le combattrait !...

Père affirma sa prise sur les muscles tendus de mon maître.

— Ne comprends-tu pas qu'il est mon semblable ! Ne suis-je pas le Fils-de-l'ours !...

Cerf-rouge parut hésiter, puis se dégageant doucement de la poigne d'acier, il rangea son arc à contrecœur.

— Cerf-rouge respectera le choix de son frère. Je ne peux nier qu'il est le Fils-de-l'ours !...

Père me parut apaisé, comme délivré d'un terrible dilemme, et son regard se radoucit pour devenir aussi clair et profond que l'immensité du ciel.

Mais ce fut à moi de me révolter ; je voulais comprendre !

— Bon Dieu, m'écriai-je bravant leur autorité, allez-vous enfin m'expliquer ? Un ours n'est qu'une bête et notre ruse et nos armes sauront bien lui faire entendre raison. Partons dès l'instant tous trois à sa poursuite et ce soir sa peau nous servira de couverture !...

Galvanisé par mes propres paroles, je me ruai vers mon sac et mon fusil, persuadé que dans le même élan mes compagnons m'emboîteraient le pas, mais père m'arrêta d'un geste autoritaire avant que ma main ne se pose sur l'arme.

— Calme-toi, mon fils ! Il est des combats qui ne se partagent pas. Cet animal est mon destin et ni toi, ni Cerf-rouge ne peuvent intervenir. Si tu m'aimes, ne m'enlève pas la force de courir vers lui !...

Mon maître approuva d'un hochement de tête et ses propos ne me laissèrent que le choix de l'acceptation et du silence.

— Les pas qui mènent le guerrier sur sa route ne trouvent leur raison que dans son propre cœur et la main qui se tend ne peut être que celle du Grand-Esprit.

Moins solennel, il rajouta :

— Allons, mes frères, la route est devant et le temps de la rencontre n'est pas encore venu.

Mais le temps toujours rattrape les hommes et leur désir de le fuir... L'engagement eut lieu trois jours plus tard à la halte du soir alors que nous étions tranquillement occupés à fumer les filets d'un muskie fraîchement pêché.

Chacun de nous se plaisait à sa tâche, s'y employant avec application, l'esprit en repos, libéré des tensions de la journée.

Cerf-rouge, le poisson en travers des genoux, tranchait d'une main experte dans l'épaisse chair molle, recueillant sur la lame de son couteau de fines et longues lanières aux reflets rosés. Père, assis en tailleur à ses côtés, épointait consciencieusement de fortes tiges de bois vert.

Moi, par grandes brassées de feuilles humides, j'alimentais le feu, amusé et ravi du lourd nuage blanc qui me dissimulait aux yeux de mes compagnons, m'autorisant ainsi à les observer tout à loisir, et m'extasiant alors de leurs gestes précis et de la sérénité qui émanait de leurs visages.

Était-ce l'odeur alléchante du poisson qui attira vers nous le grand ours, ou bien avait-il simplement compris que le temps était enfin venu ? Qu'importe la réponse ! C'est ainsi que la bête nous surprit...

D'abord le grognement, si puissant, si proche que mes tympans devinrent douloureux, puis le souffle rauque et la terre qui tremble. Cette fois, nous le savions tous trois, le fauve ne fuirait pas... Il se dirigea droit sur nous, dressé sur ses pattes arrière, menaçant, sa gigantesque poitrine faisant front, la tête haute, la gueule largement ouverte, les babines écumantes, retroussées sur ses formidables crocs.

Cerf-rouge fut le premier à réagir. Sans un cri, il bondit vers son arc. Le bois de son arme courbé à se rompre, il visa l'énorme tête, la pointe de sa flèche dirigée droit sur l'œil du monstre. Il ne manquerait pas sa cible et le trait décoché en puissance pénétrerait jusqu'au cerveau, ne laissant à l'animal aucune chance. Pourtant, contre toute attente, mon maître retint son bras et ce fut la balle de père ayant épaulé son Springfield qui me fit sursauter.

Impensable ! Pour la première fois, son fusil claqua en vain. Une arme dans ses mains si précise qui neuf fois sur dix abattait un oiseau en plein vol ! Et Cerf-rouge, les muscles de ses bras veinés par l'effort, qui ne tirait toujours pas.

Le grizzli énervé par l'insecte de plomb qui frôla ses oreilles, redoubla de fureur. Il fit deux pas de plus, rejeta son mufle en avant, projetant dans l'air de longs filets de bave blanchâtre. Sa tête massive tourna sur son cou puissant, nous fixant tour à tour. Ses petits yeux bruns et cruels se posèrent ostensiblement sur père. Il claqua des mâchoires, rugit de rage et s'ébranla lourdement dans sa direction.

— Tire, Cerf-rouge ! Je hurlais à en perdre la voix, couvrant à peine les grognements de la bête. Je t'en supplie, lâche ta flèche.

Mais mon maître, sourd à ma supplique, abaissa son arc. La corde libérée se détendit avec un bruit mou et la flèche dans laquelle j'avais porté tous mes espoirs, retomba inutile à ses pieds.

C'est alors que père s'élança à l'encontre de son destin. Il tenait à deux mains son immense coutelas, le manche plaqué sur sa poitrine, la lame en avant, hurlant à pleins poumons le prénom de mère : Lu... CIE... Et je compris dans un éclair que l'ours était sa mort, qu'il l'attendait et qu'il l'avait choisie. Son tir manqué n'était pas une défaillance mais un acte conscient. Il courait heureux vers son amour perdu, pressé de la rejoindre.

Comme un fou, j'agrippai la crosse de mon fusil, mais il était déjà trop tard. Le choc des deux géants fut aussi violent que bref.

Un instant, l'homme et la bête se pétrifièrent, enlacés dans une étreinte mortelle. L'air vibra d'un ultime claquement des crocs auquel se mêlèrent le craquement sinistre de l'os qui se brise. Une convulsion commune, deux corps soudés qui ondulent et chancellent, et l'ours bascula en arrière, entraînant dans sa chute le cadavre pantelant de père.

« O'Brien ! Patrick O'Brien ! Mon père !... »

Les sons s'échappaient de ma gorge comme si je les vomissais. Je n'osais bouger, affronter la vérité. Une voix intérieure me criait que ce n'était qu'un rêve, mais mes yeux trop ouverts ne pouvaient me tromper. Père était mort et personne ne pourrait apaiser ma douleur et ma révolte.

Cerf-rouge se rapprocha, posant sa main sur mon épaule, mais je le repoussai violemment, lui crachant au visage les mots qui me brûlaient les entrailles.

— Pourquoi ? Pourquoi n'as-tu pas tiré ? Tu l'as laissé mourir, je ne veux plus te voir, je te hais !...

Me détournant de lui, j'allais m'enfuir, courir vers père, un espoir insensé me traversant comme la foudre, et c'est à peine si j'entendis les paroles de Cerf-rouge :

— Le fils de l'ours avait depuis longtemps choisi sa mort, le Grand-Esprit lui a offert son heure. Je n'avais pas le droit de lui voler sa joie.

Je me tournai alors vers lui brusquement, mon visage si près du sien que nos haleines se mêlèrent.

— Comment peux-tu parler de joie ! Père était ton ami, ta flèche aurait pu le sauver !...

Mon maître plongea son regard dans le mien et j'en sentis la brûlure jusqu'au tréfonds de l'âme. En cet instant, j'aurais voulu y voir la colère mais ne brillait que la lumière de l'amour. J'aurais voulu que sa voix soit vibrante comme le tonnerre mais elle fut douce et claire comme une pluie d'été.

— Mon bras le désirait, mon fils, mais il était mon frère et mon esprit s'y refusa. Crie ta rage, hurle ta douleur dans le vent, et le vent l'emportera. Aimer c'est accepter et accepter c'est aussi souffrir. Le frère ne peut s'opposer au choix de son frère, pas plus que le fils à celui de son père.

Avant que la lune ne se lève, à ton tour, mon fils, tu comprendras car tu es Celui-à-qui-parle-l'aigle-à-tête-blanche.

— Non ! Non, Cerf-rouge, je ne suis plus rien !... Toi et le Grand-Esprit m'avez volé la vie de mon père.

Si la voix de mon maître se durcit, ses yeux brillaient toujours du même amour :

— Il y a de cela trois nuits, mon fils a prononcé de sages paroles. Il serait bon que dans le tourment de sa propre histoire, il s'en souvienne. « Le guerrier ne combat pas la mort, il lutte pour la vie ». L'homme ne peut défier celui que tu appelles parfois Dieu et que le Cerf-rouge nomme toujours Grand-Esprit.

Dans la confusion de mon esprit, se bousculèrent alors les événements de ces jours passés. En fermant les yeux, je revis l'image de père, son bras entourant mon épaule : « Je t'ai donné ce qui était en moi, ce que jalousement je gardais pour toi »... La vie... Et la chaleur de sa main pour guider mes premiers pas... « Le reste m'appartient et ne se partage pas »... Le jardin secret de son cœur, ses choix intérieurs...

Allais-je aujourd'hui par ma douleur égoïste fouler aux pieds la fleur épanouie de cet Éden, souiller de ma révolte la terre féconde de son champ ? Allais-je, moi, son fils, sa chair, son sang, lui voler l'eau, l'air et le soleil de sa joie ?

Comment pouvais-je m'en prendre à Cerf-rouge, lui qui savait donner ce que moi le fils, j'avais tant de mal à offrir !... L'absolu de l'amour, l'amour immense et altruiste, plus grand, plus fort que la mort. L'amour que l'on ne vit pas pour soi-même mais celui sans barrière que l'on offre les mains ouvertes sans rien en attendre en retour, l'amour que mes frères sauvages chaque jour m'enseignaient ; celui de Fleur-de-maïs qui avait su ne pas me retenir, celui de Petit-serpent qui m'avait offert sa vie, celui de mon maître qui acceptait l'épreuve de la douleur sans jamais l'ombre d'une révolte.

Comme une vague immense, tout cet amour me submergea, et je tombai en larmes aux pieds de mon maître, l'implorant de me comprendre et de me pardonner.

Avec autant de douceur que de fermeté, il m'ordonna de me relever, m'offrant le secours de sa main tendue.

— De l'instant de faiblesse naît la force, mais la force sans contrôle te ramène à la faiblesse. Debout, Celui-à-qui-parle-l'aigle-à-tête-blanche ! Le Fils-de-l'ours attend encore de nous les rites sacrés.

Une nouvelle fois, sous la férule de mon maître, je grandissais, et mes pas à ses côtés ne furent plus ceux d'un enfant qui hésite et qui tremble.

Épaule contre épaule, nous approchâmes des corps. Dans mes yeux, plus de peur, plus d'espoirs inutiles.

Curieusement, sur le faciès de la bête comme sur le visage de père, malgré le sang séché et la profonde blessure, se lisait une grande paix, la béatitude née de la délivrance. À les voir ainsi enlacés, me vint alors l'image troublante et incongrue d'une mère couvant dans ses bras son enfant.

— C'est aux vivants que revient le soin de s'occuper de leurs morts, me souffla Cerf-rouge. Il est un temps pour vivre, un autre pour mourir, mais il est toujours temps pour le don et la joie !... Le fils séchera ses larmes et ouvrira son cœur lorsque pour la dernière fois, il refermera la porte de la maison de son père.

Nos gestes furent précis, des gestes d'hommes accomplissant une tâche simple, éternelle et sacrée.

Nous étendîmes père sous le feuillage protecteur d'un vieux chêne, lavâmes avec soin ses cheveux, sa barbe et son visage, recousant sa blessure et fermant ses paupières.

— Maître, je voudrais m'agenouiller près de mon père et le prier.

Il ne pouvait y avoir dans l'instant d'acte plus important à mes yeux, mais Cerf-rouge avait pour nous d'autres projets.

— Le temps de la prière ne se prend pas au détriment de la vie... Grand-Père Mato mérite aussi notre attention.

Et comme il lisait en moi, il enchaîna prévenant toute protestation :

— Là, mon fils, est dans la minute l'acte le plus important. La veille et la prière demandent un esprit libre. Le Fils-de-l'ours saura attendre, il a maintenant pour lui l'éternité.

Je ne pus répliquer, mon maître était le waayatan et il savait...

En dépouillant le grizzli de sa peau, nous comprîmes les raisons de son acharnement. Sa chair aussi noire que du charbon grouillait de vers. Cette vermine, chaque jour un peu plus exaltant sa souffrance, s'était donc employée à le dévorer vivant.

L'épouvantable carcasse enfouie au plus profond de la terre, la lune parut au zénith et la forêt redevint calme et sereine, semblable au ciel pur et lumineux après le fracas d'un violent orage.

Cerf-rouge prenant ma main comme on prend la main d'un enfant, m'entraîna au bord du fleuve où nous pûmes laver nos corps de toutes souillures et rafraîchir nos esprits enfiévrés.

Après de longues ablutions, s'arrachant à la nuit du fleuve encore tout ruisselant de gouttelettes d'argent, il effleura de ses doigts ma poitrine, me rassurant de ses paroles apaisantes.

— Le temps est venu, mon fils, le temps de l'accompagnement, le temps du chant et de la prière.

Comme cela devait être, dans l'accomplissement de notre rude besogne, mes émotions s'étaient assagies. Je me sentais en paix. Je comprenais le vrai sens de la mort et celui de la vie. L'accepter, c'était se fondre dans leur beauté, là où le commencement naît perpétuellement de l'achèvement.

Je m'en confiai alors à mon maître. Il me regarda longtemps en souriant, puis il me dit :

— Ce que tu viens de découvrir, mon fils, c'est le vent qui façonne les dunes, c'est le souffle du bison en hiver, c'est l'éclat d'une luciole dans la nuit, c'est la petite ombre qui court dans l'herbe et se perd au coucher du soleil* ; c'est le cercle infini où tout ce qui est vie se transforme, où tout ce qui est mort, par le pouvoir du Grand-Mystère, renaît à la vie.

À nouveau, ses doigts frôlèrent ma peau et j'en fus parcouru d'un immense et délicieux frisson.

— Tu peux venir à présent, Celui-à-qui-parle-l'aigle-à-tête-blanche, tu peux t'asseoir près de ton père et apprendre de lui la beauté du passage. Va, mon fils ! Ta prière sera belle et ton chant sera puissant !...

Assis près de père, l'un à droite et l'autre à gauche, nos premiers gestes furent d'offrir la fumée de la pipe aux quatre directions. Puis Cerf-rouge, la tête rejetée en arrière et les paupières closes, doucement, se mit à chanter de cette voix étrange et monocorde, cette voix venue du fond des âges.

Les mots m'étaient inconnus, pourtant j'en percevais le sens, et c'est l'esprit ouvert que je le rejoignis dans la prière.

---

* *Phrases extraites d'un discours du chef Lakota Crowfoot (1821 - 1890).*

« Ô, Grand-Esprit voilà qu'aujourd'hui le voile se soulève
Derrière la noirceur des ombres filtre déjà la lumière
Ô, Grand-Esprit accueille ton fils méritant
afin qu'assis à ta droite au centre de l'univers
à son tour il puisse vers toi diriger nos pas.

Ô, Grand-Esprit ouvre aujourd'hui les bras vers ton enfant
Toi qui prends et qui donnes la vie
Toi qui transformes l'ombre et la lumière
Ô, Grand-Esprit maître de toutes choses
sous l'ardeur de ton souffle la flamme vacillante
devient un brasier éternel.

Nous nous tournons vers l'Ouest
et pour le fils méritant nous prions
Nous nous tournons vers le Nord
et pour l'homme accompli nous prions
Nous nous tournons vers l'Est
et pour le voyageur solitaire nous prions
Nous nous tournons vers le Sud
et vers toi Grand-Esprit nous prions.

Aux quatre directions, ô, Grand-Esprit
Reçois l'appel de tes enfants. »

Le regard tourné vers le dedans, les bras ouverts embrassant le ciel, nous prions. Nos souffles devenus le souffle de la prière jusqu'à la pointe de l'aube, nous prions, insensibles au froid, indifférents au temps, unis au cercle de l'univers, brûlants d'un feu vivant.

Le chant monte embrasant le ciel. De l'ombre il fait naître le jour, mêlant nos âmes, unifiant nos esprits à la parole du créateur.

Le Fils-de-l'ours n'est plus seul, il est libéré de sa souffrance... Il ne sera désormais plus jamais seul.

Au matin, le soleil réchauffant la terre et nos corps engourdis, nous transportâmes la dépouille de père près du fleuve, où sur une plage de sable blanc nous pûmes édifier la plate-forme funéraire selon les mêmes rites qui avaient accompagné Lucie vers son dernier voyage.

« Fils de la terre, regarde une dernière fois en arrière
Tu verras ta vie renaître dans les contrées fertiles
Vite, pars ! Sur la route vers le Nord
Nous guiderons tes pas... »

Je n'étais plus l'observateur qui sans comprendre subit ; je devenais officiant, l'apprenti attentif du chaman, et lorsque de mes propres mains, je taillai dans la chevelure rousse la mèche sacrée, l'enfance d'un petit Irlandais égaré loin de sa terre, dans le cercle précis de la lame se fondit, transformant l'adolescent gauche et hésitant en un homme mûr et conscient de son chemin, un guerrier à la plume d'aigle.

Près du corps reposant sur un tapis de joncs, les yeux grands ouverts vers le ciel, les mains croisées sur la poitrine, nous disposâmes les effets personnels du défunt : ses armes, sa besace, les griffes et les dents du grizzli, et autour de son cou le collier d'émeraudes, l'oiseau de la liberté.

— Garde pour toi l'un de ces objets, me conseilla Cerf-rouge. Le souvenir a besoin d'une forme !...

J'hésitai un instant, la main tendu vers le bijou, mais l'éclat en était terni et une force mystérieuse retint mon geste. Mon choix fut donc sa poire à poudre où dans le cuivre martelé se lisaient les initiales entrelacées « POB », Patrick O'Brien.

Le corps brûla jusqu'au soir, nos prières s'élevant à l'unisson de l'épaisse fumée blanche.

Lorsque nous recueillîmes les cendres afin de les unir à tout ce qui était la vie, à la terre dont elles étaient issues, afin de les mêler aux cendres de Lucie, l'éclat aveuglant d'un rayon vert nous éblouit. Émergeant de la poussière grise brillait l'oiseau stylisé aux pierres d'eau miraculeusement épargnées par le feu, nimbé de plus de lumière qu'au premier jour.

Le ramassant, je compris alors qu'il était et serait toujours le lien entre tous les êtres que j'avais connus et aimés. Images vivantes de John O'Connel, de mère, de Petit-serpent, du peuple des Natchez et aujourd'hui de père, et demain de moi-même...

•••

Chapitre 8.

« On façonne l'argile pour en faire des vases
Mais c'est du vide interne que dépend leur usage. »

Le Tao

Hiver de l'an mille sept cent quatorze, quelque part sur les berges du Mississippi.

Je venais d'avoir quatorze ans et j'étais devenu orphelin. Pourtant le fleuve coulait toujours, étranger à ma peine, emportant mes espoirs dans les eaux boueuses de ses veines. J'étais abandonné. Pourtant la forêt tout autour, sans discontinuer et sans fin, s'étalait, sourde à ma solitude, abritant sous son manteau mille autres vies.

Ni le Père-des-Eaux, ni la « déesse-verdure » n'attendaient rien de moi, et moi qui ne comprenais pas, je leur demandais tout.

Le fleuve était mon père, ma mère la forêt, et je n'étais qu'un fils ingrat...

Cerf-rouge était le waayatan, mon maître, lui aussi mon père. Il m'enseignait tout cela et j'étais son disciple...

« Encore et toujours, Inipi me purifie. La hutte est si étroite que nous pouvons en dépliant nos bras y joindre nos mains.

La chaleur monte, m'enveloppe, me suffoque, brûlante mais salvatrice.

Le Cerf-rouge prie. Les contours de son corps sont flous. Il a quitté le sol. Il flotte dans l'air épais, immatériel et vaporeux.

De ses mains de fumée, il dispose la pierre. L'eau s'écoule entre ses doigts. Je vois, j'entends et je prie. Le ruisseau chante sur la pierre. De leur union naît le feu... La vapeur est serpent, elle se tord, elle ondule, rampe et se dresse. Elle mord, elle caresse. Elle est la frontière, elle est le pont... Et le monde des hommes s'estompe... Quatrième cercle... Les hommes sortent ! C'est le temps de l'esprit et des fantômes.

Me revoilà aux portes du désert blanc... Lucie est venue, ombre de pierre, d'eau et de lumière. Elle sourit, sa joie me brûle. Elle est le feu intérieur qui couve dans le cœur des hommes. Derrière elle, s'avance un homme. Il est grand, droit et fort comme le cèdre géant qui dresse sa cime vers le ciel. À son cou luit d'un éclat laiteux un collier de griffes et de crocs. Sa barbe de soleil et de lune mollement s'agite dans la brise légère. L'homme prend la main de Lucie, tendrement. À son tour, il sourit... Et je le reconnais ! Il est celui qui marchait sur la terre, ses deux pieds enracinés dans le sol. Il est la montagne qui gronde, le Fils-de-l'ours, l'Irlandais du Nouveau-Monde, Patrick O'Brien, mon père.

Tous deux tendent vers moi leurs mains et leurs souffles apaisent la brûlure. Les sons qui sortent de leurs bouches sont silence. Ce sont leurs yeux qui me parlent...

Ils racontent le temps passé et le temps à venir, ils murmurent l'amour et hurlent la souffrance. Ils parlent des hommes aveugles, de ceux qui n'entendent plus, ceux qui ne savent plus prier. Ils ouvrent pour moi les portes des cathédrales de verdure où les « Hommes-forêts » en tribu chantent la renaissance.

J'ai peur car je goûte le fruit avant que l'arbre n'ait poussé... Mais la voix de leurs yeux aussitôt me rassure. Ils parlent de Celui-à-la-longue-vie, de l'esprit qui voyage et traverse les âges, de la fleur qui renaît, de la graine qui germe et du peuple choisi.

Je ne suis plus seul, je ne suis plus orphelin ! Mon père est le Cerf-rouge !...

Leurs paupières se ferment, ils se retournent et s'en vont de leur pas sûr et lent, là-bas où le soleil brille si fort, là-bas, si près, si loin dans le grand désert blanc...

Je perds conscience ou bien je la retrouve. Je ne sais plus ! Le monde autour de moi reprend ses formes. Le chant des pierres n'est déjà plus qu'un murmure lointain. Les dernières gouttelettes de vapeur s'accrochent aux parois de peau, la peau du grand ours... Elles ne sont peut-être que mes larmes mêlées aux larmes des fantômes...

Cerf-rouge était devant moi, son visage si près du mien que la chaleur de son haleine sécha mes pleurs.

— Maître, père ! Je haletais, mon cœur battait comme un tambour. Père, le Fils-de-l'ours a retrouvé sa compagne !...

Tout d'abord il ne dit rien, posant seulement sa main sur mon cœur, apaisant ainsi le chaos de ma poitrine, puis il parla et sa voix dissipa les brouillards.

— En doutais-tu, mon fils ! Doutes-tu que le soleil ne se couche que pour offrir le ciel à la lune ? Doutes-tu que la nuit appelle le jour, que la vie ne s'endort que pour renaître ? Doutes-tu de la force du Grand-Esprit ?

Encore sous le choc, je lui répondis sans réfléchir :

— Non, père, je ne doute pas mais je m'étonne et je m'émerveille !...

— Le nourrisson s'étonne de sa première vision sur le monde, l'homme conscient s'en émerveille mais le waayatan prie et remercie.

— Mais, père, je ne suis encore que la graine enfouie sous la terre.

Il me dévisagea surpris. Son regard se voila comme si mes paroles lui causaient une vive douleur.

— Ne vois-tu pas la tige verte qui s'élève et les premiers bourgeons ? Tu es mon fils, Celui-à-qui-parle-l'aigle-à-tête-blanche, tu es le fils de Cerf-rouge le waayatan !...

Nous avons marché longtemps, côte à côte, traçant un chemin parallèle sans un regard vers l'arrière ; suivi les berges du fleuve toujours vers le nord, imprimé la marque de nos mocassins dans la terre noire et fertile, alternant la forêt sombre et profonde aux longues plages couleur de lait ou de miel ; croisé l'Ohio « la belle rivière », traversé son lit sur un frêle radeau de jonc, gravi des collines herbeuses et franchi de profondes ravines. Nous avons marché encore, sans trêve et presque sans repos, poussés par l'appel du peuple rouge, comme si le temps rétrécissait, comme si nos jours étaient comptés, comme si déjà les chariots de guerre de nos visions s'ébranlaient vers le grand génocide. Puis un matin, à la vue d'une immense plaine bordant la rive gauche du fleuve, Cerf-rouge décida que notre course prenait fin et qu'ici nous allions nous reposer quelques jours.

Lorsque nous eûmes traversé le fleuve, contourné en silence une grande bâtisse de pierre, « la hutte des soldats bleus », me souffla Cerf-rouge, où des sentinelles par groupe de quatre inlassablement arpentaient les remparts ; après une longue reptation aux travers des buissons épineux, nous débouchâmes dans une vaste prairie où paissaient d'immenses troupeaux de cervidés.

De toute évidence, Cerf-rouge connaissait cet endroit car un large sourire illumina sa face ; la satisfaction du voyageur qui retrouve une terre aimée.

— Vois, mon fils ! Regarde et écoute ! C'est ici que jadis, au temps où les pères de mes pères n'étaient que des enfants, vécut la puissante nation des Cahokias, ceux qui par leur savoir crurent pouvoir se substituer au Grand-Esprit.

Il n'y avait pas trace de jugement dans ses propos, mais une grande amertume. Pourtant ce qui s'offrait à mon regard chassa très vite tout sentiment autre que l'émerveillement.

Dominé par un gigantesque tertre nu, à perte d'horizon s'étalaient selon un ordre complexe et précis des vestiges d'habitations, de places, d'avenues, de ruelles, incroyable labyrinthe bordé d'une multitude de tumulus.

Le temple du soleil, comme me l'expliqua Cerf-rouge, représentait le centre de la cité (il me montra du doigt l'immense amas de terre) autour duquel rayonnait toute l'administration religieuse, économique et politique qui régissait la vie de ses habitants.

— À son sommet, à plus de cent pieds du sol, poursuivit-il, les prêtres tout puissants invoquaient nuit et jour les divinités du ciel, la tête dans les étoiles, inaccessibles aux autres hommes, étrangers au quotidien de leurs vies, et c'est par leurs pratiques égoïstes qu'ils contribuèrent au déclin et à la chute de leur civilisation, et cela avant même l'arrivée de l'homme blanc.

Cerf-rouge soupira, absorbé dans un souvenir d'un autre âge.

— Le visage pâle n'est pas la source de tous les maux comme le pensent parfois certains de mes frères rouges. L'enfant du Grand-Esprit a en lui tant d'orgueil qu'il n'a besoin pour se détruire que de la force de son propre bras.

Il leva les yeux vers le ciel, invoquant en silence une puissance invisible à laquelle sans honte il se soumettait.

— L'anéantissement n'est pas dans l'homme mais il pénètre et se niche en son cœur comme un serpent au venin mortel, dès que l'homme oublie qu'il ne peut vivre au-dessus du monde mais en harmonie avec le monde.

À présent, je ressentais le pourquoi de notre venue... Voir et comprendre !...

Dans le jour qui lentement déclinait, les derniers rayons du soleil rasèrent le sommet du temple, hommage chaque jour renouvelé à ce qui fut splendeur et n'était plus que ruine.

La pénombre naissante révéla avec plus de majesté et de mystère ses imposantes dimensions. Je crus alors y voir une foule nombreuse gravissant des marches de pierres aux énigmatiques idéogrammes : enchevêtrement de lignes géométriques, visages d'hommes barbus aux yeux proéminents, bestiaire étrange et monstrueux.

Guidés par Cerf-rouge qui avançait sur le site en terre de connaissance, nos pas nous menèrent devant une colossale porte de pierres taillées dans un seul bloc, pesant chacune plusieurs tonnes, si hautes et si larges qu'il m'était difficile d'admettre que des bras humains avaient été capables de les élever et de les façonner.

Sur le fronton, au centre d'une large frise, trônait un soleil à visage humain dont les quatre rayons disposés aux points cardinaux se prolongeaient d'une écriture indéchiffrable pour le néophyte que j'étais.

Mon maître s'arrêta et posa son pare-flèche, signifiant par ce geste que nous n'irions pas plus loin, qu'ici au pied de la porte du soleil, nous passerions la nuit.

Il promena lentement sa main sur la pierre avec cette même douceur, cette même tendresse propre à l'amant caressant le corps alangui de son aimée. Les lettres gravées lui furent aussitôt familières. Il les nomma les clés de la porte et me les lut avec la même aisance que pour des traces anciennes d'animaux, alors que pour moi, celles-ci restaient toujours invisibles.

« Au fronton l'avenir
Sous l'arche le présent
Soleil éclaire sans fin
De l'autre côté le passé qui n'est plus »

— Les portes ne sont élevées que pour être franchies, me dit Cerf-rouge à mots couverts. Cette nuit, Celui-à-qui-parle-l'aigle-à-tête-blanche, tu traverseras seul vers l'autre côté, là où le monde appartient au passé. Cette nuit sera la nuit de ton enseignement, la nuit des pierres de ton chemin !...

Je n'osai lui répondre, à peine si je pus soutenir le feu de son regard. Mais il était mon maître et je me voulais son disciple. Obéissant, je n'avais qu'un seul choix ! Accepter... Et peu importait de comprendre ou non le sens caché de ses paroles. D'ailleurs, faisant peu de cas de mon trouble naissant, Cerf-rouge s'assit, adossé à la pierre, aussi calme, silencieux et paisible que la pierre elle-même.

Avec ces gestes mille fois répétés et que j'aimais tant, il bourra et alluma la pipe, et me la présenta :

— L'heure n'est pas encore venue, laissa-t'il tomber telle une évidence ! L'attendre en fumant est ce que nous pouvons faire de mieux.

La nuit était sombre, sans lune ; le ciel sans étoiles, menaçant, balayé de gros nuages aux reflets argentés. Un vent vif et glacial sifflait sur toute la plaine se heurtant au monolithe, lui insufflant la vie, agitant les herbes folles accrochées aux profondes crevasses de sa peau de granit.

À la seconde pipe, je tremblais de froid, le fourneau brûlant réchauffant à peine mes doigts bleuis par la morsure du vent. Cerf-rouge sans un mot mais avec une grande douceur, m'enveloppa dans la peau du grizzli. La chaleur qui aussitôt courut dans mes veines fit remonter le souvenir si proche de père. À la troisième pipe, la fumée se colora d'arc-en-ciel. Cerf-rouge posa sur moi son regard acéré d'oiseau de proie. Ses traits devinrent mouvants, se fondirent, s'effacèrent. Il n'était plus humain, il était l'aigle, « Wambli Galeska », l'aigle tacheté.

De son bec entrouvert, s'envolèrent en notes aiguës les paroles du chant sacré. La mélopée libéra le ciel. Des millions d'étoiles incendièrent la voûte céleste. La lune réapparut et la nuit devint claire...

« Mes mains tremblent, ma poitrine se rétrécit, mon souffle se fait court. À nouveau j'ai froid et la lourde peau ne peut me réchauffer. L'air glacé semble sortir des entrailles de la terre. Il monte à travers le sol, transforme en lances de glace l'herbe de la prairie, pénètre mes jambes, court tout au long de mon dos, gèle ma poitrine, cristallise ma tête, endort ma pensée d'un sommeil sans repos... Je ne sais plus ce qui m'arrive et personne ne pourrait me le dire, pas même la fumée qui tourne, tourbillonne et m'enveloppe.

Né du rêve et de l'aigle tacheté, monte le chant sacré.

« Il n'y a de force et de puissance
que dans le Grand-Esprit
Celui qui vit au-delà de nos yeux
Au-delà de nos savoirs, plus loin que nos espoirs
Celui qui nous regarde et que je ne peux voir
Celui qui m'accompagne et que je n'entends pas. »

À la quatrième pipe, le rêve est éveillé. Il est le vent, le vent qui hurle et qui gémit, le vent qui porte sur ses ailes le feu purificateur.

L'arche de la porte se couronne de flammes rouges et bleues. Je suis debout. J'ai froid mais je n'en souffre plus... J'avance et la prière de l'aigle m'accompagne. Elle est source de puissance, elle est le battement d'ailes d'un millier d'abeilles en émoi.

« Vers l'avenir je me tourne
Mon présent est ici
Et le passé m'enseigne. »

J'avance... Sur ma nuque brûle le regard de l'aigle tacheté... J'avance... Et je franchis d'un pas, d'un seul, la porte du soleil...

Autour de moi une foule innombrable, bruyante et colorée, qui se croise, s'interpelle, se bouscule et se cherche. Des femmes aux seins nus, aux longues nattes bleu de nuit, à la peau cuivrée, les hanches ceintes de pagnes aux couleurs de la vie : verts comme l'herbe qu'elles foulent de leurs pieds, azurés comme le ciel qu'elle prient, jaunes comme l'astre qui les réchauffe, rouges comme le sang qui court dans leurs veines gonflées, bruns comme la terre qui les nourrit. Mais elles ne sont pas seules ! Avec elles, leurs pères, leurs fils, leurs maris : des guerriers de haute stature chamarrés de plumes multicolores, serrant fermement dans leurs mains de longues lances de frêne aux pointes vertes et translucides qui captent et renvoient la lumière, des prêtres dignes et silencieux, le crâne rasé oint d'huile parfumée, le torse peint de vermillon, glissant plus qu'ils ne marchent dans des robes de lin blanc, des porteurs d'eau offrant à la ronde leur précieux liquide, des jongleurs, des baladins et des équilibristes dansant et sautillant dans un chatoiement de plumes et d'étoffes bariolées ; des nobles et des dignitaires aux allures fières et hautaines qui se pavanent dans des drapés chatoyants enrubannés d'or et de pierres précieuses.

Je marche... Seul, ignoré, noyé dans le flot de cette multitude, assourdi par un formidable brouhaha.

Des abords de la cité monte, tel un fleuve en crue, le chant cristallin des jeunes filles qui se fond dans le battement des tambours, dans le bruit sourd des pilons écrasant sur la pierre polie les grains d'or du maïs ; le rire en cascade des enfants qui jouent et se poursuivent entre leurs jambes, les cris de joie des marchands qui vantent les mérites de leurs marchandises, les cris de colère des clients qui se sentent lésés et les altercations des deux partis qui parfois en viennent aux mains.

Mais c'est au cœur, là où domine le temple du soleil, que naissent les clameurs du peuple, celles qui sont la vie, car la vie c'est le temple : les voix puissantes et autoritaires des hommes qui commandent et les plaintes et les cris de souffrance de ceux qui obéissent, le craquement sourd des corps qui se tendent et s'arc-boutent sous la charge, le claquement sec des fouets, le chuintement des cordes, le couinement des palans, le crissement des lourds ciseaux de pierre, le granit qui se brise, qui grince et s'entrechoque. Et plus prenante encore bien que n'étant que doux murmure, plane, ombre géante, la prière des prêtres, mystérieuse, envoûtante, monocorde, litanie sans faillir répétée, miroir de l'âme, gloire du temple qui s'élève.

Je voudrais comprendre, être et me mêler, mais personne ne semble me voir ni m'entendre... Je suis pourtant parmi eux et j'existe, je ne suis pas un rêve... Les couleurs sont si vives à mes yeux, les sons si percutants à mes oreilles et les odeurs tenaces emplissent mes narines. Odeur aigrelette du grain qui fermente dans les silos, odeur froide et humide de la pierre ; fumet alléchant de viandes grillées, relent de poissons frits, agaçantes odeurs de poils roussis et de sang frais, arômes enivrants de fleurs et de plantes, senteurs acidulées de fruits mûrs, suaves et capiteux parfums exhalés de la chevelure des courtisanes, âcre bouquet des corps en sueur ; effluves de résine, d'encens, de terre chaude, de bois, de poussière ; émanations d'humus, d'eau croupie, d'urine et d'excréments, miasmes de décomposition, de pourriture.

Tout se mêle, odeurs, couleurs et bruits. Tout se brouille, se confond, s'unit. Tout est vie, tout est peuple... Je suis seul, éveillé au cœur de la prodigieuse cité des Cahokias... Et le temps s'écoule... Lentement mais sûrement !

Je marche et je deviens. Je suis enfant de la cité... Je musarde et me perds dans le labyrinthe de ses sombres ruelles où des femmes outrageusement fardées pour une obole offrent les charmes de leurs appâts ; où des guerriers déchus tendent sans espoir leurs mains calleuses, où des enfants sauvages et nus se traînent dans la poussière et les immondices.

Je flâne aux places des marchés, m'attarde aux échoppes des marchands, m'instruis aux ateliers des potiers, des tisserands, des tailleurs et des sculpteurs de pierre, des peaussiers et des tanneurs. Je m'émerveille aux boutiques des bijoutiers et des orfèvres. Je déambule le long des larges avenues, je me laisse guider, emporter, avaler par la foule. Je suis à genoux sur le parvis du temple et uni au peuple en liesse je prie.

Le vent chaud m'emporte. Avec lui, je cours dans les champs de courges et de maïs, me désaltère à l'eau vive des canaux d'irrigation, apaise ma faim de melons sucrés. Je ris avec les femmes, nos mains jointes sur la faucille qui vole vers l'épi. Je batifole avec les enfants, piétinant la tige et le grain sans respect pour la moisson. Je peine et m'échine avec les hommes, ahanant sous l'effort, le dos voûté, endolori, cassé sous la charge des sacs rebondis... Je suis enfant et fils de la cité... Et le temps, toujours, s'écoule inexorablement !

La cité prospère, enfle et s'étire. Hommes, femmes, enfants se multiplient. Le peuple est légion, il a faim, il est insatiable et les greniers qui débordent, les silos qui regorgent de grains ne suffisent plus à le rassasier. Alors le peuple chasse et pêche à outrance. Il barre et détourne le fleuve, défriche la forêt, brûle, transforme, anéantit, arrache à la terre le rocher, laboure de nouveaux champs. Ce que produit la cité ne suffit plus. L'on construit des navires, de grosses embarcations de joncs tressés. S'y entassent le peuple qui rame, les marchands cupides qui calculent, les soldats qui affûtent la pointe de leurs lances. L'on remonte et l'on descend le fleuve. On vend, on achète et l'on regarde d'un œil mauvais ces autres peuples primitifs qui ne savent pas encore que tout, même la vie a un prix.

Alors les guerriers se dressent, ils pillent, ils tuent, ils asservissent. Les richesses des enfants du soleil ne se comptent plus. L'or comme le grain déborde. On le cajole, on le vénère, on se l'envie, se le jalouse et se l'arrache. Il est pouvoir, il est meurtre, l'avilissement, l'égoïsme et la chute.

Tout près du soleil, sur le sommet du temple, les prêtres inventent de nouvelles prières, deviennent astrologues, magiciens, se veulent sages, mathématiciens avisés, astronomes éclairés. Ils percent le secret des étoiles, donnent aux planètes des noms, calculent, fractionnent le temps. Ils sondent les mystères de la vie, explorent les méandres de la naissance et de la mort, voyagent dans l'Éther, augmentent leur pouvoir, s'isolent, se grisent, deviennent intouchables. Ils se donnent le nom de Dieu... Mais le temps qui, jamais, ne se soucie des hommes, pas une seconde ne s'arrête et implacablement poursuit sa course.

Les prêtres ne se montrent plus. Prisonniers de leur tour d'ivoire, ils parlent avec les dieux. Ils ordonnent et le tonnerre de leurs voix descend sur le peuple. Et le peuple crédule, du tonnerre fait le verbe. Pour reculer le temps, pour arrêter le temps, il faut nourrir les dieux, et les dieux aiment la chair et le sang... Alors sur l'ordre des mages tout puissants, dans la pierre, dans l'or, le jade et l'onyx, on sculpte et façonne des idoles au regard de feu, aux bouches dévorantes, aux dents larges et coupantes. À ces monstres immobiles, impitoyables et froids, le peuple soumis sacrifie la chair, immole la vie, en oublie les figures des sages antiques ciselées par leurs pères sur les colonnes du temple, les géants barbus à la peau claire qui enseignaient l'amour.

Par milliers, les chasseurs capturent les bêtes de la terre et des eaux, toutes les bêtes : les ours, les loups, les cerfs, les écureuils, et même leurs petits ; les oiseaux du ciel, les poissons du fleuve, jusqu'aux insectes des champs, des bois et des prairies.

La main tient le couteau, elle ne le lâche plus, et la lame sacrificatrice plonge dans les poitrails, la plume, les élytres et les écailles. Les cœurs sont mis à nu, on les élève vers les dieux. Le sang coule, il est ruisseau... Mais les bêtes se font rares et les dieux gourmands réclament toujours plus, plus de vies, plus de sang.

Alors à nouveau, les voix du tonnerre tonnent sur le peuple, elles parlent aux guerriers. Et les guerriers écoutent et obéissent. Ils dressent leurs lances vers le ciel et le tonnerre les accompagne et les bénit.

Pas un peuple du fleuve qui n'échappe à la colère des guerriers, pas un peuple qui leur résiste, car ils ont à leur tête le tonnerre.

Les navires reviennent chargés de milliers de vies nouvelles ; des hommes jeunes, des femmes belles et porteuses de vie, des nourrissons à peine sevrés, des vieillards séniles, des adolescents pas encore pubères. On leur lie les membres, on les pousse, on les traîne sur les marches du temple, tout en haut sur la grande pierre plate où attend impatient le couteau d'obsidienne, là où les prêtres sont vêtus de lin rouge... Et le sang coule en rivière, en fleuve, en océan. Il se déverse sur le peuple du soleil, le submerge, le noie. Et le peuple à son tour n'a plus de cœur, plus de loi, plus de morale, plus d'amour. Il faut encore des vies, il faut le sang.

Le fils sacrifie le père, le frère plonge la lame dans la poitrine de son frère. Chacun arrache un cœur et, sous l'œil indulgent des prêtres, l'offre aux dieux dévoreurs... Et le temps, jamais, ne revient en arrière !

Mais si les hommes se croient devenus Dieu, il est pourtant, au-dessus de leurs têtes, dans l'air qu'ils respirent, dans la forêt qui les abrite, dans la terre qui les nourrit, dans l'eau qui les abreuve, une force divine plus sage et plus puissante. Et devant la folie de ses fils, cette force aux hommes révéla l'étendue de son pouvoir... Les bourreaux à leur tour devinrent les victimes... Fièvres et épidémie s'abattent sur le peuple. La mort frappe au hasard, n'épargnant ni le riche, ni le pauvre, ni le vieillard, ni l'enfant.

Les rues, les places, les avenues jadis animées d'une vie bouillonnante ne sont plus qu'un immense et monstrueux charnier où tous se mêlent, s'unissent dans le trépas. La terre à son tour s'épuise, elle ne produit plus. Elle ne peut plus, n'a plus rien à donner. Les épis de maïs et de blé, autrefois juteux et dorés, sont maintenant noirs et secs, et les manger fait perdre la raison. Les greniers sont vides, les vergers ne donnent plus de fruits. Il n'y a plus d'oiseaux dans le ciel, plus de poissons dans le fleuve. L'air est vicié et les eaux noires et polluées. La forêt, l'immense forêt qui paraissait inépuisable n'est plus. Là où se dressaient les grands chênes millénaires, les ormes, les noyers, il ne reste qu'une terre nue, un désert de poussière et de pierres... Et les pierres ne se mangent pas !

Le peuple souffre, il crie famine. Le ventre des femmes est stérile, leurs mamelles sont taries. Les hommes n'ont plus de force, il n'y a plus de vie dans leurs entrailles, plus de sang dans leurs veines, plus de souffle dans leurs poitrines creuses... L'orgueilleux peuple du soleil s'éteint, les dieux qu'ils ont créés les ont à leur tour dévorés.

Le temple vacille, il se craquelle, il s'écroule, ensevelit sous ses décombres ceux qui s'en voulaient les maîtres. Il efface le peuple... De la cité qui défia le temps, il ne reste que ruines... Et le temps, inflexiblement, égrène ses heures, ses jours, ses mois, ses années... Ses siècles.

Unique, préservée, Arche d'Alliance, émerge des décombres la porte du soleil... Pour que l'homme se souvienne !... »

« Ma peau est granuleuse, parcourue de frissons glacés. Mon front est brûlant, mon eau s'échappe de mon corps comme un torrent.

La peau du grizzli est lourde, elle m'écrase, m'étouffe. Je cherche l'air, la vie, mais mes poumons sont vides. Je me noie...

Le visage de Cerf-rouge flotte devant moi, inaccessible, perdu dans un brouillard opaque. Je voudrais l'appeler, serrer sa main dans les miennes, mais les mots ne veulent pas sortir, mes bras ne veulent pas se tendre.

Sous moi, tout autour de moi, un grand trou noir, un puits humide et froid. Mes doigts se cramponnent à la margelle mais la pierre s'effrite et la mousse est gluante.

Je glisse, je tombe, j'ai peur... Je quitte la vie...

L'obscurité, la nuit sans lune et sans étoiles... La chute est vertigineuse... Il n'y a pas de fond, pas de fin.

« Léger, libre comme l'oiseau
Je découvre l'immensité du ciel
D'avoir volé si loin le ciel s'est effacé
D'avoir volé si longtemps mes ailes sont brisées
Et mon vol devient chute. »

Je tombe, lourd comme la pierre. Le chant est dans ma tête, il m'accompagne.

« L'arbre est planté droit sur la terre
Sa branche est mon repos
Mes ailes endommagées s'étendent sur son tronc. »

Le chant est dans mon cœur et j'en comprends les mots. Je suis l'oiseau et je déploie mes ailes. Je ne peux plus vers le ciel m'élever mais me pose en douceur sur la branche. Je suis au fond du puits, il fait déjà moins noir et j'ai moins peur. Un tapis de feuilles humides est devenu ma couche. Je m'étends et m'endors. Ici je vais mourir.

« Léger, libre comme le poisson
Je découvre l'immensité des ondes
D'avoir nagé si loin l'eau n'est plus qu'un filet
D'avoir nagé si longtemps mes nageoires sont brisées
Et ma nage devient coulée. »

Je repose immobile comme le rocher. Le chant est dans ma tête, il m'accompagne.

« La source jaillit du roc
Son eau est ma rivière
Mon corps las, par elle se laisse bercer. »

Le chant est dans mon âme et les mots me réveillent. Je suis le poisson et mes nageoires frétillent. L'eau jaillit, enfle et bouillonne. La rivière est un fleuve, il me porte et m'emporte et me rend à la vie. Je remonte vers la surface car le puits est un lac.

Tout contre mon visage, le visage de Cerf-rouge. La nuit a enfanté le jour. Les rayons du soleil caressent ma peau. L'air à nouveau gonfle ma poitrine. Les mots retrouvent leur chemin. »

— Père, qui suis-je ?

— Tu es le waayatan, mon fils !

Rassuré et confiant, mon père à mon chevet, je m'endormis sans rêves et sans visions.

Cerf-rouge veilla sur moi avec plus d'attention qu'il n'aurait veillé sur sa propre vie. Durant trois jours et trois nuits, il ne quitta pas les abords de la pierre qui me servait de lit, me réconfortant de ses douces paroles, ranimant mon corps de ses breuvages magiques, murmurant à mes oreilles les chants sacrés de la guérison.

Mon voyage au-delà de la porte avait épuisé mon enveloppe charnelle et je me sentais las, paralysé, comme si le temple du soleil, en vomissant les tables du sacrifice, eût brisé mes os.

Ne pouvant encore bouger j'avais besoin de parler, de me confier, et mon maître était attentif à mes questions.

— Père ! Les Cahokias avaient érigé une grande et merveilleuse cité, ils l'ont détruite de leurs mains !...

— Je sais, mon fils, ce que tu as vu, je l'ai vu avant toi.

— Mais pourquoi, père, pourquoi ?

Avant de répondre, il me tendit une tisane d'herbes et de racines. Dans l'amertume du breuvage se cachait la réponse.

— Les peuples ne sont pas éternels, ils doivent disparaître pour que d'autres sur la terre leur succèdent. Ainsi est la loi du cercle.

Sa réponse me parut juste, pourtant je ne pouvais m'en satisfaire pleinement.

— Mais, père, la fin doit-elle toujours se consumer dans le sang ?

Il ne répondit pas tout de suite mais prit le temps de remonter la peau qui avait glissé.

— L'homme est libre de ses actes mais la peur l'éloigne de la loi du cercle. Alors comme l'ont fait les Cahokias et bien d'autres peuples avant lui, il cherche à reculer le temps, oublier qu'il n'est pas éternel. Ce qui doit être une mutation lente et douce se change en une mort rapide et sanglante ! La quête insensée du pouvoir détruit l'homme plus sûrement que la lance ou le « bâton de feu » !...

— Père, m'insurgeai-je, il y eut pourtant des peuples respectueux des enseignements du Grand-Esprit. Devaient-ils eux aussi disparaître ?

Dans ses traits creusés par la fatigue, trois nuits de veille à mon chevet, se dessinèrent les piliers lumineux d'une force inébranlable.

— Tous les peuples, dans le respect du cercle ou en-dehors des lois divines, doivent passer afin que vienne le peuple élu.

Sa réponse m'inonda de bonheur. Je revis le jardin d'Eden et le peuple choisi des « Elohim », celui qui comblait d'espérance la vision du waayatan.

Comme tout élève qui découvre, je voulais déjà en apprendre plus.

— Le temps est-il proche, père ? En verrons-nous les premiers signes ?

En souriant, il se saisit de la pipe, la caressant amoureusement.

— Dans la pipe sacrée sont les signes, aux quatre directions, dans la fumée qui tourbillonne, dans les hommes assis qui la fument ! Tout autour de nous sont les signes !...

— Mais le temps, insistai-je, quand viendront l'heure et le jour ?

Il alluma la pipe, fumant en silence comme pour me punir de mon impatience, puis les rites accomplis, la fumée voilant à demi les plis amusés de ses yeux, il reprit le cours de sa pensée.

— Le temps n'a pas de limite, mon fils. Peu importe le moment, mais le peuple viendra car il est dans le cercle, car il est déjà venu. Nous ne passons que pour apprendre à naître.

Transportée par sa parole, une autre vision me traversa : les hommes rouges déracinés de leur terre, la multitude des guerriers étendus sans vie dans la plaine, les tipis brûlant comme des feux de paille et la pipe sacrée foulée et brisée comme un roseau sans valeur. Je ne pus retenir mes larmes.

— Père, père ! Le peuple rouge va donc s'éteindre !...

Il me tendit la pipe et malgré la sécheresse de ma gorge, la fumée descendit en moi comme une source vive.

— Les larmes du guerrier pour son peuple ne sont que la flèche sans l'arc, et la flèche sacrée doit voler vers les nuages. Oui, mon fils, le temps est venu où le peuple rouge doit rejoindre le Grand-Esprit, emporté par le flot tumultueux du peuple blanc, mais accepter et comprendre cela, c'est tendre l'arc et encocher la flèche.

— Alors que nous sert de nous situer dans un temps qui s'achève ? Où est la place du Cerf-rouge et du fils qu'il s'est donné ?

Il sourit, rallumant la pipe que je venais de lui tendre.

— Nous n'avons pas de place car toute place est la nôtre, et qu'importent nos corps si nos esprits avancent.

— Mais, père, l'homme blanc n'est pas le peuple élu ! Pourquoi deviendrait-il le maître de la terre ? Pourquoi, père ?

La fumée qui s'échappait en un mince filet de ses lèvres, frappée par un rayon de soleil, se transforma soudain en un trait de feu pointé vers le ciel.

— Il n'est pas le peuple élu, dit-il en dispersant le nuage d'un revers de main, mais l'homme rouge ne l'est pas non plus ! Nous sommes chacun une part de ce peuple à venir. L'homme blanc, lui aussi, verra son temps s'achever !...

— Mais alors pourquoi, persévérai-je, avide d'en savoir toujours plus, pourquoi est-t'il si assoiffé de pouvoir ? Pourquoi s'approprie-t'il ce qui ne lui appartient pas, pourquoi écrase-t'il son frère, pourquoi lui vole-t'il son âme ? Pourquoi gaspille-t'il le don du Grand-Esprit et pourquoi blasphème-t'il son nom ?

Cerf-rouge, sans un regard, cura le fourneau de la pipe, le rangea précautionneusement dans son étui de cuir avant de glisser le tout sous le pan de sa tunique. Enfin, il releva la tête et me dit en riant :

— Voilà beaucoup de questions, Celui-à-qui-parle-l'aigle-à-tête-blanche, et le Cerf-rouge n'en possède pas toutes les réponses. Il n'en connaît qu'une seule ! L'homme blanc ne vit que son présent, il oublie le passé et occulte l'avenir, tout comme les Cahokias ignoraient leur déclin en se voulant maîtres du monde.

— Alors, père, qui suis-je, demandai-je pour la seconde fois, moi qui ne suis pas rouge, et ne veux être blanc ?

Silencieux et grave, il fixa longuement la porte du soleil. Son regard se promena sur les colonnes, sur l'espace vide qui en marquait l'entrée, puis brusquement s'attarda sur le fronton où les signes sacrés illuminaient la pierre. Cherchait-il la réponse dans le trait du sculpteur disparu ? Il posa alors sa main sur mon front et sa pensée devint parole.

— Tu es le lien, la flèche qui vole vers les nuages, l'arc et le messager, Celui-à-qui-parle-l'aigle-à-tête-blanche, Celui-à-la-longue-vie, le Wicasa wakan, l'homme saint.

Son visage changea aussitôt et il éclata d'un grand rire sonore, remontant à nouveau la peau du grizzli sous mon menton.

— Mais aujourd'hui tu n'es qu'un enfant malade et fébrile qui a besoin de dormir et qui pose beaucoup trop de questions, et qui n'entend pas toujours les réponses.

Un peu déçu mais ravi de son attention, je me recroquevillai sous l'épaisse pelisse et m'endormis jusqu'au matin d'un sommeil lourd et sans rêves.

Le jour pointait à peine qu'une salve de mousquets m'arracha brutalement à la douceur de ma nuit. Je redressais vivement le buste, abasourdi, les paupières encore alourdies de sommeil. À quelque cent pieds de notre campement, s'animait une ombre nébuleuse, obscure et inquiétante, d'où s'élevait tel un nuage noir annonciateur d'orage une sourde rumeur de violence et de haine.

— Vite, debout, ordonna Cerf-rouge pliant en hâte nos effets !

Tandis que je me débattais avec la lourde peau, une obsédante interrogation tournait et retournait dans ma tête : comment lui, le Cerf-rouge, avait-il pu se laisser surprendre ?

De nouvelles détonations me ramenèrent à des actes plus pressés... L'instant n'était guère choisi pour attendre des réponses ! Mieux valait se saisir du Springfield et le pointer vers la menace. Ce que je fis aussitôt, mais Cerf-rouge arrêta mon bras.

— Non, mon fils ! Les guerriers ne sont pas prêts pour le combat. Il est un temps où le loup recule devant le cerf !...

Dieu soit loué, le repos avait réparé les outrages subis par mon corps et une fois debout, le sang circula à nouveau librement dans mes membres.

Cerf-rouge m'entraîna à l'abri derrière l'un des piliers de la porte du soleil. À la même seconde, une troisième décharge déchira le silence. Les balles ricochèrent sur la pierre, soulevant en miaulant un petit nuage de fumée grise.

— Cours, hurla Cerf-rouge en pointant de son index la direction de la forêt.

Mes jambes me parurent plus lourdes que du plomb mais aiguillonné par une quatrième salve, je n'eus pas à me le faire répéter.

Déjà si proches de nous, nos poursuivants forcèrent leur allure. Nous pouvions entendre le cliquetis de leurs armes s'entrechoquant. Jetant un œil par-dessus mon épaule tout en accélérant ma course, je vis qu'ils étaient une vingtaine, des soldats bleus, et que l'un deux, plus rapide, nous talonnait de près.

À ses traits déformés par la rage, ainsi qu'aux injures de la troupe, je compris qu'ils nous pourchassaient, non pas parce qu'ils avaient à craindre de nous, mais uniquement parce qu'à leurs yeux nous n'étions que des sauvages pouilleux.

Une cinquième volée de plomb siffla à nos oreilles, heureusement aussi inefficace que les précédentes. Viser en courant n'est pas une mince affaire !

De tumulus en tumulus, zigzaguant tel le lièvre fuyant, nous n'avions qu'un seul but : rejoindre le couvert de la forêt et la protection de ses grands arbres, de ses inextricables taillis, de ses bosquets serrés où, nous n'en doutions pas, les soldats n'oseraient nous suivre.

Nouvelle fusillade. Une balle traversa la manche de ma veste, égratignant ma chair, me causant une vive brûlure qui m'arracha un cri de douleur. Cerf-rouge, qui prenait soin de rester derrière moi, couvrant ainsi ma fuite, accéléra jusqu'à se tenir à mes côtés, épaule contre épaule.

— Es-tu blessé, fils, questionna-t'il avec inquiétude ?

— Juste une légère estafilade, père, le rassurai-je, et ironisant afin de me redonner du courage, une aide précieuse pour que me poussent des ailes !...

Sous nos pieds agiles, l'herbe se fit nuages... Le salut n'était plus qu'à quelques pas. Devant nous se profilait la masse sombre des premiers troncs salvateurs. Nous avions largement distancé le gros de la troupe et seul restait en lice le poursuivant véloce qui, foulée après foulée, gagnait du terrain. Dans la crainte de nous perdre, il s'arrêta brusquement, relevant le canon menaçant de son arme, prêt à ouvrir le feu. À peine trente pas nous séparaient. Je crus déjà entendre le tonnerre assourdissant de la détonation... Mais c'était compter sans l'expérience et l'agilité de Cerf-rouge. Avec l'aisance d'un félin, il virevolta, son arc bandé, et dans le même mouvement décocha sa flèche.

Le trait qui aurait dû être mortel heurta seulement le canon du fusil, l'arrachant violemment des mains du soldat.

Médusé, l'homme s'immobilisa les bras ballants, puis redoutant sans doute une seconde flèche, sans plus hésiter, il se jeta à terre. Je pus entendre encore, atteignant les premières branches basses, sa voix éraillée mêlée de dépit, de peur et de rage : « Maudits sauvages ! »

Sans attendre la question qui me brûlait les lèvres et sans même se retourner, Cerf-rouge lâcha à brûle-pourpoint : « Ce n'était pas un bon jour pour mourir !... »

Le hasard avait-il sauvé la vie du soldat ou bien était-ce intention calculée de mon père ? La réponse pour moi était claire. Le waayatan ne laissait que bien peu de place au hasard !

Après mille détours, évitant soigneusement les abords du fort et toujours à vive allure, nous rejoignîmes le fleuve. Du haut des remparts de pierre, des soldats s'agitaient, couraient en criant d'une tour à l'autre, obtempérant dans la plus grande confusion aux ordres de leurs officiers. Mais les lourdes portes de bois ne s'ouvrirent pas. Des coups de feu dans ces terres sauvages ne se prenaient pas à la légère, et la sauvegarde d'une place-forte prévalait sur toute autre décision. Pour nous, sage mesure ! Quand à nos tourmenteurs, la forêt restant sereine et silencieuse, ils avaient de toute évidence abandonné la poursuite.

Soulagé et souriant, je me retournai vers père, mais à ma grande déconvenue, il ne manifesta pas une joie égale. Seul un pâle sourire fendait légèrement sa bouche. Je me promis à la prochaine halte d'en découvrir les raisons.

À la nuit tombante, dans un vacarme assourdissant d'eau brassée, nous atteignîmes la confluence entre le « Grand-Boueux » et le Père-des-Eaux, là où les flots sauvages et indomptables du Missouri viennent troubler les eaux calmes et limpides du grand fleuve, lui léguant jusqu'au Golfe du Mexique cette couleur brunâtre et cette impétuosité qui font de lui le « Père-Coléreux ».

Un sable blanc aux grains fins et fuyants crissait sous nos pieds. Quelques crapauds dérangés dans leurs caches hivernales protestèrent à grand renfort de coassements, se gonflant comme des ballons, leurs grands yeux d'émeraude fixés avec insistance sur nos personnes, témoins immobiles de leur colère. L'air était humide et froid. Une brume pénétrante nous glaça jusqu'aux os. Pourtant et contre toute logique, c'est en ce lieu inhospitalier que mon père décida que nous passerions la nuit. Pour deux raisons, me dit-il : le fleuve nous offre tout le bois dont nous aurons besoin pour nous réchauffer et, mais cette explication m'échappa quelque peu, la fureur des eaux nous apparaîtra comme une bien douce musique après le fracas des armes.

Cerf-rouge s'occupa du feu tandis que, déballant notre matériel à la recherche d'hameçons et de crins, je me proposais de pêcher notre repas. Un gros poisson-chat fut ma seule et suffisante prise. Chaleur et nourriture ! Il n'en fallut pas davantage pour que d'austères, les alentours deviennent chaleureux.

Nous mangeâmes en silence, attentifs au tumulte des eaux, conscients qu'il transcendait en nous les harmonies retrouvées du cantique originel. Cerf-rouge avait raison et ce que l'instant d'avant je ne pouvais comprendre, devint aussi clair que le sang du fleuve à sa source. L'eau charriait en elle la paix, la douceur et la vie. Les hommes pouvaient bien se battre, se déchirer ou mourir, rien n'altérerait jamais la ferveur et la vérité de son chant.

— Ton esprit rejoint celui du Père-des-Eaux, Celui-à-qui-parle-l'aigle-à-tête-blanche. Il s'agite et bouillonne et les mots dans ta bouche cherchent le courant qui les emportera, déclama mon père, lisant à livre ouvert dans ma pensée, car c'était exactement ce que je m'apprêtais à faire : me libérer de cette énigme qui depuis le matin me tourmentait ; pourquoi n'avait-t'il pas vu venir les soldats et pourquoi ses traits se creusaient d'une telle lassitude ?

Je redressai vivement la tête, avide de ses explications, mais ce fut un autre discours.

— Que mon fils calme son impatience. Le temps de la parole n'est pas encore venu, seul celui de la pipe est notre présent !...

Il accomplit alors le cérémonial dont je connaissais par cœur chaque geste. Incontournable pipe qui chaque fois m'ouvrait les portes de la félicité. Sa fumée me transportait vers le rêve. Le fourneau de pierre diffusait sa douce chaleur dans le creux de mes mains. Le chuchotement de son long tuyau, toujours, se faisait prière.

Nous fumions sans une parole, recueillis, nous regardant à peine, juste le temps de se tendre la pipe. Et le temps soumis, pour nous, rien que pour nous, se transformait en éternité.

Au loin, défiant l'hiver, le hibou ulula, nous rappelant que le temps malgré tout ne s'était arrêté que l'espace d'un souffle.

— Le Cerf-rouge n'a pas vu venir les soldats car sa vie était ailleurs, de l'autre côté.

La réponse tant espérée venait si soudainement que je ne fus plus très sûr d'en vouloir connaître davantage, mais mon père imperturbable poursuivit :

— Si mon cœur est triste et mon visage sombre, c'est que de l'autre côté, là où la porte du soleil s'ouvre sur le néant, il est des secrets qu'un guerrier mortel ne peut entendre sans frémir.

— Père, osai-je demander, me livreras-tu ces secrets ? Puis-je voir par tes yeux ce que là-bas je n'ai pas su voir ?

— Tu n'a pas vu, mon fils, uniquement ce qui ne t'a pas été montré ! Tu n'as pas entendu ce qui ne t'a pas été dit !... Chaque heure pour chaque homme est différente et les yeux ne s'entrouvrent, et les oreilles ne se tendent qu'à l'unique moment de l'instant choisi.

Il ferma les paupières, se replongeant dans sa propre vision, puis il prit mes mains, les pressa fortement, apaisant ainsi leur incontrôlable tremblement.

— Je t'enseignerai mon fils lorsque tu ne seras plus Celui-à-qui-parle-l'aigle-à-tête-blanche, lorsque viendra l'heure de Celui-à-la-longue-vie, le pouvoir du Wicasa wacan.

Plongeant ses yeux au fond des miens, redevenant la plume et le bec, recouvrant les traits acérés de l'aigle tacheté, il murmura dans un soupir à peine audible : « Je t'enseignerai lorsque le Cerf-rouge verra s'éteindre sa vie !... »

À cette inconcevable pensée, un frisson glacé me fit frémir de la tête aux pieds. Mes yeux se remplirent de larmes. Aussi réels que le sable où j'enfonçais mes doigts, resurgirent les fantômes aimés, leurs haleines froides caressant ma peau, leurs visages éclairés d'un merveilleux sourire.

Cerf-rouge attisa le feu et étendit la peau de l'ours, m'invitant à me glisser sous l'épaisse fourrure. La dernière manifestation humaine que je perçus se limita au son doux et réconfortant de sa voix : « Dors, enfant de la terre ! Les tourbillons du fleuve noieront ta peine !... »

Et le fleuve emporta tout ce qui n'était pas l'amour... Il ne laissa à mon chevet que l'image flottante de mes chers disparus... John O'Connel qui, debout sur le seuil de sa maison, me salue d'un geste large de la main, Lucie qui me berce d'une douce ballade irlandaise, père qui de sa puissante paume arrête le vent froid, me protégeant de sa morsure ; Petit-serpent dont la plume d'aigle brille au-dessus de son front comme une couronne d'étoiles.

Et le fleuve refléta dans le bleu de ses eaux l'image des vivants... Fleur-de-maïs dont j'entends au loin le chant mélancolique et solitaire tandis que de ses mains tendues s'écoulent les grains dorés de la vie, Cœur-noir et Loup-gris, les grands hommes des Natchez, l'un guidant le peuple de sa grande sagesse, l'autre, dévoué, le protégeant de la force de son bras. Et puis, effaçant les autres, Cerf-rouge mon père, ni homme, ni fantôme, et dont le souffle chaud m'emporte dans le rêve et la plénitude du sommeil.

Debout dès l'aurore, nous progressâmes d'un pas tranquille et léger, tandis que sous mes yeux émerveillés, le fleuve lentement se métamorphosait. D'impétueux et violent, il devenait sage et calme, n'offrant plus désormais l'image de ce père courroucé aux muscles saillants et gonflés, à l'échine bombée frémissante de colère. Ici en pays Illinois, le Père-des-Eaux ne connaissait pas encore les frasques de son fils rebelle et son cours lent et paisible s'étirait jusqu'aux confins de l'horizon.

Les bras largement ouverts, son regard d'aigle embrassant l'immensité, Cerf-rouge se rapprocha de la berge, m'invitant par sa parole à le rejoindre dans la contemplation.

— Vois, mon fils, le Père-des-Eaux porte en lui la promesse et la douceur de la terre des Lakota.

D'un ton plus doux, il rajouta :. « La terre de notre peuple ! »

Sur la face polie du miroir gris-bleu se dessinaient des falaises abruptes, des mamelons rebondis plongeant vers le rivage d'entre lesquels filaient en pente douce de denses et profondes forêts et des vallons herbeux.

L'ombre immense du Cerf-rouge dansait sur les eaux. Elle s'enflait, s'étirait, devenait le fleuve. L'ombre prit ma main, elle m'entraîna plus profond, plus loin, de l'autre côté du miroir, là où le grand serpent d'eau naissait à la vie. Et je vis des forêts de bouleaux, d'érables et de tilleuls, d'immenses prairies de hautes herbes qui déferlent comme vagues sous le vent, des lacs immobiles où s'ébattent des milliers d'oiseaux, des marais où pousse le riz sauvage... Ma terre ! Le berceau où pour la seconde fois, je m'apprêtais à naître. Je devenais indien... J'étais un Lakota... Et pour cela, le Cerf-rouge me nommait Fils et je l'appelais Père.

À leur tour, Patrick et Lucie O'Brien se dressèrent à nos côtés, leurs reflets, pour n'être plus qu'un seul et même, se fondant dans le nôtre. Ils souriaient, ils étaient heureux. Leur enfant se délestait de son fardeau, il n'était plus orphelin...

Cerf-rouge désigna les falaises devant nous qui, bien que peu élevées, n'en restaient pas moins d'infranchissables barrières pour les petits hommes que nous étions.

— C'est ici, dit-il, que nous allons à nouveau nous séparer du Père-des-Eaux.

Son regard se coula vers les bois.

— Au-delà de la forêt vit le peuple des Illinois. Cerf-rouge y compte de nombreux frères. Auprès d'eux, nous passerons la saison où la terre blanchit, car la peau du grand fleuve deviendra bientôt plus dure et plus froide que le cuir du bison sous la neige.

— Mais, père, m'écriai-je, chaque mot expulsé comme la balle d'un fusil, pourquoi s'arrêter encore ! Contournons les falaises et marchons vers notre terre. L'hiver ne peut être pour nous une entrave. Nous avons des provisions, des couvertures, une lourde et chaude peau d'ours, et le bois sec sera toujours là pour alimenter nos feux !...

Il hocha lentement la tête de gauche à droite. Je n'appréciai pas le sourire narquois qui remonta imperceptiblement les coins de sa bouche, car je savais qu'il marquait toujours les prémices de ma défaite.

— Mon fils n'a pas plus de cervelle qu'un jeune oison, il ne connaît rien de l'hiver !

— Non, père, protestai-je horriblement vexé, Celui-à-qui-parle-l'aigle-à-tête-blanche n'est pas un volatile sans expérience ! Dans mon pays, en Irlande, la neige chaque hiver recouvre la lande et l'eau gèle sur les rivières et les lacs.

Il éclata de rire, se tapant violemment sur les cuisses.

— Voilà que l'oison redresse son crâne déplumé.

Mais son hilarité cessa aussi soudainement qu'elle était venue et il reprit avec un grand sérieux.

— Dans sa lointaine terre, dans son pays de neige et de glace, mon fils court-il la plaine, dort-il sur la terre gelée ou bien se cache-t'il dans sa hutte assis devant son feu ?

Comme j'allais répondre à regret par l'affirmatif, sans aucun doute sur ma réponse, il enchaîna aussitôt :

— Les hommes rouges ne sont pas différents ! Lorsque le vent glacé griffe et mord dans leurs chairs, lorsque leurs yeux se plissent aveuglés par la lumière blanche, lorsque leurs doigts ne peuvent plus se refermer sur la corde de l'arc, alors ils s'assoient en cercle autour des feux de leurs tipis, et voici venir pour eux le temps des sages paroles.

Mon fils désire-t'il se présenter devant ses frères dans une carapace de glace pour que tous voient en lui un esprit-fantôme ? Son but est-il de les effrayer et par eux veut-il être chassé ?

Devant tant de questions dont les réponses ne faisaient aucun doute, je me fis humble, comprenant une fois encore que les décisions de Cerf-rouge n'étaient jamais prises sans une mûre réflexion. S'il était un temps pour parler, il en était aussi un pour se taire, un temps pour la révolte, un autre pour l'obéissance ! Je n'étais qu'un disciple et seul mon maître à ce jour maîtrisait le temps... Je n'étais qu'un oison blotti sous l'aile protectrice du grand aigle !...

— Oui, père, Celui-à-qui-parle-l'aigle-à-tête-blanche sera heureux de rencontrer le peuple des Illinois.

Il s'inclina, portant sa main droite sur son cœur.

— Chaque jour, l'oison grandit !

Et ce furent ses dernières paroles. Ensemble nous pénétrâmes au cœur de la forêt.

Cerf-rouge s'arrêtait souvent, jambes écartées, les pieds ancrés dans le sol, immobile, le cou tendu, le menton relevé, les paupières à demi-closes, les yeux tournés vers l'infini. À la manière d'un loup, il humait l'air les narines dilatées, inspirant de longues et profondes goulées, expirant lentement, puis inspirant à nouveau, mais par petits coups bruyants et saccadés. Il ressemblait ainsi à l'un de ces grands prédateurs qui, sans en définir encore la provenance, perçoivent déjà dans le vent, légères et diffuses, les premières effluves de la proie.

Plus nous progressions et plus ces étranges mimiques se répétaient. Que cherchait donc Cerf-rouge ? Qu'avait-il découvert ? Quelle odeur captait ainsi son attention ? Je brûlais d'envie de le questionner mais le souvenir encore trop présent de notre dernière discussion ne m'incitait guère à m'y oser. Alors, élève appliqué, comme lui je suspendais mon pas, comme lui je respirais la brise, mais elle ne m'offrait que les senteurs connues de résine et le fumet puissant de la terre et de l'eau.

Nous marchions ainsi depuis des heures au rythme lent de notre mystérieux ballet lorsque la forêt soudain devint moins sombre et moins touffue. Les chênes feuillus et les hauts sapins verts se raréfiant, noyers et gommiers dépourvus de frondaison ne suffisaient plus à obscurcir le ciel, libérant de larges trouées où l'astre solaire conquérant lançait ses rais d'or. Ce fut l'instant choisi par mon père pour enfin briser le silence.

— « Tatanka ! »

Le mot, surgi du tréfonds de sa poitrine, grave et sonore comme un roulement de tambour, me fit tressaillir. S'il n'exprimait encore rien pour moi, il en émanait pourtant une consonance magique, qui portée par mon imagination, devenait la clé d'une porte close abritant derrière son lourd battant un fabuleux trésor.

— « Tatanka », répéta Cerf-rouge avec respect.

Voyant que je ne comprenais toujours pas il rajouta : le bœuf à bosse, l'animal-totem des Lakota.

C'était donc cela cette odeur qui flottait dans l'air, si lointaine et si ténue que mon odorat trop faible n'avait pu jusqu'ici la déceler. C'était donc vers le plus puissant des animaux du Nouveau-Monde que Cerf-rouge avait guidé nos pas ! Le mythique bison, seigneur de la prairie, indissociable de la vie des Indiens.

— Tu ne peux entendre la voix du peuple, fils, si tu ne rencontres pas son âme !...

Disant ces mots, il laissa tomber son bagage, étendit sur le sol la peau d'ours, et d'un sourire qui ne permettait aucune réplique m'invita à m'y asseoir, face à lui. Enfin, signe incontestable que notre marche du jour prenait fin, il sortit la pipe de sa tunique.

— La vie du peuple est liée à celle de Tatanka, commença-t'il par raconter tout en remplissant le fourneau de pierre rouge. C'est des mains de la « Femme-bison-blanc » que les sept feux du conseil reçurent le don de la pipe sacrée... S'interrompant brusquement, il enflamma alors l'odorant mélange de saule et de tabac, tira goulûment quatre bouffées et les offrit aux quatre directions. Perdu dans la contemplation de la fumée, il parut ne pas vouloir en dire plus, aussi je le suppliai tout en m'emparant de la pipe qu'il me tendit.

— Père, parle-moi de la « Femme-bison-blanc » !

Il persista dans son mutisme, m'observant seulement du coin de l'œil. Agacé par son manège, je tirais frénétiquement sur la pipe, puis en attente, le tuyau brûlant dans la main, la fumée s'échappant encore de mes lèvres, je récidivai ma demande.

— Père, raconte-moi la légende de la « Femme-bison-blanc » !...

— Mon fils n'apprend pas vite !

Ses paroles me firent l'effet d'un coup de massue sur le crâne.

— Que Celui-à-qui-parle-l'aigle-à-tête-blanche prenne d'abord le temps d'offrir avant de recevoir !... Le vase ne peut se remplir que lorsque le potier en a de ses mains façonné les parois.

Dun seul coup, je pris alors conscience que je venais d'omettre de saluer les directions sacrées. Maladroitement, j'esquissai les premiers gestes du rite, échafaudant mentalement mille excuses, mais je n'eus pas à les formuler car Cerf-rouge, passant outre ma gêne, poursuivit son histoire. Son regard conciliant et sa voix chaude furent pour moi le plus précieux des pardons.

— Il y a de cela bien des lunes, deux chasseurs Lakota parcouraient la prairie en quête de gibiers...

Ravi et reconnaissant de l'indulgence de mon maître, je repris le cérémonial avec cette fois une grande ferveur. Cerf-rouge, souriant, marqua une courte pause, puis il reprit...

— Les chasseurs marchaient déjà depuis de longues heures et malgré l'acuité de leurs regards, ils n'avaient encore découvert aucune trace. Lassés et les membres endoloris, ils pensaient regagner leur campement quand apparut devant eux une étrange lumière. Cette lueur s'approcha si près qu'en tendant les bras ils auraient pu la toucher. Ils virent alors qu'il s'agissait d'une jeune fille très belle, vêtue de blanches peaux de daim et portant sur son dos un paquet.

L'un des chasseurs rendu fou par sa beauté voulut s'en saisir. Le second, plus sage, devant la merveilleuse apparition sut rester immobile et patient. Mais avant que le jeune homme trop impétueux ne puisse la toucher, il se retrouva enveloppé d'un épais brouillard, et lorsque celui-ci se fut dissipé, il ne resta plus de son corps que des os calcinés. Terrifié, le chasseur survivant voulut s'enfuir mais la jeune fille par des mots doux, calma son esprit apeuré : « N'aie pas peur, brave chasseur, ton compagnon était un homme mauvais et le mal ne récolte que le mal. Ton cœur est pur et tu n'as rien à craindre de moi. »

Elle lui révéla alors la raison de sa venue. « Je dois me rendre au tipi du chef Taureau-debout et lui présenter un cadeau au nom du peuple bison. Retourne à ton village et prépare ma venue, car je viendrai à l'aurore du jour suivant pour révéler ce présent... » Sans prévenir, Cerf-rouge s'enferma dans le silence. Il m'observait, s'amusant à mes dépens de mes yeux écarquillés, de mes gestes nerveux qui trahissaient mon impatience. Je n'ignorais pourtant pas que dans son silence se cachait la leçon. La jeune fille ne s'était-elle pas révélée au chasseur qui avait su contrôler ses émotions !

Aussi et parce que l'enseignement de Cerf-rouge était un don que je ne pouvais gaspiller, je m'efforçai de me calmer, m'aidant pour cela de la pipe, aspirant et rejetant lentement la suave fumée.

Amusé par mon attitude mais sensible à mes efforts, mon père reprit le cours de son récit.

— Au jour venu, la tribu se tenait rassemblée devant le tipi de Taureau-debout, et la belle jeune fille apparut ainsi qu'elle l'avait promis. Elle ouvrit son paquet et montra à tous un étrange objet long et fin avec à son extrémité une protubérance creuse. Les hommes ne purent cacher leur surprise car c'était la première fois qu'ils contemplaient une pipe.

La jeune fille dirigea alors le tuyau vers les cieux en disant : « Avec cette pipe sacrée, vous marcherez sur la terre, car la terre est votre mère et votre mère est sacrée. »

Se taisant pour la troisième fois, Cerf-rouge éleva sa pipe vers le ciel, reprenant les paroles sacrées de la « Femme-bison-blanc » :

— Nous, les fils respectueux, nous marchons sur la terre notre mère, et nous prions car notre mère est sacrée.

Ce fut le silence, seul troublé par le vent qui inlassablement murmurait dans les hautes branches, emportant la prière sainte des Lakota jusqu'aux confins de la terre.

Là-bas où la forêt finissait, nous attendait le grand troupeau. Tatanka ne labourait pas le sol de son sabot rageur, son échine ne frémissait pas dans l'attente et la peur. Il paissait tranquille. Ses frères rouges ne viendraient pas avec dans leurs carquois la ruse et la mort. Il n'y aurait pas de jeunes couchés sur le flanc, pas de mères affolées, pas de veaux beuglants. Demain deux hommes viendraient, les grands mâles gardiens le sentaient, mais la corde des arcs ne se tendrait pas, les flèches ne siffleraient pas dans l'air, le sang des bisons ne rougirait pas la prairie. Les Lakota, Cerf-rouge le waayatan et son fils Celui-à-qui-parle-l'aigle-à-tête-blanche, demain regarderont longtemps le troupeau. Ils lui parleront et leur prière sera pour leur mère, la « Bisonne blanche ».

Ébloui par cette vision, je me sentais libre, heureux. Je m'élevais, je volais avec le vent, j'étais le jeune chasseur immobile et patient.

Cerf-rouge à nouveau raconta :

— La « Femme-bison-blanc » parla au peuple rassemblé. Elle leur dit que le fourneau de la pipe était de pierre rouge et qu'il symbolisait la terre, que le jeune bison gravé représentait la chair offerte à la faim, que le tuyau de bois était tout ce qui pousse et que les douze plumes qui le décoraient figuraient l'aigle tacheté et tous les êtres ailés. Elle leur enseigna que la pipe se nommait « Jeune-bison », que tous les peuples et toutes les choses de l'univers seraient ainsi rattachés à celui qui la fumerait.

Avec la pipe, elle toucha chaque personne, enseignant à tous la parole sacrée : « Avec cette pipe, vous serez reliés à tous vos parents : votre Grand-père et père, votre Grand-mère et mère. »

Cerf-rouge m'effleura du fourneau. « Dans la pierre chaude, le souffle de Patrick et Lucie ». Il me la tendit. « Dans la fumée, l'haleine reconnue de mes chers disparus ». La voix de mon maître, celle de père et celle de Lucie se mêlèrent au vent.

— La « Femme-bison-blanc » demanda au peuple de porter leurs regards sur les sept cercles gravés dans la pierre et leur apprit qu'ils incarnaient les sept rites pour lesquels la pipe serait utilisée. Au premier cercle était le rite qu'elle allait leur enseigner le jour même : la garde de l'âme.

« Dans la fumée montent les voix, elles s'élèvent vers le Grand-Esprit à travers l'âme des défunts, et ce jour-là les âmes délivrées deviennent sacrées. »

Alors le peuple uni, fumant la pipe, pria pour ses ancêtres, et le ciel au-dessus de leurs têtes s'embrasa d'un feu d'étoiles.

Assis parmi le peuple, je fumais, et dans la nuit voilant le ciel, les premières étoiles dansèrent la ronde lente et lumineuse de l'âme des morts.

Cerf-rouge, pour moi, et pour le troupeau qui au loin attendait notre venue, acheva son récit :

— Avant de partir, la « Bisonne-blanche » s'adressa à Taureau-debout, l'exhortant à toujours traiter la pipe de manière sacrée : « Souviens-toi, en moi sont quatre âges et je veillerai sur ton peuple tout au long de ces âges ! Au dernier, je reviendrai. »

Comme elle était apparue à l'est avec le soleil, la jeune femme repartit vers l'est. Elle marcha sans se retourner, puis étant assez loin pour que personne ne puisse l'approcher, elle les regarda tous et leur cria : « Quand je serai sur la colline, levez-vous et suivez-moi, et plus jamais vous ne souffrirez de la faim. »

Elle reprit alors sa marche puis se coucha sur le sol, roula vers la droite et se transforma en un jeune bison brun et rouge. L'animal se mit à marcher, se coucha à son tour, roula vers la gauche et se releva sous la forme d'une jeune bisonne brune et rouge. Celle-ci une nouvelle fois se coucha, roula vers la droite et se métamorphosa en la « Bisonne blanche », qui elle-même s'avança, se roula vers la gauche pour devenir un puissant bison noir qui lentement gravit et dépassa la colline.

Le peuple le suivit et lorsque tous furent au sommet de la colline, ils découvrirent un immense troupeau de bisons morts, couchés sur le flanc.

Reconnaissants, avant même de dépecer les bêtes et de les manger, ils prièrent et firent des offrandes au sud, là où se trouve le monde spirituel. À compter de ce jour mémorable, les peuples de la terre se souviendraient d'eux comme de la nation Tatanka.

La pipe comme la légende touchait à sa fin et Cerf-rouge, redonnant à chacune sa place, l'une dans son étui de peau, l'autre dans sa mémoire, conclut par ces mots :

— Tatanka est l'âme du peuple Lakota. De sa chair, il nourrit ses enfants, de sa peau les habille et recouvre leurs tipis, de ses os et ses tendons fabrique ses armes et ses outils. Le peuple au premier âge est né de Tatanka, avec lui au quatrième âge, sous le souffle dévastateur d'un vent d'est, il s'éteindra.

Nous vivions aujourd'hui le commencement de cet âge, et lorsque, ayant chassé les bourrasques du nord, le vent en rafale souffla de l'est, sec et chaud, je crus entendre très loin le beuglement puissant de Tatanka mêlé aux cris de souffrance du peuple rouge.

La nuit, ce soir, ne serait pas froide, mais elle serait longue et triste.

Le vent glacé venu du nord, sous un ciel laiteux, au matin reprit possession de ses terres. Dans sa colère d'avoir été dépossédé ne serait-ce qu'une nuit de son empire, il accrochait aux branches, sur les mousses et les lichens, de longs et fins lambeaux de givre argenté, transformait nos haleines tièdes en nuages vaporeux et froids, rappelait à nos membres transis les rigueurs de l'hiver quelques heures oubliées.

Vite debout et vite en marche ! À peine le temps de déglutir de longues lanières de viande séchée, juste le temps de remettre en ordre le sol que nous avions foulé.

Au-dessus de nos têtes, une chouette hulotte, lasse de ses chasses nocturnes et aspirant au repos, regagna dans une volée de cris courroucés les hautes ramures d'un chêne. La forêt, sous la morsure de l'hiver, tremblait, hésitante au réveil, paresseuse, engourdie et figée.

Mais mon cœur était léger, plus léger que la feuille craquante sous mon pas, plus aérien que le vol désordonné du pic noir, plus leste que le ruisseau prisonnier de l'épaisse couche de glace. Marcheurs du vent, nous avancions lestement, attentifs au posé de nos pas. Les heures s'égrenaient sans même nous en imposer le poids. Nous étions les coureurs de l'espace et du temps. Et très vite la forêt disparut. Sous nos yeux grands ouverts à la vie, s'étalait l'immense prairie d'herbes hautes et grasses.

Tout d'abord, il y eut les odeurs, celles familières de l'eau et de la terre, mais aussitôt masquées par d'autres plus lourdes, plus prenantes, aux fumets entêtants, tenaces, flottant dans l'air comme une écharpe de brume. Et puis soudain je les vis, si présents que l'œil prit du temps ! Les seigneurs de la prairie... Tatanka !... Les enfants de la « Bisonne-blanche », le troupeau innombrable, montagne de muscles et de sang, massif, vivant, paisible, presque immobile, sans colère.

Cerf-rouge, sans plus de bruit qu'une feuille portée par le vent, s'approcha des buissons où je me tenais accroupi :

— Entends, mon fils ! Entends le chant de la vie, regarde et n'oublie jamais !...

Comment aurais-je pu ne pas me souvenir ? Dussé-je en ce lieu rendre mon dernier souffle, ma vie s'en trouverait remplie !

Devais-je rire ou pleurer ? Me taire ou bien crier, rester sans bouger ou vers le troupeau me mettre à courir ? Sans doute rien de tout cela, simplement remercier et prier !...

Tatanka œuvre du Grand-Mystère, Tatanka, écoute-moi, regarde-moi, je suis ton frère humain.

« Sous le choc d'un millier de sabots la terre tremble, la prairie frissonne, chaque brin d'herbe crisse et se froisse. L'air froid s'enflamme du souffle brûlant des bisons. Ils sont ce que sont les étoiles au firmament, grains de sable du désert, arbres de la forêt, l'essence et les lois de la vie.

Au centre, regroupées, se tiennent les femelles, génisses et mères confirmées. Elles sont l'âme du troupeau, indifférentes et passives, mille têtes sur un seul corps. Accolés à leur flanc, les veaux, déjà grands mais encore craintifs, l'espoir du troupeau. Un peu en retrait pour bien marquer leur différence, les jeunes mâles à la force naissante, frémissants de fierté, prenant des poses « d'adolescents » arrogants. Et puis plus loin encore, les « patriarches ». Ceux-là, dédaigneux, ne cherchent qu'à remplir leurs panses, et leurs énormes têtes, cadencées par le flottement des barbiches poisseuses de salive, se balancent au rythme lancinant de leurs mâchoires. Ils sont immenses, invulnérables, rochers ancrés dans le sol de la prairie, sombres comme la terre fertile qu'ils foulent de leurs sabots fendus. La bosse de leurs dos est colline, elle ondule comme une mer entre le calme et la tempête, frémissante d'écume, de poussière, de brindilles, de bouses et d'herbes séchées, vestiges de leurs ébats.

Leurs croupes fuyantes, nues comme du cuir râpé, fument dans l'air glacé, semblables à des incendies de bois vert. C'est leur sang qui bouillonne, leur chair qui s'embrase. Ils sont pourtant paisibles car ils sont puissants, et leur force en eux annihile toute colère. Ils sont le présent et la sagesse du troupeau. »

Alors que je m'émerveillais, dans un brouillard de rêve, je vis Cerf-rouge debout, les bras tendus vers le troupeau, son regard perçant embrassant la prairie.

Rien ne pouvait lui échapper, pas un bison ne lui était inconnu. Il regardait et ses yeux rencontraient les gros yeux bruns levés vers lui.

Les bêtes et l'homme se parlaient, ils échangeaient une prière commune, ils communiaient dans une langue muette où seule l'âme s'exprime. Ils sont frères, ils le savent, se le disent... Ils se sont reconnus !... Mais mon père désirait plus encore. Il voulait poser sa main sur l'échine de son frère...

« Cerf-rouge se dénude. Il ne conserve que son pagne de cuir. Les trois plumes d'aigle de sa chevelure claquent au vent comme un drapeau. Calmement, il s'avance vers le troupeau.

Ma gorge est prise dans un étau. Les mots ne s'en échappent qu'en un imperceptible murmure : « Père, non ! C'est une folie !... »

À nouveau, c'est père qui court vers le grizzli. Cerf-rouge se retourne, il m'a entendu, il me sourit : « La seule folie de l'homme, mon fils, est de ne pas aimer la vie. »

Dans la prairie, un grand mâle, le plus lourd, le plus vieux, se détache de la horde. Les naseaux dilatés, il hume le vent. L'odeur pénètre et monte dans sa tête. En lui, le doute et l'inquiétude, et soudain la colère. Il vient de reconnaître ces effluves fades, pour lui le parfum de la mort, l'odeur exécrée de l'homme.

Furieux, il renâcle, ses narines se gonflent, elles exhalent de longs jets de vapeur blanchâtre. Son énorme tête noire s'incline jusqu'au sol, elle présente son front large et bombé où s'érigent deux courtes cornes luisantes d'un éclair de lame. Son échine se tend, les muscles roulent sous le cuir. Il gratte la terre et les mottes explosent, s'envolent vers les cieux. »

Je voudrais hurler. J'ai peur ! Cerf-rouge, mon maître, mon père !... Il va perdre la vie... Dans mes oreilles résonne encore le grondement de rage du grand ours.

« Mais la bête ne peut être impétueuse, elle est le gardien, le maître du troupeau. Elle est sagesse et réflexion, elle a déjà tant vécu, sa croupe dénudée s'orne de tant de blessures.

Elle hésite, se cherche une raison, ne charge pas encore. Elle flaire l'être debout qui devant elle se rapproche. Et la puanteur soudain devient fragrance. Il y a maintenant dans l'air quelque chose de doux et de sucré, un parfum de fleur, d'herbe humide, quelque chose de calme qui la rassure, l'apaise, éloigne sa fureur.

Cerf-rouge ne ralentit pas son pas. Le frère ne redoute pas les retrouvailles, il n'a dans sa vision que le souvenir de l'être aimé et n'aspire qu'au baiser de paix.

Les muscles tendus du vieux mâle se relâchent, il secoue sa bosse pour en chasser les énergies trop fortes. Son cou se redresse, son œil aqueux se plante dans celui de l'homme. Son mufle sombre se tend vers lui, ses babines se retroussent offrant ses dents jaunies de sève et de vieillesse. Il libère un long beuglement rauque qui fait frémir les autres mâles, les tenant à distance, et qui me glace jusqu'aux os.

L'homme et l'animal ne sont plus qu'à quelques toises l'un de l'autre, bientôt proches à se toucher.

Cerf-rouge semblable au bison roi est à son tour un géant. Des deux corps émane la même puissance. La bête est fière, elle ne redoute rien. L'homme debout devant elle ne lui ravira pas son royaume. Elle le sait, elle le sent. Les antennes cachées de son instinct de fauve libre et sauvage le lui disent. Seule la curiosité le pousse. Sa lourde masse s'ébranle, elle s'avance et son pas est tranquille.

Alors, issu de la peur et du beau, s'ouvre à moi un monde que je découvre, un monde ancien où l'homme et l'animal se comprenaient, se parlaient, un temps d'avant la première flèche.

Le grand mâle apaisé frotte sans retenue son mufle humide et chaud sur la poitrine de Cerf-rouge. Celui-ci doucement le gratte entre les cornes, là où la pulsion du plaisir est la plus forte, là où il ne peut lui-même se gratter. La bête geint de bonheur et tout son corps massif se fait douceur.

L'homme lui parle dans la langue ancienne de son peuple et la bête l'entend. Elle lui répond... Son haleine chaude est un cri, une supplique, la délivrance du guerrier qui laisse tomber ses armes et retrouve la paix.

L'homme rouge et le noir animal partagent une mémoire commune. Ensemble ils pleurent... Ils pleurent un temps qui ne reviendra pas, pas avant que tous deux n'aient achevé leur cycle dans le cercle.

« Approche, mon fils ! Toi aussi pose ta paume sur le front de Tatanka.

Les paroles de Cerf-rouge sont silence. Elles ne viennent pas à moi, elles sont en moi. Chariot de fumée et de vent, elles emportent et dispersent la peur. Je ne sais plus si je rêve et m'endors, l'esprit me guide et j'avance.

Ma main cherche le flanc du bison, elle se perd dans la laine bouclée, s'humidifie de sa sueur, espère et rencontre le cœur qui, sous le cuir épais, palpite et vibre comme un chant. Elle court tout au long de l'échine, effleure la corne dure, froide et lisse, se pose sur le large front, abolit l'angoisse et le doute et découvre l'esprit.

La beauté du monde m'envahit. J'aime la vie et refuse la folie... »

Nous restâmes longtemps, peut-être même plusieurs jours au milieu du troupeau, bisons parmi les bisons. Leur souffle était le nôtre, leurs rêves et leurs espoirs ressemblaient, se mêlaient aux nôtres. « Une immense prairie où s'ébattre, une forêt profonde et protectrice, un fleuve large aux eaux claires, un ciel d'étoiles bleues qui ouvrent le chemin. »

La « Bisonne-blanche » est née de la légende, elle se couche sur le sol et roule vers la droite, se redresse et se recouche et roule vers la gauche.

•••

Chapitre 9.

« Un tourbillon ne dure pas toute la matinée.
Une averse ne dure pas toute la journée.
Qui les produit ? Le ciel et la terre.
Si les phénomènes du ciel et de la terre ne sont pas durables,
Comment les actions humaines le seraient-elles ? »

Le Tao

Jour après jour, la température descendait un peu plus, et nos journées débutaient invariablement par de durs réveils que les feux mourants de la veille parvenaient à peine à adoucir.

L'hiver, servi par le vent du nord désormais quotidien, chaque matin enveloppait la prairie d'une épaisse couverture blanche et froide, hostile et craquante sous le pied.

Dans cet univers de froidure que les oiseaux n'égayaient plus de leurs chants, Cerf-rouge, et moi son disciple dans la trace de ses pas, nous progressions péniblement, emmitouflés jusqu'au menton dans de chaudes pelisses de peau, confection de mon père qui avait abattu dans ce but un vieil ours baribal sur la fin de sa vie.

— Mon fils désire-t'il encore passer l'hiver dehors ? ironisait Cerf-rouge chaque fois que derrière lui il m'entendait pester contre la morsure du vent et les gerçures naissantes de mes doigts.

Cerf-rouge semblait ne jamais souffrir du froid, ni se départir de sa bonne humeur, comme si l'hiver ne fut pour lui qu'un compagnon de plus sur sa route, certes aux manières austères mais dont la grâce et la beauté lui réchauffaient le cœur. Auprès de lui, je reprenais courage. Il insufflait à mon corps une énergie nouvelle et à ses côtés je crois que sans trop me plaindre, j'aurais pu faire le tour de la terre.

Au douzième jour de marche à compter de notre rencontre avec les bisons, alors que le ciel et la terre se fondaient dans une brume vaporeuse, à une demi-lieue devant nous, à nouveau je les vis : les seigneurs de la prairie, leurs larges dos bruns et rouges ondulant sous le vent.

— Père ! Les bisons, ils sont revenus !...

Cerf-rouge parut ne pas m'avoir entendu.

— Les bisons, les bisons !...

Revoir les bisons, c'était oublier le froid et la fatigue, retrouver l'émotion d'une main tendue vers la vie.

— La fourrure de Tatanka n'est pas Tatanka, me calma Cerf-rouge. Que mon fils regarde plus loin que la vérité de ses yeux fatigués.

Il porta alors sa main en visière sur son front. Ne voulant plus douter de sa parole, aussitôt je l'imitai, scrutant l'horizon comme il m'avait appris à le faire, décomposant chaque détail et chaque forme jusqu'à ce que mon œil puisse enfin percevoir ce qui était vraiment et non pas les leurres nés de mon désir.

Ainsi les échines cessèrent de frissonner de la puissante énergie des grands animaux. Elles me parurent soudain frêles, fragiles, rapetissées, fantômes flottant dans de trop amples suaires. Et d'un seul coup, je compris ! Devant nous un groupe humain, chaque homme s'abritant sous la dépouille d'un bison, nous observait, attendait notre approche.

Mon regard devenant plus acéré, je perçus alors, pointant de dessous les toisons, les fers scintillants des flèches et des lances. Immédiatement, je serrai plus fort la crosse de mon fusil, implorant en silence Cerf-rouge, quémandant la conduite à tenir.

Mais celui-ci n'éprouvait aucune inquiétude. Il ne ralentit même pas sa foulée, n'amorçant aucun geste de défense, aucune ébauche de fuite. Souriant, il avançait droit vers les silhouettes à présent dressées, leurs armes bien en vue.

Fou d'angoisse, je réalisai soudain que mon arme n'était même pas chargée, que mes mains tremblaient trop pour que je puisse le faire en marchant. Je voulus alors m'arrêter, dégager de mon sac la poudre et le plomb, mais Cerf-rouge en riant s'y opposa :

— Mon fils espère-t'il que sa peur s'évanouira dans son « bâton-de-feu » ? Aurait-il perdu la confiance en son père ? Le loup qui chasse doit savoir reconnaître la proie !...

Vexé et tentant de dissimuler ma peur, je n'eus d'autre choix que de lui emboîter le pas. La distance qui nous séparait n'était plus que d'un jet de flèche. Certains des guerriers qui nous faisaient face avaient par défi rejeté leurs pelisses, exposant au vent piquant la nudité de leurs poitrines. La peur à nouveau m'envahit lorsque brusquement l'un deux se détacha du groupe ; un grand guerrier à l'imposante coiffure de plumes. Il agita ses bras au-dessus de sa tête, se retournant vers ses compagnons en criant :

— Cerf-rouge est de retour ! L'homme sage des Lakota est revenu parmi ses frères !...

Ce fut comme une épine enfin expulsée de ma chair après de longues et douloureuses tentatives pour l'en extraire.

Le reste de la troupe, reconnaissant à son tour Cerf-rouge, ne put retenir ses cris de joie. Les mains desserrèrent leur étreinte sur la hampe des lances et le bois des arcs. Des fortes poitrines fusèrent de curieuses paroles dans la langue de France :

— « Béni-soit ! Béni-soit ! » « Dans la paix du sauveur !... »

Nous étions à présent proches à nous toucher et le grand guerrier de la main imposa le silence. Puis s'adressant à mon père, il prit la parole :

— Taureau-mugissant a le cœur qui bondit dans sa poitrine comme un jeune cerf égaré qui retrouve enfin la sécurité de sa harde. Ses yeux se remplissent d'une ineffable joie et sa main tremble d'émotion car son bonheur n'a pas de limite.

La paume de sa main droite plaquée sur son cœur en signe de paix, il s'inclina devant Cerf-rouge :

— Je te salue, Cerf-rouge, homme sacré des Lakota !...

Puis paraissant soudain prendre conscience de ma présence, il posa furtivement son regard sombre sur ma personne, lâchant du bout des lèvres :

— Que le jeune guerrier qui t'accompagne accepte le salut des Illinois !...

Ce manque d'intérêt que je savais être, non pas de l'indifférence, mais une marque de respect envers Cerf-rouge (on ne questionne pas un ami avant qu'il ne se soit livré lui-même) ne m'importuna guère, bien au contraire ! Il me permettait tout à loisir de détailler notre interlocuteur et les hommes qui l'accompagnaient.

Taureau-mugissant était un personnage impressionnant, grand et fort, aux gestes souples et déliés et, malgré les étranges tatouages qui ornaient son visage, ses traits se révélaient avenants, respirant une douceur peu commune chez un sauvage.

Entre chaque phrase, il souriait largement, découvrant une rangée de dents à l'implantation parfaite, plus blanches que l'ivoire. Son cou, ses oreilles s'ornaient de colliers et de pendentifs confectionnés de minuscules pierres taillées aux couleurs éclatantes. Une couronne de plumes rouges et bleues rehaussait le noir de jais de sa longue chevelure peignée en deux épaisses tresses sur les côtés et d'une plus fine sur la nuque. Toutes trois lui descendaient jusqu'à la taille.

Les guerriers derrière lui, et dont il devait être le chef, semblaient sortir du même moule : jeunes, de haute taille, leurs faces gravées de semblables tatouages, la même allure fière empreinte de gravité et de noblesse.

Mais coupant court à mes indiscrétions, Cerf-rouge à son tour éleva la voix :

— Parmi les nombreux peuples qu'il a croisés tout au long de sa longue marche, la grande nation des Illinois est une de celles où le Cerf-rouge aime à mener ses pas. Je te salue, Taureau-mugissant, valeureux chef de guerre des Peouarias, et mon cœur dans un même bond s'unit au saut de ton cœur.

Son salut achevé, il me poussa doucement en avant.

— Voici Celui-à-qui-parle-l'aigle-à-tête-blanche, mon fils !

Tous les regards convergèrent vers moi et je crus défaillir, redoutant les rires et les sarcasmes. Tant de caractères physiques m'éloignaient de Cerf-rouge, et ce n'était pas mon costume de peau ni le hâle de mon visage qui pourraient donner le change. Mes yeux bleus, ma barbe naissante, mes cheveux blonds, même noués en nattes : trop de signes qui trahissaient l'homme blanc.

Pourtant pas un seul de ces hommes ne marqua la moindre surprise. Il n'était pas dans leurs habitudes de mettre en doute la parole d'un ami, aussi invraisemblable qu'elle fût.

Taureau-mugissant s'inclina la main sur le cœur et le ton de sa voix ne trahit aucune raillerie :

— Soit béni parmi nous, Celui-à-qui-parle-l'aigle-à-tête-blanche, fils du vénéré grand homme. Aussi longtemps que brûlera ton désir, les huttes des Illinois seront ta demeure et toutes les tribus parleront de toi comme un frère.

— « Béni-soit ! Béni-soit !... »

L'étrange cri des guerriers marqua leur approbation aux paroles de leur chef.

Taureau-mugissant les calma et reportant son attention sur Cerf-rouge, il lui dit, son visage subitement assombri :

— Taureau-mugissant aurait aimé guider ses frères jusqu'à la cité des Péouarias et avec eux se réjouir et danser autour des feux du festin !

Son sourire avait disparu, remplacé par un masque grave et soucieux. Comme à regret il poursuivit, son poing crispé sur le casse-tête d'os et de bois qui pendait à sa ceinture.

— Les guerriers Illinois ne courent pas la prairie pour le plaisir de la chasse et leurs flèches ne sont affûtées que pour la guerre !... Voilà trois jours et trois nuits que les jeunes braves sont sur la piste d'un parti de Hurons.

À ce nom haï autant que redouté, des grognements fusèrent du groupe des guerriers. La colère, brusque comme un orage d'été, fit monter d'un octave le ton de Taureau-mugissant. Ses prunelles lancèrent des éclairs, un nuage noir voila son front et dans un rictus de haine, ses dents luisaient comme des crocs.

— Ces chiens puants ont par ruse pénétré dans la cité, tué six des nôtres, volé nos meilleurs chevaux, ravi douze de nos squaws.

À ce pénible souvenir, ses yeux s'embuèrent de larmes.

— Parmi elles, deux de mes épouses !...

Il redressa alors le buste, rejetant en arrière sa couronne de plumes, et la fureur devenue ouragan dévasta les traits fins de son visage.

— Taureau-mugissant ne retrouvera son foyer que lorsqu'il aura reconquis son bien et que les scalps de ses ennemis flotteront à sa ceinture.

Ce discours me ramenait en arrière et je vis se dresser devant moi Cœur-noir et ses guerriers Natchez. La haine et la violence seront-t'elles toujours l'apanage des peuples ? Les paroles de Cerf-rouge prenaient à nouveau tout leur sens : « Rouges ou blanches, les tribus humaines se doivent de passer pour que vienne le peuple élu, pour que l'amour redevienne l'unique loi de la terre ».

La réponse n'était que trop claire ! Les Illinois, galvanisés par les propos de leur chef entrèrent en une folle excitation. Leurs arcs et leurs lances habilement maniés tournoyèrent en sifflant au-dessus de leurs têtes. Cette macabre danse née de l'emportement menaçait de tourner en un incontrôlable déchaînement collectif, mais Taureau-mugissant, paradoxalement lui-même apaisé, imposa le silence.

Ayant retrouvé une ébauche de sourire et feignant d'ignorer cette tempête qu'il avait pourtant suscitée, il s'adressa à Cerf-rouge avec une surprenante douceur.

Je ne pus m'empêcher de penser que cet homme par son peuple fut bien nommé. Comme le taureau puissant, il mugissait à faire trembler le troupeau pour, sa colère soulagée, retrouver la sagesse et la force tranquille d'un patriarche.

— Mon frère, le Cerf-rouge, sage parmi les sages de son peuple, ne peut que se gausser de la colère des Illinois, et Taureau-mugissant ne l'entraînera pas dans un conflit qui n'est pas le sien. La sagacité de son esprit et la sûreté de son pas le mèneront sans escorte lui et son fils vers la cité des Péouarias. Taureau-mugissant ne lui volera pas son temps ! Que son esprit d'homme d'honneur l'accompagne !...

Bien que ces paroles soient pleines de révérence et de respect, valeurs que je ne pouvais mettre en doute, elles dissimulaient pourtant un autre désir, auquel, je le percevais déjà, Cerf-rouge ne serait pas insensible.

À plus tard la douce chaleur des feux, la joie du repos et des festins.

Et comme je le redoutais, mon père par ses paroles confirma mes craintes.

— Le Cerf-rouge ne se veut pas un hôte de passage ! Il ne peut prendre sans donner !... Aux côtés de ses frères Illinois, il marchera dans la trace des Hurons.

Un léger flottement agita les braves, mais nul encore n'osa extérioriser sa joie. Tous regardaient leur meneur car c'était à lui seul d'exprimer son contentement ou son refus.

Celui-ci, son visage ne dissimulant rien de son plaisir, laissa tomber comme soulagé :

— Le bras et l'expérience d'un homme fort et juste seront d'un grand secours pour le combat à venir.

Cerf-rouge laissa d'abord s'apaiser les ovations et si ses yeux ne quittèrent pas ceux de Taureau-mugissant, je compris pourtant qu'il s'adressait autant aux guerriers qu'à moi-même. Dans chacun de ses actes, dans le sens caché de ses paroles perdurait son enseignement.

— Que mon frère ne s'y trompe pas, le guerrier Lakota aidera les Illinois à recouvrer leur bien ! Il se battra mais pas une fois ne prendra le scalp des Hurons !... Jamais Huron n'a offensé sa personne et seule aujourd'hui l'amitié lui dicte sa conduite. Pour cela le Cerf-rouge exposera sa vie. J'ai parlé ! Que mes paroles soient entendues !...

Elles furent entendues, cette dernière restriction ne suffisant pas à entacher la joie des Illinois.

— « Houliii Hoc ! Houliii Hoc ! » Mort aux chiens Hurons !...

Leur redoutable cri de guerre lâché, les guerriers se tournèrent vers moi, leurs regards braqués sur mon fusil, pour eux une arme magique capable de changer le cours d'une bataille.

Il me fallait parler. J'étais indien, le fils de Cerf-rouge, et ma parole serait entendue !

— Celui-à-qui-parle-l'aigle-à-tête-blanche aux côtés de son père offrira autant qu'il le peut la valeur de son bras.

Noyé sous les acclamations, j'eus à peine le temps d'entr'apercevoir le sourire de Cerf-rouge, et ce fut bien la seule chose qui me réconforta dans ma décision, à moins que ne s'y ajoutèrent les hurlements de victoire anticipée.

Taureau-mugissant et Cerf-rouge ouvraient la marche, chacun d'eux rivalisant de dextérité pour repérer les faibles traces laissées par le parti Huron. Jamais ils ne doutaient de la direction à suivre, l'un confortant la décision de l'autre.

Tel un jeune chien suivant son maître, je m'efforçais de rester dans leurs pas, m'émerveillant de leur science, moi dont les yeux pourtant rivés au sol laissaient échapper les marques de passage les plus flagrantes.

— La piste des Hurons est aussi claire que la voie des étoiles, se gaussa Taureau-mugissant espérant ainsi impressionner son compagnon !

Mais mon père ne lui répondit pas. Depuis notre départ, aucune parole n'avait franchi la barrière de ses lèvres. Il paraissait absent, uniquement absorbé par sa tâche de traqueur, perdu dans des pensées dont lui seul détenait la clé.

Taureau-mugissant à regret n'insista pas, et lui-même redevenu silencieux, il accéléra le pas.

Après trois jours de cette inlassable poursuite, alors qu'au soleil déclinant nous venions de franchir une colline plantée de pins touffus, s'élevant des berges de l'immense lac Illinois monta vers nous un mince panache de fumée blanche. Au même instant, une bourrasque de vent souffla dans notre direction, drainant avec elle une odeur âcre et entêtante qui aussitôt agaça nos narines.

— Bois de copal ! souffla Taureau-mugissant. Les Hurons ne pouvaient pas mieux nous avertir de leur présence !...

La main en visière sur son front, il resta ainsi immobile, attendant l'arrivée de ses guerriers. Lorsque ils furent tous à ses côtés, par gestes il les invita à s'asseoir et prit alors la parole :

— Les Hurons sont nombreux, commença-t'il en dégageant son torse de la fourrure de bison. Ils sont vaillants et forts mais les braves ne peuvent les craindre car un seul guerrier Péouarias a plus de ruse et de courage que dix des leurs.

— « Hey », approuvèrent en cœur ses compagnons, exposant à leur tour leurs poitrines à la morsure du vent.

— Nous allons approcher si près de leur campement que la dernière chose qu'ils verront sera la lame effilée de nos couteaux.

Découvrant la blancheur de ses dents dans un rictus qui ne présageait que tourments pour ses futures victimes, il chercha alors l'approbation dans le regard de ses guerriers.

— « Hey ! Hey ! » Et chaque brave de mimer le geste d'une lame glissant sous la gorge.

Se pressant contre leur meneur, les guerriers formèrent un groupe si compact qu'il ne fut plus possible de bouger sans se frotter à un bras ou une épaule.

Se battre ! Perdre la vie ou donner la mort !... Pour quelle obscure raison ? Au nom de quelle loi ? Trop de questions toujours sans vraies réponses !...

Peut-être parce que j'étais indien, le fils de Cerf-rouge ! Mais lui-même ne m'enseignait-il pas que la vie était œuvre du créateur et que le chemin du guerrier était de l'aimer et de la respecter.

Inquiet je cherchais le regard de père, mais lui, à l'écart du groupe, le dos tourné, il fixait la colonne de fumée, sa pipe au coin des lèvres, sa pipe qui ce soir, et je n'en comprenais pas la raison, resterait son bien solitaire.

Troublé, je tentais de rejoindre ses pensées. Mais devant moi s'érigeait un mur infranchissable de hautes et lourdes pierres. Seules me rassuraient encore ses larges épaules et le calme presque anormal qui émanait de sa personne.

— Demain, reprit Taureau-mugissant, aux premières lueurs de l'aube, nous gagnerons le couvert des arbres, et là (son visage n'exprimait plus qu'une haine sauvage) les Péouarias feront chèrement payer l'offense à ces chiens de Hurons.

— « Hey ! Hey ! »

— Mais les Hurons seront-ils encore là demain ?

J'avais posé la question sans réfléchir, uniquement pour ne pas me sentir étranger au groupe.

Taureau-mugissant se tourna surpris. Il me scruta de la tête aux pieds, ma question lui paraissant étrange et dépourvue de sens. Son examen achevé, un sourire ironique éclaira son visage.

« Homme blanc » ! Il ne prononça pas les mots mais ceux-ci transparaissaient dans toute sa physionomie aussi clairement que s'il les avait hurlés de toute la puissance de sa voix.

— Celui-à-qui-parle-l'aigle-à-tête-blanche ne sait-il pas que la nuit, seuls voyagent les esprits ? Ignore-t'il que l'Indien (il appuya intentionnellement sur le mot) qui le soir allume son feu ne l'éteindra qu'au matin ?

Il m'aurait frappé de son casse-tête que la douleur n'aurait pu être plus grande. Je voulus bredouiller de plates excuses mais déjà le jeune chef s'était détourné, s'enroulant dans sa peau de bison, et sans plus un regard vers moi aussitôt s'endormit. L'ensemble des guerriers l'imita sans même prendre le soin de poster une ou deux sentinelles... La nuit, seuls voyagent les esprits !...

« Je suis debout, seul sur le rocher nu, las et sans espoir, le cœur au bord des lèvres, surplombant les eaux noires de l'insondable lac.

Les corps gonflés des guerriers rouges errent sans fin, ballottés par les vagues, semblables à des navires démâtés, inutiles...

Leurs vies furent voiles fragiles déchiquetées par la tempête et le vent... Et je suis la tempête et le vent.

Dans un ciel aussi sombre que les eaux planent très haut deux grands oiseaux. L'un a des ailes de nuit, l'autre sa tête auréolée de blanc pur, brillant et lumineux comme la première neige.

Je ne sais plus si je dois vivre ou mourir, rejoindre les abysses, me mêler aux fantômes. Dois-je comprendre et accepter, poursuivre ma route et consentir à être sans honte la tempête et le vent ?...

L'aigle noir tourne, tourne... Et chacun de ses cercles amorce sa descente. Il replie ses ailes de géant et plus rapide que la flèche... fond sur moi.

De ses rémiges de granit il frappe ma poitrine, de ses serres d'acier déchire ma chair... Je chancelle et je tombe. Le gouffre sombre sera mon tombeau.

Mais l'aigle à tête blanche veille. Il tournoie si vite dans le ciel que l'aquilon né du battement de ses ailes m'aspire et me retient.

Sa griffe est un berceau et sa plume plus douce que la soie... Je ne peux mourir car je suis la tempête et le vent... »

Mon rêve me réveille, le corps endolori, les tempes humides, le souffle court. Les premières lueurs de l'aube déchirent le voile de la nuit et les guerriers autour de moi s'agitent, ils s'éveillent à la vie, se préparent à la mort. Je suis l'un des leurs, homme rouge façonnant son corps et son esprit pour le combat.

Taureau-mugissant par signes donne ses directives et chaque brave sans questions obéit et comprend.

Lentement, en rampant, nous amorçons la descente de la colline. La terre est froide sous mon ventre mais une chaleur de feu embrase mon esprit. Le silence est pesant, surnaturel, plus lourd et plus épais que la brume qui nous enveloppe. Pas le moindre cliquetis d'arme, pas une brindille qui craque sous le mocassin, pas même un souffle plus élevé que le vent. Un corps unique, reptilien, qui glisse vers sa proie !

Très vite les arbres se rapprochent. Émergeant du brouillard, ils prennent forme, nous offrent leurs ramures, deviennent familiers.

La lourde et suave odeur du copal, enivrante comme l'encens, renferme en elle ce moment magique de grand calme avant l'ouragan. Ma vision resurgit, rapide comme un battement d'aile... Je suis la tempête.

Dissimulés derrière les troncs, nous respirons à peine, vigilants au lever des Hurons. C'est encore pour eux une journée sans surprises ! Ils sont calmes, occupés seulement par l'accomplissement des gestes usuels du matin. Leurs guetteurs par habitude scrutent l'horizon, mais tout est normal, tout est serein... La brume s'élève du lac en lambeaux de voile cotonneux, au loin un pic s'éveille et son tambourinage fait sourire les Hurons... La mort ne ressemble pas aux arbres, elle ne peut être tapie dans les eaux limpides, ne s'apparente pas aux braises rougeoyantes du feu qui réchauffe. La mort ne se dissimule pas dans les beaux chevaux qu'ils ont conquis, elle ne peut avoir les traits fins et graciles de ces femmes Illinois qui bientôt enflammeront les nuits de leurs huttes.

Les pâles rayons du soleil d'hiver éclairent les visages des hommes les plus proches. Les Hurons sont différents des peuples que j'ai croisés, du moins je veux m'en persuader puisque je sais qu'ils vont mourir et qu'il me faut une raison pour devenir l'artisan de leur mort.

Leur chevelure n'est qu'un large et haut trait noir sur un crâne rasé prolongé par une fine mèche descendant bas sur la nuque (la mèche à scalper, le défi à l'ennemi). De leurs oreilles aux lobes distendus pendent de lourdes boucles d'argent. Sur leurs visages, ni tatouages, ni peintures. Leurs traits accusés, leurs yeux sombres légèrement bridés, leurs larges bouches aux lèvres fines, leurs nez aquilins sont les seules marques de leur fierté.

Taureau-mugissant divise sa troupe en deux groupes. L'un qu'il mènera, le plus nombreux, va charger le camp attirant les Hurons vers les profondeurs du bois. L'autre, composé de Cerf-rouge, de deux braves et de moi-même, s'occupera des femmes et des chevaux, neutralisant ceux qui en ont la garde.

La peur est une alliée, elle me grise. Le fusil dont l'acier froid rassure ma main en est le garde-fou. Machinalement, je caresse l'oiseau de pierres vertes. Dans son reflet, le visage de Patrick O'Brien, la force et le courage... Je suis la tempête et le vent.

Le cri de guerre des Illinois me surprend tout autant que nos ennemis. Les guetteurs n'avaient pu voir la mort car elle était partout !

Les chevaux se cabrent et hennissent. Les femmes Illinois reconnaissant la voix de leurs sauveurs insultent et maudissent leurs bourreaux.

Les Hurons ne comprennent pas encore. Tout était si pur, si calme. Ils avaient marché si vite et si longtemps depuis le raid sur la cité des Péouarias. Mais les premières flèches volent. La poitrine percée, une dizaine des leurs s'écroulent. Alors pour ces rudes guerriers, c'est le signal du combat. Ils se regroupent autour de leurs leaders, clament leur chant de guerre, bandent leurs arcs, pointent leurs lances et se ruent vers l'ennemi, aussi sauvages, sanguinaires et déterminés que lui.

Il ne reste que trois guerriers à la garde des bêtes et des femmes. Nous laissons passer encore quelques minutes, le temps nécessaire à Taureau-mugissant pour entraîner à sa poursuite la vingtaine de Hurons encore valides après son premier assaut.

Cerf-rouge s'élance le premier. Je ne veux pas le perdre ; aussitôt derrière lui, je m'accroche, volant plus que je ne cours. Nos deux compagnons, moins rapides tentent en vain de nous rattraper. Devant nous, les chevaux affolés, les femmes qui vocifèrent.

Je ne sais plus vraiment qui je suis ! Je ne comprends pas les cris qui sortent de mon ventre : « Hoka Hey ! Hoka Hey ! »

Le premier Huron est à hauteur de Cerf-rouge. Il lève son tomahawk pour frapper à la tête mais mon père est le plus rapide et son poing nu s'abat sur le crâne rasé avec un bruit sourd. L'homme s'affaisse sans une plainte. Un second adversaire aussitôt le remplace, tandis que le troisième l'ignore et le dépasse. Il fonce sur moi, sa longue lance en avant, aboyant à mon intention un flot d'injures.

Je m'arrête, j'épaule et je vise. Sa poitrine est si rouge, si large que je ne vois plus qu'elle, et mon index hésite sur la détente. L'homme qui court vers moi est-il vraiment mon ennemi ? Quels griefs puis-je lui reprocher pour lui ôter la vie ?

Les dépouilles flottantes des guerriers de ma vision sont si présentes... Le fracas de la détonation semble venir de si loin... Ce n'est pas moi, ce ne peut être moi qui ai tiré ! Pourtant c'est du canon brûlant de mon arme que s'échappe le nuage de fumée blanche. La balle imprécise a traversé le bras qui tenait la lance. Dans le flou d'un rêve, je la vois qui lentement, très lentement choit sur le sol... Puis c'est le choc brutal et sans parade qui me renverse et me cloue, avec sur la poitrine ce poids si pesant qui me coupe le souffle.

Le sang chaud gicle sur mon visage. Il me brûle. Mais ce n'est pas le mien, mon cœur bat trop vite, mes veines sont trop gonflées, ma peur est trop présente... La fureur dans les yeux noirs du Huron, la douleur qui déforme ses traits, l'éclair argenté de la lame... Les griffes acérées de l'aigle de la nuit... Le guerrier ne frappe pas, il roule entre ses doigts les mèches blondes de ma chevelure. Son regard de fauve s'étonne de la clarté de mes pupilles. Je ne ressemble pas à l'ennemi, quelques secondes encore ma vie est en suspens... Soudain ma poitrine se libère, le Huron flotte au-dessus de moi, ses bras s'agitent en d'inutiles moulinets. La surprise et l'effroi sur son visage remplacent la colère et la haine.

À bras tendu, de sa poigne de fer, Cerf-rouge tient le Huron par le cou, le décollant du sol sans que l'effort ne fasse seulement trembler son bras. Je n'ose pas bouger, hypnotisé par cette scène irréelle qui s'éternise jusqu'à ce que les doigts osseux se desserrent et projettent au loin leur proie. L'aigle à tête blanche ne tuera pas, ce n'est pas son combat, il ne reprendra pas sa parole !

Étourdi, péniblement le Huron se relève. C'est un guerrier d'expérience, il ne manque pas de courage. Mais face à lui, le Lakota est plus puissant que le roc. Il hésite, recule. Son bras blessé pend inerte le long de son corps, sa détermination s'épuise, il revoit le miroir immobile du lac, entend le chant du pic qui bourdonne à ses oreilles, il ne veut pas mourir... Alors il se retourne et à toutes jambes s'enfuit, se persuadant qu'il n'est pas lâche, mais seulement prudent.

Les deux Illinois nous ayant rejoints ne cherchent pas à le poursuivre. À quoi bon ! Les chevaux et les femmes sont là, sains et saufs ; on peut flatter l'encolure des uns, tenir les autres dans ses bras. L'ennemi est vaincu !...

— Merci, père ! haletai-je en me relevant.

— Tes remerciements sont amers, mon fils, et n'auront de valeur que lorsque tu auras compris ta faute.

— Mais, père !

D'autorité il me fit signe de me taire et lâcha simplement :

— Le visionnaire se doit de comprendre sa vision !...

Paraissant alors m'oublier, il s'approcha des montures, flattant leurs encolures fumantes, offrant le plat de sa main aux naseaux craintifs. Il n'était plus parmi les hommes et seul comptait pour lui le dialogue avec les bêtes.

De le voir si distant, encore sous le choc, je fondis en larmes. Les douze jeunes filles me regardèrent étonnées, non seulement par mes larmes, mais tout comme le guerrier Huron par la blondeur de mes cheveux et l'azur de mes yeux. Dans l'éclat de leurs sourires, ma peine s'envola... Dieu ! que ces femmes étaient belles !

Nous regagnâmes l'emplacement de la veille au sommet de la colline, espérant le retour de Taureau-mugissant. La nuit fut une pluie d'étoiles sublimée par la clarté d'un grand feu de bois sec.

Les belles Péouarias, confiantes, en cercle s'étaient endormies. Les guerriers de leur peuple protégeaient leur repos.

Cerf-rouge en prenant sa pipe m'attira près de lui. Je ne cherchai pas à parler, pas avant d'avoir fumé, pas avant d'avoir accompli les rites. Comme toujours, la fumée nous apaisa et nous réunit.

Les deux braves suivant l'exemple allumèrent leur propre pipe, déclinant l'invitation de mon père à fumer avec nous ; peut-être dans la peur de quitter ne serait-ce que quelques minutes leurs protégées, mais surtout, je crois, par respect pour notre intimité.

— Celui-à-qui-parle-l'aigle-à-tête-blanche désire-t'il conter sa vision, me surprit Cerf-rouge en rejetant par le nez les premières bouffées.

Comment pouvait-il savoir ? Je n'avais pas souvenir d'une quelconque confidence ! Mais le waayatan a-t'il besoin de mots pour comprendre ?...

— Père, avant le combat j'ai vu dans le ciel deux aigles tournoyant, l'un noir qui m'entraînait vers la mort, l'autre à tête blanche qui m'offrait la vie.

Il me tendit la pipe et demanda :

— Avant que ne tournoient les aigles, mon fils n'était-il pas debout sur le rocher, tremblant de la vision de cadavres dérivant dans les eaux noires d'un lac ?

Il parlait de mon rêve comme s'il l'avait vécu à mes côtés, observateur invisible des secrets de mon sommeil.

— Le rocher, dit-il en cassant sa voix pour n'en faire qu'un murmure, est le pilier de la vie, il est la force puisée de la terre, c'est par lui que tu marches debout.

Mes doigts pressèrent plus fort la pierre rouge du fourneau : « Le rocher est vivant, il est la force !... »

— Le lac noir, reprit mon père avec une égale douceur représente le doute et la peur qui sommeillent tapis dans le fond de ton cœur. Les eaux sombres sont le gouffre au bord duquel tu hésites et tu trembles et n'avances plus qu'en rampant.

Je buvais ses paroles.

— Les cadavres sont le choix que tu fais, et l'aigle noir tournoie au-dessus de ta tête pour te rappeler ce choix. Un guerrier lève alors les yeux au ciel, il croise le regard de l'aigle et assure son choix.

N'as-tu pas décidé de donner la mort lorsque tu courrais en criant le chant de guerre des Lakota ? N'as-tu pas levé ton « Fer-sacré » pour ôter la vie ? La balle qui en sort ne doit briser l'harmonie de l'air que pour l'acte choisi, et son but ne peut dévier !...

J'étais abasourdi, incapable de répondre tant les paroles de mon père étaient justes.

Impassible, il poursuivit. Dans ses prunelles, planait l'aigle à tête blanche.

— Tu as, mon fils, fait ton choix et à l'heure de le vivre, tu l'as refusé. Pour cela, l'aigle noir déchira ta chair et ne t'offrit que ton désir... La réalité de ta propre mort.

— Alors, père, pourquoi ne suis-je pas mort ?

Il sourit.

— L'erreur est le don de l'homme ! En elle est l'enseignement !...

— Père, insistai-je, pourquoi ne pas m'avoir parlé avant le combat, pourquoi ne m'as-tu pas invité à fumer avec toi ?

Cette fois, il éclata de rire.

— Mon fils est comme le vieillard sénile, il faut deux fois répéter sa parole pour être entendu de lui ! Dans l'erreur est l'enseignement !...

— Je comprends, père, mais tu étais là et ce fut ma chance.

Il rit de plus belle.

— Tu ne comprends rien, mon fils, ce n'est pas une chance qu'un père protège son enfant... C'est un choix et dans ce choix est son devoir.

— Père, lui répondis-je en pleurant, aurai-je donc les yeux à jamais fermés ?

Il retrouva son sérieux et me dit :

— Ils s'ouvriront lorsque ton désir sera de les ouvrir, car tu es le waayatan, mon fils. De chaque enseignement, retiens la leçon et de chaque leçon, fais ton enseignement. Les rêves ne sont pas le repos de l'esprit, ils sont la voie à suivre et le waayatan sait cela.

Je n'osais croiser son regard et la honte empourpra mon visage. Lui avait fait son choix et rien ne pourrait l'en faire dévier. Bien sûr il ne m'imposait pas sa manière d'être, il ne cherchait même pas à comparer nos actes, mais au plus profond de mon être, sa parole avait goût de vérité.

Il me fallait apprendre, découvrir que tout sur cette terre et dans notre vie se transforme, abrite le recommencement. Mourir avant que la mort ne me prenne ! Me laisser emporter, moi Marcus O'Brien, dans les serres de l'aigle noir pour accepter de n'être plus que Celui-à-qui-parle-l'aigle-à-tête-blanche, le waayatan à venir.

Feignant d'ignorer mon trouble, Cerf-rouge tendit sa main vers le ciel, m'invitant à y porter mon regard :

— Vois, mon fils ! Vois la place de ton étoile et sache que le temps où s'éteindra sa brillance n'est pas encore venu !...

Il rangea alors sa pipe avec cette lenteur calculée, cette douceur apprise, qui un jour, je n'en doutais déjà plus, deviendrait aussi mon art de vivre.

Taureau-mugissant et ses braves nous rejoignirent au matin, épuisés, souillés de terre et de sang, mais arborant tous sur leurs visages le sourire éclatant de la victoire.

Les femmes à leur vue poussèrent de longs trilles modulés. Parmi les guerriers, certains visages familiers manquaient à l'appel, mais de nombreuses mèches noires ornaient la poitrine des vainqueurs. À lui seul, Taureau-mugissant en exhibait fièrement pas moins de six, et seule une large plaie sur son bras dévoilait la violence et l'âpreté de ses combats. Prenant d'abord le temps d'embrasser ses épouses et de flatter ses chevaux, il se tourna ensuite vers ses guerriers :

— La terre des Illinois est épurée de sa vermine et nul ennemi ne peut plus empêcher les courageux Péouarias de rejoindre leur cité. La saison blanche verra comme il se doit les braves assis autour de leurs feux dans la chaleur de leurs huttes.

Il se tourna alors vers moi et ses mots furent plus qu'un présent, ils furent une reconnaissance :

— Celui qui marche sur le sentier de la guerre avec l'Indien a comme lui le cœur rouge.

Je n'eus pas le temps de répondre car les guerriers, aux paroles de leur chef, laissèrent librement exploser leur joie, mais de toute manière qu'aurais-je pu rajouter ?

— « Béni-soit ! Béni-soit !... »

La cité des Péouarias, l'un des nombreux groupes ethniques de la grande nation Illinois ne ressemblait que bien peu à ce que j'avais connu chez les Natchez, et la différence la plus frappante en était l'absence de palissade délimitant ses contours.

Les Illinois se voulaient des hommes libres et refusaient tout ce qui aurait pu entraver cette notion. Disséminées sans ordre ni logique, plusieurs centaines de huttes aux toitures coniques se dressaient tout au long des berges d'une large rivière, chacune abritant deux ou trois foyers.

Nos compagnons, à l'approche des premières habitations, ralentirent le pas, avançant en silence sur une seule colonne, Taureau-mugissant en tête, suivi du groupe des femmes et de ses guerriers. Cerf-rouge et moi fermant la marche, nous nous efforcions de maîtriser les chevaux, piaffant et se cabrant à l'odeur reconnue des écuries.

Étrange retour glorieux, curieux accueil où les autochtones à notre vue ne manifestèrent aucune surprise, continuant à vaquer à leurs occupations, relevant à peine la tête à notre passage. Seule une trompe résonna dans le lointain, annonciatrice de la venue d'une troupe armée dans la cité.

Alors que je m'étonnais de ce surprenant comportement, ne pouvant m'empêcher d'y opposer la liesse des Natchez, tout changea lorsque, étant parvenus sur une vaste esplanade de terre rase où trônait la plus large et la plus haute cabane, nous attendait une importante délégation de vieux sages et de guerriers de tous âges.

De grands chiens jaunes au poil ras tournaient entre leurs jambes, jappant et remuant leurs longues queues, seuls êtres vivants à manifester leur joie.

De cette silencieuse et grave assemblée se détacha un imposant vieillard dont le bras gauche manquait, sectionné au ras de l'épaule. Malgré la basse température, il ne portait pas de pelisse, offrant sans gêne apparente son torse tatoué, noueux et puissant, à la morsure du froid.

— Main-unique, déclama-t'il d'une voix éraillée, se réjouit du retour de ses braves, mais il ne peut s'abandonner à la joie de son cœur avant d'avoir vu de ses yeux et entendu de ses oreilles.

Le vieux sage d'un œil malicieux détailla le groupe des femmes et des chevaux, et déjà un semblant de sourire remonta le coin de ses lèvres.

Les guerriers restèrent muets, osant à peine bouger, tandis que Taureau-mugissant sur un clignement de paupière du vieillard prit la parole.

— Le cœur du vénérable Main-unique peut sans honte bondir dans sa poitrine. Ses yeux peuvent le voir et ses oreilles par la bouche de Taureau-mugissant peuvent l'entendre, le chef de guerre ne revient pas les mains vides. Les eaux du grand lac ont rougi du sang des Hurons et seuls les oiseaux dans le ciel clameront la victoire des Péouarias car de tous leurs ennemis, il ne reste plus que des têtes mortes et sans scalps.

Il fit alors un signe à ses compagnons et ceux-ci poussèrent en avant les douze jeunes femmes et les seize chevaux.

Le vieux monarque laissa échapper un soupir de soulagement et porta sa main valide sur son cœur en signe de paix et d'assentiment.

— Main-unique autorise la joie et les réjouissances ! Son fils le Taureau-mugissant a trouvé le chemin de sa quête !...

Ce fut le signal attendu par l'assemblée. Aux hurlements répétés de « Béni-soit », ils acclamèrent le chef de guerre et ses braves, chacun voulant porter la main sur les nombreuses chevelures qui ruisselaient sur leurs poitrines ou pendaient mollement balancées par le vent à leurs ceintures.

Laissant s'extérioriser la première joie, Main-unique après quelques minutes rétablit le calme :

— Paix, mes frères ! Le temps de la parole n'est pas révolu !...

Il venait d'apercevoir Cerf-rouge ou, du moins, c'est l'instant qu'il choisit pour s'adresser à lui. Sa bouche se fendit d'un large et franc sourire.

— Que mon frère Lakota pardonne à un père qui depuis de trop nombreuses lunes ne s'endort et ne se lève que dans le doute et l'inquiétude. Je manque à tous mes devoirs d'hôte et la honte colore mon front, mais quelle joie de revoir parmi nous le grand homme des Lakota.

Cerf-rouge s'inclina la main sur le cœur.

— C'est un honneur pour le Cerf-rouge que de courber l'échine devant le noble père des Péouarias, fière et redoutée tribu de la grande nation des Illinois. Mes pas ne pouvaient trouver plus sûr chemin que celui qui mène à leur glorieuse cité.

— L'honneur est une valeur qui se partage, lui répondit le vieil homme se courbant pareillement. Puis à ma grande surprise, car ce n'était pas coutume chez les peuples du Nouveau-Monde, il s'approcha de mon père et le serrant dans son unique bras, frotta sa joue contre la sienne.

Ils restèrent ainsi enlacés de longues secondes, Main-unique se contorsionnant de gauche à droite, cherchant à capter le regard de ce curieux personnage au teint pâle et aux cheveux blonds qui se tenait immobile derrière son ami... Mon regard !

Cerf-rouge, peu dupe de son manège, l'aiguillonna encore quelques instants, affichant un mutisme calculé, puis jugeant que se taire plus longtemps dépasserait la bienséance, il m'attira près de lui, sa main posée sur mon épaule.

— Lors de sa dernière visite, le Cerf-rouge s'est présenté comme un père affligé à la recherche de son enfant. À ce jour, la joie dans son cœur a retrouvé sa juste place (il affirma la pression de ses doigts dans ma chair). Voici Celui-à-qui-parle-l'aigle-à-tête-blanche, mon fils.

Main-unique hocha la tête, perplexe une seconde, puis se reprenant aussitôt :

— Le fils ressemble au père ! Il est le bienvenu parmi nous !... Mais trop de paroles ne sont pas bonnes pour des hommes qui rentrent d'un long voyage. Aujourd'hui doit être le temps du repos, demain celui de la fête et des discours.

Sur un nouveau signe, il congédia l'assemblée, déléguant l'un de ses guerriers pour nous servir de guide dans la cité et nous mener jusqu'à la hutte des invités qui, dit-il, resterait notre demeure tout le temps de notre bon plaisir.

Les derniers guerriers ayant quitté l'esplanade, une autre surprise m'attendait. Campé sur ses pieds forts chaussés de sandales de cuir, revêtu d'une longue robe noire, se tenait tout près de moi un grand homme entre deux âges, élancé et sec comme une badine de saule. Détail plus troublant encore, sa peau luisait de la blancheur du lait.

Il me fixait de ses yeux d'oiseau de proie, noirs et insondables, fiévreux et profonds comme un gouffre. J'en eus des frissons jusque dans le bas des reins !

— Père Jean-Baptiste Lafarge, laissa-t'il tomber tel un couperet d'une voix grave et profonde. Béni-soit, jeune blanc !...

Ne me laissant ni le temps de lui rendre son salut, ni même celui de prendre conscience de la réalité de son apparition, il disparut mêlé à la foule, n'imprimant d'autres traces de son passage que les empreintes de ses sandales dans la terre humide.

J'eus bien du mal à m'endormir, tournant et retournant sur ma natte, l'esprit dans la plus grande confusion, perturbé par ce prêtre français (son nom et son accent ne laissaient aucun doute sur sa nationalité) qui, apparemment, en toute impunité partageait le quotidien des Péouarias. Je voulus m'en confier à père, mais celui-ci, depuis longtemps, s'était endormi. Son souffle régulier finit tout de même par me rassurer. Oubliant la « robe noire » et son mystère, je sombrai alors dans un profond sommeil.

Je dormais encore et pourtant mes yeux libérés de mon corps et de mon esprit étaient ouverts sur la nuit. Je ressentais dans ma chair les craquements plaintifs de la frêle charpente de bois, la violence du vent qui claquait les peaux de bisons tendues. Très loin, venus peut-être du fond sableux de la rivière ou d'entre les hautes herbes roidies par le gel, montèrent des chants aux notes cristallines, des rires et des soupirs d'enfants, profonds et réguliers comme une respiration.

C'était ce souffle de vie qui m'éveillait, comme un doux frisson sur ma peau. La cité m'offrait ce qu'elle possédait de plus vrai, de plus pur : ses prières païennes à la gloire du jour naissant.

Une main rouge aux doigts longs et fins, vision fugitive de femme, doucement écarta la tenture qui nous protégeait des regards, et déposa un panier empli à ras bord de fruits secs et de viandes grillées. La main ne s'attarda pas, mais elle reparut aussitôt, porteuse cette fois d'un cruchon d'eau pure.

J'aurais voulu saisir cette main, la pétrir dans la mienne, faire resurgir le souvenir brûlant de ma « Fleur » disparue, mon Indienne éveillée, là-bas, si loin sur la terre des Natchez.

— Mon fils est un rêveur éveillé !

La voix de Cerf-rouge, douce et brutale à la fois, me ramena au cœur de la réalité.

— Mon fils a-t'il su profiter de son repos ?

— Oui, père, j'ai dormi comme un galet au fond de la rivière, mais...

Il ne me laissa pas le temps d'achever, me sermonnant gentiment :

— Mon fils ne peut-il donc jamais jouir pleinement de ses actes ! Faudra-t'il sans cesse que sa liberté s'enchaîne de doutes et de questions ?

— Ce n'est pas cela, père, mais...

Je ne pus m'empêcher de sourire et Cerf-rouge sourit à son tour.

— Père, la « robe noire » a troublé mon sommeil. Cet homme possède une force qui s'oppose à la mienne, et je le sens, il n'est là que pour moi.

— Celui-à-qui-parle-l'aigle-à-tête-blanche aurait-il peur, refuse t'il encore de lever les yeux et de croiser le regard de l'aigle noir ?

— Non, père, pas cette fois, l'acte passé sera l'enseignement de celui à venir !... Pourtant, avouai-je sans honte, la peur est toujours présente.

— La peur sans raison est un oiseau fragile aux ailes brisées, proie offerte au chasseur !...

Ses pupilles luisaient dans la pénombre, s'unissant aux braises incandescentes de notre maigre feu.

— Le waayatan est l'oiseau roi, ses ailes sont d'airain, son cœur est pur comme la pierre de lumière ; il regarde sans ciller la peur qui s'approche, par elle se laisse traverser, se retourne et la voit qui s'éloigne, et son vol, sans dévier, le mène vers son but.

Ayant prononcé ces mots, mon père posa sa main sur mon front.

« La main de Cerf-rouge est un torrent qui glisse sur la pierre, elle est l'énergie du saumon qui remonte la source, le vol plané de l'aigle à tête blanche qui le cherche, et parce qu'il doit en être ainsi, fond sur lui.

La voix de mon père ressemble au chant des femmes, aux rires des enfants. Elle apaise et rassure, elle gronde et rugit dans un fracas de tonnerre ; elle est le souffle, l'alizé qui gonfle la voile, l'air pur qui emplit les poumons. »

— Mange, fils du waayatan ! La beauté d'un matin est le cadeau offert aux hommes vrais !

Le banquet des Péouarias ne différait en rien de celui des Natchez. Même succession de viandes rôties, de poissons à la chair blanche, de farines d'or coulant en pluie d'entre les douces mains des femmes. Où que leurs pieds se posent, quelles que soient leurs mœurs et leurs couleurs, les rires, les danses et les chants des hommes heureux sont les mêmes !

« Assis devant le feu dont la flamme haute et claire s'échappe vers les étoiles, grisé par la joie de mes nouveaux compagnons, de jeunes guerriers tatoués, des jeunes filles simples et belles comme un bouquet de fleurs des champs, je suis blanc de peau, je suis rouge de cœur, je suis le sang, la sève commune qui court et qui bouillonne. Je suis l'homme sans frontières, la vision de Dix-ours le Wicasa wacan, je suis Celui-à-qui-parle-l'aigle-à-tête-blanche, le fils du waayatan... Et je regarde la peur qui s'avance. Elle est vêtue de noir, je l'attends, elle me traversera, je la regarderai passer. »

L'homme à la robe noire est venu s'asseoir face à moi, et mes compagnons, qui paraissent le craindre, se sont tous dispersés, abandonnant la place pour un autre foyer.

Ne nous sépare que la lueur du feu, éclairant son visage d'ascète couvant sous ses paupières à demi-closes un incendie de passion.

— Mon fils me semble bien jeune pour une vie solitaire au Nouveau-Monde !

Ses premiers mots me heurtent. Je voudrais lui crier que je ne suis pas son fils, mais le souvenir du père Mulligan me revient : « Ite missa est », ma lointaine Irlande.

Je ne pus pourtant me retenir de lui répondre d'un ton sec :

— La jeunesse est ce que m'offre la vie aujourd'hui, la solitude est le chemin choisi !...

Il sourit et me parut soudain moins effrayant. Il y eut même de la douceur dans l'austérité de son visage.

— Tu parles comme un homme mûr mais je vois sur tes traits que la rigueur des hivers n'a pas encore creusé ses sillons.

Son ton condescendant, son sourire affable eurent à nouveau le don de m'exaspérer et c'est presque en hurlant que je lui répondis :

— Qui êtes-vous donc pour me parler ainsi ? Moi je ne connais de vous qu'un nom !

À peine troublé par mon emportement, il se fit humble, adoucissant sa voix autant qu'il le put, plongeant son regard sur les braises.

— Je suis le serviteur de Dieu, mon fils, le pasteur qui ramène au troupeau les brebis égarés. Apaise ta colère et ne vois en moi qu'un père qui se penche sur le destin de ses enfants.

— Mon père se nommait Patrick O'Brien, rétorquai-je encore sous le coup de la colère. Il est mort aujourd'hui, ainsi que ma mère, et tous deux ont rejoint les terrains des chasses éternelles du Grand-Esprit.

Il sursauta, comme si sa main par inadvertance venait de se poser sur les braises.

— Voilà des paroles qui ne sont pas celles d'un Irlandais élevé dans la foi chrétienne !... Tu es bien, mon fils, la brebis égarée en quête de son berger, et tu peux être à présent rassuré car je t'ai retrouvé. Vois en moi et crois en moi, je suis le représentant du père des cieux, ton père sur terre retrouvé.

Il transpirait à grosses gouttes et dans son regard lointain dansaient les ombres inquiétantes de la folie.

— Je vous le répète, mon père est mort et pour moi celui que vous appelez le père des cieux se nomme Grand-Esprit.

La sueur qui dégoulinait de son front devint alors ruisseau. Il leva les bras au ciel, les yeux révulsés, joignant ses mains dans une fervente prière. « Père, pardonne-leur car ils ne savent pas ce qu'ils font ! » Se redressant alors d'un bond, il tendit ses bras au-dessus des flammes, m'invitant à me blottir contre sa poitrine.

De longues minutes s'écoulèrent jusqu'à ce que le feu roussisse les larges manches de sa soutane, puis comprenant que je ne répondrai pas à son appel, il se rassit, faisant effort pour calmer les tremblements de son corps et l'excitation de sa voix :

— Je n'insisterai pas mon fils, pas ce soir ! La voix de Dieu est rarement entendue dès son premier appel.

Il remit de l'ordre dans son habit, tira maladroitement sur les fibres brûlées, épongea son front d'un revers de manche, s'octroyant par ce biais tout le temps nécessaire pour se redonner une acceptable contenance. Lorsqu'il parla, sa voix tremblait encore mais elle était plus suave que le miel :

— Voudrais-tu, mon fils, conter ton histoire à un homme qui ne cherche que le bonheur de ses semblables.

Malgré les rires et les chants qui me parvenaient des foyers alentour, devant le regard suppliant du prêtre, je ne trouvais pas le courage pour lui refuser le récit de mes aventures. Pesant mes mots pour ne point trop en dire, je lui narrai alors les péripéties de notre voyage, concluant qu'à ce jour mon père, si je devais en avoir un nouveau, se nommait Cerf-rouge et que mon cœur se sentait plus indien que blanc. Bien que sursautant à ces mots, il s'efforça de conserver sur ses traits un air de compassion et de béatitude.

— Mon fils, s'empressa-t'il de reprendre, mon récit tout juste achevé, je compatis à ta douleur et je prierai chaque jour pour l'âme défunte de tes parents. Sache que tu n'es plus orphelin, car Dieu dans sa grande bonté a mené tes pas jusqu'ici incertains vers le plus respectueux et le plus fidèle de ses humbles serviteurs. Ton père et ta mère sont au paradis aux côtés du Tout-Puissant.

Sèche tes larmes et oublie ton chagrin, un jour viendra pour toi le temps de les rejoindre, et je suis à présent près de toi. Dans la vraie foi, je guiderai tes pas.

Une fois encore, il me tendit ses bras, ne doutant plus qu'en larmes je vienne m'y blottir.

— Père et mère sont bien en paradis, lui répondis-je sans me troubler, mais cet Éden est le vent, les arbres de la forêt, l'eau du fleuve, le poisson dans l'onde vive, le cerf qui brame son amour, la poussière du chemin, le chant de la terre... Ils sont en moi et je ne les pleure plus.

Je n'attends pas de guide car le Cerf-rouge veille sur mes pas et son ombre est pour moi la plus sûre et la plus rassurante des protections. Je ne renie pas votre Dieu mais je lui donne un autre nom, je respecte vos croyances mais j'en embrasse une autre qui si elle lui ressemble pourtant s'en éloigne, car elle ne se veut pas unique et ne trouve sa vérité que dans le cœur de celui qui se penche sur elle. Cette vérité, je l'appelle nature !

Le visage du prêtre devint livide, couleur de cendre. L'eau de son corps cette fois fut torrent. Il eut bien du mal à reprendre la parole, bredouillant ses premiers mots.

— Mon fils... Mon fils... Que dis-tu ? La foi de Dieu ne t'a-t'elle pas été enseignée ? N'as-tu pas grandi dans la vérité de sa parole ? Tes propos ne sont que verbiages de sauvages !... Ne sais-tu pas encore que les enfants du

Tout-Puissant ne peuvent s'égarer en des rites païens ? Les élus de Dieu sont uniques, façonnés à l'image de leur créateur.

Sa verve retrouvée, il ne put maîtriser plus longtemps l'océan déchaîné qui grondait sous son front.

— Voilà plus de trois ans que je vis ici, solitaire parmi des pauvres d'esprit sacrifiant à des cultes barbares, idolâtrant des idoles de bois, priant une divinité sans âme qu'ils nomment « Manitou », et je me bats chaque heure et chaque jour pour enfoncer dans leurs crânes de sauvages qu'il n'existe qu'un seul Dieu, un Dieu qui n'est ni le vent, ni la forêt, ni tout autres fadaises, mais un être de lumière qui rayonne dans les cieux pour le salut des hommes et le rachat de leurs péchés.

Son regard se durcit, il devint plus noir que son habit.

— Comment peux-tu, toi un être civilisé, toi à qui le Tout-Puissant accorda son amour ! Comment oses-tu le renier pour t'enfoncer plus bas que le plus inculte de ces sauvages dans la fange du paganisme et de l'ignorance ? Il est temps que l'homme de Dieu que je suis déchire devant toi les pages apocryphes du livre maudit que le malin à ton insu feuillette sous tes yeux.

Sous la virulence de son discours, je restai d'abord sans voix, pour aussitôt me reprendre et me libérer de l'emprise de cet homme fanatisé. « La peur me traversera, dusse-t'elle avoir le tranchant d'une épée, et sans en être affecté, je me retournerai et la regarderai s'enfuir. »

— Le Grand-Esprit du peuple indien, le contrai-je, n'est pas une idole sans visage et sans âme, il est la beauté et l'essence de la vie. Il n'y a de différences dans le divin que celles que les hommes dans leur orgueil et leurs folies veulent bien s'inventer. Dieu ou « Manitou » ne sont qu'une seule et même entité, homme blanc civilisé ou homme rouge sauvage, nous sommes tous ses enfants !...

— Blasphème ! Associer le dieu païen à la divine image du Dieu unique, c'est cracher sur son nom, souiller son verbe sacré, se dresser contre sa toute-puissance !...

Il se tenait si près du feu, les flammes léchant sa face, que dans ce qu'il croyait être l'image immaculée de son Dieu, je ne vis que les traits torturés d'un démon.

— Blasphème, hurlait-il à s'en briser la voix, ses doigts crochus tendus comme des serres.

Face à la folie de cet homme, lucide, je ne redoutais plus sa colère ; elle n'était qu'une pierre jetée dans le lac. Dans ma réponse, ma propre assurance me surprit :

— Ce n'est point blasphémer que d'aimer la terre et ses créatures, ce n'est point renier le Dieu de mes pères que de le nommer Grand-Esprit et de jouir les yeux ouverts de la beauté qu'il nous offre.

Horrifié par mes paroles, il lança furieusement son pied dans les braises, s'éclaboussant d'une gerbe d'étincelles.

— Blasphème ! Blasphème !... Prends garde à la colère du Tout-Puissant, fils rebelle, redoute l'éclair qui rougeoie dans son poing !... Aurais-tu oublié la Genèse et le châtiment de ses enfants factieux chassés du jardin d'Éden ? Ne te souviens-tu pas du déluge et de la tour de Babel ? Aurais-tu rayé de ta mémoire les sept plaies de l'Égypte et les eaux de la mer engloutissant les chars de l'orgueilleux pharaon ?... Sont-elles loin de ton esprit les tables de la loi gravées en lettres de feu ? Ne vois-tu pas la longue marche dans le désert du peuple de Moïse ? Ne sens-tu pas sur ta peau le souffle du feu sacré détruisant le veau d'or ?... Aurais-tu oublié la juste colère de ton Dieu, l'anéantissement du peuple impie dans les eaux furieuses du déluge, la destruction de Sodome et Gomorrhe, la chute dans les enfers de ses habitants immoraux et infidèles à la loi ?... Ne vois-tu pas les marchands du temple expulsés par le fouet du Seigneur Christ, son fils ? Ne sais-tu pas que Dieu frappe et punit celui qui se dresse contre sa divine autorité ?... Blasphème ! Blasphème !... Le doigt vengeur du Dieu d'Abraham pointe déjà tel un glaive de feu sur la chair impie de ta poitrine.

Ses redoutables paroles, sa colère de dément, plus rien de tout cela ne pouvait m'effrayer ! La peur était passée et me retournant, je la voyais s'enfuir. Défiant le regard halluciné du prêtre, j'osai sans le moindre trouble lui résister encore.

— Chaque soir et chaque matin, sans honte je lève mes yeux vers le ciel, regardant en face celui dont l'image se reflète dans le miroir des étoiles, dans la lumière de l'astre du jour, dans la forêt qui luit sous le givre, dans la douceur de la plume de l'aigle, dans la force et la tranquillité du bison, dans la brume qui naît de la terre et s'évapore dans la chaleur du jour.

Chaque instant qui passe, je remercie Dieu, le « Manitou », le Grand-Esprit, et je prie pour que mon âme et celles de toutes les créatures s'unissent à son souffle.

— Blasphème, encore et toujours blasphème !... L'église de Saint Pierre est bâtie dans la pierre ; elle n'est pas le vent ni la bête qui rampe, elle n'entend pas la prière du sauvage ignorant de la vraie foi... Elle est rigueur et apostolat, elle est le pénitent qui se voile la face devant l'éclat de son Dieu. Elle est le dogme suprême, la vérité incontestable, le verbe rédempteur !... C'est à genoux que l'on prie le Saint Père et lui-même baisse les yeux devant la croix.

Il reprit son souffle, arborant un sourire triomphant, sûr de la vérité de ses paroles, convaincu de ma proche reddition. Mais sa vérité n'était à mes yeux que démence, le fanatisme d'un fou de Dieu. Aussi je n'hésitai pas à le contrer une fois encore.

— Je suis Celui-à-qui-parle-l'aigle-à-tête-blanche et je prie debout les yeux ouverts, les remplissant à satiété de ce qui fut créé pour être contemplé.

Le Grand-Esprit de mon maître, le « Manitou » de mon père le Cerf-rouge, est simple et tolérant, il ne refuse pas à l'homme la fierté de se tenir debout. C'est vers lui que monte ma prière !...

Le prêtre terrassé par ses propres passions s'effondra tel un pantin, secoué d'interminables sanglots, pressant sa tête entre ses mains. C'est à peine s'il put articuler entre deux hoquets : « Je te sauverai... Contre toi-même, je te sauverai... Par le feu céleste s'il le faut, je t'arracherai aux griffes du malin !... »

Se relevant alors avec difficulté, il me lança un regard foudroyant, qui loin pourtant d'atteindre son but ne m'inspira que pitié.

La peur s'enfuit dans la nuit, sa longue robe noire soulevée par le vent, claquant telle une voile déchirée sur une mer houleuse.

Des voix de femmes au loin chantaient la vie. Des soupirs rauques d'hommes les appelaient aux joies de l'amour et mon cœur en silence s'unissait à leurs souffles mêlés, remerciant, les yeux dans les étoiles, pour les largesses offertes du Grand-Esprit.

La lune du mois où tombent les premières neiges avait maintenant blanchi tout le pays des Illinois, désormais terre de froidure où le vent du nord mordait les visages et gelait les mains.

Les eaux vives de la grande rivière ne couraient plus, figées en un long ruban bleuté et scintillant, à l'éclat aveuglant des pierres de lumière.

Tous les enfants en âge de bander l'arc y venaient chasser les colverts et les oies bernaches, emmitouflés dans leurs chaudes « robes » d'hiver.

Pour peu qu'ils aient correctement appris de leurs aînés à contrefaire le chant des anatidés, les deux mains fermées en conque devant la bouche, il leur était aisé de s'en approcher à bonne distance et de les abattre d'une seule flèche.

Alors sur les braises du foyer familial jamais éteint, s'étalaient les juteuses carcasses dont le fumet alléchant vibrait dans l'air comme un appel aux réjouissances pour toute la cité.

Mais c'était aussi le temps des interminables veillées, assis en cercle autour des feux, protégés du blizzard par les lourdes tentures de peau qui recouvraient chaque cabane ; le temps des silences attentifs bercés par les voix rocailleuses des anciens, le temps des chants et des festins sous la hutte commune où coulait dans nos mains le sang chaud des larges tranches de viande taillées dans la bosse du bison. C'était le temps des contes et des légendes, des exploits de chasse et de guerre mille fois répétés mais toujours accueillis par les novices à la chevelure sans plume par des exclamations d'envie et d'admiration. Le temps des murmures feutrés où les jeunes hommes faisaient leur çour, invitant leurs belles compagnes à se blottir dans leurs bras sous les confortables pelisses de laine bouclée. Le temps enfin où les doigts agiles des femmes pétrissaient la terre glaise, où leurs dents de nacre assouplissaient le cuir dur et les jaunes tiges de joncs, façonnant des vases rebondis, des tuniques aussi fines et robustes que le lin, des nasses et des paniers au tressage savant ; le temps où les guerriers ne faisaient plus la guerre mais retaillaient les pointes de leurs flèches et de leurs lances, durcissaient et courbaient à la flamme et à l'eau le bois vert des arcs, le temps où l'ennemi n'était plus qu'un lointain souvenir endormi.

Souvent, calmant mes rêves et mes visions, se succédaient sur ma natte les jeunes Péouarias, chacune d'entre elles se disputant les faveurs du mystérieux étranger blond au regard d'azur, celui qui pensait, bougeait, parlait, comme un homme du peuple, celui qui se nommait l'aigle-à-tête-blanche, le fils du grand Cerf-rouge, le guerrier Lakota que tous les Illinois de la terre haute des Péouarias à la basse terre des Kaskarias appelaient frère.

Dans leurs bras ronds à la chaleur de braise, sur leurs lèvres au goût sucré de fruits rouges, entre leurs cuisses musclées à la douceur de miel, dans le mystère de leurs noires toisons, dans la chaleur moite de leurs temples secrets, me laissant bercer, je retrouvais la paix, cet amour sans demande ni raison, cet amour muet qui faisait danser devant mes yeux le corps jamais oublié de ma princesse Natchez, elle qui dans ma mémoire souriait chaque fois que mon corps dans d'autres bras chantait la vie.

Au matin, lorsque la belle, sans une parole, fuyante et discrète, rejoignait son foyer, lorsque à nouveau je me sentais seul, le regard tourné sur les derniers lambeaux de la nuit, dans un songe éveillé, je retrouvais Petit-serpent et son rire mutin. Avec lui, nous bandions l'arc à la poursuite du grand cerf, avec lui je savourais l'autre goût de l'amour, celui où l'esprit l'emporte sur le corps... Alors, toujours, mes doigts cherchaient l'oiseau de la liberté... Portés par le vent, comme rentrés d'un long voyage, se profilaient la haute silhouette de père et la taille fine et les cheveux d'or de Lucie... Dans leurs sourires se dessinaient alors les paysages, l'herbe verte et les lacs d'Irlande... Le vent soudain redoublait de violence ; sur ses ailes de glace, posée tel un joyau, notre maison dans la lande enneigée, embaumée de l'odeur aigrelette du lait de brebis, réchauffée du gros bol fumant accueillant mon réveil, enrichie des tartines de pain blanc, du miel doré et du beurre frais encore tout ruisselant de gouttelettes au parfum de sel... Dans l'appel du vent mon enfance... Le temps passé qui ne reviendra pas, mais que jamais je n'oublierai.

— Mon fils est loin, de l'autre côté des grandes eaux !...

La voix chaude de Cerf-rouge sonnait le réveil.

— Je rêvais père, les yeux ouverts, je rêvais de mon premier pays !...

Comme chaque matin, il lissa longuement ses cheveux, puis voyant que je n'attendais pas de réplique, il s'approcha tout près de mon oreille et me souffla :

— Un guerrier pour être grand doit rêver du ventre de sa mère !...

Les mois d'hiver s'écoulaient lentement, consolidant le nid douillet jour après jour dans le ventre intime et chaud du peuple des Illinois, préservé des frimas, de la faim et des soucis des lendemains.

Peu désireux de troubler ce cocon, j'évitais soigneusement de croiser la « robe noire » et lorsque, au hasard d'un chemin, se profilait l'ombre inquiétante de sa soutane, oubliant jusqu'aux raisons de ma sortie, promptement je tournais les talons. Les seules nouvelles de ses faits et gestes, souvent contre mon gré, m'étaient rapportées par les guerriers et les squaws qui chaque dimanche assistaient à l'office, messe que le prêtre célébrait dans l'église bâtie de ses mains.

C'était un curieux édifice de bois plus haut que large, enchevêtrement de rondins mal équarris d'où pointait, semblable à la lance de feu de l'archange Saint Michel, une imposante croix de bois rouge.

Les fidèles du père Lafarge étaient nombreux, les femmes aimant la splendeur des cantiques et le timbre chaud de sa voix, les guerriers sa prestance et sa grandiloquence lorsque du haut de sa chaire, il leur contait les merveilleuses histoires des premiers rois et héros serviteurs du Tout-Puissant. Les rudes guerriers ponctuaient alors chacune des phrases du prêcheur d'exclamations de surprise et d'admiration. Ils acclamaient Salomon le sage et la renommée de sa justice, comparant le roi biblique aux plus illustres de leurs « sachems ». Ils s'extasiaient aux exploits de David renversant d'un jet de fronde le géant Goliath, hurlaient leur cri de guerre lorsque la « robe noire » mimait par de larges moulinets le combat de Samson terrassant les Philistins, armé d'une mâchoire d'âne, se recueillaient dans le plus grand respect au récit de la crucifixion du Christ et de son courage face aux bourreaux.

Conscient de son ascendant sur le peuple, la « robe noire » essaya de répandre une fausse rumeur dont je devenais le centre : ma probable complicité avec les soldats des forts avoisinants que les Péouarias malgré leur nombre redoutaient, ayant déjà eu par le passé à souffrir de la puissance de leurs canons. Mais mes frères rouges n'attachaient guère plus d'importance à ces délations qu'à l'insignifiante souris qui le soir tombé traverse leurs foyers, et partageant avec moi l'absurdité de ces accusations, ils persistaient à m'aimer comme l'un des leurs. N'étais-je pas le fils de Cerf-rouge, le sage guerrier que Main-unique serrait sur son cœur.

Ne recevant pas à son sens la récompense de ses efforts, la « robe noire », malgré la crainte viscérale que lui inspirait le Lakota, tenta d'obtenir gain de cause auprès de Cerf-rouge, le suppliant chaque jour de lui accorder son attention.

Mon père, lassé de ses approches quotidiennes, lui répondit que le guerrier qui cherche la mort sans voir l'instant où elle se tient à son côté gaspille sans comprendre les dons précieux du créateur.

Mais le prêtre, sourd aux paroles qui ne sortaient pas de sa propre bouche, ne cessa de réitérer sa demande. À la lune où la neige devient grise et où les eaux se libèrent de leur gangue de glace, sans d'autres mots que : « Sommes-nous prêts ? », Cerf-rouge l'invita à le rejoindre dans la hutte du conseil.

La « robe noire » réclama la présence de Main-unique et de quelques vieux sages les plus influencés par ses récits bibliques, mais père lui rétorqua que le combat qui se préparait ne pouvait avoir d'autres témoins que le Grand-Esprit.

Ils s'isolèrent donc, trois jours et trois nuits, n'acceptant d'autres nourritures que quelques galettes de maïs et un cruchon d'eau.

Lorsqu'ils reparurent au matin du quatrième jour, la « robe noire » avait vieilli. Des fils d'argent parsemaient sa barbe et ses cheveux jadis noirs comme l'ébène. Le feu de son regard s'était éteint et sa peau était blême comme celle d'un mort.

À ce jour, il ne célébra plus la messe dominicale, erra longtemps sans but de foyer en foyer, parlant peu, se nourrissant à peine.

Un matin, dans un accès de folie, il brûla son église et disparut, sans que personne puisse connaître sa destination.

Cerf-rouge ne me parla pas tout de suite. Il laissa passer le temps, le temps pour que fonde la neige et que réapparaissent les pousses d'herbes tendres et les premiers bourgeons.

Au soir où les hérons cendrés retrouvèrent les berges sablonneuses de la rivière dégelée, il fêta comme nous tous l'arrivée du printemps, jouissant de la nuit étoilée qui nous réunissait, laissant couler entre ses doigts le jus sombre des viandes rôties.

Dès que la nuit fut avancée et la lune brillante, il emplit son âme des chants du renouveau, puis s'isolant près d'un feu solitaire, il m'attira près de lui. Il bourra la pipe comme cela devait être fait, et lentement commença son récit.

« Au matin du premier jour, tel que me le conta Cerf-rouge, tous deux s'assirent face à face sans même qu'entre eux ne les sépare ni ne les réchauffe la chaleur d'un feu.

Très vite la « robe noire » parla de son Dieu, de la force inattaquable de son verbe et de la vie unitive que lui son serviteur avait embrassée ; cette existence austère et ascétique qu'il souhaitait que je partage afin de sauver mon âme errante égarée dans des pratiques païennes.

Il mit ainsi à nu son désir, cette absurde volonté qui dévorait son esprit, qui n'avait pour seul but que de me ramener au sein du troupeau, m'enseigner la vraie foi dans la crainte du Tout-Puissant, soumis et me voilant la face.

Cerf-rouge, sans un soupir, laissa s'écouler le flot de ses paroles. Le prêtre croyant reconnaître dans ce silence les prémices de sa victoire et connaissant les rites des Lakota, car il avait longtemps voyagé de tribu en tribu à la recherche d'une âme à sauver, crut bon de lui parler du baptême, comparant le rite liturgique à la cérémonie d'apparentage des Lakota, « Hunka Lowampi ». Il lui assura que, lui comme moi, nous avions été marqués au front de l'eau lustrale lavant les péchés et donc que, par droit divin, il devenait mon « Hunka Ate », mon père d'esprit. Vouloir briser ce lien entraînerait inexorablement le profanateur vers la mort, et cela un chaman Lakota pouvait le comprendre. Il fallait que la brebis soit rendue à son berger...

Du silence qui s'ensuivit, même le vent n'osa troubler la profondeur. Les deux hommes longtemps se défièrent du regard, puis à son tour, toute la nuit durant, Cerf-rouge parla de l'« Hunka Lowampi », des pouvoirs partagés de l'« Hunka Ate » le père et de « Mi Hunka » son fils. Il expliqua les liens les unissant, plus forts et plus profonds que ceux découlant du système de parenté ou de fraternité entre les membres d'une même tribu. Il appuya sur la compréhension qui rassemblait sans jugement les hommes de couleurs, de mœurs et de religions différentes ; insista sur la toile des rencontres tissée dans le cercle par le créateur, et qui mêlait les fils indestructibles de l'amour et de la connaissance afin que tous les êtres de l'univers puissent comprendre qu'ils sont issus d'un même père, « Waka Tanka » le Grand-Esprit et d'une même mère « Unci Maka » la terre nourricière.

Ces préceptes se rapprochaient tant du grand principe d'amour qui est le centre de la religion chrétienne que le père Lafarge, si sa passion eut été plus objective, aurait dû tendre les bras à son frère rouge et avec lui chanter et prier pour que le dogme universel puisse enfin devenir la loi des hommes. Mais la « robe noire » refusa de tourner son regard vers la lumière, son Dieu ne pouvait partager...

Alors Cerf-rouge lui rappela que le premier devoir d'« Hunka Ate » puise l'eau de sa source dans le respect illimité de la liberté d'agir et de penser, le don offert à l'être aimé. Il lui dit que l'homme ayant choisi la voie tracée ne peut vivre que son propre destin et que le rôle d'un père n'était pas de contraindre mais d'accompagner.

Il lui assura que moi son fils, Celui-à-qui-parle-l'aigle-à-tête-blanche, sans que nul ne me force, au côté du Cerf-rouge je marchais libre sur la terre mère, porté par le vent, comme libre était l'aigle dans le ciel.

Enfin sans colère mais avec une détermination inébranlable qui fit frémir le prêtre, il rajouta qu'ainsi était le véritable sens de l'« Hunka Lowampi » et que lui le Cerf-rouge, waayatan des Lakota Oglala, suivrait cette voie.

À l'aube du second jour, ayant compris que son stratagème ne pouvait aboutir, la « robe noire » choisit des armes plus affûtées pour un nouveau combat.

Il traça de ses doigts sur le sol les signes étranges du prophète, prononça dans une langue inconnue les paroles oubliées et dans un cri jailli de son ventre, menaça Cerf-rouge d'imprimer sur sa poitrine en lettres de feu le signe de la bête afin que l'Eternel ne puisse au jugement dernier reconnaître en lui l'élu marqué au front.

Dans ses pupilles enflammées chevauchèrent alors quatre cavaliers, géants plus hauts que des montagnes, chacun d'entre eux chargé à sa manière de l'anéantissement de la terre.

Le premier sur un cheval blanc bandait à se rompre le bois noir d'un grand arc. Une couronne de fer ceignait son front et nul ne pouvait soutenir le puits sans fond de son regard. Il était venu pour vaincre.

Le second montait un étalon roux. Son rôle était d'ôter la paix. Il brandissait dans son poing une large et longue épée et nul ne pouvait sans périr croiser le fer avec lui. Sa monture martelait le sol dans un fracas de tonnerre et des sabots d'airain de son pur-sang jaillissaient des éclairs.

Le troisième caracolait sur une jument noire, une balance en travers de ses genoux. À lui, revenait le soin de peser les âmes, rejetant dans les flammes de l'enfer toutes celles noircies par le péché.

Le dernier cavalier cabrait une haridelle livide, et le nom de celui-ci était la mort. À lui fut donné le pouvoir sur le quart de la terre. Il tua sans relâche par l'épée, la famine et les crocs des bêtes sauvages.

Des orbites enfoncées de la « robe noire » s'échappèrent des fumées malodorantes, ses lèvres vomirent un sang sombre et épais. Il hurla si fort et si longtemps que le vent pris de peur en cessa de souffler.

« Toi l'abomination, toi qui refuses de rendre à Dieu son dû, toi et ta race maudite, vous périrez par le feu et le fer sous les sabots des cavaliers, retournant à l'antre des démons d'où vous êtes issus et que jamais vous n'auriez dû quitter. »

À cette terrible prophétie, Cerf-rouge m'avoua qu'il fut pris de frisson, car il savait, lui le waayatan, l'homme des visions, que la « robe noire » puisait sa folie dans une vérité tracée depuis l'aube des temps sur le chemin des hommes. Il n'ignorait pas que le peuple rouge voyait déjà devant ses yeux se déchirer le voile fragile de son bonheur et que derrière les lambeaux se profilaient les grands chevaux aux sabots dévastateurs. Mais il savait aussi, car il était issu du peuple des sept feux, que derrière la mort, il est une autre vie et que cette vie-là jamais ne pourrait être détruite ; il savait que le temps de la flamme qui réchauffe n'est pas celui de la flamme qui brûle !

Refusant le tranchant de la lame, il parla alors de sa propre vision, de l'enseignement et de la religion de son peuple. Il raconta cet être d'amour et de vie qui chaque jour et chaque seconde étend sur ses enfants l'ombre protectrice de sa main tendue ; l'histoire de celui qui enseigne son nom dans le souffle des vents venus des quatre directions, celui qui emplit la poitrine de l'homme de la fumée odorante de la pipe sacrée, celui dont l'âme repose dans le creux noir des rochers, dont l'essence de vie s'épand sur la terre féconde, portée par les eaux pures des rivières et des lacs, celui dont la voix parle à ses fils les nuits de lune ronde, unie à la prière de « Son Gumanitu », le Loup Gris. Ce dieu dont l'aile immense et rassurante glisse dans l'azur infini aux côtés de « Wambli Gleska », l'aigle tacheté. Il parla de ce père qui offre sa chair et son sang dans le corps puissant de Tatanka le bison brun, celui qui, d'une graine minuscule enfouie dans le creux de sa main, libère un arbre géant, multipliant sa force en forêts, en herbes hautes des prairies, en couleurs multiples des fleurs des prés ; ce dieu dont la descendance grandit dans le ventre fertile des femmes et qui partage le plaisir sous la toile tendue des tipis. Ce dieu dont chaque œuvre est un joyau offert à l'homme afin qu'il en jouisse selon ses besoins, emplissant ses yeux de la merveilleuse beauté de sa face. Ce Grand Mystère que lui, l'homme rouge, le sauvage inculte, appelle Grand-Esprit.

Au matin du troisième jour, pressentant que son combat était perdu, la « robe noire » renia son Dieu. Dessinant à nouveau de ses doigts les runes magiques dans la poussière, il invoqua les noms interdits des démons, implora à son secours les légions de l'enfer. Investi de la puissance infernale qui prit aussitôt possession de son corps, il se dressa d'un bond, tentant de saisir Cerf-rouge à la gorge.

Mais ce dernier se fit calme et limpide comme le miroir immobile du lac, et « réfléchit » en lui l'âme torturée de la « robe noire ». Par ses yeux, il lui fit voir, tapi dans le tréfonds de son cœur, le visage déformé de son Dieu.

Un Dieu de tourment et de peine, de souffrance et de haine ; un Dieu dont la passion destructrice l'entraînait sans qu'il puisse résister vers le gouffre sans fond de la fausse mort, celle noire et décharnée où l'espoir de la transformation s'est éteint tel un feu mourant où le bois fait défaut.

À l'aurore du quatrième jour, la « robe noire » déposa ses armes aux pieds de son vainqueur. Son visage torturé ressemblait désormais à son âme !...

Notre départ, avec la venue de la lune où s'arrondit le ventre des bisonnes, devenait imminent.

Un soleil radieux, chaque matin, inondait la prairie où toutes les espèces animales à l'unisson chantaient la vie. La terre fumait, se libérant de ses derniers îlots de neige, exhalant une puissante odeur d'herbe humide et de sève montante.

Cerf-rouge, avec mon aide et celle de Taureau-mugissant, occupait nos dernières journées à la fabrication de notre prochain moyen de locomotion : un élégant canoë, léger et rapide, charpenté de lattes de cèdre et habillé d'écorces de bouleau... Revoir le fleuve ! Retrouver ses berges limoneuses et ses plages roses où les oiseaux aquatiques viendraient pondre leurs premiers œufs... Jamais le peuple Lakota, mon peuple, n'avait été aussi proche. L'excitation me tordait les entrailles à m'en rendre inattentif et maladroit.

« Mon fils ne se contente plus de rêver sur sa natte, il rêve aussi debout », me plaisantait Cerf-rouge chaque fois que mes mains trop fébriles tiraient trop fort sur la fine écorce, en déchirant les fibres !...

Ce fut au cours d'une de ces agréables journées que sonna la trompe des guetteurs, annonciatrice d'un groupe humain pénétrant dans la cité.

Selon la coutume, Main-unique, les vieux sages et les plus grands guerriers, se regroupèrent sur la place centrale, attendant comme il se devait, dans le silence et la dignité, leurs nouveaux visiteurs.

Délaissant notre ouvrage, nous les rejoignîmes aussitôt, adoptant à leurs côtés les mêmes poses de seigneurs.

— C'est avec respect que le chef blanc s'incline devant le grand sachem des Péouarias.

Ainsi s'exprima l'officier français qui se tenait à présent au garde-à-vous devant nous, sa troupe nombreuse dans un ordre impeccable, à trois pas réglementaires derrière lui.

Chaque soldat, et j'en comptai trente, tenait fermement plaqué contre sa poitrine un long fusil rutilant, le coude replié, la main gauche tendue effleurant le canon.

— Les soldats bleus pénètrent-ils dans la cité des Péouarias animés d'intentions belliqueuses, pour tenir aussi droits devant nos yeux leurs menaçants bâtons-de-feu ? lui lança Main-unique sans rendre le salut et sans la moindre trace de chaleur dans le ton de sa voix.

L'officier, qui n'était encore qu'un jeune homme, se troubla et d'une voix mal assurée commanda à ses hommes de mettre l'arme au pied.

Dans un synchronisme parfait, les crosses serties de cuivre heurtèrent violemment le sol, ce qui eut pour effet de renforcer la tension. Beaucoup parmi les guerriers encochèrent une flèche.

— Les soldats du Grand-Père des peuples, s'exprima l'officier nommant ainsi le roi de France, ne sont pas venus pour reprocher leur conduite aux valeureux Péouarias, mais pour reprendre un homme qui appartient à leur justice.

Avec application, il sortit du pli de sa vareuse un rouleau de papier blanc estampillé du sceau royal, et avec le plus grand sérieux le tendit à Main-unique.

Celui-ci, bien que ne sachant pas lire, l'examina longuement, et sans doute impressionné par l'étrange écriture aux lettres hautes et déliées, le restitua précautionneusement à l'officier, son visage marqué d'une suffisance de circonstance.

— Le Grand-Père des peuples aurait-il à se plaindre de l'un de ses petits enfants, déclama-t'il, son front barré d'une profonde ride mais les coins de sa bouche relevés par un sourire narquois ! Un de mes braves serait-il coupable d'un vol dans la hutte de pierres des soldats bleus ? Que le petit chef blanc élève la voix et le grand sachem écoutera sa requête !...

L'officier, bien que touché dans son orgueil, ne releva pas le défi à peine dissimulé. Il n'ignorait certes pas que dans l'enclos aux chevaux des Péouarias de nombreuses montures portaient encore la marque au fer de son armée, mais aujourd'hui, là n'était pas sa mission et celle-ci était suffisamment délicate pour ne pas la compliquer.

L'armée française sur ces territoires si particuliers à gérer ne fonctionnait que par des choix ; perdre quelques chevaux restait un moindre mal au regard d'une guerre indienne. En bon officier du roi, il sut donc se ressaisir et c'est cette fois d'un ton plus martial, la main posée sur la poignée de son épée qu'il reprit, feignant d'ignorer l'éclatante ironie de son vis-à-vis :

— L'homme que nous recherchons est de race blanche et nous savons qu'il se trouve parmi ton peuple, grand sachem ! Livre-le nous !... La justice du Grand-Père des peuples statuera sur son sort.

Ce fut comme un coup de poignard dans le cœur, car c'était moi, je ne pouvais en douter, que cet officier réclamait. Sans réfléchir, je fis un pas en avant. Aussitôt le soldat se raidit et déclama avec toute la solennité requise en pareille situation.

— Monsieur ! Moi, capitaine Jacques de Constans, au nom du roi et de la Sainte-Église, j'ai ordre céans de vous mettre aux arrêts. Veuillez je vous prie, monsieur, réunir vos effets et sans opposer de résistance vous soumettre à la décision royale.

« Église ! Le père Lafarge ! »

Il n'était donc parti que pour mieux revenir et mettre à exécution son projet insensé... « Je te sauverai, contre toi-même je te sauverai, dussé-je pour cela user de violence. »

Au même instant, d'entre les soldats où il se tenait caché, bondit tel un diable le père Jean-Baptiste Lafarge. Il avait tant maigri qu'il flottait dans sa soutane devenue grise d'usure et de négligence. Mais toujours en lui ce même regard égaré, ce même visage émacié aux traits rongés de haine et de douleur.

— Fils de Satan, hurla-t'il ! Tu as trahi ta race et ton église et le temps de l'expiation est venu !...

Il gesticulait avec tant d'ardeur, virevoltant autour de moi et des soldats sans cesser de vociférer que le capitaine décontenancé ne sut plus que faire. Son regard inquiet se posa sur les guerriers Illinois, puis revint au prêtre et à moi-même. Rien de tout cela ne lui plaisait. Il se sentait inutile et impuissant, loin de la sécurité du fort et de ses canons, exposé à l'imprévisibilité de ces sauvages. Si la tension montait encore, et il voyait bien que les mains rouges se resserraient sur la poignée des arcs, que pourrait-il faire avec sa troupe si peu nombreuse, plus apte à obéir aux ordres de parades qu'au commandement de l'assaut. Et il se laissa soudain submerger par une grande lassitude.

— Veuillez vous rendre, monsieur, me supplia-t'il, cherchant en vain à couvrir les hurlements du prêtre !...

— Finissez-en, capitaine, explosa ce dernier ! Emparez-vous par la force de cet homme !...

Son index accusateur pointait sur ma poitrine et dans sa folie, il devait regretter de ne point tenir un fusil.

— De quoi m'accuse-t'on, demandai-je à l'officier sans pour autant avancer d'un seul pas ?

— De blasphème, de fornication, de trahison envers la Sainte-Église, aboya mon tourmenteur !...

— De fomenter une révolte indienne, rectifia le capitaine sans grande conviction.

— Et qui m'accuse ? L'homme qui tel un possédé s'agite devant nous ? Avez-vous seulement remarqué, capitaine, en pénétrant dans l'enceinte de la cité, le moindre signe de menace ou de révolte ? Et si tel était le cas, croyez-vous que vos trente soldats aient une seule chance de survie face à plus d'un millier de guerriers ? Ouvrez vos yeux, capitaine, et tendez votre oreille ! Je suis un homme libre et j'entends le rester ! Mon différend avec ce prêtre ne concerne en rien la justice du roi de France. En outre, je ne suis pas sujet du roi Louis mais natif de la verte Irlande, et seule la loi anglaise en pareil cas pourrait statuer sur mon sort. Parmi votre troupe, capitaine, est-t'il un homme de loi mandaté du roi Georges ?

— Non... Non... Bien sûr que non !...

Le capitaine Jacques de Constans ne comprenait plus du tout ce qu'il était venu faire ici, si loin de son quotidien paisible de frontalier du bout du monde. Il tripota nerveusement la garde de son épée, ressassant dans son esprit confus la seule solution lui paraissant envisageable : tourner les talons et oublier cette histoire qui le dépassait.

— Monsieur... Monsieur, bredouilla-t'il, maudissant en son for intérieur sa jeunesse et son inexpérience ! Je vois clairement et j'entends parfaitement que nous fûmes trompé par l'éloquence de ce prêtre, et qu'ainsi l'affaire qui vous oppose à cet homme n'est plus de notre ressort.

Se retournant vers la « robe noire » et le fusillant du regard :

— Ma foi, s'il est encore question de plainte et de poursuite, qu'il en soit fait doléances auprès des autorités compétentes... En ce qui nous concerne, l'affaire est close et sans suite. Acceptez, mon père, nos plus plates excuses et permettez que sans dommage mes hommes et moi nous vous abandonnions à ce qui semble être, et croyez-le le restera, votre propre histoire.

Ce faisant, il se retourna vers ses soldats, et retrouvant un semblant d'assurance, leur intima l'ordre d'un demi-tour dans les plus pures règles militaires, talons claquants et armes à l'épaule.

Le capitaine n'offrait plus que son dos lorsque le père Lafarge, avec une rapidité foudroyante, se précipita sur lui, arrachant son épée, pour dans un tourbillon d'étoffe fondre sur ma personne.

Il n'eut pas le temps de lever la lame. La poigne d'acier de Main-unique se referma sur son cou et le projeta au sol. Dans la continuité du mouvement, le vieux sage dégagea son casse-tête et sans autre forme de procès, lui fendit le crâne.

Un silence de mort plana sur l'assemblée, tous les regards braqués vers cette forme noire qui s'agitait encore en d'ultimes et dérisoires convulsions.

Les soldats paniqués et craignant pour leurs vies pointèrent leurs fusils. Les chiens claquèrent, libérant dans l'air lourd ce petit bruit métallique annonciateur de foudre. Mais le capitaine sut réagir avant l'irréparable. Il aboya l'ordre du repos, puis d'abord lentement, très lentement, pour finir au pas de course, entraîna sa troupe vers la rivière, là où les attendaient leurs embarcations.

Les guerriers, en riant, mais sans faire mine de s'interposer, les regardèrent filer comme le lapin redoutant la patte du coyote.

Le capitaine Jacques de Constans se jura qu'il n'avait rien vu, rien entendu, et il était sûr à présent, bien campé sur le plancher de sa lourde barque, qu'il n'était même pas venu...

La « robe noire » fut scalpé, sa soutane brûlée et sa dépouille offerte aux crocs des chiens.

Resté seul sur la place, moi, Celui-à-qui-parle-l'aigle-à-tête-blanche, jeune Indien aux yeux trop clairs, me cachant la face de mes mains jointes, doucement je me mis à pleurer... « Béni-soit », homme dévoré de passion, « Béni-soit », toi qui n'as pas su voir lorsque la mort se tenait pressée contre ton flanc...

Une main rassurante se posa sur mon épaule. Je n'avais pas de mots, il n'en prononça pas. Mais à la pression de ses doigts, je sus qu'il comprenait et qu'il partageait.

•••

Chapitre 10.

« Paisible est la nature
Séparés sont les Règnes
Au Grand-Esprit parle un animal
Du Manitou parle un animal
Pourquoi faire humain l'animal ?
Pourquoi faire animal l'humain ?
Pourquoi approcher l'animal ?
Écoute l'Animal : Et TAIS-TOI humain ! »
Paroles du druide sans nom et sans visage

Les gouttes fraîches d'une douce pluie de printemps ruisselaient dans mon cou. Elles s'écoulaient en rigoles d'argent le long de mes épaules nues. Il faisait chaud, il faisait bon. J'oubliais la tempête pour ne jouir que du calme revenu.

À l'avant du canot, la pagaie tenue fermement à deux mains, je me sentais investi d'une sève nouvelle, heureux à en pleurer...

Cerf-rouge à la proue fredonnait une ancienne légende de son peuple. Elle racontait l'histoire d'un jeune guerrier Lakota ; un de ces hommes intrépides qui abandonnent famille et chaleur du tipi pour des contrées nouvelles, terres sauvages et solitaires nées de leur quête de vision.

La voix chaude de mon père courait sur le fleuve. Les notes magiques percutaient les falaises et nous revenaient en écho, plus belles et mystérieuses encore.

Aigle-noir, jadis, fut le nom du héros, mais retrouvée la route des songes, il devenait Celui-à-qui-parle-l'aigle-à-tête-blanche.

« Comme portés par le chant du waayatan, des volées de canards, d'oies et de hérons à col blanc, sans cesse remontent vers le nord. Ils nous frôlent de la pointe de leurs ailes, recueillant sur leurs larges rémiges les « graines serments » du retour, paroles ensemencées et moissonnées là-bas sur la terre fertile par les hommes sages du peuple Lakota.

Une loutre malicieuse, dans une gerbe d'écume, plonge à l'avant du canot. Le temps que s'estompent les rides sur l'eau et la voilà qui resurgit, arc-boutée sur un haut fond de sable, une truite ruisselante dans la gueule.

Dans ses gros yeux ronds étonnés brille la promesse d'un futur paisible, rêves de chasses, de festins, de prières et de chants.

Haut dans le ciel tournoient des milans. Ils nous saluent, nous encouragent de leurs cris perçants.

Sur la berge, un ours noir qui, feignant de nous ignorer, fouille le sable de ses puissantes pattes griffues, en quête de ces grosses moules d'eau douce qui feront le régal de son ventre affamé.

Partout l'explosion de la vie, la fusion du chant de la terre, de l'air et des eaux. Dans nos cœurs, à la porte entrouverte de nos lèvres, un chant, une prière :

« La beauté devant moi fasse que je marche
La beauté derrière moi fasse que je marche
La beauté au-dessus de moi fasse que je marche
La beauté au-dessous de moi fasse que je marche
*La beauté tout autour de moi fasse que je marche. »**

Au fil des jours glisse notre fragile canoë, silencieux sur le miroir gris-bleu du grand fleuve...

Dans les muscles noueux de nos bras puissants bouillonne le désir. Nos doigts se gonflent sous le bois dur des pagaies. La douceur de la brise nous encourage, nous pousse toujours plus loin vers l'avant.

Nous n'acceptons de halte qu'à la nuit, bivouaquant sur des îles de verdure et de sable où des légions d'oiseaux viennent déposer leurs œufs dans le limon humide et chaud.

Le Cerf-Rouge prie pour leur descendance et, la gent ailée apaisée, nous nous laissons lentement sombrer dans le sommeil, bercés par le coassement des grenouilles et le chant métallique des grillons.

Plus rapide que le vent, le canoë vole au-dessus des eaux bleues...

Le long des berges, des bandes d'Indiens ; Mascoutens, Sauks ou Foxs, occupés à pêcher, nous saluent à grands cris. Ils nous invitent à les rejoindre, mais mon père, s'il rend le salut, jamais ne désire répondre à leur appel. « Le prochain peuple qui contemplera nos faces sera le nôtre, mon fils ».

Sur l'eau grise, plus léger que l'écorce qui tapisse ses flancs, le canot sans dévier poursuit sa route tracée...

Souple et flexible, il serpente entre les chapelets d'îlots. Affectueux et tendre, il se frotte à la roche calcaire des vertigineuses falaises. Fourbu et las,

---

* *Chants des Indiens Navajos.*

il gémit sous le choc des dures racines immergées. Docile et soumis, il se laisse ballotter par les eaux agitées lorsque le Père-des-Eaux, par un fantasque caprice, bondit brusquement vers l'ouest tout hérissé de rapides.

Sur les eaux bleu-gris, là où le fleuve s'élargit, c'est à nouveau le calme et le repos...

Nos sens en éveil s'enivrent de paysages infinis de terres grasses où l'herbe jaune et verte pousse haute et drue.

La prairie ! L'esprit de la terre des ancêtres !... Savane éclaboussée de fleurs aux couleurs arc-en-ciel, étoilée des tâches brunes et rouges de la horde des bisons.

Gris-bleu, bleu-gris, les eaux s'écoulent lentement sous le plat du canot...

D'autres falaises encore, plus hautes, plus abruptes, abritant à l'ombre de leurs corps des parterres fleuris d'or et d'azur, oxalis et myosotis, nés pour une saison des larmes de la terre.

Vert émeraude, bleu turquoise, gris cendré, le flot tranquille se brise sur le tranchant du canot...

Devant nous s'ouvre la terre sacrée... Gigantesque labyrinthe, enchevêtrement d'îlots, de lacs, de chenaux, de passes et de traverses, encombré de nénuphars et de lentilles d'eau, nourri d'eaux mortes et de marécages où le fleuve conquérant trace sa route.

Jardin d'Éden, paradis des bêtes du ciel, de la terre et des eaux, merveilleux bestiaire où l'homme regarde, écoute et se tait.

« La beauté tout autour de moi fasse que je marche. »

Le canot glisse... Les eaux se fendent, nous aspirent... Jamais oubliée, sans cesse répétée, la prière comme une pluie d'étoiles rejaillit dans nos cœurs.

« La beauté tout autour de nous fasse que nous marchions. »

Dans la fine poussière de pollen, dans la brise légère et douce, à travers le ciel étoilé, sous la lumière pâle de la lune, le silence était trop fort, trop pur, pour que nous les hommes, soudain envahis de peurs et de doutes, nous ne cherchions à le briser.

Assis devant le feu, au centre de la clairière qui nous reçoit, Cerf-rouge prie.

Ses doigts caressent les dents d'ours de son collier. Sous la chaleur de sa peau, la force du Grand-Père-Mato, semblable à une vague d'écume et de vent, monte en lui, le submerge, explose en gerbe sur le rocher noir de ses prunelles.

Sa poitrine se soulève et s'abaisse au rythme lent de l'oraison, hymne immémorial au grand ours grizzli.

Je ne bouge pas. Je retiens mon souffle. J'écoute et me laisse envahir par le « chant-prière » ; en lui le souvenir du Fils-de-l'ours.

Nos morts ne nous abandonnent jamais. Ils sont là, tout près de nous, veillant sur tous les actes de notre vie.

La complainte du chaman s'amenuisa, devint murmure et s'éteignit, avalée par la nuit.

Cerf-rouge se tourna vers moi et me parla. L'image du géant roux s'effaça, s'envola dans l'obscurité, suivant la trace du grand-ours.

— Mon fils a grandi ! Je ne vois plus dans ses yeux l'exubérance et l'insouciance de la jeunesse.

— Père, je n'en suis qu'à mes premiers pas et sans le secours de ton bras, comment pourrais-je sans trembler rester debout ?

« Hou ou » Le cri de parade de la chouette hulotte résonna au-dessus de nos têtes.

— Le Cerf-Rouge est l'oiseau de nuit. Son chant t'accompagne aujourd'hui, mais où demain le porteront ses ailes ?

« Houhouhouhou » répondit l'oiseau, perché si près de nous que je pouvais voir, éclairées par un rayon de lune, sa grosse tête ronde et sa face circulaire illuminée de l'éclat phosphorescent de ses grands yeux brun-noir.

— Le chemin est si long, père, il y a tant de pas ! J'ai déjà trop perdu et toi, mon maître, je ne veux pas te perdre.

— La vie d'un homme, me dit-il, est un nuage qui passe ; il faut un jour qu'il éclate et se disperse en pluie. Perdre ceux que l'on aime, c'est aussi rencontrer ceux que l'on aimera, car dans le souvenir des êtres, d'autres êtres sont à naître.

Il faut apprendre, mon fils, à cheminer seul pour un jour marcher aux côtés de ses frères.

— Père, je ne veux pas te perdre !

Les larmes montaient et je ne pouvais les retenir.

— As-tu perdu celle si douce dont le chant rythmait ton pas ? Est-il si loin de ton cœur le Fils-de-l'ours ? Sera-t'il chassé de ton esprit le Cerf-rouge lorsqu'il ne sera plus ? Tu es Celui-à-la-longue-vie, mon fils ; combien se coucheront quand toi tu marcheras debout ?...

Me laissant méditer sur ces dernières paroles, il bourra la pipe, l'alluma, offrit la fumée aux quatre directions, au Grand-Esprit, à notre mère la terre, à l'âme des ancêtres. Puis jugeant l'instant choisi, il me dit :

— Regarde la fumée de la pipe, elle voyage dans ton corps, s'en échappe, enveloppe ton visage dans ses volutes bleues. Tu la vois, la respires, devines sa caresse, mais dès qu'elle s'envole vers les nuages, se dissipe dans l'air qui l'épouse, tu la perds et l'oublies. Nous sommes la fumée de la pipe, mon fils, et les hommes demain oublieront nos visages.

— Alors, père, pourquoi vivre et pourquoi chercher ?

Il hocha la tête en souriant car mes paroles lui parurent vides de sens.

— Vivre pour que jamais ne meure l'esprit de la fumée. Chercher pour que chaque homme qui aspire au tuyau de la pipe, par son souffle, lui redonne la vie.

Le waayatan sait cela, voit cela ! Il oublie la matière fumée et trouve sa voie dans l'esprit de la fumée.

— Qui est l'esprit de la fumée, père ? lui demandai-je perplexe.

Il tourna alors ses yeux brillants une fois vers le sud, une autre vers le nord.

— Tous ceux que tu as aimés, tous ceux que j'ai aimés, tous ceux que d'autres avant nous ont aimés ! Tous vivent dans la fumée de la pipe ; tous les êtres qui après nous aimeront et seront aimés.

L'esprit de la fumée abrite en lui « Nagi » et « Nayi », les forces de la connaissance, le visible et l'invisible. Le chemin de l'homme qui marche les yeux ouverts mêlé à celui de l'homme qui rêve !

— Tu veux dire, père, que la fumée n'est qu'un rêve ?

Dans le ciel, un lourd battement d'ailes et la hulotte se rapprocha si près qu'en étendant le bras, j'aurais pu la toucher. Mon maître lui ressemblait. Dans son regard brûlait le même feu.

— C'est cela, mon fils, la fumée est un rêve, mais un rêve éveillé ! La voie du visionnaire, celui qui sans peur marche sur la frontière.

Le waayatan qui fume la pipe avance sur le chemin des morts et ce faisant, il marche sur le chemin de la vie, car entre fin et commencement, il n'existe pas de différence, comme entre la nuit et le jour n'existe pas non plus de différence. Tout est continuité, tout est inscrit dans le cercle et le maître en est le Grand-Mystère.

En cela, mon fils, est l'esprit de la pipe !...

— Alors père, lorsque je fume je suis le waayatan ?

Il rit et la chouette au-dessus de nous battit des ailes.

— Tous les hommes qui fument la pipe ne sont pas waayatan, mais dans la pipe est l'esprit du waayatan, comme l'esprit de la pipe est dans le waayatan. La pipe est le lien sacré qui unit l'esprit et le corps de l'homme sacré. Le bois et la pierre sont le corps, la fumée est l'esprit ! Du bois et de la pierre s'envole la fumée, la fumée naît du corps.

Au rythme lent de ses paroles, la fumée roulait dans ma gorge, elle s'envolait en nuages de mes lèvres entrouvertes, se fondait dans la nuit.

La fumée devenait invisible et j'oubliais la matière pour ne voir que l'esprit. L'esprit grandissait, devenait immense, envahissant, immortel. Je vis en lui l'image des ancêtres que le waayatan regarde les yeux ouverts, sans regrets, sans frémir.

— Père ! La pipe est un objet sacré, lui dis-je émerveillé !...

Il partit d'un grand éclat de rire, sa main caressant le long tuyau sculpté, la pierre lisse et rouge.

— La pipe n'est qu'un simple morceau de bois emmanché sur un éclat de pierre ! La fumée, juste un peu de tabac et de saule qui se consument. Non, mon fils, la pipe ne devient sacrée que par l'esprit de l'homme sacré qui l'utilise.

— Père, la pipe dans mes mains est un objet sacré !...

J'osai l'affirmer sans le moindre doute. Il sourit et je jurerais que la hulotte souriait aussi.

— Sens-tu en toi la force d'un homme sacré ? Entends-tu l'esprit qui te parle ?

— Oui, père ! Je suis un homme sacré et l'esprit de la fumée me parle.

— Alors ne doute plus, mon fils, tu es ce que tu désires être. Ainsi est la vérité de l'esprit de la fumée. La fumée t'enseigne ce que tu es, à toi la charge de le vivre !...

Pour la première fois, j'acceptai sans détour de devenir le waayatan et je compris que l'enseignement de mon maître résidait dans la continuité de son pouvoir.

Cerf-rouge se leva et rechargea le feu. La chouette ne s'effraya d'aucun de ses gestes ; elle persistait à nous fixer de ses grands yeux malicieux.

Père regagna sa place et rebourra la pipe. Il me signifiait ainsi que notre discussion n'était pas terminée.

— Père, la pipe est-elle l'unique moyen de s'élever vers l'esprit ?

À nouveau, il caressa l'objet avec une grande douceur, comme si la pipe dans le grain de sa pierre et les fibres de son bois, soudain réveillée à la vie, allait s'animer sous la chaleur de ses doigts.

— La pipe et la fumée ne sont que traces parmi tant d'autres. Pour le chasseur d'esprits, les pistes à suivre sont multiples et seule la justesse de ses choix guidera ses pas.

Le feu, nourri d'une nouvelle proie, brûlait avec éclat, renforçant la noirceur des ombres, là où ne se répandait pas sa lumière.

Le monde me parut soudain vaste et sauvage, la voie du waayatan si périlleuse et si pleine de mystères, et si je questionnais encore mon père, ce n'était que dans le but inavouable de chasser mon trouble.

— Quels autres actes, quels objets permettront au waayatan de rencontrer l'esprit ?

Fébrile j'attendais la réponse mais mon père agissait tout comme s'il ne m'avait pas entendu. Son attention dirigée vers la chouette hulotte, il chantonnait, engageant avec l'oiseau un étrange et merveilleux dialogue. Je me sentais étranger, doutant à nouveau. Étais-je vraiment celui que je croyais être, étais-je un homme de visions ?

Brusquement, père se retourna. Il se courba jusqu'au sol, son oreille plaquée sur l'humus.

— J'écoute et n'entends rien venir. Aucun chant, aucune musique ! Où est la joie dans le cœur de mon fils ? J'écoute mais ne perçois que le murmure nocturne des plantes et des pierres. Mon ouïe s'affine mais ne lui vient que le langage muet de l'oiseau ! Où est le souffle sacré de mon fils ? Où est le waayatan à qui parle l'esprit de la fumée ?

Il se releva, ses yeux comme deux arbres enracinés dans la terre, plantés dans les miens. Sur ses traits ni joie, ni colère, ni ironie, ni reproche, seulement une profonde gravité.

— L'homme éveillé ne calcule pas, il vit sans questions et n'attend d'autres réponses que celles de son cœur. La peur et le doute n'ont pas de place sur son chemin car il en connaît le tracé, héritage de ses ancêtres embrasé de la lumière du Grand-Esprit. Il foule sans crainte l'épine et la roche ciselée, ne redoutant plus pour sa chair les cruelles blessures. Libéré des contraintes de son corps, il transcende l'esprit, et ses actes, petits ou grands, inhabituels ou quotidiens, subliment au sacré.

Le doute, mon fils, est le poison de l'amour, et celui qui dans la peur croit aimer, ne forge dans son cœur que les futures armes du pouvoir et de la destruction.

Il tira plusieurs longues bouffées et la chouette sur sa branche battit violemment des ailes.

— Les objets qui soutiennent le waayatan dans l'accomplissement de ses actes, rajouta-t'il, sous le toucher de sa main deviennent sacrés car sa main détient le pouvoir de libérer la matière.

Les objets sacrés du waayatan sont la source où naît le fleuve de sa pensée. Ils annihilent son orgueil et le portent vers les grandes eaux, là où est l'aboutissement de sa vie, celle de ses ancêtres, celle de ses enfants, celle de tous les êtres à venir.

Comprends, mon fils ! L'homme éveillé ne puise pas sa force dans la quête d'objets sacrés, mais dans la compréhension et le respect de tout ce qui l'entoure. En agissant de la sorte, il se rapproche de l'œuvre du créateur et toutes choses à ses yeux deviennent sacrées, car elles sont réalisation d'un être lui-même sacré.

Ouvre grand ton regard ! Vois l'oiseau, et comme lui déploie tes ailes ; elles te porteront toujours plus loin, plus haut dans le ciel, plus près du Grand-Esprit.

Sa phrase achevée, le rapace nocturne ouvrit largement ses ailes. Il s'élança sans bruit vers le ciel, plus rapide que la flèche.

Son cri strident « Kououi » vibrait encore dans le lointain lorsque mon père reprit la parole :

— Les ancêtres dans la fumée te nomment Waayatan, et toi tu t'enfermes dans la peur et le doute alors que ton cœur devrait bondir de joie comme devant tes yeux a bondi l'oiseau de nuit.

N'as-tu pas vu que la chouette est le messager, n'as-tu pas compris que son vol est sacré, n'as-tu pas regardé le brillant de sa plume et aurais-tu oublié le don de l'aigle à tête blanche ?

Il répéta avec insistance : « le don de l'aigle » et se mit à fredonner le premier couplet d'une très ancienne chanson Lakota :

« ***Bélibeichiyawaonyelo. Bélibéichiyapo.*** » « Je fais tout ce qui est en mon pouvoir. Vous devez faire de votre mieux. »

Trop de questions auxquelles je ne pouvais répondre sans honte. La fumée m'offrait, Cerf-rouge m'offrait, l'oiseau m'offrait ! Et moi je ne remerciais que par mon trouble !...

Mon père, lisant dans mes pensées, sourit. Il passa ses doigts écartés dans ses cheveux, s'attardant à lisser les longues plumes d'aigle... Et je compris son geste ! Je ne portais plus la plume de l'aigle à tête blanche. Mon visage se colora d'écarlate.

— Qui es-tu, mon fils ? me surprit-il.

— Je suis Celui-à-qui-parle-l'aigle-à-tête-blanche. Je suis waayatan !...

Malgré la gêne, la réponse avait jailli spontanément.

— Où est le don de l'aigle, mon fils ? insista-t'il sans se départir de son sourire.

L'assurance me revint comme une brise fraîche balayant le rouge de mon front.

— Il honore la terre, là où gît un grand guerrier, Petit-serpent, le prince Natchez.

Au souvenir de mon ami, deux grosses larmes roulèrent sur mes joues. Cerf-rouge leur laissa le temps de s'assécher avant de poursuivre. Il attisa le feu et rebourra la pipe. Puis, sans presque remuer les lèvres, il parla :

— Le don reçu que l'on offre en retour ne meurt pas dans la terre, il voyage dans la pluie et le vent et revient vers celui dont le cœur fut assez pur pour le mériter.

Me méprenant sur le sens de ses propos, maîtrisant à peine ma révolte, je protestai énergiquement :

— Père, je ne veux ni ne peux retrouver la plume ! Le guerrier qui désormais en orne son front la mérite bien plus que Celui-à-qui-parle-l'aigle-à-tête-blanche, lui qui par sa vie en a reçu le don.

— Es-tu l'aigle, mon fils, pour savoir ce qui doit être donné et à qui le donner ?

Sa voix était forte et son ton impératif :

— Si tu es l'aigle, déploie tes ailes et envole-toi ! Le Cerf-rouge alors regrettera ses paroles et humblement implorera ton pardon.

Se moquait-il de moi ? Je me sentais pris au dépourvu, incapable de trouver une réplique suffisamment pertinente pour à mon tour le mettre en difficulté. Oubliant la honte, je laissai donc sortir les premières pensées qui assaillirent mon esprit :

— Père, je ne suis pas l'oiseau et je ne peux voler, mais Petit-serpent était mon frère. Il méritait lui aussi le don de l'aigle, et mon cœur lors de son dernier souffle a parlé avant même que mon esprit ne s'éveille. La plume dort auprès de lui et par elle il est devenu le grand guerrier qui marche dans mes rêves.

Je ne retournerai pas la terre, je ne reprendrai pas ce qui n'est plus à moi, je ne trahirai pas la mémoire de celui qui pour son frère a donné sa vie.

Le visage de Cerf-rouge s'éclaira. Ses traits reflétaient l'apaisement et la sérénité. La lueur de ses pupilles rivalisait avec la clarté du feu.

Il me tendit la pipe fumante et posa sa main sur la mienne, me communiquant sa chaleur comme à chaque fois que mon cœur était lourd.

— Tes paroles t'honorent, mon fils ! Apaise ton âme et chasse la crainte, le Cerf-rouge ne te demandera pas l'impossible. Mais sache que le don est multiple, il est comme la fumée, toujours renouvelé. La plume de l'aigle messager est bien assez puissante pour orner la chevelure du guerrier Natchez et celle du guerrier Lakota.

La plume est semblable à la pipe, mère de la fumée, la plume est sacrée.

Les paroles de Cerf-rouge eurent à nouveau le pouvoir de chasser ma colère et ma mélancolie. Je n'avais plus que le désir d'apprendre, de pénétrer le mystère de l'homme des visions et des rêves.

— Père, j'ai piqué moi-même la plume dans les cheveux de Petit-serpent. Je l'ai moi-même enterrée, là où le cerf a labouré le sol. La plume n'est plus et je n'ai pas le pouvoir de la reprendre !...

— La plume et la pipe sont sacrées, mon fils. Vois !...

Il tendit sa main, m'invitant à y déposer la pipe. Les longues volutes qui s'échappèrent du tuyau lorsqu'il y porta ses lèvres prirent des formes étranges bien que familières ; deux grandes ailes noires, un faisceau de plumes argentées, un long bec acéré, un œil lumineux et perçant. L'aigle lentement déploya ses ailes. Toutes les plumes jusqu'à la plus infime barbule se rassemblèrent. L'oiseau né de la pipe prit son envol.

— Tu parles deux fois et deux fois tu te trompes, lança durement Cerf-rouge, chassant d'un revers de main la prodigieuse vision.

La vie et la mort sont des mystères que même un homme sacré ne peut tout à fait concevoir, mais un homme sacré se doit d'accepter sans questions ce que la vie et la mort lui enseignent. Tu retrouveras la plume car elle est le don que l'aigle a consenti pour toi, et Petit-serpent ne la perdra pas car elle est le cadeau que les vivants offrent aux morts.

Au loin, en écho de ses paroles, la chouette ulula. Mon père imita son chant et l'oiseau lui répondit.

Son regard se fit sévère et il lâcha ces mots comme on lâche la corde tendue de l'arc pour que vole la flèche :

— Demain tu purifieras ton corps, tu allégeras ton esprit. Demain sera le jour où Celui-à-qui-parle-l'aigle-à-tête-blanche retrouvera le chemin qui le mènera à la plume sacrée... Demain sera le jour de l'aigle !...

— Père !...

— Plus de question, mon fils ! Fume !... Écoute le chant de la nuit, regarde la fumée qui s'envole, parle avec les esprits ! Retrouve dans le silence l'instant de ta naissance et comprends et accepte celui de ta mort. L'aigle déjà vole vers toi !...

N'ayant plus de pensées qui aient besoin de se dire, j'écoutai alors les mille petits bruits nés de l'obscurité. Je me laissai emporter par les stridulations des grillons, le froissement d'ailes des papillons venant s'éteindre à la flamme et le grésillement des corps qui se consument. Guidé par mon père, je percevais toute l'intensité de l'ombre et en elle les promesses du jour à venir.

Peut-être me serais-je endormi s'il n'y avait eu brutalement ce calme insolite. Les grillons eux-mêmes s'étaient tus, dérangés par un souffle qui n'était pas celui de la forêt. Le souffle fort et régulier des hommes...

Coulant un regard vers Cerf-rouge, ma main se posa sur le fusil. Mais mon père ne réagit pas, plongé dans sa méditation, indifférent au changement.

Alors dans son mutisme retrouvant la confiance, mon bras n'acheva pas le mouvement. Sans plus un geste, comme lui j'attendis...

— Salut à vous les hommes ! Partagerez-vous votre foyer avec deux pauvres gars transis de froid et fourbus de fatigue ?

L'homme qui venait ainsi de s'exprimer ressemblait à un ours. Bien que de petite taille, il en possédait la noire toison, la carrure et la démarche pesante. Une barbe broussailleuse lui mangeait la moitié du visage, tandis que l'autre moitié disparaissait sous un épais bonnet de fourrure. Seuls étaient visibles ses yeux, petits et ronds, pétillants de malice et gris sombre comme un ciel couvert.

Derrière lui, un peu en retrait, attendait en silence un second personnage grand et sec, la peau de son visage bleuie par l'emploi régulier du rasoir.

Vêtu de peau comme son compagnon, il s'en différenciait pourtant par une mise plus soignée, le cuir usé de sa veste et de ses culottes luisants de lavages répétés.

Tous deux s'étaient intentionnellement positionnés dans la lumière du feu en hommes qui ne cherchent pas à surprendre, mais au contraire à se montrer.

Les flammes dansaient sur les longs canons de leurs fusils que négligemment, sans animosité apparente, ils portaient calés dans le creux de leur bras gauche.

J'étais pourtant certain que leurs armes étaient chargées et qu'il n'eût fallu pas plus d'une demi-seconde pour que d'un seul mouvement, elles se retrouvent dans leurs mains en bonne position, prêtes à cracher le feu.

— La flamme qui réchauffe le Cerf-rouge et son fils est bien assez claire pour se partager, lança mon père, me surprenant par l'assurance de son ton.

L'homme qui ressemblait à « Mato sapa » eut un pas de recul et, comme je l'avais prévu, son arme avec une hallucinante rapidité se retrouva dans ses mains, le canon pointé dans notre direction.

— Bon sang de bon dieu ! Des Indiens !...

Sans nous quitter des yeux et son fusil toujours menaçant, il cria vers son compagnon : « Bernés comme des bleus ! Dans la gueule du loup, Typhon, dans la gueule du loup rouge !... »

— Oublie ta peur, homme blanc, renchérit très vite Cerf-rouge avec la même assurance et sans que son bras se tende vers son arc. Le feu se pare de multiples couleurs et sa chaleur est pour tous !...

— Bon sang de bois ! reprit l'homme, abaissant machinalement le canon de son arme ! Ou mes oreilles me trahissent ou je viens d'entendre ici de sages paroles !... Je ne sais trop pourquoi, mais voilà qu'j'ai confiance.

Humant l'air avec un effet des plus comiques, il se retourna vers son comparse : « Y'a dans l'air, Typhon, comme un parfum de paix !... »

Réalisant enfin que nous le regardions, il renifla bruyamment, se troubla un peu, et tentant sans succès de réaffirmer sa voix, se fondit en excuses.

— Faut pas en vouloir au vieil Archi, camarades ! J'suis pas venu chercher des crosses mais l'Typhon et moi-même on est un peu sur les nerfs, cause qu'un parti de Crow s'accroche à nos basques depuis une bonne semaine... (il éclata alors d'un grand rire, découvrant des dents larges et fortes, jaunies par le tabac)... Et c'est pas pour nous conter fleurette !...

— Nous sommes des Lakota, lui répondit calmement Cerf-rouge, ce qui eut pour effet non seulement de l'apaiser, mais qui plus est de le rendre heureux.

Assieds-toi, homme blanc ! Tu parleras mieux lorsque tes yeux croiseront les nôtres.

— Des Sioux Lakota ! Bénie soit la sainte providence !... Pas plus tard qu'à la lune où l'on casse les os pour la moelle, mon grand ami Dix-ours me répétait encore : Mato-à-l'œil-qui-rit, tu marcheras bientôt sur les traces d'un grand homme du peuple et par lui ta vie sera sauvée.

À présent très à l'aise, il vint s'asseoir près de nous, invitant son compagnon à le rejoindre. Ce dernier s'exécuta sans un mot, uniquement préoccupé par le souci de ne point souiller son habit.

Cerf-rouge qui, au nom de Dix-ours, n'avait pu retenir une exclamation de surprise ralluma la pipe, pria vers les quatre directions et l'offrit à l'homme.

Dix-ours ! Ce nom résonnait dans ma tête comme un tambour. Dix-ours, le chaman de ma vision, celui qui m'offrit son cœur.

L'homme se saisit de la pipe et sans hésitation accomplit le rituel sacré. Il aspira goulûment la fumée avant de la tendre à son compagnon qui fit de même.

Le soudain silence qui régna portait en lui la puissante image du vieux chaman, la magie d'un saint homme que n'altérait ni le temps ni l'espace.

Dix-ours était parmi nous et chacun à sa manière pouvait voir sa longue chevelure grise qui flottait dans la fumée.

Mais l'instant de paix fut éphémère car déjà le coureur des bois réagitait sa langue trop bien pendue :

— Vieux démon sans manières, s'apostropha-t'il bruyamment, tu t'assieds, tu brailles comme un porc égorgé, tu fumes le tabac de tes hôtes et t'en oublies jusqu'à la plus élémentaire des corrections ! Ah ! vieux brigand, ta mère qu'était pourtant pas sainte, en rougirait de honte !... Pardonnez, mes seigneurs, à un homme qu'a trop parlé aux bêtes pour savoir encore parler aux hommes.

Le flot de ses paroles était aussi tumultueux que celui de ses gestes. Il cala son fusil sur ses genoux, se gratta énergiquement la barbe, passa sa grosse pogne sur son front et retira son bonnet, libérant une épaisse tignasse dont les mèches rebelles lui barrèrent le front.

— Archibal Lapoudre, poudre comme poudre à canon, dit « Mato-œil-qui-rit », trappeur et homme de fortune, bonne fortune cela va sans dire.

D'une large révérence, il ponctua ses paroles, ce qui était un exploit vu qu'il était assis et que sa forte corpulence ne le prédisposait pas à une telle souplesse.

Puis, gratifiant son camarade d'une brutale tape dans le dos à laquelle celui-ci répondit par un profond soupir en lissant discrètement les plis froissés de sa veste :

— Quant à lui, plus muet qu'une carpe, c'est Typhon Bonnaventure, « Langue-qui-dort », le chéri de ces dames, le dandy des forêts et le meilleur compagnon que Dieu à ce jour m'ait donné.

Comme il reprenait son souffle, Cerf-rouge à son tour nous présenta :

— Je suis Cerf-rouge, waayatan des Lakota Oglala. Le jeune guerrier qui m'accompagne est mon fils, Celui-à-qui-parle-l'aigle-à-tête-blanche, le waayatan à venir. Ensemble, nous retournons vers le peuple.

Mon père parut alors hésiter. Il rebourra la pipe, émit plusieurs petits bruits de succion, rejeta lentement la fumée et enfin se décida à demander :

— Parle-moi de Dix-ours, le Wicasa wacan !...

Le trappeur était aux anges. On lui demandait de conter une histoire et c'était un art dans lequel il excellait.

Avant de débuter son récit, il eut pourtant vers moi un regard insistant et ne put s'empêcher de révéler le fond de sa pensée :

— Ton fils a la peau bien claire et les yeux trop bleus pour un homme rouge, mais bon ! À chacun ses goûts, à chacun sa famille !...

La petite lueur dans ses pupilles en disait long sur sa pensée, mais devant le regard noir de Cerf-rouge, il ne jugea pas bon de poursuivre plus loin son indiscrétion et entra très vite dans le vif de son histoire :

— Il y a de cela... Voyons ! (il compta sur ses doigts) disons douze bonnes lunes... Oui, oui... Quelques jours avant la lune où les fruits sont mûrs... Typhon et moi, votre serviteur, nous remplissions allègrement les tâches coutumières de notre beau métier quelque part au nord... (il se gratta la barbe) les rives verdoyantes de la Chippewa pour être plus précis... Les castors y étaient nombreux, gras comme des veaux et d'un poil si soyeux qu'en laissant glisser votre main dans la fourrure, vous aviez la douce sensation de caresser la peau neuve d'une jouvencelle (à cette pensée son œil s'alluma d'une coupable lueur). Ah ! certes, ce fut une dure journée de labeur, sans repos ni trêve, à relever nos pièges, la tête au soleil brûlant et l'eau glacée qui vous courait entre les cuisses. Mais à d'honnêtes souffrances, justes récompenses ! Nous avions presque autant de peaux qu'il y a de cheveux sur ma tête... Une fortune... Un vrai trésor tout de poil et de cuir... (à nouveau il se gratta la barbe, nous observant du coin de l'œil) Soudain... (nouvelle pause) comme je m'apprêtais à extraire de l'eau un gros mâle dont la peau à elle seule me vaudrait bien trois louis (il poussa un soupir de regret), il y eut dans l'air comme un ralentissement de la vie... Plus un chant d'oiseau, pas un bourdonnement de mouche... Un de ces silences qui firent dire à des vieux briscards comme nous : « Y'a d'la castagne dans l'air, aux fusils, camarades ! » Faut dire qu'on avait vu juste ! D'un seul coup, d'un seul, du bruit il y en eut, à vous faire dresser les cheveux sur la tête.

Redressant ses épaules, il empoigna son long fusil et le brandit en hurlant au-dessus de sa tête :

— Bougre de Dieu ! Déboîtant d'un bosquet de bouleaux, à une portée de flèche, une bonne trentaine de gaillards nous fonçaient droit dessus, montés sur des poneys de guerre, peinturlurés comme des clowns, gesticulant et vociférant telle une meute de chacals en rut.

À cette description peu reluisante de son peuple, Cerf-rouge sourit, ce que ne manqua pas de remarquer le trappeur. Aussitôt, gêné, il s'excusa :

— Faut pas m'en vouloir, l'ami, mais à cette époque, pour nous autres blancs, les Sioux n'étaient qu'une bande de sauvages plus prompts à vous scalper qu'à vous serrer la pogne. Tant d'histoires couraient sur le compte de ces gaillards...

Mon père émit un léger grognement et sourit de plus belle. Le vieux trappeur s'en accommoda et reprit avec la même verve :

— Je tapai alors sur l'épaule de Typhon (ce qu'il fit, ne recevant de l'intéressé que le même profond soupir). Mon vieux crabe, lui dis-je, numérote tes abattis, va y avoir du pignon ! Regarde un peu qui nous arrive !...

Relevant le canon de son fusil, il fit mine de viser un invisible ennemi, et bruyamment reprit son souffle.

— Les cavaliers s'approchèrent si près que nous pouvions voir le blanc de leurs yeux, et ce que nous y vîmes ne présageait rien de bon. L'un d'eux, un costaud barbouillé de blanc et de jaune, sauta à bas de sa monture avec la rapidité du faucon fondant sur sa proie, puis poussant un cri de possédé, il brandit sous ma moustache un coutelas si long et si large que le soleil un instant me fut caché... Bougre de bois ! mon sang ne fit qu'un tour ! Faut quand même pas chatouiller de trop près Archi Lapoudre !... En parlant de poudre, j'allais sans tarder lui donner la parole... Quitte à dire adieu à cette bonne vieille terre, le dernier voyage ne se ferait pas en solitaire...

Foi de trappeur, mon index sur la détente n'allait pas tarder à se replier... Nous en étions là, à nous toiser du regard, lui agitant sa lame et moi lui collant sous le nez la bouche noire de ma pétoire toute prête à cracher sa pilule... Pensez donc ! Du plomb fait maison, calibré à merveille et lisse comme les fesses d'un nouveau-né...

S'interrompant brusquement, il se signa et leva les bras au ciel.

— Notre père qui êtes aux cieux... Restez-y... Moi je vous rejoindrai plus tard !...

Alors que tout semblait perdu, un second cavalier talonna son poney et se colla à nous. Bon dieu de bois ! Une momie vivante ! Si vieux qu'il aurait pu être mon père... D'une voix forte et rocailleuse, à se d'mander d'où il puisait une telle énergie, il invectiva l'autre excité... Et d'un ton ! Un de ces tons qui n'admettent aucune réplique !...

« Tue-dans-les-bois fait danser le couteau plus vite que l'esprit ! Quel est donc cette nouvelle loi qui voudrait qu'un guerrier Lakota prenne une vie sans raison ? Notre chef de guerre aurait-il été mal choisi et ne voit'il pas que les visages pâles, bien que dans leurs mains s'agite le « Fer-sacré », portent en eux la douceur et la paix !... »

Bougre de bois ! C'était bien la première fois qu'un être humain, et il fallut que ce soit un sauvage, voyait de la douceur dans le vieil Archi Lapoudre !... Ah ! pour sûr, il en faut pour me mettre en boule, mais de là à être doux... Tout de même !...

« Que Tue-dans-les-bois redonne au couteau sa place dans le fourreau », rajouta la momie.

Il nous pointa alors de son index décharné : « Les « wasichun » vont nous suivre ! Le conseil décidera de leur sort !... Dix-ours a parlé. »

Le guerrier ne se le fit pas dire deux fois. Il enfourcha sa monture et tête basse réintégra le groupe des cavaliers.

Bon gré mal gré, on a ramassé nos peaux, abandonnant dans la précipitation deux ou trois pièges... Bien à regret, mais que faire d'autre quand trente gaillards armés jusqu'aux dents vous houspillent. Bougre de bois ! De la sacrée bonne ferraille à deux sous la livre... Mais dans la vie, faut savoir perdre pour gagner ! Qui plus est lorsqu'il s'agit de votre vie.

Archi Lapoudre se tut. Il sortit d'une des nombreuses poches de sa tunique une large flasque d'argent ciselée ainsi qu'une courte pipe ébréchée. Il déboucha prestement la première et la porta goulûment à ses lèvres.

— Un whisky de première, lança-t'il à la cantonade, ponctuant d'un rot sonore !

Avec la seconde, il en tassa le fourneau d'un tabac plus noir encore que son poil et se la cala entre les dents.

Les grosses bouffées malodorantes qu'il en tira le firent tousser, mais loin de l'indisposer l'amenèrent au contraire à une béatitude proche de l'extase.

— Bon dieu de bois ! ça c'est du vrai !

Il nous tendit ensuite l'une et l'autre. Cerf-rouge avec tact déclina l'offre et ralluma sa propre pipe.

— Et toi, petit, un p'tit coup de remontant ?

— Je vais me laisser tenter, merci bien, monsieur Lapoudre.

— À la bonne heure, un amateur ! Mais je t'en prie, petit, appelle-moi plutôt Archi !...

Le whisky était bon et chaud. Il me rappelait le temps où après une course effrénée dans la lande, père m'autorisait à tremper mes lèvres au goulot de sa fiole.

— Eh là, doucement, garçon ! Le vieil Archi a besoin de son médicament pour soigner son arthrose !...

Récupérant le précieux flacon, il y ponctionna une nouvelle rasade, éructa, s'essuya d'un revers de manche et revint à son histoire.

— Bon, c'est pas tout, mais où en étais-je ? Typhon, rafraîchis ma mémoire !

Pour la première fois, l'interpellé ouvrit la bouche. Sa voix était lente et monocorde, à l'image du personnage.

— Le camp des Sioux, Archi, rappelle-toi ! Le camp des Sioux !...

— Ah ! le camp ! Une vision que j'suis pas prêt d'oublier !... Comment dire... (il se gratta avec énergie). Beau et coloré, lumineux comme une toile de maître ! Impressionnant ! Un soleil couchant sur les Rocheuses perché au sommet d'un séquoia avec un ours en bas qui attend que tu tombes pour te boulotter... (il rit). Des tipis, des centaines de tipis ; bruns, rouges, dressés tout droit vers le ciel. Et tout autour, plus affairés qu'une armée de fourmis, des guerriers rouges, des vieillards, des femmes, des enfants, des chevaux, des chiens... Ça grouillait de partout ! Souris sur un fromage... Alors j'me suis dit : « Archi, vieux renard, si tu t'sors d'ce pétrin, c'est qu'y a un bon Dieu pour les canailles !... »

Archi suçota sa pipe avec délectation, s'enveloppant d'un épais nuage gris.

— Tue-dans-les-bois et quelques autres jeunes guerriers nous poussèrent sans ménagement vers l'entrée du plus haut des tipis, une merveille tendue de peaux de bisons blancs et décorée avec talent de scènes de chasse. À l'intérieur se tenaient assis une douzaine de vieillards presque aussi ridés et... Soudain confus, il s'arrêta net, regardant Cerf-rouge en rougissant.

— Mille excuses, mais j'allais dire... Euh... Comment dire... décrépits !...

Cerf-rouge se contenta de sourire, balayant l'air au-dessus de sa tête. Je sentais qu'il aimait l'honnêteté du vieux trappeur et que son franc-parler ne le gênait en rien.

Rassuré, Archi épongea son front.

— Enfin ! aussi vieux que le vieux Dix-ours.

Il fit tomber les cendres de sa pipe, tassa du pouce le tabac incandescent et tira une grosse bouffée.

— Et là... couchée sur une peau... Une femme... Toute menue, toute jeunette. Une rose à peine éclose.

Cerf-rouge se dressa, soudain très attentif.

— Bon dieu de bois ! Belle à vous couper le souffle, à faire recourir un sang chaud dans les veines d'une vieille baderne comme moi. Belle à faire tourner cent fois la langue de cette carpe de Typhon !...

Mais l'instant n'était pas à l'extase. Le teint de la pucelle était plus gris que cendre et ses yeux sombres plus ternes qu'une neige fondante.

Je vis pâlir mon père, ses lèvres trembler et sa main triturer nerveusement le fourneau de sa pipe.

— J'voudrais pas avoir l'air de m'vanter, mais j'ai bien vu tout de suite que la petite n'était pas au mieux de sa forme. Une de ces fièvres qui viennent d'on ne sait où et qui vous emportent avant même d'avoir eu le temps de s'mettre en paix avec sa conscience.

À ces paroles, Cerf-rouge ne put retenir un cri de douleur. De grosses gouttes de sueur perlaient à son front ; une larme glissa sur sa joue.

Archi, à qui rien n'échappait, s'en alarma aussitôt et s'empressa de le rassurer.

— Holà l'ami, faut pas se mettre dans des états pareils ! À l'heure qu'il est, la petite est sauvée et doit butiner dans la prairie telle une abeille gorgée de miel. Laisse-moi plutôt finir mon histoire et tu verras que le vieil Archi peut parfois être utile.

Père ne répondit pas mais le sourire qui illumina son visage en disait long sur son soulagement. Moi je ne comprenais pas, c'était la première fois que je le voyais perdre son contrôle !

— Bougre de bois ! Voilà qui est mieux ! Archi passe et le bonheur entre avec lui !...

Nous aurions pu, Typhon et moi, rester ainsi immobiles et silencieux durant de longues heures sans jamais comprendre ce que l'on attendait de nous, si Dix-ours ne s'était avancé, me prenant par le bras : « Squaw malade, très malade. Homme blanc porte en lui la guérison. Dix-ours a vu sur la Chippewa !... »

Ce furent les mots exacts du vieux sorcier et je vous jure que j'y entendais nenni... Bon dieu de bois, la belle affaire ! Pour sûr que la gamine était malade, mais Archi Lapoudre est plus expert en castor qu'en remise à neuf du corps humain, fût-il le plus gracieux qu'il m'ait été donné de contempler à ce jour !...

Quand à mon brave Typhon, il est sans doute plus prompt à briser le cœur des demoiselles qu'à le leur rafistoler. J'en étais là, les bras ballants, à me torturer les méninges, pas très rassuré par tous ces regards sombres braqués sur nous.

« Homme blanc porte en lui la guérison ! » répétait Dix-ours. Alors me vint une idée, une de ces étincelles qui jaillissent si prestement qu'on a du mal à croire qu'elle puisse sortir de vous... C'est dans ces moments-là qu'on croit au bon Dieu !...

J'avais sur moi une demi-once d'opium, une boulette offerte par un marin espagnol pour service rendu... Mais c'est une autre histoire et je vous la raconterai un autre jour peut-être... (il ricana dans sa barbe, gratta celle-ci comme si elle était habitée, ce qui d'ailleurs était plus que probable. Puis il ralluma sa pipe à grands bruits de succion). Revenons donc à l'histoire présente... Je réclamai une marmite, de l'eau, du feu... Y fit fondre mon précieux trésor... Ah ! Combien de nuits étoilées qui m'échappaient ainsi !...

Lorsque j'eus penché sa tête gracile et entrouvert sa bouche purpurine, lorsque ma potion descendit dans sa gorge, la belle d'un trait s'endormit.

Le vieux trappeur secoua sa tête ébouriffée comme s'il voulait en chasser un pénible souvenir. Nous l'écoutions dans un silence religieux, attentifs à ne point le troubler.

— Alors mes amis, reprit-il, je puis vous assurer que jamais de ma longue vie aventureuse, je n'eus aussi peur... Trois jours ! Trois longues et interminables journées... Trois nuits épouvantables entrecoupées de courts sommes peuplés de cauchemars où mon scalp et celui du pauvre Typhon allaient rejoindre les mèches innombrables qui ornaient déjà la tunique de Tue-dans-les-bois... Trois jours et trois nuits, la princesse Sioux a dormi !...

Vérifiant que nous étions bien suspendus à ses lèvres, Archi lâcha avec un soupir de délivrance :

— Au matin de la troisième nuit, alors que la fatigue avait eu raison de nous, Dix-ours me secoua comme on secoue la branche d'un noyer à l'automne pour en récolter les fruits... Bougre de bois ! J'ai bien cru ma dernière heure venue !...

Mais le sourire du sorcier était si radieux, son regard si profond et si pur, que tout de suite je compris que le vieil Archi aurait encore longtemps le loisir de geler ses vieux os dans les rivières à castors... La petite était sauvée... Vous m'entendez ! SAUVÉE !... Fraîche comme au matin de sa naissance.

Il prit alors une mine rusée et s'adressant à nous, son regard porté avec insistance sur Cerf-rouge :

— J'parierais bien ma poire à poudre, mon bonnet et deux ou trois bons pièges, que vous brûlez d'envie de connaître le nom de cette fleur revenue à la vie ?

Il n'eut pas le temps de savourer sa victoire que mon père, la voix chargée d'une émotion qui ne lui était pas coutumière le devança :

— « Wicahp », Étoile-du-matin... Ma fille !...

Mon maître ! Un enfant ? Jamais je n'aurais pu l'imaginer autrement qu'en guerrier solitaire !

Même Typhon Bonnaventure qui jusqu'ici paraissait s'être endormi, releva le menton, tandis qu'Archi, congestionné et proche de l'asphyxie, tentait désespérément de parler :

— B... bou... bou... Bougre de bois !

Il frappa violemment la crosse de son fusil, prit une longue inspiration et nous souffla au visage son haleine forte aux relents d'alcool et de tabac.

— Bougre de dieu ! J'ai devant moi le père d'Étoile-du-matin, j'ai sous mes yeux le grand homme, le waayatan dont j'ai mille fois entendu vanter les mérites sans jamais en entendre le nom. Bénie soit la sainte Providence, tous les saints du paradis et l'ange aux ailes grises qui veille sur le vieil Archi !...

Cerf-rouge le calma en posant sa main sur son bras :

— L'homme et le père que tu as devant toi, ami, sent son cœur fondre de joie. Le Cerf-rouge n'oubliera jamais ce que tu as fait pour lui et où que tu sois sur ta route, il y aura toujours un Lakota pour te rappeler que toi et ton compagnon êtes frères de « Tahca sà », le waayatan des Oglala.

Archi se tordait les mains, se tortillait comme un enfant pris en faute, tenta vainement une réplique, mais aucun son ne sortit de sa bouche. Alors, pour retrouver ses esprits, il s'empara de la flasque de whisky et la vida d'un trait.

— Bougre de bois ! finit-il par s'exclamer, l'alcool l'ayant délivré de sa gêne ! Il y a pourtant une chose qui me turlupine !... Dix-ours est un voyant, il savait que je te rencontrerai, il m'a même confié qu'un grand homme sauverait ma vie ! Alors bon Dieu, pourquoi ne m'a-t'il pas révélé ton nom ? Bougre de bois ! Archi Lapoudre sait ouvrir les yeux quand il le faut. Tu es cet homme, Cerf-rouge, et à présent la surprise me cloue comme l'imbécile que je suis.

Une vie pour une vie ! Vas-tu permettre à celle d'un vieux fou de se poursuivre sans doute plus loin qu'elle ne devrait ?

Mon père émit un petit rire discret. Il affirma la pression de ses doigts.

— Dix-ours est le Wicasa wacan, le saint homme. Il ne porte pas la plume car la plume est en lui. Lui seul décide du sens de ses paroles et le Cerf-rouge ne peut juger de ce qui fut bon ou mauvais. Dix-ours est un homme discret qui ne parle que pour voir... Je sauverai ta vie, trappeur, car ainsi fut la vision du Wicasa wacan, mais tu dois savoir que la vie a de multiples sens et que nul n'a le pouvoir d'en rallonger le chemin lorsque le Grand-Esprit choisit de la reprendre.

— À la bonne heure, conclut Archi, beaucoup moins rassuré qu'il ne voulait le paraître. Si Cerf-rouge le permet, mon ami Typhon et moi-même, on a déjà trop couru cette nuit, et il serait fort agréable de terminer celle-ci en si noble compagnie.

— Là où le Cerf-rouge et son fils porteront leurs pas, les frères blancs seront toujours les bienvenus, lui assura mon père.

— Bougre de bois ! Que la nuit soit douce et le sommeil profond !...

Le vieux coureur des bois se recroquevilla près du feu et sans plus attendre s'endormit. De puissants ronflements confirmèrent qu'il était bien le double de « Mato sapa », l'ours noir.

— Excellente nuit, messieurs !...

Père et moi, nous nous retournâmes surpris. Typhon Bonnaventure nous saluait d'une ample révérence en dépliant méticuleusement une large couverture dont la trame usée brillait pourtant comme un sou neuf.

Le soleil était haut lorsque j'ouvris les yeux. La matinée promettait d'être radieuse et les oiseaux qui ne s'y trompaient pas chantaient à tue-tête. Cerf-rouge et Archi, en grande discussion, s'activaient devant le feu ranimé pour les besoins du déjeuner.

Une bonne odeur de poisson grillé flottait dans l'air, et ce fut certainement ce qui m'incita à quitter le confort de ma couche.

— Bien le bonjour, petit, me salua Archi, une truite dorée dans chaque main. Viens donc déguster la cuisine d'un homme des bois et des rivières, et tu me diras si vous autres les Indiens pouvez encore rivaliser avec le plus habile cuistot de toutes les terres du Nouveau-Monde !

Je ne sais si sa cuisine fut la meilleure, mais sans hésiter je portai à ma bouche l'appétissant poisson qu'il me tendit.

— Alors, petit, c'est aujourd'hui le grand jour ! On se prépare à devenir un homme !...

— Que voulez-vous dire, monsieur Lapoudre ?

— Bougre de bois ! hurla-t'il faussement en colère ! Ne t'ai-je pas déjà dit de m'appeler Archi !...

Sa mauvaise humeur feinte était d'un comique irrésistible. Il trépignait sur place, lançait son bonnet dans les airs, le rattrapait d'un vif mouvement de bras et recommençait toujours plus haut. Je ne pus me retenir d'éclater de rire, et ne résistant pas lui-même, il s'esclaffa sans retenue, recrachant d'énormes morceaux de viande.

— Le trou de l'aigle, petit, réussit-il à articuler avec peine ! Ton père m'a dit !... Ah ! cette jeunesse, chose apprise le soir, oubliée le matin.

Mais ma mémoire n'était pas aussi défaillante qu'il voulait bien le croire. « Demain sera le jour de l'aigle ». J'étais le waayatan à venir et ne redoutais plus l'épreuve.

— Ah ! petit ! Belle journée pour Inipi, belle journée pour prier et perdre son eau !...

— Vous avez bien raison, Archi, et si bien commencée avec cet excellent poisson.

Le bonheur que je lus dans son visage lui donnait droit à toutes les moqueries à mon égard.

L'endroit choisi, une plage de sable gris bordant le fleuve, la hutte de prière s'érigea dans un éclair telle une citadelle de fumée née des doigts agiles d'un puissant magicien.

Archi et Typhon s'attelaient à la tâche avec la dextérité et la conscience de bâtisseurs de cathédrales.

Le vieux trappeur braillait comme un putois, prodiguait mille conseils, insista pour confectionner lui-même le tertre sacré et jura qu'il n'y avait pas de meilleur artisan que lui pour cintrer une tige de saule. Et je dus reconnaître qu'il s'y prenait fort bien.

Typhon ne soufflait mot, mais chacun de ses gestes était d'une précision incroyable et le résultat d'une redoutable perfection.

Cerf-rouge, assis sur une souche aux allures de trône, nous observait du coin de l'œil. Il priait en silence, tirant de sa pipe de petits cercles de fumée bleue qui s'envolaient vers l'immensité du ciel comme autant de messages aux nuages.

Et comme il me regardait, il m'ouvrait les portes de son cœur et j'entendis sa prière.

« Le Grand-Esprit est en toutes choses
Et toutes choses sont sacrées
Le Grand-Esprit est notre père et la terre notre mère
Elle nous nourrit ; ce que nous mettons dans le sol elle nous le rend
Des tiges de saule érigées pour la hutte de prière
la terre reconnaissante nous offrira l'esprit de nos ancêtres
qui reposent en son sein. »

Nous fîmes chauffer les pierres et lorsque, enfin prêt, je voulus m'introduire dans la hutte, Archi insista pour m'y accompagner :

— Je ne connais rien de mieux qu'Inipi pour soigner mon arthrose, avança-t'il en guise d'argument... Hormis une bonne rasade de whisky, s'empressa-t'il de rajouter.

Cerf-rouge n'y vit aucune objection. Je crois même qu'il en fut enchanté. Typhon surveillerait le feu, père nous apporterait les pierres...

« L'eau froide chante sur la pierre brûlante. Une suave odeur de sauge emplit mes narines. La vapeur tourne, ouvre en grand les pores de ma peau, me pénètre jusqu'au cœur, jusqu'au tréfonds de l'âme. Je prie et je suis bien...

La voix éraillée du trappeur m'accompagne. Je ne redoute pas le voyage. J'écoute la complainte du vieil homme et je souris... De mes lèvres, de mon cœur, de mon âme. »

« Prière à mes frères castors... À ceux qui font ma vie, ceux à qui je prends la vie... Qu'ils puissent pardonner tout le mal que je leur fais.

À tous les jeunes à peine sevrés, orphelins par mes soins de leurs mères. À toutes les femelles sans compagnon, mâles à la fourrure luisante tombés sous la griffe d'acier. À tous ceux arrachés à la quiétude de leurs rivières, aux vieux routiers dont les fourrures à ce jour ornent les têtes, belles mais vides, d'élégantes qui, Bougre de dieu, s'enorgueillissent de leur poil, mais n'ont jamais vu la queue d'un castor... »

Archi respirait fort, la bouche ouverte, s'imposant le supplice de la vapeur de feu descendant dans sa gorge et ses poumons. Il pleurait, autant de souffrance que de remords, mais jusqu'au bout, il fallait que sa prière sorte ; elle était le baume sur ses plaies, sa délivrance.

Un immense élan de tendresse me rapprochait de lui, et je sus que jamais je ne l'oublierai.

« Le vieil Archi n'a jamais su rien faire d'autre que de poser des pièges... Et Bougre de bois ! j'ai honte, mais bon dieu que de plaisir ! »

Je l'entends aspirer une profonde goulée de vapeur, puis, proche de l'apoplexie, rajouter dans un hoquet : « Bougre dieu, j'en prends encore... »

Deuxième, troisième porte... Ce qui était le feu devient la source fraîche... La prière chasse les flammes et laisse entrer le vent.

« Pardonnez, frères castors. Pardonnez, petits frères de cuir et de poils... Il est déjà trop tard pour revenir en arrière... Alors je prie pour qu'un jour pas trop lointain, l'âme du vieil Archi s'envole au fond d'une rivière... Que mes frères puissent à loisir user de mes os et bâtir de ma vieille carcasse le plus beau des barrages. Ainsi sera rendue la justice du créateur et la boucle, Bougre de bois ! sera bellement bouclée. »

Quatrième porte... Cerf-rouge de sa fourche de bois dépose au centre du foyer les dernières pierres.

Le plomb devient de l'or... La souffrance se fait joie... De l'eau, rivière limpide s'écoule de nos mains, nos mains qui se sont réunies... Dans un souffle, presque un râle, la voix éteinte de mon compagnon...

« Je prie pour mes ancêtres, ces foutus piégeurs de castors et autres bêtes à poil. Je prie pour les enfants de la terre à deux ou quatre pattes, pour ce brave Typhon dont la langue est cousue mais le cœur grand ouvert. Je prie pour le Cerf-rouge et ses papooses, Étoile-du-matin, lumineuse et sombre comme la nuit, Celui-à-qui-parle-l'aigle-à-tête-blanche, clair et doré comme le champ de blé... Je prie pour Dix-ours et son peuple. Je prie pour le peuple blanc qui vole plus vite que le nuage mais sans jamais prendre le temps d'offrir la fraîcheur de son eau... »

Les larmes me nouèrent la gorge et la tendresse se grandit de l'amour.

Bougre de dieu ! voilà qu'il me vient des visions... Archi ne mourra pas demain ! Les Crow n'auront pas son scalp... Le Cerf-rouge veille...

Notre père qui êtes aux cieux, faites donc une petite place au vieil Archi Lapoudre... Je nage... Je nage au fond de l'onde... Le roi des castors me guide... Bougre de bois ! que la rivière est jolie !... »

Archi s'est endormi. Je n'entends plus que le rythme régulier de son souffle. Quatrième porte... Les esprits me parlent...

« Je marche la tête haute parmi mes frères. La poussière grise s'envole de la terre foulée. La peau tendue des tipis vibre comme les cordes d'une harpe et le chant de la vie monte en moi. Il est le chant des hommes et de leur mère la terre...

Les cris de joie des papooses m'accompagnent, les regards des femmes me rassurent, les saluts des guerriers m'emplissent de fierté... Je marche sous un ciel clair et sans nuages, à l'heure où les ombres dorment encore. Le soleil brûle ma peau nue. Les fantômes d'amour marchent à mes côtés... La plume de l'aigle ondule dans mes cheveux, retrouvée, brillante de lumière, agitée par la brise légère...

Elle s'avance et je ne vois plus qu'elle. Elle me sourit, je n'ose lui parler... Étoile-du-matin, tu es belle, belle comme l'était ma mère... Brûle la chair et le cœur de l'homme des visions... Rouge est le sang du waayatan, rouge sang est la vie... Résonne la peau des tambours... Vole le chant de mort du vieux sage sur la montagne sacrée... Vole l'aigle, volent les mèches grises du chaman, vole mon cœur, vole ma vie, vole vers moi, jeune fille aux yeux de nuit... La porte se referme. Je m'endors les yeux grands ouverts. »

Cerf-rouge me plonge dans l'eau froide du fleuve. La fraîcheur de l'onde me ramène à la vie, la vie bouillonnante du Père-des-Eaux.

La joie et le rire sont le sang chaud qui coule dans mes veines.

Archi Lapoudre, nu comme un ver, plonge et replonge sous les flots verts, sa grosse tête émergeant dans une gerbe d'écume, ridicule et comique, semblable à celle d'un poisson-chat.

Nous remontâmes le fleuve jusqu'aux immenses falaises boisées où nichent les aigles à tête blanche.

Les deux trappeurs portaient notre canot. Ils ne voulurent pas qu'il en soit autrement. « Le petit aura besoin de toutes ses forces », s'était écrié Archi en soulevant l'embarcation comme il l'aurait fait d'un ballot de plumes.

Au pied des géants de pierre, mon père décida de la place où serait creusé le trou de l'aigle, la cavité noire et profonde où l'oiseau messager pour la seconde fois m'offrirait sa plume.

Archi et Typhon, à nouveau, s'offrirent de m'aider. De bâtisseurs, les voici devenus terrassiers, et si Cerf-rouge ne les avait retenus, par leurs coups de pelle rageurs, ils auraient rejoint le centre de la terre.

Je n'ai rien mangé depuis ce matin, depuis la truite trop vite avalée ; mais « le jeûne ouvre la voie et libère le corps. Il prépare l'homme sacré à recevoir le don de la terre, la lumière de l'esprit. Le jeûneur est prêt pour comprendre le langage des êtres surnaturels. »

Ce sont les paroles de Cerf-rouge, elles me rassurent et m'enseignent.

Père m'a longuement parlé, je n'ai pas de temps à perdre dans la peur. Je descendrai nu dans la fosse, je la recouvrirai d'un treillis de branchages, et debout j'attendrai que l'oiseau descende vers moi, attiré par le saumon frais que j'aurai pêché, avec pour seule aide l'agilité de mes mains.

Je suis prêt. J'ai fumé la pipe une dernière fois, j'ai prié l'esprit de l'aigle, j'ai tourné mon regard là-haut, au sommet des falaises. Et j'ai vu la tache blanche de sa tête, son œil perçant qui me fixait. J'ai senti dans mes bras la force des muscles de ses ailes. Et je l'ai vu voler vers moi.

J'ai caressé dans le creux de mes mains la douce et froide humidité du corps argenté du saumon. J'ai prié et remercié pour la vie qu'il m'offrait. J'ai prié pour le fleuve et pour le ciel immense, pour le noir rocher, pour la terre chaude qui m'abrite et pour mes compagnons qui m'aident à prendre place en son sein. Je me suis retrouvé seul dans l'ombre protectrice et j'ai prié le Grand-Mystère et la beauté de ses œuvres.

« Le sifflement du jaseur boréal est la seule musique qui brise le silence oppressant. De la cime d'un arbre voisin, une trille identique lui répond, mais trop semblable, trop parfaite, chaque note se fondant dans la note lancée.

L'oiseau, ne se sachant plus seul redouble d'ardeur, mais je sais que le chant qui l'accompagne n'est pas celui de sa promise ; l'oiseau moqueur ! L'usurpateur qui se gausse du chanteur, le trompe, lui offre des émois qui n'auront pas de suite.

Le jaseur attend, espère, se morfond et ne vois rien venir. Il chante et sa tristesse me perce le cœur, je la partage, je la fait mienne...

Mon esprit est encore trop présent. J'entends, je vois et je sens ; la blanche racine qui serpente au creux de mon épaule, le grattement ténu et lancinant des insectes fouisseurs, la prenante senteur de l'humus. Dans un cri muet, j'implore bien trop fort l'esprit de l'aigle, il ne répondra pas, ne volera pas pour moi... Je suis l'oiseau moqueur, mais je ne peux tromper le roi du ciel... Je ne suis que tristesse, la solitude du jaseur... Il faut que je dorme, que j'oublie, que mon corps se fasse plus léger que le grain de poussière. Je dois laisser à la terre le soin de me bercer, de fredonner pour moi la chanson oubliée des rêves millénaires...

Est-ce que je dors ? Je ne sais plus ! Tout est si pur, si beau, si réel... Il est debout, tout contre moi dans la fosse exiguë. Il n'a pas changé, le même sourire moqueur, les mêmes mèches noires qui encadrent son visage d'enfant.

Dans sa main, il tient fermement son arc et ses flèches. Dans ses yeux brillent l'instinct du chasseur et celui du grand cerf. Dressée au sommet de son crâne, ô, merveille ! nimbée de lumière, la plume noire de l'aigle-à-tête-blanche... Ma plume...

— Petit-serpent mon frère ! Ce n'est pas possible, tu es mort !...

Son visage s'éclaire, ses pupilles brillent du feu des étoiles. Il pose sa main sur mon front. Sa main est chaude, vibrante de vie. Sa voix est douce, claire comme le ruisseau.

— Les morts vivent à l'intérieur des vivants. Je suis venu pour toi, Celui-à-qui-parle-l'aigle-à-tête-blanche. Je suis venu partager le don multiple. Je suis la naissance et le grand repos. Je suis le jour et la nuit, le souffle de ta poitrine au matin et le calme soupir de ton sommeil lorsque le jour s'achève.

Je suis le vent qui court et le rocher immobile. Je suis le nuage qui passe et l'arbre enraciné. Je suis le guerrier et la squaw, le sage vieillard et l'enfant insouciant. Je suis l'aigle pêcheur et le saumon... Je suis la plume et je suis l'aile.

— Petit-serpent, mon frère, tu es vivant !...

— Je suis Petit-serpent, le guerrier Natchez, et je suis Celui-à-qui-parle-l'aigle-à-tête-blanche, le guerrier Lakota.

Je pleure toute l'eau de mon corps, et la joie telle une vague déferlante monte en moi.

Petit-serpent me serre dans ses bras. Il se saisit de la plume piquée dans sa chevelure, la caresse et exhale sur ses barbes le vent chaud de ses poumons.

La plume vibre, s'anime. Elle voyage dans l'espace, se mire dans le miroir du temps, se pose au creux de la puissante main du créateur ; investie de sa force divine, redescend sur la terre.

Une goutte de sang perle de sa tige, larme nourricière qui abreuve le sol. La terre accepte et rend le don. De l'humus naît une plume, sœur jumelle de la première... Petit-serpent la tourne entre ses doigts, y dépose le baiser de ses lèvres et en orne mon front.

L'aigle ouvre grand ses ailes. De toute la puissance de ses muscles il s'élance vers l'azur, dépassant sa compagne. Il suspend son vol un instant, une seconde, une éternité. Puis sans un battement, les ailes repliées, plonge vers celle qui l'attend. Sous elle il se retourne, l'agrippe de ses pattes et leurs serres mêlées, ensemble ils culbutent et tourbillonnent, oscillant dans le vent comme des feuilles mortes.

« Je suis un guerrier et je porte la plume de l'aigle
Je suis un guerrier, la tête haute je retourne au foyer
Je ne crains ni le tonnerre, ni le vent
Car je porte la plume de l'aigle et je suis un guerrier. »

— Bougre de bois !

Ainsi m'accueillit Archi Lapoudre alors que, fièrement, j'avançai vers mes compagnons.

— Tout un jour au fond de ton trou et l'aigle n'est pas venu ! Pourtant, petit, voilà que tu nous reviens tout emplumé !...

Il se frotta les yeux comme s'il voulait en extraire d'invisibles poussières.

— Le vieil Archi n'a plus qu'une vision de taupe ou les mystères de la vie sont bien trop insondables pour lui !...

Cerf-rouge lui retint le bras alors qu'il s'approchait la main tendue pour toucher la plume.

— Les yeux qui regardent ne sont pas ceux qui voient ! L'aigle est venu, mon frère, dans un monde qui n'est pas celui où tu marches.

— Bougre de dieu, lui répondit le trappeur ! Il y a trop de magie dans la tête d'un Indien !...

— La seule magie de l'homme rouge, renchérit mon père, est de prier le Grand-Esprit, de respecter et d'aimer sa terre mère. Lorsque pour mon frère viendra le temps de dormir au fond des eaux, là où « Chapa » a bâti son tipi, son esprit comme celui de l'homme rouge s'éveillera. Il comprendra alors que l'unique mystère de ce monde dort dans le cœur de l'homme.

— Bougre de bois ! Dormir dans le lit d'une rivière, là où les castors... Ah ! Cerf-rouge ! Être le waayatan est une lourde charge !...

Mon père sourit :

— Moins lourde, mon frère, moins lourde que d'être la plume emportée par le vent !...

•••

Chapitre 11.

Là où l'étroit sentier serpente entre les falaises, là où ne vont ni l'ours ni le cerf, nous avons marché, sans un regard vers l'arrière, sans pleurs ni regrets pour ce qui fut, sans doutes ni peurs pour ce qui sera, comme marchent les hommes libres.

Là où s'ouvre la verte prairie, parmi les hautes herbes et les fleurs aux corolles d'or nous avons rallumé le feu, nous avons fumé la pipe, et nous avons parlé du don de l'aigle, de la terre et des hommes qui s'en nourrissent, comme parlent les hommes conscients. Là où l'herbe se fait tendre et se couche, nous avons fermé nos yeux et nous avons rêvé comme rêvent les hommes heureux.

À l'aurore, Cerf-rouge fut debout. Son torse et son visage étaient peints des couleurs sacrées : le rouge, le blanc, le jaune et le noir. Les couleurs dont il se parait avant le combat.

Archi et Typhon se pressaient à ses côtés. Ils arboraient une mine farouche, le fusil pointé droit devant, le chien relevé, le doigt crispé sur la détente...

La flèche fendit l'air dans un sifflement aigu. Elle se ficha en terre à un pouce de ma tête. Je bondis vers mon arme. Pas besoin d'autre explication ! Nous étions attaqués.

Lorsque surgit en hurlant le guerrier Crow qui l'avait décochée, la balle de Typhon lui explosa le crâne... Puis soudain, ce fut l'enfer... Les cris de guerre, le fracas des détonations, le crissement de l'acier se heurtant à l'acier.

— Bougre de dieu ! La peau d'Archi Lapoudre sera plus dure à prendre que celle d'un castor !...

Bien campé sur ses courtes jambes, utilisant son fusil comme un gourdin, le vieux trappeur, suant et soufflant, invectivait ses assaillants ; son arme tournoyait au-dessus de sa tête en de larges moulinets et chaque fois qu'elle s'abattait un guerrier Crow s'affaissait.

— Bougre de bois ! Approchez... Approchez donc, jolies canailles ! Venez goûter au bon noyer du Kentucky... Allons, plus près, il y en aura pour tous !...

Les Crow semblaient surgir des entrailles mêmes de la terre et chaque fois que l'un d'eux succombait sous les coups, un autre aussitôt se levait pour le remplacer.

Typhon tirait et rechargeait si vite que la baguette de cuivre volait dans ses mains. Chacune de ses balles était mortelle.

Par deux fois, je fis usage de mon arme ; d'abord avec trop de précipitation et sans résultat, puis galvanisé par l'ardeur du combat et toute peur oubliée, avec plus de succès. À bout portant, mon plomb traversa la poitrine d'un grand guerrier qui eut encore la force de lever son tomahawk avant de s'écrouler à mes pieds.

La mort était omniprésente, hurlante et acharnée, cherchant de mille manières à retenir l'un de nous dans ses rets.

Cerf-rouge, tel un fauve acculé qui n'a plus d'autre choix que de se battre ou mourir bondissait de place en place, son couteau d'une main et sa hache de guerre dans l'autre. Malheur au guerrier qui lui faisait face ; ne lui restait que l'espoir de pousser son dernier cri...

Malgré l'étendue de leurs pertes, les Crow ne reculaient pas. Chaque nuit jusqu'à ce jour, autour de leurs feux, ils avaient dansé la danse du scalp et pas un seul de ces farouches guerriers ne choisirait la fuite et le déshonneur.

Une seconde vague, exhortée par les chefs de guerre, nous submergea.

Typhon, à regret, se délesta de son fusil. Celui-ci, dont le canon brûlant menaçait d'éclater, ne lui étant plus d'aucune utilité, il se battait au couteau. La lame fendait l'air, zébrait de larges et profondes entailles les chairs fragiles, perçait les poitrines. Le trappeur silencieux donnait la mort avec autant de flegme et de désinvolture que lorsque, d'un revers de main, il dépoussiérait sa tunique. Seule dans ses pupilles, une froide lueur trahissait sa tension.

Une flèche lui traversa l'épaule, mais il n'eut pas même un tressaillement et dans le combat redoubla d'ardeur.

Archi, à son tour, rejeta son arme inutile, la crosse brisée. Le bon et solide bois du Kentucky, sous les coups répétés, venait de se rompre. Se servant de ses deux poings fermés comme d'une masse d'arme, il fondait d'un assaillant à l'autre, ignorant les lames effilées qui traçaient sur son cuir de longues estafilades rouges.

Nous n'étions plus des hommes, mais des démons lâchés de l'enfer. Nul doute que le Grand-Esprit en cette funeste matinée, de ses enfants détourna son regard.

Avant que le soleil ne soit au zénith, beaucoup de jeunes hommes abreuvèrent la terre de leur sang, car nous étions les serviteurs de la mort et nous la servions sans détour.

Mais, alors qu'il s'empoignait avec Cerf-rouge, le Crow qui menait l'attaque s'écroula.

Il y eut un flottement, comme une hésitation, et malgré leur courage et leur détermination, les survivants privés de leur leader reculèrent.

Certes ils avaient dansé, prié pour que de nombreux scalps ornent leur tunique, mais de la victoire à la défaite, le fil est parfois si ténu que le vent de la flèche qui vole suffit à le briser... Il n'y a point de déshonneur à fuir les démons... L'envie de vivre, d'oublier le pourquoi de la haine...

Dans la panique qui s'ensuivit, Typhon ramassa son fusil, chargea, épaula et soigneusement visa la nuque d'un guerrier qui fuyait.

Cerf-rouge d'un cri stoppa net son geste

— Non, frère ! Défends ta vie contre les crocs du loup affamé mais ne prends pas celle du cerf qui détale. Ce jour n'est pas au festin !...

Bien que peu enclin à la clémence, le trappeur rabaissa le canon et tout comme s'il oubliait le drame dont il fut l'acteur, il entreprit de dépoussiérer soigneusement son habit. Sa main rencontra alors l'empennage de la flèche qui affleurait son épaule. Son visage de rouge vira au gris cendre. Ses jambes se dérobèrent sous lui. Mollement il s'affaissa, sans un cri, sans un soupir, et perdit connaissance.

Bougre de dieu ! ils m'ont tué mon Typhon, hurla Archi en se précipitant vers son compagnon.

Si le feu clair devant lequel nous étions tous quatre en méditation réchauffait nos corps, il ne pouvait rien pour nos âmes troublées qui longtemps encore se souviendraient de la froideur de cette sanglante journée.

Le dernier Crow s'étant enfui et persuadés que nous n'aurions plus à craindre une nouvelle attaque, nous décidâmes d'ensevelir dans le fleuve les dépouilles des guerriers tombés.

La tâche fut pénible, mon père et moi étant les seuls pour en venir à bout. Typhon, trop gravement blessé, ne pouvait nous y aider. Archi quant à lui, jura par Dieu et tous les saints que ces sauvages ne méritaient pas une sépulture décente et que leurs carcasses seraient tout juste bonnes à pourrir au soleil. Une seule chose, nous dit-il, comptait à ses yeux : prendre soin de son compagnon !

Il le fit d'ailleurs avec le dévouement d'une mère pour son enfant, et ses connaissances médicales, bien que primaires, s'avérèrent des plus efficaces. Chacun de ses gestes était précis, empreint d'un savant mélange de douceur et de fermeté : retirer la flèche en la poussant dans le sens de sa pénétration, désinfecter la plaie, n'hésitant pas pour cela à sacrifier la dernière flasque de son précieux whisky, et pour finir la cautériser à la lame chauffée à blanc de son couteau.

Le blessé n'émit pas une plainte. Lorsque ses chairs grésillèrent sous le fer brûlant, c'est à peine si une grimace déforma ses traits. Il serra seulement un peu plus fort le bras de son soigneur, le fixant avec reconnaissance de son regard fiévreux.

Typhon, vaincu par la douleur et la fatigue, s'étant enfin assoupi, le vieux trappeur s'assit près de lui, refusant énergiquement tout autres activités et pestant une fois de plus contre ces maudits Crow et toute leur descendance.

J'aurais aimé, comme Typhon, dans le sommeil retrouver la paix et l'oubli, mais mon père avait pour moi d'autres projets. Les Crow avaient combattu en valeureux guerriers, ils méritaient dans la mort nos égards.

Lorsque les corps furent rassemblés, vingt-quatre au total, Cerf-rouge rendant gloire à leur courage entreprit alors de récolter sa moisson de scalps, le droit à la chevelure de chaque homme occis de sa propre main.

La besogne fut rapide mais refusant de voir, je détournai les yeux. Mon père aussitôt m'interpella, brandissant sous mon nez neuf longues mèches noires ruisselantes de sang. Me contraignant à soutenir son regard, il me parla avec une telle détermination que je crus un instant que de sa main droite, où brillait encore le couteau, j'allais subir le sort de ses victimes.

— Mon fils, Celui-à-qui-parle-deux-fois-l'aigle-à-tête-blanche a de son bâton de feu volé une vie. Afin de comprendre le sens et le pourquoi de son acte, il doit maintenant prendre la chevelure qui lui revient.

À ces dures paroles, j'aurais voulu m'enfuir, disparaître sous terre dans la fosse même où Petit-serpent m'avait visité, me dissiper dans les nuages à la rencontre de l'aigle, devenir aussi insignifiant que l'insecte qui chemine dans la poussière, courir plus vite que le vent, me révolter contre mon père qui soudain devenait mon bourreau... Mais son regard et le ton de sa voix ne me laissaient pas d'autre choix que d'obéir.

— Père, je ne peux pas, je n'en ai pas le courage !...

Si lors de notre première rencontre, j'avais acquiescé à ses motivations pour la prise du scalp, je me rendais compte aujourd'hui que je ne l'avais fait qu'en fonction de lui, lui en laissant toute la responsabilité sans vraiment l'admettre et le comprendre pour moi-même.

— Mon fils ne sera jamais un guerrier s'il refuse l'aboutissement de ses choix. A-t'il en vain reçu deux fois le don de l'aigle, est'il comme ces hommes dont la puissance ne réside que dans le couteau, la lance ou le bâton de feu ? La valeur du guerrier n'est pas dans l'arme qu'il agite dans sa main, elle est dans son cœur et dans les actes que lui dicte son esprit.

— Mais, père !... Je n'ai pas choisi de croiser la route des Crow !...

Il agita alors les scalps comme pour bien me rappeler que les Crow pourtant étaient venus et que de nos mains, ils avaient rencontré la défaite et la mort.

— Mais tu as choisi de te battre ! renchérit'il avec force. Ton bâton de feu contre l'un d'eux s'est retourné. Tu as donné la mort pour préserver ta vie ! Souviens-toi des soldats bleus, tu as fait de même pour sauver le Fils-de-l'ours. Et cela est bon car c'est ainsi que doit vivre un guerrier.

Le guerrier qui te fit front ne manquait pas de courage et au contraire du soldat bleu, son but ne fut pas la cupidité. Lui aussi dans le combat fit son choix. Respecte-le, honore-le et prends sa chevelure comme il l'aurait fait de la tienne.

— Mais pourquoi, père ? Scalper les morts, est-ce là le devoir d'un guerrier ?

Devant mon désarroi, mon père se radoucit. Il m'invita à m'asseoir près de lui, prenant la pose coutumière au rite de la pipe. Pourtant, il ne la sortit pas de sa tunique. L'enseignement de la fumée, me fit-il comprendre, aujourd'hui ne trouverait pas sa place. Fumer imposait la paix et la paix n'était pas dans mon cœur !

— J'ai vu les visages pâles, poursuivit-il, prendre la chevelure d'hommes rouges, et cela par plaisir, par cruauté et parfois même par profit... Le scalp d'un guerrier rouge s'échange contre du métal jaune. C'est une manière de faire que Cerf-rouge ne comprend pas, mais le Cerf-rouge est un guerrier Lakota et il n'agit pas de la sorte. Comme tous ceux de son peuple, il sait que dans la chevelure, comme dans le feuillage des arbres, réside la force et l'esprit.

— Mais, père, l'interrompis-je surpris, ne m'as-tu pas appris que l'esprit est plus grand que le corps, qu'il voyage au-delà de la mort dans la fumée de la pipe !

— Oui, mon fils, en cela est mon enseignement. L'esprit, à la mort du guerrier, quitte son corps, il s'élève vers les nuages au travers de la fumée de la pipe, là où l'attend le Grand-Esprit.

— Alors pourquoi chercher l'esprit dans la chevelure, s'il ne s'y trouve plus ?

— Parce que, me répondit-il, dans la chevelure est le symbole de l'esprit comme dans le feuillage est le symbole de l'arbre.

Un guerrier doit voir et comprendre cela pour ne jamais oublier que prendre la vie d'un homme, celle d'un arbre ou de toute créature du Grand-Esprit n'est pas un acte qu'il peut faire par plaisir, cruauté ou profit. Chaque chevelure lui rappellera qu'un esprit a rejoint son créateur, que la force de cet esprit accompagnera sa vie de guerrier et que toute existence sur notre mère la terre, si elle se transforme, ne se remplace ni ne s'oublie jamais.

Celui-à-qui-parle-l'aigle-à-tête-blanche a reçu par deux fois le don. Ce don a fait de lui un guerrier Lakota. Il doit à présent vivre et penser comme vivent et pensent les hommes de son peuple, car si les symboles qui en sont la mémoire ne sont pas respectés par les jeunes guerriers, la mémoire du peuple et le peuple lui-même disparaîtront.

« Paha icu », mon fils, et accomplis ce qui doit être fait au moment où cela doit être fait.

Le guerrier est semblable au vent qui souffle sur la plaine, il ne se préoccupe pas des obstacles posés sur son chemin, mais il voyage là où est son chemin. Si, sous la puissance de son souffle, les hautes herbes se couchent, c'est qu'il est bon qu'il en soit ainsi, et les herbes elles-mêmes ne peuvent en vouloir au vent, car à leur tour, elles agissent en guerrier. Tous les êtres qui tournent dans le cercle sont des guerriers, et il est un temps pour les uns de mourir afin que d'autres qui les précèdent puissent vivre. Tu n'as pas à te lamenter sur cette loi, le monde est cercle et la loi au temps venu s'inverse. Le guerrier doit accepter de vivre son présent. Porter le scalp du « guerrier-herbe » sur ta chemise deviendra ainsi pour le peuple le signe de ton honneur et de ta détermination. À ce jour, dans le cercle, tu es le « guerrier-vent ».

Les braves verront en toi le guerrier et les vieux Grands-Pères comprendront que leur petit-fils marche la tête haute sur le chemin du respect et de la tradition, le chemin de la vie, le seul qu'il soit possible de vivre pour un guerrier. Si tu agis, mon fils, comme cela doit être fait, par le vol de la flèche sacrée, les nuages noirs seront percés et de la pluie rafraîchissante germera la graine immortelle de l'esprit du peuple Lakota.

— Pardonne-moi, père ! Je suis un guerrier Lakota et j'ornerai ma chemise de « l'esprit-chevelure » du valeureux guerrier Crow dont j'ai volé la vie.

Mon père sourit et sans plus une parole me tendit son couteau.

« Dans ta chevelure noble guerrier
repose ta force et ton esprit
Sur ma poitrine s'étale ta chevelure
Ta force et ton esprit chaque jour veilleront sur mes pas. »

Cerf-rouge, après l'avoir soigneusement lavé, accrocha le scalp sur le devant de ma chemise, puis fouillant dans sa besace, il en sortit une magnifique plume toute blanche à sa base et noire de jais à son extrémité.

— Mon fils marche debout sur la voie du guerrier. La plume de l'aigle des montagnes est le don qu'il reçoit... Le peuple Lakota est impatient de retrouver l'enfant perdu !...

Typhon avait dormi toute la nuit, gesticulant dans son sommeil, revivant sans doute le combat de la veille.

Archi ne l'avait pas quitté d'une seconde, remontant à chacun de ses soubresauts l'épaisse couverture sous son menton, épongeant son front inondé de sueur, pressant sa main dans sa lourde patte à chacun des tremblements incontrôlés de son corps.

L'énigmatique coureur des bois n'émergea de ses cauchemars qu'au petit matin. Le vieux trappeur usait déjà pour lui de mille attentions, veillant à ce qu'il ne s'agite pas trop, tremblant de peur à l'idée que la blessure à peine refermée ne puisse se réouvrir.

— Ah ! vieux brigand, le salua-t'il, quelle joie de te revoir !... Fêtons dignement ce retour à la vie ! Et rien ne vaut pour cela une bonne fournée de vrai tabac, de ce noir âcre et puissant qui vous remet aussitôt en mémoire le goût des plaisirs.

Sans attendre un quelconque assentiment, il bourra consciencieusement sa vieille pipe, l'alluma, savoura dans un soupir de satisfaction la première bouffée et la cala sans autre forme de procès aux lèvres de son compagnon.

— Bougre de bois ! Comment donc t'ont arrangé ces fils de Satan !... S'il ne tenait qu'à moi, je les poursuivrais jusqu'en enfer et n'aurais de cesse de les occire jusqu'au dernier.

Typhon aspira faiblement au tuyau de la pipe, rejeta un maigre nuage gris, toussa un peu et n'eut d'autre réponse qu'un pâle et triste sourire.

Se méprenant sur le sens de ce rictus, Archi crut bon de rajouter :

— N'aie crainte, mon ami, ta blessure guérie, je te jure que nous retournerons chez ces sauvages et que nos fusils dans leurs rangs feront tant de dégâts que jamais ils n'oublieront Archi Lapoudre et Typhon Bonnaventure.

— Tu parles trop et à mauvais escient, mon bon ami. Oublie ta haine et ton désir de vengeance... Les Crow n'ont fait que défendre leur bien et je ne peux leur en vouloir d'être alité aujourd'hui. Une flèche dans l'épaule alors que sept des leurs sont passés de mes mains... Comment pourrais-je me plaindre ?...

Archi resta d'abord sans voix, médusé par les paroles de son compagnon, puis se reprenant, il rugit :

— Bougre de dieu ! Le fer empoisonné de ces démons t'aurait-il fait perdre la raison ? Qu'avaient donc de si précieux à défendre les Crow pour user à notre égard d'un tel acharnement ?

« Langue-qui-dort » étant sorti de son mutisme coutumier ne voulut pas en rester là. Il dut reprendre son souffle mais devant sa détermination, Archi ne put que s'incliner.

— Tout ce qui fait le sens de leur existence, Archi... La terre de leurs ancêtres !... Je l'ai compris dans mon délire... Leur terre, Archi, et le désir d'y vivre en paix longtemps encore. Réfléchis à cela mon ami, et je t'en prie, je n'ai déjà que trop parlé, laisse-moi me reposer encore un peu.

Ivre de rage, le vieux trappeur fut sur le point d'exploser et il ne réussit à se contenir que par la peur d'aggraver l'état de son compagnon.

Se redressant d'un bond, il shoota furieusement dans une branche morte et se dirigea à grands pas vers nous en maugréant.

Lorsqu'il fut assez près de Cerf-rouge, il s'accrocha à son bras et sans prendre le temps de le saluer, le prit aussitôt à témoin :

— Bougre de bois, grand chef ! Je crois bien que ce pauvre Typhon n'a plus toute sa raison !... Voilà qu'il pardonne et invente d'inconcevables excuses pour ces démons de Crow.

Son regard se porta sur les chevelures fraîches qui ornaient nos poitrines et souriant, il ne douta pas de trouver en nous des partisans à sa cause. Mais mon père, aussitôt devinant le sens de ses pensées, le détrompa :

— Ce que regarde mon frère n'est pas ce que ces yeux lui disent ! Prendre le scalp de l'ennemi tombé, c'est honorer son courage et sa valeur.

Il y eut un long silence, et des arbres environnants comme du fleuve au loin, aucun son ne se fit entendre en réponse.

Trop de bruits, trop de fureur dans le jour précédent ! Les bêtes sauvages ne voulaient plus chanter la vie !...

— Bougre de dieu ! se reprit le vieux trappeur. Serais-je donc le seul être sensé dans cette compagnie et faut-il que tous ceux dont jusqu'ici je ne doutais pas de l'amitié se retournent contre moi ? Bougre de bois ! Le vieil Archi soudain se sent bien seul et délaissé !...

Mon père sourit et tapota affectueusement le bras du vieil homme. Il lui parla avec tant de douceur que celui-ci ne put faire autrement que de l'écouter.

— Mon frère se laisse aveugler par la colère. La peur d'avoir perdu son ami lui a caché la vérité de son cœur. Qu'il prépare la hutte et qu'il soit seul à le faire, Inipi réouvrira les chemins de son cœur. Mato-œil-qui-rit ne peut devenir comme certains de son peuple, un tueur d'Indiens !...

Archi, les paupières à demi-closes, regarda Cerf-rouge comme s'il le voyait pour la première fois. Dans sa mémoire, resurgit le visage de Dix-ours, et le son rocailleux de la voix du Wicasa wacan lui rappela la prophétie : « Un grand homme Lakota sauvera ta vie ».

Il revit le camp des Lakota sur la Chippewa, les hommes rouges qui l'avaient accueilli, le radieux visage de celle qu'il avait sauvée, Étoile-du-matin, la fille de l'homme qui aujourd'hui se tenait devant lui, celui-là même qui accomplirait la prophétie du vieux chaman. L'espace d'un battement de cils, il revécut sa vision, la rivière du roi des castors, ses os blanchis entrecroisés et colmatés de boue, servant de cabane à ceux qu'il avait avec acharnement piégés toute sa vie durant.

Béatement, il sourit et son visage retrouva sa bonhomie habituelle. Sans autre question, sans une plainte il se dirigea alors comme un zombie vers un bosquet de saules, puis à grands coups de son couteau de chasse, il récolta les seize longues et fines perches nécessaires à la construction de la hutte de prière.

Ensemble, nous installâmes les pierres dans le feu, puis, patientant les heures nécessaires à leur cuisson, mon père mit à profit ce temps de repos pour préparer Archi à son cheminement.

Cerf-rouge posa son insondable regard sur le vieux trappeur. Il bourra la pipe, pria, et lorsqu'il commença à fumer, deux grosses larmes roulèrent sur ses joues, poursuivant leur course sur ses mains, puis le long du tuyau de bois sculpté pour se perdre enfin dans la fumée.

À le regarder et sans qu'il sût vraiment pourquoi, le vieil homme éclata en sanglots. Le flot de ses pleurs, dans le nuage bleu, rejoignit les larmes du waayatan.

La voix profonde de Cerf-rouge parut alors rejaillir du cœur de la fumée.

— N'avons-nous pas assez donné la mort, mon frère, pour que tes paroles aujourd'hui soient encore aiguisées du tranchant de la lame ?

Que reproches-tu aux guerriers Crow ? D'avoir désiré te prendre ta vie et celle de ton compagnon ou d'avoir défendu par le sacrifice de leur propre vie ce qu'ils considèrent non sans raison comme leur bien, le don offert à leur nation par le créateur : la prairie, les berges des rivières et les bois où leurs clans dressent leurs tipis comme avant eux l'ont fait leurs pères et les pères de leurs pères !...

Le trappeur secoua la tête, refusant encore d'admettre l'évidence.

— Cerf-rouge, tes paroles ne sont pas fausses, mais Typhon et moi, nous n'avons fait que traverser leur territoire, simplement y piéger quelques castors et Dieu sait que leurs rivières en regorgent. Qu'est-ce donc en comparaison de la vie ? Pour ce crime, les Crow avaient-ils le droit de nous la prendre ?

Nous n'en voulions ni à leurs bois, ni à l'herbe de leur prairie, et loin de nous l'idée de détourner le cours de leurs rivières. Qu'ils y vivent donc, je veux bien l'admettre, eux et leurs enfants, aussi longtemps que Manitou le leur permettra !

Mon père lui tendit la pipe. Il lui laissa le loisir de prier, d'aspirer goulûment au long tuyau, de rejeter de grosses bouffées de fumée et de se perdre dans la contemplation de l'épais brouillard azuré.

— As-tu un tipi, un lieu sacré où tu aimes à porter tes pas lorsque pour toi s'achève le temps du voyage ? lâcha brusquement mon père.

Archi parut surpris. Il chercha des yeux les derniers nuages bleus se dissipant dans l'air frais de la nuit naissante.

— Pourquoi diable cette question, Cerf-rouge ? Bien sûr qu'Archi Lapoudre possède un chez-lui ! Oh ! pas grand-chose... Quelques arpents de terre, une chaumière au milieu des bois, une vaste et profonde cheminée où il aime à étendre les nuits froides de l'hiver ses vieilles jambes fatiguées. Là-bas au nord, au Canada, là où mon père a usé ses os, là où dort ma mère, là où des générations de Lapoudre ont trimé et souffert, méritant de plein droit ces maigres possessions.

Cerf-rouge le regarda compatissant, heureux de pouvoir imaginer le vieil homme se réchauffant devant son foyer, l'esprit rempli du souvenir de ses ancêtres.

— Alors réponds-moi, mon frère ! Que ferais-tu si des guerriers, un soir, pénétraient dans ton tipi, renversaient les bûches de ton foyer, brûlaient les murs qui soutiennent ton toit, coupaient les arbres qui en sont l'ombrage, mettaient à nu et piétinaient les ossements blanchis de tes ancêtres ?

À l'idée de ces inconcevables méfaits, Archi ne s'embarrassa pas d'une inutile réflexion. Aussitôt il explosa :

— Bougre dieu, la belle affaire ! Sans plus attendre je décrocherais mon meilleur fusil, le chargerais de poudre sèche et de bon plomb, et malheur à l'intrus qui sans vergogne oserait piller la demeure des Lapoudre...

Aux lueurs combinées du feu et de la lune montante, le visage du trappeur s'enflamma comme un incendie de prairie.

Mon père le calma d'une simple tape sur le bras et par ses paroles, lui redonna à réfléchir :

— Mon frère commence à comprendre et sa juste colère devient comme la brume qui se dissipe, lui laissant entrevoir les premiers troncs rugueux de l'immense forêt. Les guerriers Crow, débordant d'une semblable colère, n'ont rien fait d'autre que de tenter de chasser l'intrus.

Archi s'en trouva stupéfait et les mots dans sa gorge eurent bien du mal à franchir la barrière de ses lèvres :

— Bou... Bougre... De bois ! Quelques castors, Cerf-rouge... À peine plus de peaux qu'il n'en faut pour nous confectionner à tous de solides gilets. Les Crow sont-ils si avares de leurs biens qu'ils ne peuvent en concéder à deux braves et innocents trappeurs une si infime partie ?

On aurait affirmé à Archi que la voix de Cerf-rouge était celle de Dieu qu'en cet instant il l'aurait cru sur parole, tant le ton inhabituel de mon père lui parut dur et autoritaire.

— Quelques castors pour toi, mon frère, mais combien pour celui qui viendra après toi, et combien encore pour le suivant ? Et qui sur le chemin ouvert tuera le dernier couple ? Tu le sais, Mato-œil-qui-rit, car tu es toi-même semblable, les chasseurs blancs piègent le castor non pas pour s'en nourrir comme le font les hommes rouges, mais pour tirer profit de la vente de leurs peaux... Et le profit n'est jamais assez grand, et la mort et la destruction sont les anges noirs qui toujours le servent...

Qui donc après toi, innocent et brave, renversera et dispersera au vent les bûches du foyer, qui coupera le saule et le grand séquoia ? Quels hommes à la peau claire et au cœur sec comme la braise refroidie viendront sans respect fouler de leurs talons cloutés les âmes des ancêtres ?

La terre des Crow est une terre sacrée, car les hommes qui y vivent la respectent et l'aiment comme une mère. S'ils n'en sont pas les possesseurs, car on ne peut s'approprier ce qui depuis le commencement est œuvre du Grand-Esprit, ils en sont les gardiens, et l'homme a qui est confié un trésor se doit de rester vigilant. Je vais te dire, Mato-œil-qui-rit, qui, de la luxuriante terre des Crow, détruisant le don sacré du Grand-Esprit, ne laissera plus sous les mocassins des hommes vrais que la poussière crissante d'une terre aride et sans vie...

Mon père se recueillit alors dans le silence, le temps que ses paroles pénètrent et se gravent dans l'âme du vieux trappeur. Lorsqu'enfin il répondit à sa propre interrogation, sa voix était redevenue douce et chargée de tristesse, les larmes sur ses joues reprirent leur cours et ses yeux humides brillèrent de l'éclat du firmament :

— ... Tous ceux, Mato-œil-qui-rit, tous les hommes sans conscience, tous ceux qui marchent debout sur la terre sans respect pour le ventre fécond de leur mère. Tous ceux qui comme toi penseront, parce qu'aujourd'hui ils sont les plus forts et les plus nombreux, qu'ils ont le droit de prendre sans même demander aux légitimes gardiens ce qui ne leur appartient pas. Ce droit usurpé, mon frère, n'est-il pas concevable qu'il en entraîne un autre, qui bien que n'étant pas la plus noble des solutions, reste cependant une juste défense ?

Archi se prit la tête entre les mains. Il ne voulait plus penser, ne plus parler, et ne réussit qu'à bredouiller entre deux sanglots :

— Pardonne-moi, Cerf-rouge, pardonne au vieux fou que je suis !...

Père lui répondit sans émotion, et là où je le pensais intraitable et dur, il n'était que juste :

— Pardonner, mon frère, je n'en ai pas le pouvoir. La Rédemption sommeille dans le fond de ton cœur et toi seul détient le choix de l'y laisser dormir ou de lui offrir l'éveil.

Le Cerf-rouge a rêvé que tous les hommes un jour retrouveront le chemin, mais le Cerf-rouge est le waayatan et l'espoir n'a pas de place dans sa vision.

— Père, osai-je m'immiscer, l'espoir existe, je l'ai vu comme toi dans le jardin des « Elohim ».

— Ce jardin est vivant, mon fils, mais ce qui doit être ne peut s'occulter, et l'espoir n'est que la faiblesse de ceux qui doutent. La voie du guerrier est un combat de douleur et de force, mais le guerrier ne peut s'en effrayer, car il sait qu'ainsi est le chemin de la vie. Dans la souffrance est la joie, comme dans la destruction est le renouveau. Le guerrier marche sans se retourner et rien de ce monde ne peut ni l'atteindre ni l'affecter car il est la lumière du Grand-Esprit.

— Mais, père, insistai-je, trop perturbé par ses paroles pour pouvoir pleinement les comprendre ! Le waayatan a le pouvoir de lire l'avenir, n'a-t'il pas celui de le changer ?

— Aucun homme en ce monde, mon fils, ne peut tourner les pages du livre du Grand-Esprit sans se brûler les yeux.

Le waayatan réfléchit sur les enseignements des temps passés, il vit pleinement son présent et ainsi comprend ce que sera l'avenir. Comprendre n'est pas agir, ne pas agir n'est pas subir, ne pas subir c'est accepter, et accepter c'est faire ce qui doit être fait ! Ainsi est le devoir du waayatan, ainsi est la voie du guerrier.

Les pierres étaient brûlantes, elles pétillaient de mille étoiles de feu, chacune nous rappelant que le temps de la prière était venu.

Archi fut le premier à pénétrer dans la hutte. Lorsque nous le rejoignîmes, il nous supplia de l'aider et de le soutenir. Il y avait tant, nous dit-il, de doutes et de peurs dans sa nouvelle vie qu'il ne savait si son esprit aurait la force de supporter la puissance de la prière.

Il se plaça si près du foyer central que les poils de ses bras et de son torse, lorsque les premières pierres furent déposées devant lui, grésillèrent et s'enflammèrent comme des herbes sèches.

Aussitôt, comme échappée d'une marmite, la vapeur fusa, enveloppant nos corps ruisselants dans un nuage opaque.

« Grand-Père je lance une voix désespérée. Ecoute-moi.
Grand-Père je lance une voix désespérée. Ecoute moi.
Vers l'Ouest où le soleil se couche, où un rocher noir me regarde
Grand-Père je lance une voix désespérée.
Vers le Nord où un esprit rouge me regarde,
Grand-Père je lance une voix désespérée, écoute-moi.

Vers l'Est où le soleil se lève, où un rocher jaune me regarde
Grand-Père je lance une voix désespérée.
Dans le ciel un aigle tacheté me regarde, Grand-Père
je lance une voix désespérée, écoute-moi.
Vers le Sud où un esprit blanc me regarde, Grand-Père
je lance une voix désespérée.
Sur la terre, la taupe ma sœur me regarde, Grand-Père
je lance une voix désespérée.
Ecoute-moi. »*

La complainte Lakota se pare du bec et des serres acérées de « Wambli Gleska », l'aigle au plumage d'or.

En repos sur ses ailes, nous voyageons libres et détachés dans l'immensité du ciel. Son vol puissant nous emporte auprès de « Tankasila » et « Waca-Tanka » qui, comme ils aiment à le faire pour leurs enfants obéissants, écoutent et comprennent la demande.

À chacun de nous en retour, ils offrent l'enseignement.

Archi n'a plus de doutes, les questions sur ses lèvres se sont échouées. Il ne court plus à la poursuite du vent et son corps libéré a rejoint pour toujours le peuple de l'eau, la tribu de « Chapa », le roi castor.

Son âme tranquille s'endort au creux des galets ronds, et ses os blanchis devenus cathédrale reposent sous l'onde vive.

Les mères en parure luisante et les mamelles gonflées des promesses à venir, à l'ombre rassurante de son crâne mettent bas leurs petits. Les vieux sages réunis par le cercle, inspirés par les cavernes sombres de ces orbites vides inventent pour le peuple une nouvelle loi : « Chassés par les hommes trop cupides, nous fuirons dans les gouffres profonds pour apprendre à renaître, et refaire surface lorsque sera venu le temps où seuls les guerriers de lumière marcheront sur la terre... Alors aux hommes nous offrirons le chant de l'eau et ceux-ci reconnaissants nous rendront en prières le chant de l'air et de la terre. »

Archi est le guerrier sans corps, il est l'esprit qui ondule dans les courants limpides, l'âme pure aux reflets dansants dans les miroirs mouvants des lacs et des marais. Sa force rejaillit dans l'écume des sources et le flot tumultueux des fleuves et des torrents. Son cœur bouillonne en océan de colère et de joie mêlées au tourbillon liquide des vagues déferlantes.

---

* *Chant Lakota.*

Cerf-rouge est immense. Il est le cercle et sa douce lumière à chaque fin du jour inonde la terre des hommes du rouge-orangé de son regard.

Il fume la pipe sacrée, assis sur le rocher noir, à l'Ouest où il se couche. Comme la pierre originelle, immobile et silencieux, par le verbe il enseigne aux guerriers qui se réchauffent de sa sève que le chemin tracé est immuable, que le temps de la marche est le temps du savoir, que la route est devant, qu'elle n'a pas de fin, et que le dernier pas n'est que l'élan pour le premier.

« Tacha sà » est le waayatan, il n'est pas visible, il est le rocher noir, il est l'esprit du guerrier et le guerrier ne peut être sans lui.

Je suis debout sur le rocher jaune, les bras tendus dos à l'Est où le soleil se lève. Jamais je ne dors et tout en moi est mouvement.

Mes yeux ouverts se tournent vers l'Ouest, là où repose mon père, le Wicasa wacan qui ne connaît pas la mort, qui chaque jour m'enseigne l'aube à venir.

Ma main gauche s'étend vers le Nord, là où l'esprit rouge m'appelle. Ma main droite s'ouvre vers le Sud, là où l'esprit blanc me retient.

Je suis un guerrier, et sur le rocher jaune sans jamais me retourner j'avance, et mes pas ne sont ni lents, ni rapides. Ils sont les foulées du fils qui rejoint son père, à l'autre bout de la terre, aux confins des étoiles, au commencement et à la fin du cercle, vers le rocher noir où le soleil se couche.

Les pierres s'endorment. Les étoiles qui les habitaient retournent au firmament. Un vent frais venu du fleuve nous éveille. « Wambli Gleska » referme ses ailes, il rejoint dans l'Éther « Nayi », le fantôme.

Les ombres de la nuit se sont enfuies. Un nouveau jour nous appelle.

La première chose que fit Archi en sortant titubant de la hutte fut de se précipiter vers Typhon, dont les yeux grands ouverts fixaient le ciel avec ravissement.

Tout à la joie de lui crier qu'il avait enfin compris, qu'il était un homme nouveau et qu'il ne piégerait plus pour un illusoire profit dont il n'avait d'ailleurs jamais joui, le vieux trappeur n'entendit qu'à demi les paroles de son compagnon :

« Je le savais, Archi, depuis la prophétie de Dix-ours, je le savais et j'attendais ce jour !... »

Les deux hommes conversèrent ainsi toute la matinée, échafaudant mille projets, chacun d'entre eux visant à rendre plus beaux les jours à venir de leur future existence.

« Langue-qui-dort », qui maintenant se libérait du silence, se servait de la parole avec une telle dextérité qu'Archi lui-même ne put que l'écouter religieusement, abasourdi par la découverte des idées et du tempérament de son frère de route.

Lui qui depuis tant d'années passées à courir les bois, les prairies et les bords de rivière, pensait avoir tout vu et tout compris des moindres pensées de son compagnon, redécouvrait aujourd'hui un homme différent dont la sensibilité à fleur de peau le surprenait autant qu'elle le ravissait.

Typhon, dans sa verve, lui avoua que s'il aimait cette vie aventureuse et cet incomparable sentiment de liberté que seuls pouvaient offrir les grands espaces, il ne s'était malgré tout jamais découvert de passion ni d'intérêt dans le piégeage des bêtes à poils.

S'il s'était pourtant employé à le faire avec toute la bonne volonté et la minutie qui le caractérisait, ce ne fut que par respect pour Archi, pour cette joie sans limite d'être toujours auprès de lui, ce plaisir de partager l'amitié et de voir sous ses yeux se réaliser l'idéal de l'ami choisi par la vie, le frère aimé.

Le vieux trappeur pleurait en l'écoutant. L'ayant laissé achever sans jamais l'interrompre, il lui jura, avec tant de sincérité que tous les castors du Nouveau-Monde durent en cette seconde battre les flots de leurs larges queues plates ; il lui jura donc, que désormais leur seul plaisir résiderait en la contemplation de l'œuvre immense et toujours renouvelée du créateur, le Dieu appris de leur enfance ou le Manitou découvert dans leur âge d'homme.

Ensemble et vraiment ensemble à présent, les deux trappeurs rayonnaient de bonheur, Archi pour s'être découvert un nouveau sens à sa vie et Typhon pour enfin assouvir le rêve de son cœur.

Jamais plus ils ne prendraient la vie autrement que dans le but de s'en nourrir ; de trappeurs de profit, ils deviendraient des trappeurs d'émotions ne capturant plus dans leurs pièges aux mâchoires de rêve que des bribes de vent jouant à rider la surface lisse des eaux, des lambeaux de terre mouillée du noir humus des verdures mourantes, des clapotis de vague à la lune des feuilles jaunissantes, des éclats de miroirs gelés à la lune où les arbres craquent de froid, des murmures de sources et de ruisseaux, des ondulations de poissons godillant dans les courants, des crissements industrieux des larges et jaunes incisives des castors s'ébréchant sur les troncs lisses des érables et des bouleaux, piliers et charpentes de leurs titanesques barrages.

Ils parlaient bas, à mots couverts, tous deux réfugiés dans l'intimité de leur éclatante amitié. Pourtant Père et moi, si proches de leurs sentiments, nous avions la certitude d'être à leurs côtés, partageant la joie de leurs paroles.

Et je vis, comme on voit le chemin qui serpente jusqu'aux limites de l'horizon, défiler les images de ma vie à travers les âges.

Contre mon flanc, battait au rythme régulier de mes pas la large besace du trappeur, débordante des odeurs multiples des forêts, du fumet âcre des hautes herbes séchées des prairies, des senteurs fluides des rivières et des lacs... Dans mes mains aux paumes gonflées de cals, ruisselaient les eaux boueuses des grands fleuves. Dans mon cœur bondissant de joie, battaient sans répit les lourds tambours exultant du chant de la terre.

« Je suis Celui-à-la-longue-vie, l'homme nu, le trappeur des temps à venir... »

Deux jours et deux nuits plus tard, Typhon Bonnaventure retrouva le complet usage de ses membres.

Il se tenait devant nous, frais et dispos, Archi son inséparable compagnon à ses côtés, tous deux bardés de leurs effets, leurs fusils comme au premier jour calés dans la cassure de leur coude.

« Langue-qui-dort », devenu « Langue-agile », s'adressant à Cerf-rouge prit la parole :

— Il n'est pas de merci assez puissant dans les paroles d'un homme pour exprimer correctement ce que je ressens aujourd'hui, mais il est une chose, Cerf-rouge, que je peux assurer sans crainte de parjure : ce n'est pas une vie que le waayatan des Lakota a sauvée, mais deux, et je peux t'assurer que la terre des hommes rouges n'aura désormais plus à se plaindre de ceux qui, à ce jour, ont fait le choix conscient de devenir et de rester ses enfants.

Mille sentiers, je le souhaite, se marqueront encore de l'empreinte de nos pas, mais ceux-ci deviendront si légers qu'un seul souffle de vent suffira pour les effacer.

— « Ahh h ! », approuva mon père sans autre commentaire.

Typhon se courba alors, sa main droite sur son cœur, et Cerf-rouge sans mot dire lui rendit son salut.

Le trappeur se redressa le sourire aux lèvres et pour bien marquer que dans ses habitudes, il restait l'homme que nous avions connu, il épousseta soigneusement sa longue tunique frangée, désolé d'y voir encore la vilaine déchirure et la trace sombre de sang séché qui, à ses yeux, en injuriait l'impeccable propreté.

Pour moi, il n'eut qu'un furtif geste de la main, mais en plongeant son regard dans le mien, ses pupilles étincelèrent tels deux diamants posés sur une étoffe de velours sombre.

— Bougre de bois ! s'écria Archi. Mon cœur est plus triste que le castor loin de sa chère rivière, mais il n'est de rencontre sans départ, et Bougre de dieu ! quelle richesse et quelle joie dans l'espace qui sépare l'une de l'autre !

Le sud et ses marais nous attendent, et vous, mes frères, c'est le nord, ses forêts et ses lacs ; ici nos chemins se séparent.

Il se tourna vers moi, s'approchant et me serrant dans ses bras puissants.

— Ah ! petit, que n'ai-je comme toi la promesse de longs jours à venir ! J'aurais tant aimé te revoir, tant voulu connaître le tracé des pistes de Celui-à-qui-parle-l'aigle-à-tête-blanche, le guerrier Sioux Lakota.

Il cligna de l'œil, me serrant plus fort, me laissant pantelant et au bord de l'asphyxie.

— Vers quelle haute destinée le jeune Irlandais est-il promis et combien de guerriers venus de toutes les nations, autour des feux de la paix, chanteront son nom et ses exploits ?...

Ses propos me firent rougir et pourtant, parce qu'au fond de moi j'en eus soudain la certitude, je lui répondis sans hésiter :

— Ton vœu sera exaucé, Archi... Les lunes passeront mais je te promets, nous nous reverrons.

Tout d'abord il parut surpris, grattant sa barbe et triturant son bonnet, puis, comme si à son tour il soulevait le voile de l'avenir, il sourit, ne doutant plus de mes paroles.

Vivement, il sortit de sa poche un petit objet de bois sculpté et me l'enfouit dans le creux de la main, refermant celle-ci avant que je ne puisse l'apercevoir.

— Prends, petit, Bougre de bois ! Ainsi tu n'oublieras pas le vieil Archi... À mon âge, quelques années fussent-elles courtes, transforment un visage plus sûrement qu'un orage violent les abords d'une ravine !...

Je voulus lui dire qu'il n'était pas besoin de signe pour entretenir ma mémoire, que sa voix, ses expressions, la lumière de ses yeux, demeureraient à jamais dans mon cœur, à la place où reposaient déjà tous ceux qui depuis mon départ m'avaient accompagné le temps d'un échange d'amour. Mais d'autorité il maintint ma main fermée et, sans plus d'attention pour ma personne, se tourna vers Cerf-rouge.

Mon père jusqu'ici n'avait rien dit. Il se contentait d'écouter, de regarder, peut-être aussi de taire les émotions de son cœur afin qu'elles ne viennent point troubler les jugements vacillants de sa raison.

— Grand-chef ! l'apostropha amicalement le vieux trappeur, Dix-ours n'avait pas vu juste ! Tu n'as pas sauvé ma misérable vie, tu as fait bien mieux que cela !... Tu m'as permis de renaître et de m'élancer vers un autre chemin sans doute plus fort et plus beau.

Les sanglots l'étouffèrent et il eut en réponse un dernier cri de rage, expulsé de ses entrailles comme un boulet de canon :

— Bougre de bois de bougre de dieu, grand chef ! Je ne t'oublierai pas !...

Dans un dernier effort, il se retint pour ne pas enlacer Cerf-rouge... Trop de pudeur, trop d'émotion... Le coureur des bois très vite tourna les talons, entraînant à sa suite son compagnon... Entendit-il les paroles du waayatan ?...

— Dix-ours ne se trompe jamais et la vie est tissée d'innombrables toiles... Pour toute grande entreprise, un homme ne peut pas dépendre simplement que de lui-même... Au revoir, mon frère, que tes pas puissent t'ouvrir le chemin de l'eau.

Je restai impuissant à les regarder partir, et ce ne fut que lorsque leurs dos ne m'apparurent plus que comme des ombres dansantes dans le soir couchant, qu'ouvrant enfin mon poing serré à en blanchir la jointure de mes doigts, je découvris le cadeau du trappeur : un minuscule castor dont chaque détail était si finement gravé que mes yeux sidérés crurent juste le temps d'un battement de cœur que le petit animal allait brusquement s'échapper de ma main et rejoindre le fleuve.

La voix de Cerf-rouge me tira de mon rêve avant qu'il ne devienne douleur :

— En route, mon fils, le peuple nous espère... Son index tendu comme la pointe d'une flèche, il me montra le nord.

Le canot vole sur les eaux bleues, flèche d'argent décochée d'un arc d'or.

Je ne compte plus les jours car ils ne me semblent ni longs ni courts, ils ne sont que la distance qui, à chaque coup de pagaie rageur, nous rapproche de nos frères.

Même l'enfant premier-né du fleuve, la belle rivière Wisconsin, ne peut encore m'émouvoir. Je n'ai qu'un seul but, qu'un seul regard, et il est toujours dirigé vers le nord.

Nous longeons des falaises abritant des vallons boisés de pins, d'érables et de bouleaux où l'été naissant se pare de la couronne flamboyante du soleil.

Le Père-des-Eaux se veut puissant, mais il n'est encore que l'ombre de ce qu'il sera. Il n'a que la jeunesse, et l'expérience et la sagesse des vieux jours lui font encore défaut. Je voudrais lui enseigner ce qui l'attend, lui dire que pour lui j'ai vu, mais le waayatan parfois doit savoir se taire !...

Nous avançons, il rétrécit... Son cours est lent, paresseux. Il s'endort, épuisé par ses jeux sur de longues baies de sable blanc et rose. Réveillé en sursaut par des rêves de force future, son sang vif bouillonne. Son long corps souple et nerveux s'agite et se hérisse de tumultueux rapides... Mais très vite, à nouveau il se lasse, s'étire en des poses lascives, referme ses paupières alourdies du sommeil de l'enfant.

Le canot glisse... Le Père-des-Eaux n'est plus qu'un nourrisson vagissant. Il se laisse bercer une nuit par les larges bras d'un lac émeraude ; mais ce n'est pas encore celui qui lui donna la vie... Au matin, nourri du souvenir de son lait maternel, il remonte et serpente toujours plus haut, se perd dans le dédale d'une immense prairie où les grains sombres du riz sauvage se penchent sur son passage, reconnaissants de lui devoir la vie.

Les remerciements sont partout. Ils explosent en battements d'ailes, en arcs-en-ciel répétés et mouvants, en cristallines mélodies, en cris lourds et perçants.

Dans le ciel limpide, l'éclair métallique du héron bleu. Brisant le clapotis des eaux, la démarche hautaine de l'aigrette blanche. Fendant la fragile barrière des joncs, le bec acéré et le cou puissant du butor jaune. À la lisière des bois, la course furtive du vison dont la fourrure irisée de lumière luit comme un rayon de lune.

Tous sont tributaires du fleuve enfant, tous le vénèrent et lui rendent gloire : l'agile belette aux sauts précipités, le blaireau au poil dur qui laboure l'humus de ses puissantes griffes, l'ours noir qui debout sur ses pattes, les narines dilatées, hume les provendes à venir, le loup gris qui à l'ombre des taillis espère la venue de la nuit pour qu'éclate son chant, qu'il vibre et résonne dans l'air pur, se mêlant à une autre mélopée qui déjà me semble familière... La prière des gardiens de ce lieu, mes frères Lakota... Ils sont si proches, que le nez dans le vent je respire à pleins poumons les fumées de leurs foyers, que les yeux grands ouverts je perçois les premières perches de leurs tipis, que l'oreille à l'écoute j'entends les rires clairs de leurs enfants.

Le canot racle sur les eaux si peu profondes qu'elles offrent au regard les galets brillants et ronds qui dorment sous son onde.

Le fleuve qui n'est plus que ruisselet s'épanche dans le sein de la mère nourricière, le grand lac Itaska aux eaux si claires que s'y mirent les géants immobiles qui se dressent tout au long de ses rives en pentes douces ; pins blancs et rouges, patriarches tricentenaires aux longues capes vert sombre, ormes et érables mêlant les notes claires de leurs feuillages fragiles et tremblants, bouleaux argentés à la taille fine et élancée de jeunes seigneurs.

Vole... Vole notre canot... Ils sont là, les tipis hauts et sombres, élevés vers le ciel tels des temples à la gloire du Grand-Esprit.

Des mains s'agitent, des voix gutturales volent au silence la sérénité de ces lieux magiques... Les Lakota ! Ils nous attendent, ils se réjouissent... Ils ont reconnu leur waayatan et ils comprennent déjà qu'à l'arrière de la frêle embarcation, c'est son fils qui l'accompagne.

Alors n'y tenant plus, j'agite mes mains, je les appelle...

Derrière moi, tous ceux que j'ai aimés, ceux que je n'ai point haïs mais qui, à mon contact, ont perdu la vie pour que s'écartent devant moi les ronciers du chemin.

Je presse très fort entre mes doigts tremblants l'oiseau aux pierres vertes. Il est plus chaud que la braise rougeoyante de tous nos feux, plus doux que la plume de l'aigle, plus léger que la fumée de la pipe. Il est l'amour vécu et toute la joie à venir... Il est le rire de Patrick O'Brien, le sourire et le chant de Lucie...

Devant moi, mon peuple... Les derniers gardiens des sept rites de la pipe sacrée.

« *Celui-à-qui-parle-l'aigle-à-tête-blanche emaciyapi yelo, cinksi Tacha sà miyé.*
Unhipi... Unhipi !...
Je m'appelle Celui-à-qui-parle-l'aigle-à-tête-blanche,
je suis le fils du Cerf-Rouge.
Nous arrivons... Nous arrivons. »

FIN

Achevé d'imprimer,
d'après les documents fournis,
en mars 2000
par IMPRIMERIE LIENHART
à Aubenas d'Ardèche

Dépôt légal mars 2000
N° d'imprimeur : 2210
Printed in France